감정의 발견

예일대 감성 지능 센터장 마크 브래킷 교수의 감정 수업

감정의 발견

마크 브래킷 지음
임지연 옮김

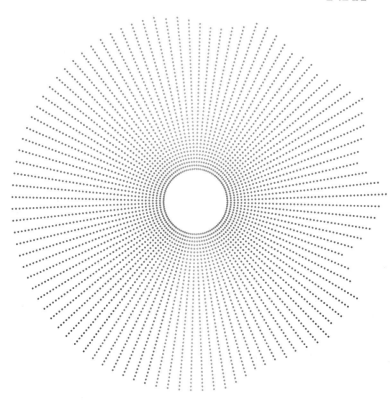

북라이프
booklife

옮긴이 임지연

숙명여자대학교 사학과 졸업 후 해외 광고홍보대행사와 CJ E&M에서 일했다. 영상보다는 활자에 매력을 느껴, 글밥아카데미를 거쳐 현재 바른번역에서 전문 번역가로 활동하고 있다. 옮긴 책으로는 《인스타그램, 순간을 남기면 보이는 나》, 《너무 사랑하지만 힘든 걸 어떡해》, 《위대한 개츠비》, 《거절당하기 연습》, 《사람은 무엇으로 사는가》, 《재즈를 읽다》, 《앙겔라 메르켈》, 《어떻게 성경을 공부하는가》, 《자기계발을 위한 몸부림》, 〈킨포크〉 등이 있다.

감정의 발견

1판 1쇄 발행 2020년 9월 2일
1판 17쇄 발행 2024년 10월 4일

지은이 | 마크 브래킷
옮긴이 | 임지연
발행인 | 홍영태
발행처 | 북라이프
등 록 | 제2011-000096호(2011년 3월 24일)
주 소 | 03991 서울시 마포구 월드컵북로6길 3 이노베이스빌딩 7층
전 화 | (02)338-9449
팩 스 | (02)338-6543
대표메일 | bb@businessbooks.co.kr
홈페이지 | http://www.businessbooks.co.kr
블로그 | http://blog.naver.com/booklife1
페이스북 | thebooklife
 ISBN 979-11-88850-98-3   03190

마빈 삼촌과
엄마와 아빠에게

우리는 왜 감정을
숨기려고 애쓸까

자, 우선 쉬운 질문으로 시작해 보자. 어째서 이런 제목*을 붙였을까?
언제부터 감정을 표현하는 데 누군가의 허락이 필요했다고?

그렇다. 사람이라면 누구나 끊임없이, 매 순간 감정을 느낀다. 심
지어 꿈속에서도 말이다. 다른 사람의 허락을 받거나 승인을 받을 필
요가 없다. 감정을 느끼지 않는다는 것은 곧 생각을 멈춘다는, 아니
숨을 멈춘다는 뜻이다. 요컨대 있을 수 없는 일이다. 감정은 우리를
인간답게 하는 가장 큰 요소이다.

하지만 우리는 살아가면서 감정을 드러내지 않으려 애를 쓴다. 내

---

* 이 책의 원제는 '감정 표현을 허락하라'(Permission to feel)이다.

밀한 감정은 두서없이 펼쳐지는 데다 불편과 혼란을 유발하며 심지어 꼬리에 꼬리를 물고 이어진다. 솔직하게 표출했다가는 쉽사리 상처 입고 세상 앞에 벌거벗겨진 기분에 휩싸이기 십상이다. 하지 말았어야 하는 일을 저지르는 경우도 생긴다. 감정을 통제할 수 없다는 생각은 때로 두려움을 불러일으킨다. 그래서 많은 사람들이 감정을 외면하거나 감추려 노력하며 종종 자기 자신에게조차 그렇게 한다. 감정을 대하는 우리의 태도는 아이들에게 전해진다. 아이들은 부모이자 교사인 우리를 롤 모델로 삼아 영향을 받으며 배워 가기 때문이다. 우리에게 받은 명료한 메시지 탓에 아이들은 내면에서 우러나온 위급한 메시지조차 금세 억누르고 만다. 지난날 우리가 그러했듯이.

책을 펼치고 겨우 몇 줄만 읽었는데도 여러분은 분명 내가 무슨 말을 하려는지 이미 눈치챘을 것이다.

우리는 자신에게든 타인에게든 감정 표현을 허락하지 않는다. 그렇게 삼키고 억누른 감정은 결국 터지고 만다. 동료들과는 껄끄러운 대화를 나누지 않으려 하면서 사랑하는 사람에게는 감정을 폭발시킨다. 자신도 모르는 사이에 쿠키 한 통을 다 먹어 치우기도 한다. 감정을 표현하지 않으면 원치 않는 결과만 늘어나기 마련이다. 감정을 알아채는 능력조차 잃어버려 내면이 무감각해진다. 이런 상황에 이르면 지금 느끼는 감정의 원인이 무엇인지, 일상의 어떤 부분이 문제였는지 파악할 수 없게 된다. 자신이 느끼는 감정의 정체를 알지 못하기 때문에 주변 사람들이 이해할 수 있을 만큼 제대로 표현하지도 못한다. 감정을 알아채고 이해하고 드러내는 일이 불가능하니 감정 제어는 말할 것도 없다. 감정을 인정하고 수용하기는커녕 무시해 버린다면 이를 다스릴 수도 긍정적인 작용을 기대할 수도 없다.

나는 학자로서의 인생을 이 문제에 바쳤다. 교육계의 연구 결과와 수많은 실제 사례를 통해, 감정 문제를 건강하게 다루지 못했을 때 어떤 끔찍한 결과가 벌어지는지 꾸준히 지켜봐 왔다.

다음의 증거 자료를 살펴보자.

- 2017년 현재, 12세부터 17세까지의 청소년 가운데 8퍼센트, 18세부터 25세까지의 청년 가운데 25퍼센트가 불법 마약을 복용하고 있다.
- 2017년 반명예훼손 연맹(Anti-Defamation League)에 보고된 미국 초·중·고등학교의 학교 폭력 사건 수는 2015년의 두 배에 달한다.
- 2014년 갤럽 조사에 따르면, 교사의 46퍼센트가 학기 중 고도의 일상 스트레스에 시달린다고 한다. 이는 모든 직업군 가운데 스트레스가 가장 심한 것으로 조사된 간호사와 비슷한 수치이다.
- 2018년 갤럽 조사는 직장인 가운데 50퍼센트 이상이 직장에 소속감을 느끼지 못하며 그중 13퍼센트는 "끔찍한" 상태라고 밝혔다.
- 2016~2017년부터 미국 전역 196개 대학의 학생 셋 중 하나 이상이 정신 질환 진단을 받고 있다. 몇몇 대학에서는 정신 건

강 문제가 매년 30퍼센트씩 증가하고 있다.

- 2019년 세계 행복 보고서(World Happiness Report)에 따르면, 전 세계적으로 근심, 슬픔, 분노 같은 부정적 감정이 증가하는 추세이며 2010년부터 2018년 사이의 증가 폭이 무려 27퍼센트에 달한다고 한다.
- 불안 장애는 미국에서 가장 흔한 정신 질환이며 13세부터 18세까지의 청소년 가운데 25퍼센트가 이 질환을 겪고 있다.
- 우울증은 전 세계에서 정신 장애의 주요 원인으로 꼽힌다.
- 2030년이 되면 전 세계가 정신 건강 문제에 지출하는 비용이 16조 달러에 이를 것으로 예상된다. 이는 건강 관리, 치료, 상담 등 직접비와 생산성 저하에 따른 간접비까지 모두 포함한 금액이다.

현재 우리 사회를 보면 감정 문제를 예방하기보다 이미 나타난 결과를 다루는 데에 더 많은 비용과 노력을 투입하려는 것 같다.

나는 감정을 억누를 때 일어나는 부정적인 결과에 개인적으로 관심이 있다. 나 역시 비슷한 문제를 겪었지만 나를 보살펴 준 사람 덕분에 회복할 수 있었다. 뒤에서 이 부분에 관해 더 자세히 이야기하겠다.

따로 배우지 않고도 이 책에서 제시하는 방법대로 감정을 다룰 수 있는 사람은 천부적인 통찰력을 지닌 극소수의 사람뿐이다. 그렇지 못한 나는 애써 배워야만 했다. 이것은 말 그대로 '기술'이다. 외향적이든 내향적이든, 낭만적이든 실용적이든, 예민하든 태평하든 성격과 상관없이 동일한 기술을 사용할 수 있고 심지어 삶을 바꿀 수도 있다. 이 기술은 간단하고 명확하며 거의 전 연령대에 적용할 수 있다는 사실이 검증되었다.

최근에 미국에서 가장 열악한 학군의 교장들을 대상으로 연수를 진행했다. 주변 사람들은 "그 사람들, 아마 너를 물고 뜯을걸."이라고 경고했다. 첫날 점심시간에 구내식당에서 같이 줄을 서 있던 교장과 가벼운 이야기를 나누다 물었다. "그나저나 지금까지 제 강의 어땠나요?" 그는 내 눈을 쳐다봤다가 이내 음식을 내려다보며 말했다. "디저트가 맛있어 보이네요." 그 순간 내가 어떤 상황에 맞닥뜨렸는지 깨달았다. 불만을 듣는 데 꽤 익숙하다고 생각했지만 이번엔 크게 한 방 얻어맞은 기분이었다. 바로 그를 내 프로젝트에 참여시키기로 결심했다. 그의 상관인 교육감도 내 의견에 완전히 동조했는데, 다른 교장들도 교육감처럼 나를 신뢰해야만 이 학군에서 성공할 수 있음이 분명했기 때문이다.

이틀간의 집중 교육이 끝날 무렵 다시 그 교장에게 물었다. "지난번에는 이 연수가 도움이 될 거라고 생각하지 않으셨잖아요. 이틀간 감정에 대해서, 감정을 표현하는 기술을 학교 현장에 적용하는 방법에 대해서 배워 봤는데 이젠 어떻게 생각하세요?"

"음, 그러니까 말이죠." 그가 생각을 정리하려는 듯 잠시 뜸을 들였다가 대답했다. "내가 모른다는 사실을 몰랐다는 걸 깨달았습니다. 감정을 표현하는 언어가 나한테는 외국어 같았거든요."

고무적인 대답이었다. 이내 그가 말을 이었다.

"감정을 표현하게 해 줘서 고맙습니다."

그럼 이제 여기서부터 시작해 보자.

| 일러두기 |
• 모든 각주는 옮긴이 주이다.

• 차례 •

제3부 행복과 성공을 부르는 감정 기술 적용법

제1부

우리에게는 감정을 표현할 자유가 있다

제1장

감정을 표현하자

기분이 어떤가?

이 책의 주제를 고스란히 담고 있는 질문이다. 마지막 장을 덮을 때까지 나는 이 질문을 몇 번 더 던질 것이다. 우리는 일상에서 이런 질문을 다양한 형태로 굉장히 자주 받는데, 솔직하게 대답할 수 있으려면 기본적으로 질문 형태가 최대한 간결해야 한다.

이제부터 나는 심리학자이자 정서적 행복을 연구하는 기관의 책임자이면서 동시에 여러분과 똑같은 인간의 입장에서 이야기하고자 한다. 정말로 솔직하게 말하자면 어린 시절의 나는 누군가가 내게 저 질문을 해 주기를 바랐다. 질문을 던진 사람이 진심으로 내 대답을 궁금해하고 내가 털어놓는 이야기를 듣고 나서 나에게 용기를 불어넣어 주기를 원했다.

나는 어렸을 때 참으로 불행했다.

두려움과 분노와 절망에 젖어 있었고 왕따를 당하는 외톨이였다. 고통스러운 나날이었다.

정말이지 지독히 힘들었다.

누군가 중학생 시절의 나를 봤다면 뭔가 심각하게 잘못됐다는 걸 한눈에 알아차렸을 것이다. 나는 성적표가 C와 D로 도배된 학습 부진아였고 식이 장애로 체중 미달과 비만을 오갔다. 친구도 아예 없었다.

부모님이 나를 사랑하고 아꼈다는 건 잘 알고 있다. 그러나 부모님도 각자 힘겨운 고통을 겪고 있었다. 어머니는 불안해하고 우울해했으며 알코올 의존증에 걸려 있었다. 아버지는 아들이 자신처럼 남자답지 못하다는 이유로 분노와 걱정, 실망에 시달리고 있었다. 하지만 그들에게는 적어도 한 가지 공통분모가 있었다. 감정을 다루는 법을 전혀 몰랐다는 점이다. 자신들의 감정은 물론이고 내 감정까지도.

나는 혼자 방에 틀어박힌 채 학교에서 묵묵히 감내했던 괴롭힘을 곱씹으며 울거나 괴로워했다. 내가 삶에 대해 느끼는 감정은 대부분 분노였다. 종종 어머니에게 화를 내고 소리를 지르곤 했다. "엄마가 뭔데 나한테 그렇게 말하는 거야?" 그러면 어머니도 맞받아 외쳤다. "아빠 오면 두고 보자!" 아버지가 퇴근해 돌아오면 어머니는 내가 얼마나 못되게 굴었는지 전했고 아버지는 내 방으로 달려와 고함을 질렀다. "한 번만 더 엄마한테 그런 식으로 말하면 그땐 가만두지 않을 거다!" 때로는 이런 훈계조차 없이 매부터 들기도 했다.

그러면 어머니가 불쑥 끼어들었고 두 사람은 아버지의 훈육 방법을 놓고 언쟁을 벌였다. 그러다 마침내 아버지가 물러나면 어머니가 내 방에 들어와 나를 다독였다. "마크, '이번엔' 내가 너를 구해 줬지만……."

　　의아했다. 대체 무엇으로부터 나를 구해 줬다는 거지?

　　그럴 의도는 아니었겠지만 이런 경험을 통해 그들은 내게 큰 가르침을 주었다. 감정을 드러내면 안 된다. 부모님에게 내 감정을 절대 표현해선 안 된다. 이 교훈은 상황을 더욱 악화시켰다.

　　어느 날 나는 부모님에게 끔찍한 비밀을 털어놓았다. 우리 가족의 친구였던 이웃이 나를 성적으로 학대했다는 사실을 알게 된 아버지는 지하실에 있던 야구 배트로 그 남자를 때려죽이려 했고 어머니는 신경 쇠약으로 쓰러질 지경이 되었다. 경찰이 그 이웃을 체포했고 내가 무슨 일을 당했는지 온 동네에 금세 소문이 났다. 그 학대범이 열 명이 넘는 아이들에게 같은 만행을 저질렀다는 사실도 드러났다.

　　내가 나서서 이 끔찍한 악몽을 폭로한 걸 모두 반겼을 거라고 생각하는가? 아니, 틀렸다. 나는 곧 외톨이가 되었다. 어른들은 하나같이 아이들에게 나와 가까이 지내지 말라고 했다. 따돌림은 더 심해졌다.

　　부모님은 그제야 내가 끊임없이 감정적으로 무너지는 원인을 깨달았다. 나쁜 성적, 폭식증, 관계 단절, 절망, 분노의 이유를.

　　그리고 비슷한 난관에 봉착한 사람들과 마찬가지로 반응했다.

　　망치로 맞은 듯 큰 충격에 빠져 아무 대처도 하지 못한 것이다.

　　부모님은 문제의 심각성을 정확히 인지하진 못했지만 내게 상담 치료가 필요하다는 사실 정도는 알고 있었다. 그러나 그들은 각자 자신의 문제에 압도되어 그저 버텨 내기에 급급했던 나머지 다른 사람의 감정을 살필 수가 없었다. 그들은 내가 보낸 신호를 놓쳤거나 무시했다. 어쩌면 내 학교생활이나 동네 친구들과의 관계에 대해 자세히 묻지 않는 것이 속 편해지는 길이라고 생각했을지도 모른다. 자신들이 알게 될 진실이 두려웠을 수도 있다. 일단 알고 나면 뭔가 조치를 취해야 한다는 점이 부담스러웠을 것이다.

조부모님이 내 부모님의 감정을 진심으로 궁금해했다면, 감정을 다루는 법과 문제 상황에 대처하는 법을 가르쳐 줬다면 내 어린 시절은 굉장히 달라졌을 것이다. 부모님이 내 고통을 이해하고 적절한 도움을 줄 수 있었을 테니 말이다.

하지만 그런 일은 일어나지 않았다.

마치 당신의 이야기처럼 친숙하지 않은가. 이 분야에서 일하다 보면 나와 비슷한 어린 시절을 보낸 이들을 많이 만나게 된다. 그들은 불쾌한 감정을 드러내지도, 인정하지도 않고 가슴속 깊이 묻어 버렸다. 저마다 사연은 조금씩 달랐다. 신체적 학대를 당한 사람도 있었고 무시당하거나 외면당한 사람도 있었다. 감정적 학대를 감내해야 했던 사람, 자녀를 통해 대리 만족을 구하려는 부모 때문에 숨 막히는 시간을 보낸 사람도 있었다. 알코올 의존이나 약물 의존에 빠진 부모가 자녀를 방치한 사례도 있었다. 상황은 다양하지만 벌어진 일은 결국 비슷하다.

극적인 사연이랄 것이 거의 없는 사람들의 경우도 마찬가지다. 가족 중에 감정을 이야기하거나 다루는 법을 배운 사람이 아무도 없어서 감정 문제가 늘 무시되는 가정에서 자란 사람들이다. 그들은 자신의 감정을 다른 사람이 중요하게 여기지 않는다고 해서 삶을 비관할 필요는 없다며 문제를 가볍게 넘겨 버린다.

나 역시 그렇게 대응했다. 내 감정에 점점 무심해졌다. 마음을 닫아 버린 것이다. 일종의 생존 전략이었다.

그때 기적이 일어났다.

구세주의 이름은 마빈. 정확히는 마빈 삼촌이었다.

마빈 삼촌은 어머니의 남동생으로, 낮에는 교사로 일하고 밤과 주말에는 밴드 활동을 했다. 우리 가족은 친척들 사이에서 스타였던 그의 공연을 보러 뉴저지에서 캐츠킬산까지 찾아갔다. 마빈 삼촌은 정말 특이한 사람이었다. 친척들 사이에서는 물론이고 내가 지금껏 알아 온 모든 어른 중에서도 가장 독특한 사람이었다. 〈죽은 시인의 사회〉(Dead Poets Society)에서 로빈 윌리엄스가 연기한 인물과 비슷했다.

마빈 삼촌은 이미 1970년대에 학생들의 감정 표현을 장려하는 교육 과정을 고안했다. '감성 능력'이 학습과 인생의 질을 향상할 수 있다는 믿음에 기초한 것이었는데, 삼촌은 그 믿음이야말로 교육 현장의 문제를 해결할 열쇠라고 생각했다. 삼촌이 정리한 내용을 소리 내어 읽으면 나는 그것을 타이핑하는 조수 노릇을 했다. 그때 '절망', '소외', '헌신', '의기양양함' 같은 용어를 접하고 나에게도 그런 감정이 있다는 사실을 깨달았다.

어느 여름날 삼촌과 함께 뒷마당에 앉아 있는데 그가 내게 IQ 테

스트를 해 보자고 제안했다. 알고 보니 나는 처참한 학교 성적표가 주
장하는 것에 비해 훨씬 똑똑한 아이였다. 삼촌은 내가 학교 폭력에 시
달리고 성적 학대까지 당했으니 마음 깊은 곳에서 크나큰 혼란을 겪
고 있지 않을까 생각했던 것 같다. 그는 어떤 어른도, 아니 어느 누구
도 하지 않았던 질문을 했다.

"마크, 기분이 어때?"

이 한마디에 가슴속 감정의 둑이 일시에 무너지고 격류가 쏟아졌
다. 당시 겪고 있던 끔찍한 일들과 내가 느꼈던 감정들이 한꺼번에 나
를 덮쳐 왔다.

그 사소한 질문 하나가 내 인생을 바꿔 놓았다. 중요한 건 질문 자
체가 아니라, 삼촌이 내게 질문한 방식이었다. 그 순간 나는 삼촌이
진심으로 내 대답을 궁금해한다는 느낌을 받았다. 삼촌은 내가 느끼
는 감정을 섣불리 평가하지 않았다. 마음을 열고 공감하며 귀를 기울
여 주었다. 내 감정을 해석하거나 설명하려 하지도 않았다.

그날 나는 정말 시원하게 속내를 털어놓았다.

"전 친구가 없어요. 운동도 잘 못하는 뚱보예요. 학교에선 왕따고
요." 흐느끼며 울부짖었다.

마빈 삼촌은 그저 들어 주기만 했다. 내 말 한마디 한마디에 집중
해 주었다. 삼촌은 방구석에만 틀어박혀 짜증과 반항을 일삼는, 다시
말해 주변을 불편하게 하는 나의 행동 이면에 심각한 문제가 있지 않
을까 생각했던 유일한 사람이었다. 그는 누구도, 심지어 나조차도 인
지하지 못했던 부분에 처음으로 초점을 맞췄다.

마빈 삼촌은 내게 마음껏 감정을 표현할 자유를 선사한 것이다.

감정은 무시해서도, 억눌러서도 안 된다

이런 사정을 고려하면 내가 지난 25년간 감정에 관해 연구하고 글을 쓰고 세계를 돌아다니며 감정 표현에 대해 강연을 한 것은 당연한 결과라고 할 수 있다. 감정 표현 문제는 내 열정의 원천이자 평생의 과업이 되었다. 현재 나는 예일대 아동 연구 센터(the Yale Child Study Center) 교수이자 예일대 감성 지능 센터(the Yale Center for Emotional Intelligence) 설립 이사로 재직 중이다. 이곳에서 나는 과학자와 의사로 구성된 팀을 이끌고 있는데, 이들은 감정과 감성 능력을 연구하고 미취학 아동부터 CEO까지 전 연령대 사람들에게 감정을 풍부하게 표현하는 방법을 가르친다. 우리 센터의 목표는 감정의 힘을 이용해 더 건강하고 공정하며 혁신적이고 자비로운 사회를 만드는 데 일조하는 것이다.

매년 나는 교육자, 학생, 부모, 기업 임원, 사업가, 정치 지도자, 과학자, 의료인을 비롯해 전 세계 온갖 부류의 수많은 사람들을 대상으로 강연한다. 내가 전하는 메시지는 언제나 똑같다. 아무리 힘든 감정이라도 그 정체를 파악하고 표현하며 이를 제어할 수 있다면 긍정적이고 만족스럽게 살아갈 수 있다는 것이다.

나는 집단 상담을 할 때 바로 지금 느껴지는 감정이 뭔지 먼저 생각해 보라고 한다. 그런 다음 다른 이들과 공유해 보라고 한다. 이때 사람들의 반응을 살펴보면 굉장히 흥미롭다. 사람들은 감정 자체가 아니라 감정 공유를 어려워한다. 관찰 결과, 많은 이들이 감정을 적절히 표현할 수 있는 단어를 찾지 못했다. 전체의 4분의 3가량이 '감정'을 드러내는 단어를 떠올리는 데 어려움을 겪었다. 단어가 떠올라도 보통은 입 밖으로 내뱉지 못하고 더듬대면서 "괜찮아요.", "좋아요." 같은 가장 무난한 표현으로 어물쩍 넘어가기 일쑤였다.

이쯤 되면 궁금해진다. 과연 나는 내 기분을 제대로 알고 있을까? 내 감정을 들여다봐도 될까? 배우자, 아이, 동료에게 이런 질문을 해 본 적이 있던가? 시리(Siri), 구글 어시스턴트(Google Assistant), 알렉사(Alexa)에게 묻기만 하면 즉시 답이 튀어나오는 요즘 같은 세상에서 우리는 더 이상 답을 찾기 위해 차분히 내면을 들여다보거나 서로의 마음을 살피며 잠시 숨을 고르지 않는다. 하지만 시리도 모든 것을 알지는 못한다. 어째서 당신의 아이가 절망하거나 신이 났는지, 어째서 당신이 중요하게 여겼던 사람이 최근에는 그렇게 느껴지지 않는지, 당신이 왜 만성적인 가벼운 불안증을 떨쳐 내지 못하는지, 구글 검색으로는 알아낼 수 없다.

감정 표현이 불편하고 어색한 건 당연하다. 긍정적인 감정도 그렇지만 슬픔, 분노, 두려움, 거부당한 상처 같은 불쾌한 감정의 경우에는 더욱 그렇다. 그 모든 감정이 자신의 약점과 직결되는데 어느 누가 드러내고 싶어 할까? 약점을 감춰 자신을 보호하려는 본능은 자연스러운 것이다. 야생 동물조차 그렇게 한다. 그야말로 자기 보호 본능인 셈이다.

우리는 이런 질문을 하루에도 몇 번씩 주고받는다.

"잘 지내?" "어떻게 지내?" "요즘 어때?"

의례적인 질문이란 걸 잘 알기에 대부분 자신의 내면을 들여다보지 않고 반사적으로 비슷한 대답을 한다.

"잘 있지. 넌 어때?" "별일 없어!" "엄청 바빠!"

이런 대답이 자동으로 튀어나오는 데 단 1초도 걸리지 않는다.

이 질문은 인간의 가장 큰 역설 가운데 하나를 잘 보여 준다. "어떻게 지내?"라는 질문을 다양한 형태로 몇 번이고 묻는다는 것은 이 문제를 그만큼 중요하게 여긴다는 뜻이다. 하지만 누구도 솔직한 대답을 기대하거나 요구하지 않으며 그렇게 답하지도 않는다.

상상해 보자. (스타벅스 바리스타처럼) 약간 안면이 있는 사람이 "안녕하세요, 잘 지내세요?"라고 물었을 때 정색하고 5분가량 구구절절 이야기를 늘어놓는다면 어떻게 될까. 진짜 속내를 털어놓아 보는 것이다. 그러면 상대가 당신에게 그 질문을 다시 던지기까지 분명 아주 오랜 시간이 흘러야 할 것이다.

기꺼이 기분을 살펴 주려는 호의와 솔직히 대답하기 꺼려지는 마음 사이에는 큰 괴리가 있는데, 여기에 매우 중요한 시사점이 있다. 누구나 잘 알고 있듯이, 신체적 건강을 제외하면 감정 상태를 어떻게 유지하는지가 삶에서 가장 중요한 문제이다. 감정은 모든 것을 지배한다. 온갖 부분에 구석구석 영향을 미친다. 우리는 감정을 다룰 때면 항상 조심스러워한다. 내면 세계는 우리 자신에게도 미지의 영역이며 섣불리 탐색하기에는 위험 부담이 큰 공간이다.

삶은 슬픔, 실망, 불안, 짜증, 열정, 평온함 같은 감정으로 가득 차 있다. 이런 감정이 불편할 때도 적지 않다. 그렇지 않아도 바쁜 삶을 방해하거나 구속하기 때문에 우리는 감정을 무시하려 안간힘을 쓴다. 이런 분위기가 사회 곳곳에 만연하다. 미국을 건국한 청교도들의 경직된 윗입술부터 학교 운동장에서 강조되는 '참고 견디라.' 정신에 이르기까지 광범위하게 퍼져 있다. 물론 우리는 감정을 중시하고 존중해야 한다고 생각한다. 하지만 동시에 감정이 직장, 가정, 그 밖의 모든 곳에서 갈등을 일으키며 생산성을 떨어뜨린다고 여긴다. 1980년대까지 대부분의 심리학자는 감정을 불필요한 소음, 쓸모없는 잡음 정도라고 보았다. 감정이 인간을 무기력하게 만들어 목표 달성을 방해한다는 견해가 대세였다. 그 결과 우리는 이런 메시지를 주입받으며 자라났다. 감정에 신경 쓰지 마. 내면에 집중해선 안 돼.(설령 가능하다 해도!) 감상 따윈 버려. 앞으로 나아가야 해.

하지만 역설적이게도 감정은 무시하거나 억누르면 오히려 더 강해진다. 강렬한 감정은 우리가 원하든 원치 않든, 모든 것을 악으로 물들이는 어둠의 힘이 되어 내면에 단단히 자리 잡는다. 감정은 무시한다고 해서 제풀에 사라지지 않는다. 저절로 해소되지도 않는다. 언젠가 갚아야 하는 빚처럼 차곡차곡 쌓일 따름이다.

비단 불쾌한 감정에만 해당하는 이야기가 아니다. 우리는 좋은 일이 있을 때도 기분을 제대로 파악하지 못한다. 그저 그 감정을 즐길 뿐 깊이 살펴보지 않는다. 이 역시 잘못된 일이다. 앞으로 살아가면서 긍정적인 선택을 하기 위해서는 무엇이 자신을 행복하게 하는지, 그 이유는 무엇인지 알아야 한다.

우리가 감정을 잘 다루지 못한다는 증거

사람들이 감정을 건설적으로 다루지 못한다는 증거는 어디서든 찾아볼 수 있다. 2015년에 로버트 우드 존슨 재단, 본 디스 웨이 재단(Born This Way Foundation, 레이디 가가와 그의 어머니 신시아 제르마노타가 설립한 자선 단체)과 함께 미국 전역의 학생 2만 2000명을 대상으로 대규모 설문 조사를 실시하여 학교에서 느끼는 기분을 묘사해 달라고 요청했다. 가장 많이 사용된 '지친', '피곤한', '스트레스'를 비롯해 학생들이 선택한 단어의 4분의 3이 부정적인 어휘였다. 초·중·고등학교 학생의 30퍼센트가량이 정기적 상담이 필요할 정도로 심각한 적응 문제를 겪고 있다는 사실을 감안하면 이 결과는 그리 놀랍지 않다. 저소득층이 주로 사는 지역의 학교에서는 이 비율이 60퍼센트까지 올라가기도 한다.

유니세프(UNICEF) 보고서에 따르면 오늘날 미국 청년의 행복도와 만족도는 선진국 가운데 최하위권을 기록하고 있다. 젊은이들은 성인보다 훨씬 높은 수준의 스트레스를 받고 있다고 한다. 10대 청소년은 폭력, 폭음, 마리화나 흡연, 비만 분야에서 전 세계를 리드하고 있고, 대학생 가운데 절반 이상이 과도한 불안에 시달리고 있으며 그중 3분의 1은 심각한 우울증을 겪고 있다. 게다가 지난 20년에 걸쳐 자살률은 28퍼센트 증가했다.

지쳐 있고 피곤해하고 스트레스에 시달리는 아이들이 어떻게 제대로 생각할 수 있을까? 불안에 휩싸여 있는데 어떻게 새로운 정보를 받아들일 수 있을까? 그런 마음으로 공부에 집중할 수 있을까? 호기심을 품고 배움을 추구하려는 의욕이 솟아날까?

학교의 정서적 분위기가 얼마나 중요한지 보여 주는 이야기를 하나 소개한다.

한 대도시의 교육감이 어느 날 현장 시찰에 나섰다. 교장과 함께 학교를 둘러보던 중 교실로 가던 여학생을 만나 인사를 건네며 이야기를 나눠 보려 했다.

하지만 그 여학생은 교육감을 본체만체했다.

"저한테 인사할 생각이 없는 것 같네요." 교육감이 내게 말했다. 잠깐 어색한 침묵이 흐른 뒤 그 여학생은 고개를 숙인 채 가던 길을 계속 갔다. 분명 학생들은 복도 가운데 그려진 흰 선을 따라서만 걸어야 한다고 배웠을 것이다. "선을 넘어 나에게 다가와 이야기하면 규칙을 어기게 되나 보군요." 교육감이 말했다.

두 사람의 대화가 어떻게 진행되었을지는 영영 알 수 없게 되었다. 인간관계를 맺으려는 학생과 교육자 사이의 자연스러운 본능이 질서를 지켜야 한다는 교칙에 의해 억눌리고 말았다.

한 번의 대화로 어떤 일이 일어나기나 할까? 복도에서 나눈 가벼운 대화 몇 마디로? 아마 그럴 가능성은 거의 없을 것이다. 하지만 과거의 나와 비슷한 상황에 처해 본 사람이라면, 어떤 어른도 당신의 이야기에 귀 기울이지 않아 안개 속에서 홀로 헤매야 했던 사람이라면, 진심 어린 사소한 말 한마디가 마음을 울릴 수 있다는 사실을 잘 알고 있을 것이다.

감정을 억누르고 있는 건 비단 학생만이 아니다. 그들을 가르치는 교사들도 비슷하지 않을까? 2017년 새로운 교사 센터(New Teacher Center)와 함께 교사 5000명 이상을 대상으로 조사한 결과, 이들이 업무 시간의 70퍼센트 동안 "좌절한 채로" "격무에 시달리며" "스트레스"를 느낀다는 사실이 밝혀졌다. 이는 미국 교사의 절반이 일상적으로 높은 스트레스에 시달린다는 갤럽 조사 결과와 일맥상통한다. 이것이야말로 우리 교육 제도의 섬뜩한 면을 단적으로 보여 주는 결과 아닐까?

교사들이 아이들만큼이나 좌절하고 어쩔 줄 몰라 하며 스트레스를 받고 있는데 어떻게 제대로 일할 수 있을까? 100퍼센트 최선을 다해 가르칠 수 있을까? 이렇게 감정적으로 탈진한 상황에서는 본의 아니게 학생들에게 잔소리를 하거나 학생들의 요구를 묵살하게 되지 않을까? 내일은 이 교실로 다시 돌아오기 싫다는 마음을 안고 녹초가 된 채 퇴근하지 않을까?

감정을 이해하지 못하고 이를 다루는 방법을 알지 못하면 어린 시절의 내가 겪었듯 감정이 삶을 집어삼키고 만다. 그때 나는 두렵고 불안해서 문제에 직면할 엄두조차 내지 못했다. 마치 마비된 듯 아무것도 할 수 없었다. 이제는 그 이유가 과학적으로 밝혀졌다. 누군가가 내게 감정을 표현할 기술을 가르쳐 줬더라면, 하다못해 그런 기술이

'있다.'라는 점만이라도 말해 줬더라면 제대로 대처할 수 있었을 것이다. 하지만 당시에는 그저 참고 견딜 수밖에 없었다.

강연 중에 나는 오늘날 많은 어린이들이 심각한 위기에 빠져 있다는 이야기를 꺼내곤 한다. 그러면 질문이라기보다는 의견에 가까운 이런 말을 던지는 사람이 으레 나타난다. "요즘 애들이 이전 세대보다 강단도 없고 윤리 의식도 부족하다고 생각하지는 않나요?"

해를 거듭할수록 이런 질문에 더 현명하게 대처할 수 있게 되었다. 예전에는 그런 발언을 들으면 짜증이 치솟았다. 마치 우월감을 과시하며 희생자를 비난할 핑계를 찾으려는 것 같았다. 이제는 무책임한 언사라는 생각이 든다.

요즘 아이들이 우리, 아니 이전 세대보다 감정적으로 훨씬 유약하다고 치자. 그리고 옛날 아이들이 요즘 아이들만큼, 아니 어쩌면 그보다 더 힘들었지만 고난에 맞서 그것을 극복해 냈다고 하자.

그래서 어쩌란 말인가?

최선을 다해 아이들을 도와야 한다는 책임감을 버리라는 뜻인가? 아이들이 작은 도움이라도 요청하면 묻지도 따지지도 말고 손을 내밀어야 하지 않을까? 만약 요즘 아이들에게 지원이 더 많이 필요하다면 그렇게 된 이유는 뭘까? 우리의 양육 방식 때문은 아닐까?

오래지 않은 지난날, 아이들이 심각한 결핍에 괴로워하던 시절이 있었다. 이에 대한 국가의 대응책은 오늘날 귀감이 될 만하다. 제2차 세계 대전이 한창이던 1945년, 전직 교사였던 루이스 B. 허시(Lewis B. Hershey) 장군은 육군 징집병의 절반가량이 영양실조에 시달리고 있어 돌려보냈다고 하원에서 증언했다. 그는 징병 책임자로서 이 상황의 면면을 정확히 인지하고 있었다. 영양 부족, 영양실조를 겪는 미국 젊은이들은 전쟁에 투입되기에 부적합하다는 사실을 깨달은 것이다.

하원은 젊은 세대의 무기력함을 비난하는 성명서를 발표하는 대신 초당적 법안을 통과시켰다. 바로 '학교 급식법'(National School Lunch Act)*이다.

다시 말해, 우리 아이들을 잘 먹이자는 것이었다.

우리는 모두 감정을 다루는 법을 배워야 한다

이제 다시 우리 아이들을 잘 먹여야 할 때다.

예일대 감성 지능 센터는 사람들이 감정을 인식하고 삶 전반에 걸친 감정의 영향력을 이해하여 건강하고 생산적인 방식으로 활용하는 능력을 함양하도록 돕는다.

한 대형 종합 병원에서 정신 건강 전문가들을 대상으로 강연을 마친 뒤였다. 소아 정신과 과장이 나를 찾아왔다. "좋은 강연이었습니다. 하지만 강연 내용에 우리가 가진 데이터를 종합해 보면 아이들이 앞으로 겪을 문제를 해결하기 위해서 소아 정신과 의사가 8000명은

---

* 1946년에 미국 민주당 상원 의원이었던 리처드 러셀이 만든 법안으로, 모든 공립 학교에서 무료 또는 저가 급식을 실시한다는 내용을 담고 있다.

더 필요할 겁니다."

나는 깜짝 놀라 반농담조로 대답했다.

"제 말을 오해하신 것 같네요. 저는 오히려 여러분이 일에서 손을 떼시기를 바라는 쪽인데요."

그는 문제를 겪고 있는 아이들을 모두 도와주려면 그만큼 많은 전문가가 개입해야 한다고 생각했다. 내 강연의 취지는 교육 과정을 개선해 아이들에게 감성 능력을 길러 주어야 한다는 것이었다. 그렇게 되면 전문가가 덜 개입해도 되지 않을까.

내 멘토인 예일 대학교 심리학과 교수이자 현 총장 피터 샐러베이 (Peter Salovey) 교수와 뉴햄프셔 대학교 심리학과 잭 메이어(Jack Mayer) 교수가 '감성 지능'이라는 개념을 도입한 지 30년이 다 되어 간다. 그리고 이 개념을 대중화하는 데 일조한 대니얼 골먼(Daniel Goleman)의 베스트셀러 《EQ 감성지능》(Emotional Intelligence)이 출간된 지도 어느새 25년이 되었다. 하지만 우리는 여전히 "기분이 어때?" 같은 가장 근본적인 질문과 씨름하고 있다.

감정은 일종의 정보이다. 한 개인이 무언가를 경험할 때 내면에서 어떤 메시지가 발생하는지를 전하는 뉴스 보도와 비슷하다. 이 정보에 접근하여 그 의미를 파악하면 가장 적절한 결정을 내릴 수 있다.

물론 쉬운 일은 아니다. 모든 감정에 설명서가 붙어 있지는 않으니까. 감정을 촉발한 대상과 이유가 명확하지 않기 때문에 해소할 방법을 찾기도 어렵다. 생각과 행동이 감정에 따라 확연히 달라지는 것은 분명하다. 하지만 왜 감정을 잘 다뤄야 하는지, 어떻게 해야 잘 표현할 수 있는지는 분명하지 않다. 부모라면 한 번쯤 이런 상황을 겪었을 것이다. 아이가 분명히 힘들어하는데 그 이유를 알 수가 없다. 그래서 이렇게 묻는다. "무슨 일 있니?" 하지만 아이들은 왜 힘든지 말하지 않는다. 어쩌면 아이는 뭐가 문제인지조차 모를 수도 있다.

일례를 살펴보자. 우리는 가끔 아무 이유 없이도, 또는 도통 납득하기 어려운 상황에서도 분노가 일어난다고 본다. 하지만 거의 대부분의 경우에 분노는 불공정한 취급을 당했다고 느낄 때 나타난다. 크든 작든 부당한 일을 겪으면 화가 나기 마련이다. 줄 서서 기다리고 있는데 누군가가 새치기를 하면 짜증이 난다. 당신이 승진 대상자였는데 사장 조카가 그 자리를 차지하면 격분한다. 두 사건은 언뜻 달라 보이지만 기본적으로는 똑같은 역학 작용의 결과이다.

자신의 감정이든 다른 사람의 감정이든 상관없이 화를 잘 다스리지 못하는 사람들이 많다. 성난 아이를 대할 때 부모나 교사가 제일 먼저 하는 행동은 주로 규칙을 들먹이며 아이를 위협하는 것이다. 소리를 지르거나 버릇없는 말을 하거나 발을 구르는 행동을 그치지 않으면 구석에서 벌을 서라고 하거나 아이 방으로 보내거나 아이가 좋아하는 일을 하지 못하게 하는 식으로 말이다.

화난 사람이 어른일 때도 대응은 별반 다르지 않다. 우선 자리를 피한다. 상대의 말에 공감하지도, 귀 기울이지도 않는다. 공격당한다고 느끼기 때문에 상대가 전하는 정보를 받아들이지 못한다. 하지만 분노는 중요한 메시지이다. 부당함을 해결하면 분노는 사라진다. 더 이상 화낼 필요가 없기 때문이다. 해결하지 못하면 겉으로는 누그러진 듯 보일지 몰라도 속으로 곪아 버릴 것이다.

감정 앞에서 막막해하는 우리에게는 다행스럽게도, 감정을 과학적
으로 이해할 수 있는 길이 열렸다. 감정은 더 이상 직관이나 의견, 직
감의 영역으로 치부되지 않는다. 인간은 다른 사람의 감정과 그 발생
이유를 알아차릴 수 있는 재능을 타고나지 못했다. 그렇기 때문에 우
리는 모두 감정을 다루는 법을 배워야 한다. 나 또한 예외는 아니었다.

감정의 과학에도 다른 과학과 마찬가지로 발견 과정, 즉 조사 방
법이 있다. 30년에 걸친 연구와 실행 끝에 우리 센터는 일명 '감정 과
학자'가 되는 데 필요한 능력을 찾아냈다.

그 다섯 가지 능력은 다음과 같다.

- 겉으로 드러나는 생각, 느낌, 말의 내용뿐 아니라 표정, 몸짓,
  어조를 비롯한 비언어적 신호를 통해서도 자신과 타인의 감정
  을 인식할 수 있다.
- 감정 자체와 감정의 근원을 파악하고 그것이 행동에 어떻게 영
  향을 미치는지 이해할 수 있다.
- 적절한 단어로 감정을 표현할 수 있다.
- 문화적 규범과 사회적 맥락에 의거해 듣는 사람이 공감하도록
  감정을 전달할 수 있다.
- 우리 자신과 다른 사람들의 감정을 다루는 실용적 방법을 찾아
  내 감정의 노예가 아닌 주인이 될 수 있다.

이 책의 나머지 부분에서는 이 능력을 습득하는 방법과 이를 활용하는 방법에 대해 설명하겠다.

감성 능력의 중요성을 널리 공유해야 하는 이유

1990년대 후반에 마빈 삼촌과 나는 감정을 다루는 기술을 학교 교육에 도입하려 시도했지만 결국 실패하고 말았다. 처음에 우리는 아이들만을 대상으로 했다. 그런데 일부 교사들이 거부감을 드러냈다. 어떤 교사는 "아이들에게 불안을 가르친다는 게 껄끄러워요."라고 말했다. "나라면 아이들의 감정 표현이라는 판도라의 상자를 열지 않을 거예요."라고 말하는 교사도 있었다. 교사들이 감성 능력의 중요성을 믿지 못한다면 그들이 아무리 관련 내용을 가르쳐 봐야 효과가 없을 터였다. 그래서 마빈 삼촌과 나는 다른 예일대 동료들과 함께 처음부터 다시 시작했다. 아이들이 변화하려면 교사들이 먼저 감성 능력의 중요성을 이해해야만 했다. 곧이어 우리는 교육 위원회, 교육감, 교장 등 각 조직 최고위층이 적극적으로 지원해 준다면 학교 시스템을 전면 개편할 수 있다는 사실을 깨달았다.

감성 능력이 얼마나 중요한지 널리 공유할 필요가 있다. 자신과 주변의 모든 사람에게 감정이 어떻게 영향을 미치는지, 학생들뿐 아니라 우리 어른들부터 깨달아야 한다. 그리고 스스로 감성 능력을 발전시켜 긍정적인 본보기가 돼야 한다. 교육자와 부모는 아이들에게 감성 능력을 가르치기에 앞서 자신의 감정을 파악하고 이야기하고 조절할 수 있다는 사실을 몸소 보여 줘야 한다. 우리가 진행한 학교 현장 조사 결과를 보면 감정 표현이 능숙한 교사가 담당하는 학생들이 덜 산만하고 집중력이 높아 학업에서 좋은 성과를 보인다는 사실을 확인할 수 있다. 감성 능력이 발달한 교장이 있는 학교에서는 교사들의 스트레스가 낮고 업무 만족도가 높다. 감성 능력이 뛰어난 부모 밑에서 자란 아이들은 자신의 감정을 더 잘 규명하고 조절한다.

한 세대의 아이들이 감성 능력을 갖춘 어른으로 자라난다면 문화 전반에 변화가 일어나 더 나은 사회를 만들 수 있을 것이다. 하지만 감성 능력을 배우고 감정에 대응하는 방식을 개선한다고 해서 일순간에 행복한 일상을 누리게 되지는 않는다. 영원한 행복은 우리가 추구하는 목표가 아니며 실현 가능하지도 않다. 우리에게 필요한 것은 더 나은 삶을 살고 현명한 판단을 내리며 의미 있는 관계를 맺고 자신의 잠재력을 깨달을 수 있는 능력이다. 이러한 능력을 기르려면 유쾌한 기분과 불쾌한 기분을 마음대로 조절해 모든 감정을 경험하고 표현할 수 있어야 한다.

우리 모두 함께 시작해야 할 일이다. 당신이 부모라면 한번 자문해 보자. 아이가 길렀으면 하는 능력은 무엇인가? 수학 실력, 과학 지식, 운동 능력? 아니면 자신감, 따뜻한 마음, 목적의식, 건강하고 지속적인 관계를 맺을 지혜? 기업 컨설팅을 진행할 때면 기업가들은 하나같이 책임감을 갖고 끈기 있게 일하며 조직의 일원으로 제 몫을 다하는 친화력 좋은 직원을 찾는다고 한다. 기술적 능력이나 전문 지식이 아닌 감성적 자질을 최우선으로 여긴다는 의미이다. 랜드 연구소(Rand Corporation)*의 어느 동료가 말했듯, 오늘날에는 기술 발전 속도가 매우 빠르기 때문에 기업은 누군가가 현재 어떤 기술을 지니고 있는가를 채용 기준으로 삼지 않는다. 그 대신 사고가 유연하고 새로운 아이디어를 제시하며 조직의 협력을 독려하고 팀을 관리하고 이끌 수 있는 사람을 찾는다.

이런 능력을 가진 사람을 보고 따라 하면서 서서히 체득할 수도 있다. 하지만 대부분의 기술은 본격적으로 배워야 한다. 그리고 지역 사회 안에서 배우는 것이 가장 효과적이다. 감성 능력은 개인적이면서도 상호적이다. 개인에게도 유용하지만 공동체 속에서 활용할 때 큰 가치를 발휘한다. 이에 따라 그 효과를 극대화할 수 있는 네트워크가 출현하게 된다. 나는 이 과정을 실제로 목격하고 있다. 감성 능력은 전 세계 학교 수천 곳에서 눈부신 성과를 거두고 있다. 왕따와 정서 불안 문제가 줄어들었고 출석률이 높아졌으며 유급률이 감소했고 학업 성취도가 향상되었다. 동시에 교사들의 스트레스와 번아웃 수치가 낮아졌다. 교직을 그만두려는 마음이 감소하고 직업 만족도가 높아지면서 교사들은 학생들에게 더욱 집중하게 되었다.

우리 모두는 자신과 사랑하는 이의 삶이 고난과 역경 없이 평탄하기를 바란다.

하지만 이는 이루어질 수 없는 바람이다.

---

* 미국의 민간 연구소로 국방, 행정 분야의 대표적인 두뇌 집단이자 독립적인 비영리 연구 기관.

우리는 삶이 건강한 관계와 열정, 목적의식으로 채워지기를 바란다.

충분히 이룰 수 있는 바람이다.

마빈 삼촌은 이 소망을 이룰 수 있는 방법을 내게 알려 주었다. 그 첫걸음은 바로 감정을 표현하는 데에서 시작한다.

제2장

감정은 정보이다

그래서, 기분이 어떤가?

그리 까다로운 질문도 아닌데 생각처럼 답하기가 어렵다. 우리는 항상 어떤 감정이든 느끼고 있고 보통은 한 가지 이상의 감정을 동시에 느낀다. 따라서 감정이란 일시적인 사건이라기보다는 지속적인 흐름이다. 우리 내면을 흐르는 감정의 강물은 때로 잔잔하고 조용하지만 가끔은 격렬한 물살이 일어 둑 너머로 넘치기도 한다. 볼거리가 많은 강인 셈이다.

아침에 눈을 뜬 자신의 모습을 떠올려 보자. 서서히 의식을 되찾아 가는 그 순간에도 우리는 뭔가를 느낀다. 한 시간만 더 자고 싶다고 꾸물거릴 수도 있고, 완전히 충전되어 당장이라도 침대를 박차고 나갈 기세일 수도 있다. 우울한 날이면 출근길이나 몇 시간 뒤 직장에서 마주할 일 생각에 예민해질 것이다. 비가 올 것 같은 날엔 기분이 더 울적해진다. 때로는 앞으로 할 일에 대한 기대감에 날아갈 듯 기분이 들뜨고 활기로 가득 찬 느낌을 받는다. 오늘이 토요일이라는 사실을 떠올리는 것만으로 크나큰 위안을 얻기도 한다. 어떤 날에는 괜히 창의력이 샘솟고 의욕이 넘친다. 이런 감정 상태는 불과 10분 만에 완전히 달라질 수 있다. 아침 뉴스에서 본 소식, 가까운 사람이 일깨워 준 저녁 일정, 지붕에서 발견한 사소한 흠 같은 작은 일 때문에 말이다. 우리의 감정은 롤러코스터처럼 오르락내리락 요동친다.

아이들은 어떻겠는가. 아침에 눈뜨는 순간부터 학교 일과를 마치고 돌아와 잠드는 순간까지, 참담할 정도로 부정적인 느낌에서 극도로 행복한 긍정적인 느낌까지 온갖 감정의 파도가 끊임없이 들이치고 밀려간다. 우리 어른들과 똑같다. 다른 점이 있다면 아이들은 아직 감정을 다스리는 법을 배우지 못했다는 것이다. 다시 말해 한순간 불편해진 기분을 일상으로 끌어들이지 않는 법, 최대한 기분이 좋아지는 방향으로 생각을 전환하는 법을 익히지 못했다. 아이들은 지루함, 짜증, 불안, 걱정, 흥분, 의기양양함 등 모든 감정을 굉장히 강렬하게 경험한다. 게다가 몇 시간 동안 교실에 앉은 채, 비슷한 정서적 압박에 시달리는 교사의 말 한마디 한마디에 집중해야 한다. 아이들의 뇌는 어른들에 비해 덜 발달했고 방어 기제 또한 튼튼하지 못하다. 아이들의 마음속 감정의 물결은 어른들보다 세차게 흐른다. 이런 상황에서 뭔가를 배운다니 그저 놀라울 따름이다.

그래서 그들은 매 순간 많은 것들과 씨름해야 한다. 감정에만 매달려 있기는 어렵다. 사실 그럴 시간이나 여력도 없다. 그렇다고 감정을 무시하거나 별것 아니라고 치부해 버릴 수도 없다. 모든 감정은 내면에서 무슨 일이 일어나고 있는지 알려 주는 중요한 정보원이다. 인간의 복합적 감각이 몸과 마음, 바깥세상에서 소식을 가져오면 뇌가 이를 정리하여 분석한 뒤 표현해 낸다. 이것이 바로 '감정'(feeling)이다.

인간은 아주 오래전부터 감정을 무시해 왔다. 그 역사는 고대 그리스의 스토아 철학자들이 감정은 변덕스럽고 특이한 정보를 만들어 낸다고 주장하기도 전인 수천 년 전으로 거슬러 올라간다. 당시에는 이성과 인지(認知)를 내면의 위대한 힘이라 여겼으므로 '감성 지능'이라는 모순된 개념은 상상도 할 수 없었을 것이다. 그 후로 서구 문학, 철학, 종교는 감정이 올바른 판단과 이성적 사고를 방해한다고 가르쳤다. 오늘날까지도 우리는 이성과 감정이 각기 다른 신체 부위에서 온다는 사고방식을 버리지 않았다. 생각해 보자. 머리와 가슴, 둘 중 어느 쪽을 더 신뢰하라고 배웠는가?

과학자들은 감정을 좋아하지 않았다. 지적 능력과 달리 표준화된 테스트로 측정할 수 없었기 때문이다. IQ(지능 지수)는 주로 숫자의 자릿수나 역사적 사실을 얼마나 기억하는지 등의 '차가운' 인지 능력에 근거한다. 반면 EQ(감성 지수)는 감정이 얼마나 풍부한지, 관계에 있어서 얼마나 주도적인지, 자신과 타인의 기분과 행동을 이해하고 예측하여 대처할 수 있는지 등의 '뜨거운' 사회적·감정적 인지 능력에 근거한다.

1900년 무렵부터 공식적으로 시작된 지능 연구가 감정을 무시한 채 지속되어 온 것은 이 때문이다. 심리학자와 철학자들은 20세기 내내 감정이 논리적 사고 및 지적 행동과 관련 있는지를 두고 논쟁해 왔다. 그러니 감성 지능의 존재가 다른 지능에 비해 뒤늦게 밝혀진 것은 당연한 결과였다.

1990년에 심리학자 피터 샐러베이와 존 메이어가 감성 지능이라는 개념을 학술 논문에서 처음으로 소개했다. 그들은 이를 "자신과 다른 사람의 감정을 인지하고 식별하여 그 결과를 생각과 행동에 활용하는 능력"으로 정의했다.

예일 대학교에서 샐러베이 교수를 인터뷰했을 때 그는 이렇게 말했다. "1970년대 후반 대학 연구실에서 인간의 감정을 연구하기 시작했습니다. 심리학계에서는 감정에 별 관심을 두지 않던 시절이었죠. 인지 혁명이 절정이던 때라 감정을 '소음' 정도로 여겼어요. 인간에게 감정이 존재한다는 건 알고 있었지만 그 중요성을 알아채지 못했습니다. 저는 감정이 하찮다는 생각에 동조하지 않았어요. 감정이 긍정적인 방식으로 중요한 작용을 한다는 점을 보여 주기 위해 연구에 몰두했죠. 인간에게 감정 체계가 괜히 있는 게 아니라는 사실을 입증하고 싶었습니다. 인간이 삶을 헤쳐 나가기 위해서는 감정 체계가 반드시 필요합니다."

감성 지능이란 무엇인가

감성 지능은 세 가지 과학적 연구를 종합한 개념이다. 이들 연구 영역은 감정을 광범위하게 사용하면 논리적 추론과 복잡한 문제 해결에 도움이 된다는 것을 증명하면서 급성장했다.

첫 번째는 감정의 기능에 대한 찰스 다윈(Charles Darwin)의 견해를 재발견한 연구였다. 19세기 당시 다윈은 이런 관점의 선구자였다. 그는 감정이 가치 있는 정보를 전하며 생존에 핵심 역할을 하는 적응 행동(adaptive behavior)을 활성화한다는 견해를 제시했다. 결국 고강도 위협에 둘러싸여 있던 초기 인류에게 두려움이 매우 유용했다는 사실이 밝혀졌다. 굶주린 검치호(劍齒虎, sabre-toothed cat)와 맞닥뜨린 인간을 일으켜 세워 도망치게 하는 데에는 두려움만큼 효과적인 감정이 없다.

두 번째는 감정과 기분이 사고 과정, 판단, 행동에 필수적인 역할을 한다는 연구였다. 기발한 실험을 활용한 사회 과학자들과 뇌의 영역별 차이를 연구한 뇌 과학자들이 인지 및 행동과 감정이 상호 작용하는 방식을 밝혀내기 시작했다. 이를 통해 우리가 사고할 때 감정이 행동 목적과 우선순위, 핵심 관심사를 정해 준다는 사실이 드러났다. 감정은 감각이 전달하는 지식으로부터 받은 정보를 이용해 뭘 해야 하는지 알려 준다. 감정이 행동에 동기를 부여하는 셈이다.

심리학자들은 기분과 판단이 연관되어 있다는 인지 회로(cognitive loop) 개념을 제시했다. 기분이 좋은 사람은 긍정적으로 생각하여 좋은 기억을 갖게 되고 그 결과 기분이 좋아져서 긍정적인 생각을 계속하게 된다. 스탠퍼드 대학교 심리학과 고든 바우어(Gordon Bower) 교수는 고전적인 연구를 실시했다. 피실험자에게 최면을 걸어 기쁨이나 슬픔을 이끌어 낸 뒤 세 가지 과제를 수행하게 했다. 단어 목록을 기억해 내고, 일기를 쓰고, 어린 시절을 회상해 보는 것이었다. 슬픈 피실험자는 부정적인 추억과 단어를 더 많이 떠올렸고 일기에도 슬픈 기억을 더 많이 적었다. 마찬가지로 행복한 피실험자는 상대적으로 더 긍정적인 추억과 단어, 밝은 기억을 떠올렸다. 이후 코넬 대학교 고(故) 앨리스 아이젠(Alice Isen) 교수 연구 팀도 유사한 연구를 진행했다. 일부 집단에는 코미디 영화를 보여 주고 나머지에게는 아무것도 보여 주지 않은 상태에서 창의적 사고를 테스트한 결과, 영화를 보고 '긍정적 정서 조건'을 갖춘 집단의 창의성이 아무것도 보지 않은 집단에 비해 명확히 높았다. 지극히 자연스러운 결과이다. 인간은 '기분과 일치하는'(mood-congruent) 정보를 가장 쉽게 인식하고 상기하기 때문이다. 이는 감정이 생각에 영향을 미치는 여러 방식 가운데 하나일 뿐이다.

세 번째는 IQ로 대표되는 한 분야의 지능이 아닌, 광범위한 분야를 포괄하는 '대안' 지능을 탐색하는 과학적 연구였다. IQ 테스트로는 개개인이 이뤄 낸 유의미한 성취를 설명할 수 없어 연구자들이 점점 좌절해 가던 시절이었다. 하버드 대학교 하워드 가드너(Howard Gardner) 교수는 다중 지능(multiple intelligence) 이론을 제시하며 교육자와 과학자들을 향해 언어나 수학 능력 너머에 있는 능력을 더욱 크게 강조해야 한다고 주장했다. 자기 성찰 지능(자신의 강점과 약점을 잘 파악하는 능력)과 인간 친화 지능(효율적으로 의사소통하고 타인에게 공감하는 능력)이 중요하다는 의견이었다. 현재 코넬 대학교에 재직 중인 심리학자 로버트 스턴버그(Robert Sternberg) 교수를 비롯한 다른 연구자들은 '성공 지능'(successful intelligence) 이론을 제시하며 과학자와 교육자들이 창의력과 응용력에 주목해야 한다고 역설했다. 스탠퍼드 대학교 심리학자 낸시 캔터(Nancy Cantor)와 존 킬스트롬(John Kihlstrom)은 에드워드 손다이크(Edward Thorndike)의 1920년대 연구를 토대로, 사회에 대한 지식을 쌓아 사람들을 이해하고 이를 토대로 현명하게 사회적 관계를 맺는 능력인 '사회 지능'(social intelligence)에 관심을 두자고 촉구했다.

1990년대 후반에야 감성 지능은 마침내 다른 지능과 동등한 지위를 얻었다. 신경 과학자와 심리학자, 지능 연구자들이 감정과 인지가 손을 잡고 정교한 정보 처리 과정을 수행한다는 데 동의하게 된 것이다. 감정을 통한 추론 능력이 저마다 다르다는 사실을 입증하는 연구가 속속 등장하기 시작했다. 일례로 한 연구는 표정을 보고 해당 감정을 정확히 인식하여 자기 감정을 조절하는 능력이 사람에 따라 굉장히 다양하다는 사실을 보여 주었다.

감정은 왜 필요한가

이 책에 언급된 모든 내용은 감정의 여러 역할에 대한 지난 50여 년간의 연구를 토대로 한다. 진화론의 관점에서 감정의 일차적 목적은 실용성이다. 감정이 생존을 보장하는 것이다. 또한 우리는 감정 덕분에 더 영리하게 처신할 수 있다. 인간이 필요로 하지 않았다면 감정은 아예 존재하지 않았을 것이다.

나는 일상생활에서 감정의 영향을 가장 많이 받는 다섯 영역을 연구했다. 첫 번째로 감정 상태는 주의력의 방향을 지정한다. 무엇을 기억하고 학습할지 선별하는 것이다. 두 번째 영역은 의사 결정이다. 분노와 슬픔, 희열과 즐거움 같은 강렬한 감정에 빠져 있을 때면 세상을 평소와 다르게 인식하므로 그 순간 내리는 결정은 좋든 나쁘든 감정의 영향을 받을 수밖에 없다. 세 번째는 사회적 관계이다. 우리가 감정을 느끼는 방식과 타인의 감정을 해석하는 방식은 인간관계에 대한 일종의 신호가 된다. 다가갈지 멀어질지, 가까이할지 거리를 둘지, 상을 줄지 벌을 줄지 결정하는 것이다. 감정이 영향을 미치는 네 번째 영역은 건강이다. 감정은 신체와 뇌 내부에 생리적 반응을 일으켜 육체적·정신적 행복에 영향을 미치는 강력한 화학 물질을 배출하게 한다. 마지막으로 감정은 창의성, 효율성, 성과와 관계가 있다. 원대한 목표를 달성하고, 좋은 성적을 거두고, 직장 내 협력을 성공으로 이끌기 위해서는 감정을 도구로 삼아야 한다. 어떤 감정이든 충분히 좋은 도구가 될 수 있다.

감정과 학습 능력의 상관관계

모든 학습은 감정을 토대로 한다.

__ 플라톤(Plato)

학습 능력을 결정하는 주의력과 기억력에 감정이 어떻게 영향을 미치는지 알아보는 데에서부터 이야기를 시작하자.

감정은 당신이 관심을 보이는 대상을 결정한다. 만약 눈물 날 만큼 지루해하고 있거나 주말에 할 일을 상상하는 중이라면 지금 읽고 있는 이 페이지의 내용은 머리에 들어오지도 않을 것이다. 두려움에 떨고 있다면 그 감정이 머릿속을 꽉 채울 것이다. 집에 불이 나면 한 가지 생각밖에 들지 않을 것이다. '제발 구해 주세요!' 산에 갔다가 울부짖는 곰을 맞닥뜨리거나 밤거리를 배회하다 흉기를 지닌 낯선 사람을 마주하는 등 갑작스러운 신체적 위험에 직면하면 그 상황에 대한 것 외에 다른 생각은 모두 멈춰 버릴 것이다. 자연은 우리 뇌를 이런 식으로 구성했고 이는 인간에게 이롭게 작용한다. 위기 상황에서는 주의가 조금만 흐트러져도 굉장히 치명적이기 때문이다.

무형의 피해에 대한 두려움도 비슷하게 작용한다. 어색함, 부끄러움, 어리석음, 부적절함에 대한 염려 또한 몸과 마음에 큰 영향을 미친다. 흔히 두려움을 공포와 연결하지만 두려움은 불안이나 걱정의 형태로 나타나기도 한다. 이런 감정을 느끼는 것이 무의미하고 비이성적이라고 생각할 수도 있다. 하지만 그렇지 않다. 앞서 살펴보았듯이 감정은 냉정한 논리의 영향을 전혀 받지 않는다. 어떤 상황에서도 나쁜 결과가 나올 것 같다는 생각이 들면 다른 생각을 할 수 없다. 다른 데 관심을 쏟는 편이 좋겠지만 당장 그 순간에는 마음을 돌릴 방법이 없다.

두려움, 분노, 불안, 절망 같은 강렬한 부정적 감정은 마음의 여유를 앗아 간다. 마치 주변부를 보는 시신경이 차단된 듯 정면의 위험에만 집중하게 만든다. 사실 이는 생리적 현상이기도 하다. 부정적 감정이 생기면 뇌에서 스트레스 호르몬인 코르티솔이 분비되는데, 그로 인해 전전두 피질에서 제대로 정보 처리가 이루어지지 않고 신경 인지 측면에서도 집중력과 학습력이 손상된다. 물론 적당한 수준의 스트레스는 도전 의욕을 일으키며 집중력을 높인다. 하지만 만성 스트레스는 해로우며 생물학적으로 학습 능력에 지장을 준다. 바로 그래서 중학교 시절 내가 C로 도배된 성적표를 받은 것이다. 그때 나는 가족 간의 갈등과 왕따 문제에 짓눌린 나머지 수업에 제대로 집중할 수 없었다. 마흔이 되던 해에 고향에 가서 다니던 중학교를 방문한 적이 있는데 잊을 수 없는 일을 경험했다. 일단 학교에 들어서자마자 반사적으로 두려움과 수치심이 밀려들었다. 나는 순식간에 연약한 열세 살 소년으로 되돌아가고 말았다. 그다음에는 괴롭힘당한 기억만 떠올랐다. 교사의 이름이나 배웠던 과목은 하나도 생각나지 않았다.

정신 능력에 손상을 입히는 것은 비단 부정적 감정만이 아니다. 한 고등학생이 10대 청소년을 괴롭히는 전형적인 호르몬 폭풍을 겪는 중이라고 가정해 보자. 로맨틱 판타지는 너무 재미있어 정신없이 빠져들기 일쑤이지만, 세계사는 공부할 의욕조차 생기지 않는다. 사춘기 아이들의 머릿속을 가득 채우는 짜릿한 몽상을 떠올려 보면 그 나이에 어떻게든 공부를 한다는 것이 놀라울 정도이다. 어린아이들도 그에 못지않게 딴생각에 빠져든다. 방과 후에 뭘 하고 놀지, 봄 방학 때 디즈니 월드에 놀러 가면 얼마나 즐거울지 상상한다. 원하는 방향으로 생각을 이끄는 능력과 관련해 충만한 기쁨보다 강력한 감정은 없다. 긍정적인 감정은 코르티솔보다는 세로토닌과 도파민 등 '기분 좋아지게 하는' 신경 화학 물질의 분출을 일으켜 생각과 행동에 영향을 미친다.

지금까지의 연구를 통해 각각의 감정이 학습에서 서로 다른 역할을 맡는다는 사실이 드러났다. 비판적 능력을 발휘해야 하는 상황에서는, 예를 들어 오타를 찾아내고 교정해야 할 때는 긍정적 감정보다 부정적 감정이 훨씬 유용하다. 비관주의는 일이 잘못될 가능성을 예측하고 실수를 방지하기 위한 적절한 조치를 더 쉽게 취하도록 해 주며 죄책감은 도덕적 나침반 역할을 수행한다. 불안은 관대한 분위기라면 쉽게 넘어갔을 일에도 주의를 기울이게 해 상황을 개선하도록 돕는다. 심지어 분노조차 강력한 동기로 작용한다. 체념과 달리 분노는 변화를 위한 행동을 북돋운다. 누군가가 학대당하는 장면을 목격하면 나서서 시정을 요구하는 식으로 말이다.

조금 전 입사 지원서 검토를 마무리했다고 생각해 보자. 기분이 날아갈 듯 가볍고 아찔하도록 신날까? 물론 그럴 수도 있겠지만 오탈자와 비문을 두 번 세 번 거듭 다듬게 하는 동력은 기쁨이 아닌 건강한 두려움이다. 부정적 감정은 한 가지 일에 건설적으로 몰입하게 한다. 어려운 문제를 해결하도록 돕는 감정은 기쁨이 아닌 슬픔이다. 많은 아이디어가 샘솟는 것은 열정 덕분이다. 하지만 열정이 지나치면 의견 합의가 이루어지지 않는다. 당면한 문제를 논리적으로 살피는 데 필요한 에너지를 충분히 모을 수 없기 때문이다. 그 문제가 수학 문제든 인간관계 문제든 마찬가지이다.

현재 교육계는 위기에 당면했다. 학생들은 지쳐 있고 무기력하며 스트레스에 시달린다. 교사들은 중압감에 억눌려 의욕이 저하되었다. 만성 결석과 결근의 빈도가 기록적으로 높다. 우리는 이런 현실에 어떻게 대응했는가? 학생들의 행동을 더 많이 통제했고, 새로운 국어와 수학 프로그램을 도입했으며, 학업 성취 기준을 더 높게 책정했다. 그 어떤 대안도 감정이 학습에 의미를 부여한다는 사실을 반영하지 못했다. 연구에서 분명히 드러나지 않았는가. 공부한 내용을 제대로 소화하고 기억할 수 있을지 여부는 감정에 달려 있다. 감정과 학습을 연결하면 학생들의 교실 수업 참여도가 높아진다. 그것이 학생들의 목표 의식과 열정을 고취하는 길이고 그들의 끈기를 이끌어 내는 방법이다.

주의 집중력이나 기억력이 떨어진다고 느껴질 때마다 자신에게 물어보라. 생각의 이면에 어떤 감정이 자리하고 있을까? 마음의 방향키를 다시 손에 쥐려면 뭘 해야 할까?

감정과 의사 결정의 상관관계

감정은 지혜를 얻는 데만 필요한 것이 아니다.
감정을 씨실과 날실로 짜서 엮으면 결정이라는 천이 만들어진다.

__ 안토니오 다마지오(Antonio Damasio), 서던 캘리포니아 대학교 신경 과학자

잘못된 결정을 내린 적이 있는가? 마음이 끌리는 대로 진행했다가 잘못됐음을 깨닫고 이마를 탁 치며 이렇게 말한 적은 없었나? "이런, 정말 바보 같은 짓을 했어! 대체 무슨 생각으로 그랬지?" 한순간 마음이 흔들렸을 수도 있고 판단력이 흐트러졌을 수도 있다. 지나고 생각해 보면 미처 고려하지 못한 부분이 있음을 분명히 알 수 있다. 이 경험을 통해 깨달음을 얻었기를 바라자.

합리적인 바람이다. 하지만 뭘 깨달았을까?

우리는 이성적으로 추론하고 사고하는 능력이 고차원의 정신 능력이라고 믿는다. 그에 비하면 감정은 너무 제멋대로라고 여긴다. 하지만 이는 뇌의 속임수에 불과하다. 실제로 감정은 무의식적으로나마 마음의 작용에 큰 영향을 미친다. 이러한 현상은 의사 결정 과정에서 두드러지게 나타난다.

감정이 단독으로 행동을 결정짓는다는 확실한 증거가 있다. 만약 비행이 두렵다면 더 큰 위험을 무릅쓰고라도 자동차를 운전할 것이다. 열정에 사로잡혀 버리면 원치 않는 임신이나 성병 감염을 예방할 수 있는 조치를 생략할 공산이 크다.

감정의 영향력은 이보다 훨씬 더 방대하다. 대부분의 결정은 미래의 결과를 예측하려는 시도이다. 이 집을 사야 해. 그 일은 하지 않겠어. 파스타 고르길 정말 잘했네. 우리는 모든 선택지를 살펴보고 최선의 결과를 불러올 것 같은 하나를 선택한다. 적어도 언뜻 생각하기로는 그렇다.

하지만 실제로 행동을 결정하는 것은 감정이다. 자신감, 낙관, 만족 같은 긍정적인 감정을 느낄 때 내린 결정이 있을 것이다. 만약 같은 상황에서 불안, 분노, 슬픔 같은 부정적 감정을 느낀다면 상당히 다른 결정을 내릴 가능성이 높다.

우리는 일의 결과가 어떻게 될지 충분히 예상할 수 있다. 이번 챕터의 앞부분에서 다루었듯이 불안은 관심의 폭을 좁혀 세부를 주목하게 한다. 그리하여 잘못될 가능성을 줄일 수 있다. 불안은 환영할만한 감정이 아니지만 재무처럼 숫자 다루는 일을 할 때는 더없이 바람직하다. 낙관적 감정에 빠진 채로 투자나 대규모 거래의 진행 여부를 결정하면 위험을 최소치로 인식하여 나중에 후회할 결정을 내리기 십상이다. 부정적 감정에 휩싸인 상태라면 정보를 신중하게 점검하고, 실수할 가능성에 무게를 둘 것이다.

반면 긍정적 감정은 삶이 제대로 나아가고 있다는 느낌을 준다. 생기가 충만하고 활력이 넘치는 날에는 어림짐작에 근거해 결정을 내릴 가능성이 높다. 신중한 추론보다 그 순간의 감을 따르는 것이다. 생일 파티를 준비하거나 누군가에게 도의적인 지지를 보내 줘야 할 때는 유용한 관점이지만, 소득 신고서를 작성할 때는 별반 도움이 되지 않는다.

다양한 실험으로 의사 결정 과정에서 감정이 수행하는 진정한 역할이 무엇인지 밝혀졌다. 실험 참여자들이 어떤 자료를 읽거나 본 뒤 특정한 감정 상태에 이르면 연구자들이 그들에게 의사 결정을 요청했다. 한 연구에서 각각 편안한 분위기의 방과 불편한 분위기의 방에 앉은 피실험자들에게 자신의 삶에 만족하는지 물었는데, 편안한 방에 있던 그룹의 인생 만족도가 더 높은 것으로 나타났다. 또 다른 연구에 따르면 슬픔에 빠진 피실험자들은 산이 실제보다 더 가파르다고 인식했다. 의대 입학에 관한 연구에서는 비 오는 날보다 화창한 날에 합격할 가능성이 더 높다는 사실이 드러났다.(그렇다, 입학 사정관의 결정도 날씨에 영향을 받는 것이다!)

내가 이끄는 연구 팀이 예일 대학교에서 실시한 실험에서는 교사들을 두 그룹으로 나눠 한 그룹에게는 긍정적이었던 수업 경험을, 다른 그룹에게는 부정적이었던 경험을 쓰게 했다. 그런 다음 중학생이 쓴 에세이 한 편에 점수를 매겨 달라고 요청했는데, 긍정적 그룹에 속한 교사들이 부정적 그룹의 교사들에 비해 만점을 주는 비율이 더 높았다. 자신의 기분이 과제를 평가하는 데 영향을 미친다고 생각하는지 묻자 교사들의 87퍼센트가 그렇지 않다고 대답했다. 그러나 창작 에세이를 채점하는 등의 주관적인 평가는 수학 시험 채점 같은 객관적인 평가에 비해 감정의 영향을 받을 가능성이 더 높다.

감정은 처음 생긴 순간 이후로도 오래 지속되어 뒤에 이어지는 행동에 영향을 미치는데, 이를 '부수적 기분 편향'(incidental mood bias)이라고 한다. 예를 들어 아침 식사를 하며 아이들과 말다툼하는 바람에 화가 풀리지 않은 채로 출근길 운전대를 잡으면 평소보다 훨씬 공격적으로 운전하고 위험한 결정을 내릴 가능성이 크다. 행복했던 기억을 떠올리면 낙관주의와 자신감에 근거해 결정을 내리지만, 불행했던 기억을 떠올리면 회의적이고 염세적인 감상에 젖어 다른 판단을 내릴 수 있다.

분노가 행동에 미치는 영향은 일반적인 예상과 다르다. 연구 결과에 따르면 화가 난 사람들은 일이 잘못되었을 때 개인의 잘못을 탓하는 경향이 있다. 반면 슬픔에 빠진 사람들은 외부 환경을 탓한다. 흥미로운 점은 슬픔보다 분노가 우리를 더 낙관적으로 만든다는 사실이다. 아마 분노한 사람들이 자신의 삶을 잘 통제한다고 느끼기 때문일 것이다.

우리는 하루 종일 끊임없이 뭔가를 결정하는데 대부분은 사소한 일들이다. 매사 신중하게 생각할 수는 없으므로 두뇌에 의존해 순간적으로 판단을 내린다. 이는 우리 뇌가 작용하는 방식에 관한 최근 연구에서 항상 등장하는 주제이다. 인간의 뇌는 부분적으로 함께 작용하는 두 영역으로 나뉘는데, 이 지점에서 '빠른 사고'(thinking fast)와 '느린 사고'(thinking slow)라는 개념이 등장했다. 빠른 사고는 문제 상황을 심사숙고하지 않고 즉각 대응하는 것이며, 느린 사고는 시간을 들여 정보의 경중을 판단하는 것이다. 우리 뇌는 익숙하거나 비교적 단순한 일에는 신속하게 대응하지만 새로운 상황이나 복잡한 일에 대해서는 깊이 고민한다. 따라서 신속한 결정은 기분이나 무의식적 편견에 영향을 받기 쉽다. 부가 정보가 없을 때는 더욱 그렇다. 우리는 종종 최소한의 사고만을 거쳐 결정을 내린다.

감정이란 본래 판단을 흐리게 한다고 말하려는 것은 아니다. 감정에 대한 인식의 폭을 넓혀 생각하면 사실 그 반대가 옳다고 할 수 있다. 감정은 우리가 상황에 어떻게 대응하는지에 대한 중요한 정보를 알려 준다. 결정을 내려야 하는 순간에 불안과 열정은 우리에게 전혀 다른 이야기를 들려 줄 것이다. 이를 잘 이해한다면 행동 방향을 정하기 전에 감정 상태를 먼저 고려할 수 있다. 의심스러운 마음이 드는 것이 부정적인 기분 때문일까, 아니면 진짜 그럴 만한 이유가 있어서일까? 어떤 선택에 자신이 생기는 건 컨디션이 좋기 때문일까, 아니면 실제로 완벽한 결정을 내렸기 때문일까?

감정과 관계의 상관관계

사람들은 당신이 얼마나 많이 알고 있는지에는 관심이 없다.
당신이 얼마나 그들에게 관심이 있는지 알기 전까지는.

— 시어도어 루스벨트(Theodore Roosevelt)

잠깐 자기 자신을 실험 대상으로 삼아 보자. 매일 마주치는 사람들을 하나하나 떠올려 보라. 당신의 소중한 사람과 직계 가족들부터 매일 함께 일하는 동료까지. 친척, 친구, 지인, 슈퍼마켓 계산원, 의사, 미용사, 헬스클럽 데스크 직원 등등 몇 시간이든 5분도 채 안 되는 시간이든 당신과 마주하는 모든 사람을 떠올려 보는 것이다.

자, 이제 그들을 떠올리면서 다음 질문을 듣고 떠오르는 바를 즉시 답해 보자. 그들을 만날 때 어떤 기분이 드는가? 그들 각자와 어떻게 소통하기를 기대하는가? 얼굴을 본다는 생각만으로도 절로 미소 짓게 되는 사람이 있는가? 그런 감정을 드러내는 편인가? 아니면 마주친다는 생각만 해도 긴장되는 사람이 있는가? 강한 반감이 들지는 않더라도 언젠가 만난다는 걸 알았을 때 약간 불안해질 수는 있을 것이다.

그들과 어울릴 때 느껴지는 감정을 묘사하기 위해 어떤 단어를 사용하겠는가? 불안? 기쁨? 신뢰? 무능력? 지루함? 매력? 짜증? 이 다양한 감정이 서로를 매력적으로 또는 그 반대로 보이게 한다. 세상을 향해 시종일관 화를 내는 동료와 함께 일하고 싶지는 않은 법이다.

일반적으로 우리는 이런 감정을 입 밖에 꺼내지 않고 깊이 생각하지도 않는다. 겉으로 티 내기 쉬운 감정에 비하면 이 감정은 내면 깊은 곳에서 비롯한 본능적인, 거의 동물적이기까지 한 반응이다. 누군가를 보기만 해도 마음속에서 기쁨이 솟구치거나 우울함에 마음이 내려앉는 경우가 있지 않나. 물론 그 사이 어딘가의 감정을 일으키는 사람들도 있으리라.

당신을 대상으로 한 실험은 이것으로 끝났다. 이제 자신의 강렬한 감정 반응이 모든 관계의 본질을 어떻게 좌우하는지 명확히 이해하게 되었을 것이다.

교사를 대상으로 한 세미나를 진행할 때면 자신의 학생들을 하나

하나 떠올리는 순간 반사적으로 어떤 느낌이 드는지 생각해 보라고 요청한다. 사랑스러움, 밉살맞음, 믿음직스러움, 즐거움, 두려움, 징글징글함 등 다양할 것이다. 뒤이어 그런 감정이 학생들을 대하는 행동에 어떻게 영향을 미치는지 생각해 보라고, 다들 솔직해지자고 말한다. 이 과정에서 눈물을 터뜨리며 무너지는 교사들이 적지 않다. 아이들에게 느끼는 감정에 따라 자신의 행동이 달라질 수 있다는 사실을 곧바로 깨달은 것이다. 그 아이가 교실에서 보이는 행동, 요구 사항, 그 밖의 무엇과도 별다른 관계가 없다. 이는 학생이 아닌 교사의 감정과 관련된 강력한 본능적 반응이다. 세미나에 참여한 이들 대부분은 모든 학생을 공평하게 대하기 위해 최선을 다하며 긍정적이고 발전적인 관계를 쌓고자 하는 좋은 교사들이다. 그러나 현실 세계에서는 아무리 좋은 의도를 품고 있어도 마음처럼 잘 풀리지 않는다. 수업 시간에 교사들은 자기도 모르게 특정 학생들에게 주목하고 열정적인 반응을 보낸다. 또 특정 학생들과는 눈도 마주치지 않으려 하고 관심을 두지 않는다.

교실 밖 세상에서도 마찬가지이다. 인간관계는 우리 자신이 그러하듯 굉장히 복잡하지만 기본 역학은 오히려 단순하다. 결국 접근하느냐 피하느냐의 문제이다. 우리는 평소 대화를 하다가 실제로 가까이 오라거나 저리 가라고 말하지 않는가. 의사소통 자체가 전하는 메시지도 똑같다. 인간 사이에서 일어나는 일의 대부분은 감정 소통에 따른 결과인 셈이다. 수많은 일들이 우리 자신조차 쉽게 들여다보지 못하는 곳, 즉 깊은 내면에 달려 있다.

관계는 인생에서 가장 중요한 부분이다. 무수한 과학적 연구들은 인간관계가 행복에 얼마나 큰 영향을 미치는지 잘 보여 준다. 탄탄한 인간관계를 맺고 있는 사람들은 정신적·육체적으로 더 건강한 데다 오래 살기까지 하는 반면, 인간관계가 협소한 사람들은 그렇지 못하다는 것이다. 관계의 목적이 무엇인지는 모든 사회, 심지어 동물 집단을 통해서도 확인할 수 있다. 동맹의 보호를 받느냐 받지 못하느냐는 때로 삶과 죽음을 가를 만큼 중요한 사안이다. 오늘날에는 다른 사람과 가까워지려는 욕구가 감상적으로 여겨지기도 하지만, 단지 그 때문에 생기는 욕구는 아닌 셈이다.

이 책에서는 우리가 감정을 소통하는 과정에서 순간적으로 사용하는 모든 방식을 다루고자 한다. 미묘한 표정, 몸짓 언어, 어조, 신체 접촉 등 신호를 보내는 데 쓰이는 도구는 다양하다.

만족감, 열정, 기쁨 같은 긍정적 감정을 느낄 때, 우리는 상대가 절친한 친구든 슈퍼마켓 계산원이든 상관없이 그들의 관심을 끌 만한 방식으로 마음을 표현한다. 사람들은 우리가 보내는 신호를 제대로 읽고 친절하게 반응해 주는데, 어디까지나 그들이 '그러고 싶기 때문'이다. 슬픔, 수치심, 불안을 느끼는 사람들은 사회적 상호 작용을 꺼리기 때문에 그런 신호를 보낸다. 이들이야말로 다른 사람들과 관계를 맺음으로써 많은 도움을 얻을 수 있겠지만 안타깝게도 잘 실현되지는 않는다. 학교에서 이 문제가 특히 심각하게 나타난다. 아이들이 부정적인 감정을 보이는 이유가 도움을 청하기 위해서라는 걸 이해하지 못하고 그저 잘못된 행동에만 초점을 맞춰 질책하는 경우가 많다.

소외되고 무시당하고 정학까지 당하는 이 아이들에게는 공감과 깊은 관심과 의미 있는 관계를 맺을 수 있는 기회가 필요하다. 관련 연구에서는 제대로 보살펴 주는 어른이 단 한 명만 있어도 아이가 잘 자라날 수 있다고 이야기한다.

우리는 살아가며 많은 관계를 맺는다. 부모, 자식, 그 밖의 소중한 이들은 물론이고 배관공, 옆 차선 운전자, 소프트볼 팀 동료, 직장 상사와 동료, 쇼핑몰 입구에서 인사를 건네는 여성과 우리는 서로 연결되어 있다. 이 모든 관계는 똑같은 기본 원리에 따라 작동한다. 순간의 기분에 따라 신호를 보낸다는 것이다. 기쁨에 겨워 마음이 여유로워지면 자신감이 생겨 다른 사람을 잘 받아들이게 된다. 가라앉은 기분도 관계에 영향을 미친다. 우리는 상대방에게 신호를 보내 뭘 원하는지 알린다. 호감을 원하면 따뜻하고 희망적인 메시지를 보내고, 거리를 두고 싶으면 정 떨어질 만한 메시지를 보낸다. 자폐 스펙트럼 장애*를 겪는 이들은 이런 소통에 큰 곤란을 겪는다. 다른 사람이 보내는 신호를 이해하고 적절하게 대답하거나, 다른 사람들이 이해할 만한 신호를 보내기가 쉽지 않기 때문이다. 이들이 관계를 맺고 유지하기란 여간 힘든 일이 아니다.

우리는 다른 사람들에게서 원하는 것을 얻기 위해 감정을 표현하기도 한다. 분노를 드러내면 많은 공감을 얻지는 못하겠지만 상대에

---

* 사회적 상호 작용에 어려움을 보이며 언어와 행동 등의 발달이 지연되는 전반적 발달 장애로, 자폐증과 아스퍼거 증후군 등을 포함한다.

게 두려움을 심어 줌으로써 우리를 가로막는 장애물을 제거할 수는 있을 것이다. 협력과 이해를 구할 때는 어떤 감정 메시지를 보내야 하는지도 우리는 잘 알고 있다.

연민을 잘 느끼는 사람들은 낯선 사람을 대할 때 인간으로서의 공통점에 초점을 둔다. 그들은 다른 이를 잘 나무라지 않고, 더 너그럽고 협조적이며, 타인을 위해 기꺼이 자신을 희생한다. 한 연구에 따르면 힘이 센 사람들은 주변 사람들의 감정에 둔감하다. 그들은 누군가가 고통스러운 경험을 이야기할 때 다른 이들에 비해 연민을 덜 느낀다고 한다. 정치 지도자, 재계 유력가의 내면을 잘 설명해 주는 결과 같지 않은가?

때로 감정은 우리가 필요로 하는 것과 정반대되는 반응을 이끌어 내는 신호를 보내기도 한다. 한 아이를 떠올려 보자. 고민이 생기거나 불안해지면 이 아이는 부모나 교사가 다가와 위로해 주기를 바랄 것이다. 하지만 어른들은 아이의 '행동'에서 드러나는 감정만을 근거로 삼아 아이의 기대와는 정반대로 움직인다. 부정적 감정 신호에 대한 반응을 보이는 것이다. 이러한 역동성(dynamic)*은 인간관계의 많은 부분을 지배한다. 감정적 지지가 가장 필요한 순간은 그런 지지를 받을 가능성이 가장 낮을 때이다.

중학교 1학년 때 수학 시간이 생각난다. 두 녀석이 내가 매일 입는 재킷에 낙서를 해 댔다. 내게 그 재킷은 아이들의 괴롭힘으로부터 나

---

* 힘 있는 심리 내적 요소들이 상호 작용하여 조정된 형태로 드러나는 것을 가리킨다.

자신을 지키는 보호 장구였다. 두려움과 절망이 얼굴과 몸에 드러났고 급기야 버릇처럼 결석을 했다. 하지만 선생님은 개입하지 않았다. 대체 무슨 생각으로 그랬을까? 이 아이는 강해져야 할 약골이니 쉽게 선생님을 찾게 해선 안 된다고 생각했을까? 아니면 자신의 문제에 몰두한 나머지 내게 관심을 둘 여유가 없었을까? 어쩌면 뭘 해야 할지 몰라 막막했을 뿐인지도 모른다. 어느 쪽이든 나는 사회적으로, 감정적으로, 학업적으로 고통을 겪어야 했다.

영화 〈브로드캐스트 뉴스〉(Broadcast News)에 다음과 같은 멋진 장면이 나온다. "불안정성과 절박함이 사람을 더 매력적으로 만들어 준다면 이 세상은 더 멋진 곳이 되지 않을까? 궁금함이 곧 섹시함이 된다면 어떨까?" 안타깝게도 우리는 그런 세상에 살고 있지 않다.(아직까지는.)

감정과 건강의 상관관계

> 병든 감정은 어떻게든 현실을 회피하게 한다.
> 건강한 감정은 어떻게든 현실을 직면하게 한다.
>
> __M. 스콧 펙(M. Scott Peck)

심각한 고민에 빠지는 바람에 새벽 3시까지 뜬눈으로 누워 천장만 뚫어져라 바라본 적이 있을 것이다. 도무지 잠이 오지 않는다. 중압감이

심하고 고민거리도 많은데 해야 할 일도 산더미이다. 그래서 운동을 하면 기분이 더 좋아지리라는 걸 알면서도 헬스클럽에 가지 못한다. 어쩔 수 없다. 식사도 불규칙하다. 저녁에 뭘 해 먹을까 생각하며 장을 보고 요리를 하는 대신 퇴근길에 피자나 집어 든다. 최근 들어 이런 날이 늘었다. 그러고 나면 긴장을 풀 시간이다. 한 시간 동안 TV를 보면서 아이스크림 한 통을 다 먹는다. 마침내 잠자리에 든 당신은 새벽 3시가 되면 또다시 천장을 바라본다.

이쯤에서 감정 건강 문제는 잠시 접어 두고, 신체적 건강을 위해 당신이 뭘 하고 있는지 떠올려 보자.

감정이 삶의 질에 미치는 영향을 생각하기에 앞서, 인간의 뇌 역시 다른 장기와 마찬가지로 신체의 일부이며 혈액, 산소, 영양소가 필요하다는 점을 기억해야 한다. 감정은 뇌의 생리적 작용과 연동된다. 뇌는 호르몬을 비롯한 강력한 화학 물질을 배출하여 신체와 감정 상태에 영향을 미친다. 이렇게 모두가 연결되어 있다.

따라서 감정적 스트레스에 시달리면 몸에도 병이 든다. 그 반대도 가능하다. 긍정적인 감정은 건강한 신체를 만든다. 이는 감정 관리가 얼마나 중요한지 보여 주는 사실이다.

심지어 스트레스를 대하는 사고방식도 체중 저하부터 불면증까지 여러 건강 문제를 일으킨다. 스탠퍼드 대학교 알리아 크럼(Alia Crum) 조교수는 금융 회사 직원 300명을 무작위로 선택하여 스트레스에 대한 3분짜리 영상 두 종류를 보여 주는 실험을 실시했다. 참가자의 절반은 스트레스의 부정적인 면을 강조하는 영상을 보았고, 나머지는 스트레스의 긍정적인 면을 강조하는 영상을 보았다. 네 주 후 실험에 참가한 직원들에게 설문 조사를 한 결과, '스트레스는 해롭다' 영상을 본 그룹이 '스트레스는 이롭다' 영상을 본 그룹보다 건강 상태가 나쁜 것으로 나타났다.

우리 뇌 안을 떠도는 호르몬과 신경 화학 물질은 우리가 느끼는 감정에 따라 분출되기도 하고 억제되기도 한다. 중뇌에 위치한 시상 하부 뇌하수체 부신 축(hypothalamic-pituitary-adrenal axis, HPA 축)은 스트레스 반응을 통제하고 감정과 기분을 조절하는 주요 신경 내분 비계 가운데 하나이다. HPA 축은 아드레날린과 코르티솔 등의 호르 몬이 생성되는 곳이기도 하다. 뇌의 이 영역을 연구하는 학자들은 어 린 시절 적당한 스트레스에 노출되면 감정을 조절하는 능력이 단련되 어 평생 강한 회복 탄력성을 갖게 된다는 사실을 밝혀냈다. 하지만 극 단적이거나 장기적인 스트레스에 노출되면 정반대의 결과가 나타난 다. HPA 축이 활동 항진 상태가 되어 평생 스트레스에 민감해지는 것이다.

좋은 스트레스와 나쁜 스트레스의 차이는 지속 시간과 강도이다. 예를 들어 클라이언트의 시선을 사로잡는 프레젠테이션을 준비하는 작업은 스트레스를 유발하지만, 이는 긍정적인 스트레스이다. 원하는 목표를 이루기 위한 도전 과정에서 생기며 단기간만 지속된다. 운동 경기의 최종전이나 결혼식처럼 중요한 이벤트 역시 비슷하다. 스트레 스가 생기지만 한편으로는 행복하다. 이런 이벤트는 순간적으로 스트 레스 호르몬을 자극하지만 끝난 뒤에는 아무 영향도 미치지 않는다.

스탠퍼드 의대 연구자들에 따르면 단기 스트레스는 면역력을 높이고 항암 기능이 있는 분자를 활성화한다. 또한 그 효과는 스트레스 상황이 끝나고도 몇 주 동안 지속된다.

우리는 단기 스트레스를 잘 다루는 방향으로 진화해 왔다. 위기가 일어나면 호르몬을 분비해 성공적으로 대응한 뒤 분비를 멈추는 것이다. 하지만 일상을 지옥으로 만드는 지독한 상사와 매일 여덟 시간씩 지내는 회사원이나 하굣길 버스를 탈 때마다 불량배에게 괴롭힘당하는 학생의 문제는 그런 대응책만으로는 해결되지 않는다. 하루 종일 몇 시간이고 감정적인 압박에 시달리다 만성 스트레스를 갖게 되는 사람들이 많다. 진화는 스트레스 호르몬에 흠뻑 젖은 뇌를 위한 대책을 아직 마련하지 못했다. 만성 스트레스는 고통스러운 감정을 겪게 할 뿐 아니라 신체 건강에도 악영향을 미친다.

"스트레스는 인간을 투쟁-도피 상태에 빠뜨려 장기적으로 건강 유지 및 회복 기능을 떨어뜨린다." 스탠퍼드 대학교 로버트 새폴스키(Robert Sapolsky) 교수가 저서 《행동하라》(Behave)에서 한 이야기이다. 또한 그는 만성 스트레스의 결과를 다음과 같이 설명했다. "기억력과 정확도가 떨어지며, 쉽게 피로해져서 우울해지고 생산성이 저하된다."

집단 괴롭힘 같은 어린 시절의 감정적 트라우마에서 비롯한 상처가 얼마나 장기적인 피해를 주는지는 과학적으로 충분히 입증되었다. 아이들은 면역력 저하, 소화기 통증, 두통, 수면 부족, 집중력 저하, 우울증 등의 증상을 겪는다. 트라우마의 영향은 성인기까지 지속되어 신체적·정신적 문제를 불러일으킬 수 있다.

염세주의, 냉담함, 우울 같은 '부정적' 감정은 일명 행복의 신경 전달 물질인 세로토닌과 도파민이 적게 분비되는 현상과 관련이 있다. 세로토닌은 통증 인지를 억제한다. 그렇기 때문에 부정적인 감정을 경험하는 사람들은 통증을 더 심각하게 느끼며, 우울증 환자의 절반 가량은 통증과 고통에 시달린다.

불안, 분노, 슬픔, 스트레스 등 부정적 감정 상태는 나쁜 식생활, 흡연, 과음, 신체 활동 부족, 사회적 고립 등 건강하지 못한 행동과 밀접한 관계가 있다. 이는 미국 전역의 교사 5000여 명이 참여한 최근 연구에서 드러난 내용이다. 위에 나열한 행동들은 우리가 가장 두려워하는, 그리고 가장 널리 퍼져 있는 질병인 심장병, 암, 제2형 당뇨병, 중독, 치매를 일으킨다는 생활 습관과 동일하다. 바람직하지 못한 습관은 감정에 파괴적인 영향을 미치고, 이어지는 연쇄 반응에 따라 신체적·정신적 건강은 하향 곡선을 그리게 된다. 그리고 마침내 기분이나 건강이 좋아지리라는 희망이 꺾여 절망이 깊어진다. 해당 연구 결과에서 흥미로운 지점은, 긍정적인 직장 분위기가 교사들이 갖는 부정적 감정의 영향력을 낮추는 완충재 구실을 한다는 것이다.

많은 의학 연구를 통해 적대감과 분노가 심장병과 관련 있다는 사실이 밝혀졌다. 분노 수치가 최고조에 달한 사람들은 심장 마비 같은 심장 질환을 겪을 가능성이 다른 사람들에 비해 2.5배 이상 높다고 한다. 부정적 감정은 고혈압, 심장 박동 수 증가, 말초 혈관 수축, 고지혈증, 면역 기능 저하를 유발한다.

분노가 폭발하면 혈압이 급상승할 뿐만 아니라, 분노의 원인을 되새길 때마다 혈압이 다시 치솟는다. 한 연구에 따르면 소중한 사람과 30분 동안 말다툼을 벌일 경우 적어도 하루 동안은 몸의 치유 능력이 떨어진다. 주기적으로 싸우면 회복 속도가 두 배 더 느려져서 조바심, 짜증, 불평 등 미묘한 형태의 분노마저도 건강을 해칠 수 있다.

감정이 신체 건강에 미치는 영향은 이보다 가벼운 증상으로도 나타난다. 사람들 앞에서 발표를 해야 한다는 압박감 때문에 알레르기 증상이 불과 이틀 만에 두 배로 나빠질 수도 있다. 슬퍼지면 병증이 더욱 심각하게 느껴져 불편함도 더해진다. 긍정적 감정 점수가 낮은 사람들은 그렇지 않은 사람들보다 바이러스 면역력이 세 배 더 약하다는 연구 결과도 있다. 긍정적 감정을 잘 느끼는 사람들은 병에 걸려도 상대적으로 경미한 증상을 겪는다.

감정이 유익한 신경 화학 물질과 호르몬의 분비를 촉진하기도 한다. 한바탕 울고 나면 마음이 진정되는데 스트레스 호르몬이 몸 밖으로 배출되기 때문이다. 감사하는 마음은 신체 조직의 산소 수치를 높이고 치유력을 배가하며 면역 체계를 강화한다. 사랑에 빠지면 호르몬과 비슷한 신경 성장 인자가 증가하는데, 이 물질은 신경계를 회복하고 기억력을 향상한다. 연구자들에 따르면 그 효과는 1년 남짓 지속된다고 한다. 코미디 영화를 보며 웃을 때 쾌감을 선사하는 베타 엔돌핀이 증가하고 세포를 회복시키는 성장 호르몬 분비가 촉진된다는 연구도 있다. 웃음은 심장 마비에 걸릴 위험도 낮춘다. 다시 말해 기분이 좋으면 건강한 행동을 하게 되고, 이에 따라 감정적으로 더 행복해지고 신체적으로도 더 건강해질 수 있다는 것이다.

2001년 9.11 테러 이후 미국 대학생들을 대상으로 조사한 결과, 감사나 사랑 같은 가장 긍정적인 감정을 경험한 학생들은 이후 우울증에 걸릴 가능성이 낮은 것으로 나타났다. 위기를 겪은 후 긍정적 감정을 많이 느끼는 사람이 그렇지 않은 사람보다 회복 탄력성이 높다는 점을 시사하는 결과이다.

우리 자신이나 아이들의 생활에서 부정적인 감정을 아예 없앨 수는 없다. 그렇게 해서도 안 된다. 하지만 긍정적인 감정과 부정적인 감정의 흐름에 주의를 기울이고 균형을 잃지 않도록 애쓸 필요는 있다. 많은 사람들이 이런 불균형 때문에 문제를 겪기 때문이다. 앞서 언급한 예일 대학교 연구에 따르면 고등학생, 교사, 전문직 종사자가 부정적인 감정을 느끼는 시간의 비율은 학교나 직장에 있는 시간 가운데 최대 70퍼센트에 달한다고 한다. 그들의 감정뿐 아니라 건강도 위협받고 있다. 어떻게 하면 긍정적인 감정과 부정적인 감정의 비율이 역전될 수 있을까? 당신의 비율은 어떤가?

감정과 창의성의 상관관계

이성적 사고는 감정만큼 인간의 창의성을 자극하지 못한다.

＿닐 더그래스 타이슨(Neil deGrasse Tyson)

우리가 창의성을 필요로 하는 이유는 살아 있음을 느끼고, 열정을 불태우고, 삶이 던져 주는 도전에 전력으로 응하기 위해서이다. 그렇지 않은 인생은 제자리걸음에 불과할 것이다. 그런데 창의성이란 과연 무엇인가?

이견의 여지가 없는 답이 있다. 창의성은 그림, 음악, 문학 같은 예술 활동과 건축, 과학, 디자인, 공학 같은 창조적인 직군에 필요한 자질이라는 것이다.

하지만 창의성은 이보다 훨씬 보편적인 개념이며 모든 사람의 삶에서 중요한 요소이다. 결정을 내리거나 도전에 직면하는 매 순간이 창의성을 발휘할 기회가 될 수 있다. 늘 해 왔던 방식(혹은 늘 실패했던 방식)을 되풀이하지 않는 방식으로 대응하는 것이다. 숙고를 거친 새로운 방식의 행동을 시도함으로써 창의성을 발휘할 수 있는 기회가 매일같이 주어진다. 기회를 잘 활용한다면 우리 삶은 신나는 모험이 될 수 있다.

그러나 창의성에는 두려움도 내재되어 있다. 현 상태와 단절하고 미지의 세계로 한 걸음 내딛게 하기 때문이다. 설령 사소한 문제일지라도 창의적인 해결책을 내놓는다는 것은 더 나은 아이디어를 생각해 냈다는 뜻이다. 그에 대한 자신과 타인의 피드백이 곧바로 이어진다. 새로운 방식이 제대로 통하지 않으면 어쩌지? 상황이 더 나빠지면 어쩌지?(자신이 보기에는 아니지만 다른 사람들 눈에 그렇게 비칠 수도 있지 않은가.) 그나저나 이 방식이 정말 창의적이라고 할 수 있을까? 이 같은 과정을 통해 우리는 창의적 충동과 감정이 밀접하게 얽혀 있음을 알 수 있다.

많은 사람들이 성격(personality)과 지능(intelligence)만 받쳐 주면 창의성을 발휘할 수 있다고 생각한다. 창의성은 연습을 통해 갈고 닦는 기술이라기보다 특출한 재능이라는 의견도 있다. 타고난 사람이 있는가 하면 아예 그렇지 않은 사람도 있다는 것이다. '경험에 대한 개방성' 같은 성격적 특성은 이런 견해에 걸맞지만 일부 특성만으로 창의성을 모두 설명할 수는 없다. 또한 연구를 통해 창의성과 IQ의 관련성이 미미한 수준에 그친다는 사실이 확인되었다.(그러니까 천재 아닌 평범한 사람도 창의적일 수 있다는 말이다!)

이 영역에서는 감정이 성격적 특성보다 훨씬 큰 역할을 한다. 창의성은 문화와 경제의 생명줄과도 같다. 한 설문 조사에 따르면 직원의 장래 성공 가능성을 가장 잘 보여 주는 지표로 창의성을 꼽은 CEO가 1500명에 달한다고 한다. 혁신이 없는 사회는 정체되어 생명력을 잃기 마련이다.

창의성은 실행력과 효율성이라는 두 가지 요소를 포괄한다. 머릿속으로 다양한 생각을 떠올린다고 해서 창의성을 발휘한다고 볼 수는 없다. 그저 상상력이 풍부하다고 말할 수 있을 뿐이다! 창의적 사고에는 구체적 행동이 뒤따라야 한다. 일단 새로운 전략을 고안했다면 자신감을 갖고 실생활에 적용해야 한다. 효율성을 갖춘 실행력은 초기 단계에서 아이디어를 다양하게 떠올리는 것만큼이나 창의성에서 중요한 부분이다.

하지만 매번 창의성을 발휘해 모든 가능성을 이용해야 하는가는 별개의 문제이다. 자신이 바라는 만큼 창의적이지는 못하다고 느껴질 때가 누구에게나 있다. 연결 고리가 약간 헐겁기는 하지만 창의성이 감정 상태와 밀접하게 연관되어 있기 때문이다.

교육자, 가족, 아이들과 일을 하면 할수록 스트레스와 좌절감이라는 보편적 문제에 대해 깊이 생각하게 된다. 의미 있는 변화를 이끌 만한 힘이 부족하다는 인식에서 오는 절망감 때문이다. 이보다 더 나쁜 감정은 상상하기 힘들다. 이 감정은 아이들에게 엄청난 손상을 입힌다. 아이들이란 최상의 환경에서도 자신의 삶을 스스로 통제하지 못하는 존재 아닌가. 우리는 모두 힘든 시기를 겪지만 대부분은 인내심을 갖고 노력하면 해결책을 찾을 수 있다고 믿는다. 이 역시 창의성의 한 형태이다. 일상적인 창의성, 즉 낡은 방식이 더 이상 유용하지 않을 때 새로운 해결책을 모색하는 능력인 것이다. 그렇다면 이런 희망조차 품지 못하는 절망에 빠진 아이들과 어른들은 앞으로 어떻게 살아가야 할까?

학교에서 창의성이 어떻게 작용하는지 살펴보자. 윌리엄메리 대학교 교육학과 김경희 교수는 학생들의 창의성에 대한 광범위한 조사를 실시한 결과 지난 20년간 창의성이 감소해 왔음을 알아냈다. 그가 활용한 데이터는 토런스 창의적 사고 검사(Torrance Tests of Creative Think-ing, TTCT) 결과로, 이 테스트에서 정의하는 창의력은 참신하고 독창적인 방식으로 상황에 대처하는 능력이다. 이를테면 종이 클립 사용법을 가능한 많이 떠올려 보라고 요청하거나 사람들이 투명 인간으로 변한다면 어떤 일이 벌어질지 묻는 식이다. 그는 유치원생부터 고등학생까지 다양한 연령대를 대상으로 TTCT 데이터를 수집하고 분석하여 다음과 같이 결론 내렸다. "아이들은 20년 전에 비해 감정 표현 능력과 활력이 저하되었고, 말수가 줄어들었으며, 유머 감각과 상상력과 기발함이 떨어졌고, 의욕과 열정과 통찰력의 수준이 낮아졌다. 또한 본인과 관계없는 일에 더 무심해졌고 종합적 사고력도 저하되었으며 다각도로 생각하지 않는 편이다." 독창적 사고를 짓밟고 상상력을 동원한 학생에게 벌을 주는 부모와 교육 제도를 탓할 수밖에 없지 않은가? 아이들은 유치원에 갈 '준비'를 어떻게 하는지부터 사회에서 용인되지 않는 것이 무엇인지에 이르기까지 어른들이 강박적으로 집착하는 부분을 빠르게 학습한다. 앞서 언급했던 유명한 창의적 사고 검사를 고안한 E. 폴 토런스(E. Paul Torrance) 박사는 학생들에게 이 검사를 실시하고 몇 년간 추적 관찰을 진행했다. 그 결과 이 검사가 IQ 검사에 비해 어른이 되어 이룰 수 있는 창조적 성취를 더 잘 예측한다는 사실을 알게 되었다.

심리학자들은 창의적 사고를 다룰 때 '수렴적'(convergent) 사고와 '확산적'(divergent) 사고라는 용어를 사용한다. 수렴적 사고는 단 하나의 정답 또는 가장 적절한 답변을 제시해야 할 때 쓰이며 대체로 정석적이고 선형적인 사고(linear thinking)를 기반으로 한다. 반면 확산적 사고를 할 때는 모든 방향으로 생각을 펼친다. 해결책이 다양하다고 가정한 뒤 창의적이고 색다른 시각으로 각각을 고찰한다.

인간의 뇌에게는 창조적이고자 하는 충동이 자연스럽지만, 실제로 창조성이 발휘되려면 주변 사람들의 독려가 필요하다. 정보를 잘 기억하거나 일정 기준에 맞춘 활동을 해야 좋은 점수를 받는 학교에서는 수렴적 사고를 할 수밖에 없다. 창의성을 발휘하기 쉽지 않은 환경이다. 아이들이 적극적으로 수업에 참여하도록 유도하려면 창의성을 발휘할 수 있게 보다 많은 기회를 주고 격려해 줘야 한다. 또한 학교에서는 예술 과목뿐 아니라 교과 전반을 재구성하여 관습에 얽매이지 않는 사고와 문제에 대한 참신한 접근을 장려해야 한다. 점점 더 많은 학교에서 프로젝트 기반 학습과 사고력 증진 프로그램을 통합해 적용하고 있다. 예를 들면 다음과 같은 다섯 단계 과정을 거쳐 복잡한 문제를 해결해 보는 것이다. ① 문제 정의하기 ② 관련된 인간의 욕구 이해하기 ③ 인간 중심적 방식으로 문제를 재구성하기 ④ 다양한 아이디어 제시하기 ⑤ 직접 시도하여 시험해 보기

확산적 사고가 기쁨, 자부심, 만족감을 선사한다는 연구 결과가 있다. 서로 다른 네 가지 언어를 사용하는 다섯 국가를 대상으로 실시한 연구에서 창의적 작업이 긍정적 감정과 자율성을 증가시킨다는 사실이 밝혀졌다. 또 다른 연구는 창의적인 행동을 한 다음 날이면 평소에 비해 긍정적 감정과 뿌듯한 느낌이 더 많이 생긴다는 사실을 보여 주었다. 직장에서도 피드백 루프(feedback loop)가 적용된다. 좋은 감정은 창의적 행동을 촉진하고 이 행동이 다시 좋은 감정을 이끌어 낸다.

하지만 행복이 창의성을 발휘하게 하는 유일한 열쇠는 아니다. 실제로, 스트레스가 없을 때보다 스트레스가 적당히 있을 때 더 창의적인 성과가 나온다는 연구 결과도 있다. 분노와 괴로움 같은 부정적인 감정도 창의적 사고를 촉진하며 창의성을 강화할 수 있다. 플로리다 파크랜드에 위치한 어느 고등학교 학생들의 사례를 살펴보자. 끔찍한 총기 난사 사건을 겪은 그들은 분노를 표출하는 과정에서 설득력 있

는 총기 규제법 개혁 캠페인을 만들어 냈다. 창의적 사고에서 연민이 어떤 역할을 하는지도 규명되었다. 한 연구에서는 대학생들에게 힘들어하는 노인들의 모습을 담은 사진들을 보여 주고 연민의 감정을 유도한 뒤, 노인 친화적인 접수처를 만들기 위한 아이디어를 내고 평면도를 디자인하게 했다. 대조군과 비교했을 때 '연민'을 느낀 참가자들이 훨씬 독창적인 아이디어를 냈다. 연민은 타인의 고통에 대한 반응이며 그 고통을 경감할 해결책을 찾고 싶다는 마음을 자극한다고 설명할 수 있다.

창의성은 역경과 마주할 때 더 중요해진다. 계획대로 되지 않아 실망했을 때, 최선을 다했지만 부정적 피드백을 받았을 때, 누군가가 내 앞을 가로막거나 방해할 때 더욱 필요해지는 것이다. 그럴 때는 먼저 마음의 상처나 분노를 다스려야 한다. 이를 부정하는 대신 수용하여 긍정적인 의욕으로 전환할 수 있도록 승화해야 한다. 창의성은 이렇게 우리를 구원하고 장애를 물리쳐 목표를 달성하게 한다.

예일 대학교에서 창의성을 연구하는 동료 조라나 이브체비치 프링글(Zorana Ivcevic Pringle)은 이렇게 말했다. "감정은 창의성이라는 엔진에 불을 붙이는 불꽃이자 다른 사람들이 불을 꺼뜨리려 할 때 계속 타오르게 하는 연료이다." 감정은 창의적 작업에 동기를 부여하는 순간부터 아이디어를 도출하고 이를 실현하기 위해 끈질기게 노력하는 순간까지 창의적 사고 과정 전반을 지배한다. 계속 노력을 쏟는 것 자체가 바로 창의적인 일이다.

이제 "기분이 어때?"라는 단순한 질문에 얼마나 복잡한 의미가 담겨 있는지 이해할 수 있겠는가? 감정이라는 롤러코스터는 가볍게 다룰 문제가 아니다. 감정은 우리 삶의 가장 중요한 부분에 엄청난 영향을 미친다. 종교 지도자, 시인, 극작가들은 몇 세기 전부터 이 사실을 잘 알고 있었고 과학자들이 지난 수십 년에 걸쳐 그 뒤를 쫓기 시작했다. 우리는 감정이 전방위로 얼마나 큰 영향을 미치는지 옛사람들(그리고 그리 오래지 않은 과거의 사람들)보다 더 잘 알게 되었다. 이것이 진정한 자신을 받아들이기 위한 첫 단계이다. 그러면 다음 단계는 뭘까?

제3장

감정 과학자가 되는 법

지금 기분이 어떤가? 정말 그 기분을 느낀다고 확신하는가?

당신은 아마 이 질문이 어이없다고 생각했을 것이다. 자신의 기분을 모르는 사람이 어디 있겠는가. 우리가 틀림없다고 믿는 유일한 것 아니겠는가.

별 노력을 기울이지 않고도 자신의 감정을 완벽히 확신할 수 있다면, 어째서 감정과 감성 지능에 대한 학문적 연구가 필요할까? 감성 능력이 존재한다는 것은 분명하지만 그 능력을 따로 익힐 필요는 없지 않을까? 실상은 이러하다. 인류 역사상 어느 누구도, 복잡하고 모순투성이에 혼란스러운 세상을 살아가는 사이 자신이 무엇을 느꼈는지 정확히 알지는 못했다. 우리의 뉴런은 1초에 수백 번 신호를 보내고 그 과정에서 순수한 감정의 소용돌이가 끊임없이 일어난다.

과학자들은 지능을 곧잘 뜨거운 것과 차가운 것으로 분류한다. 뜨거운 지능이란 감정적인 지능을, 차가운 지능은 물론 이성적인 지능을 가리킨다.

두 지능이 각각 따로 작동하지는 않는다. 세금 미납액을 계산할 때 나는 차가운 지능을 이용하겠지만, 5분 전에 우리 집 개의 목에서 이상한 혹을 발견했다거나 이웃과 말다툼을 했다는 사실에 분명히 영향을 받을 것이다. 인간의 뇌를 구성하는 각 영역은 고유한 기능을 하며 때로는 각자 다른 방향으로 우리를 이끌기도 한다.

이 모든 사항을 과학자 외에 누가 이해할 수 있겠는가? 바로 이런 이유로 우리는 감정 과학자가 되기 위해 노력해야 한다.

아인슈타인조차 부러워할 만큼 높은 IQ를 자랑하는 천재라 해도, 자신의 감정을 인지하지 못하고 감정이 행동에 미치는 영향을 이해하지 못한다면 인지 능력을 생각했던 만큼 잘 활용할 수는 없을 것이다. 감정을 표현할 어휘력도, 감정을 이해할 능력도 갖추지 못한 꼬마 천재는 우정과 학업을 둘러싼 복잡한 감정을 추스르지 못해 잠재력을 마음껏 발휘하지 못할 것이다.

우리는 생각보다 감정에 더 많이 휘둘린다

가장 중요한 정신 작용은 '인지' 영역의 활동뿐일 것 같지만, 제2장에서 살펴보았듯 실은 정서적인 측면의 활동도 중요하다. 정서적 정신 활동은 인간관계, 일의 실적, 의사 결정, 신체 건강 등 실생활의 주요 성과를 좌지우지한다. 감정은 주변 사람들을 사랑과 존중으로 대할지, 그들의 요구와 바람을 무시할지 여부를 결정한다. 집중할 것인지 산만해질 것인지, 열정과 의욕에 차 있을 것인지 의지 박약 상태에 빠질 것인지도 결정한다. 바깥세상을 향해 마음을 여느냐 벽을 쌓느냐 또한 감정에 달린 문제이다. 감정은 우리 자신과 주변 사람들의 삶이 더 나아질 만한 행동을 독려하기도 하지만, 미처 알아채지 못하는 사이에 부정적 영향을 미치기도 한다. 사실, 알아차리지 못하는 그 순간이야말로 감정에 가장 많이 휘둘리는 순간이다.

의사 결정을 할 때는 두 종류의 감정이 작용한다. '본질적'(integral) 감정과 '부수적'(incidental) 감정이다. 본질적 감정은 행동에 의해 직접 유발된다. 가파른 산길을 오를 때 느끼는 두려움이나 사랑에 빠질 때의 기쁨이 그 예이다. 부수적 감정은 현재 상황과는 무관하다. 앞서 설명했듯, 아침에 아이들과 말다툼을 하면서 느낀 좌절과 분노는 출근할 때 차를 모는 방식이나 동료들과 나누는 대화에 영향을 미친다. 이러한 감정들이 무의식중에 스며드는 것이다.

감정을 현명하게 이용하는 방법을 배우려면 감정 과학자가 되는 수밖에 없다. 감정을 억누르거나 무시해서는 안 된다. 정확히 그 반대로 해야 한다. 인지하지도 못하는 감정에 더 이상 휘둘릴 필요가 없다. 감정 과학자가 되면 사랑하는 사람들과 아끼는 동료들이 감정을 잘 관리하도록 도울 수 있다.

이 목표를 이루기 위한 첫 단계는 감정이 무엇을 말하는지 파악하는 것으로, 가장 기본적인 부분이다. 예를 들어 불안은 중요한 뭔가가 우리 통제를 벗어났다는 신호이다. 두려움이나 걱정은 위험을 회피하게 한다. 어리석은 모험을 막는다는 점에서 긍정적인 작용을 하는 셈이다. 하지만 위험을 과도하게 회피하거나 장애물 앞에서 너무 쉽게 포기한다면 어떤 시도도 하지 못한 채 결국 실패하고 말 것이다. 감정을 이해하고 감정이 행동에 미치는 영향을 인지하여 제어 전략을 세워야 하는 이유이다.

감정 과학자가 되면 강한 감정에 수반되는 신체 증상도 자각할 수 있다. 갑자기 열이 나고 가슴이 두근대거나 속이 메스꺼워지는 것은 생리 작용이라기보다 감정에 영향을 받은 결과일 수 있다. 노스이스턴 대학교 리사 펠드먼 배럿(Lisa Feldman Barrett) 교수가 최근 내게 말하기를, 몸에 힘이 없고 괴로울 때면 뇌는 그 이유를 이해하고자 생활 속에서 잘못된 부분을 찾는다고 했다. 정작 우리는 증상을 겪고도 잠시 멈춰 이렇게 자문하지 않는다. 증상 이면에 감정이 숨어 있진 않을까? 그렇다면 나는 뭘 해야 할까? 아니면 그저 목이 마르거나 배고프거나 피곤한 탓일 테니 뭘 좀 먹고 마시거나 자면 될까?

감정 과학자는 스트레스가 엄청난 상황에서도 잠시 멈춰 자신이 무엇에 반응하고 있는지 스스로 물을 수 있는 사람이다. 본질적 감정이든 부수적 감정이든 자신의 모든 감정을 규명하고 이해하는 법을 배우면 적절하고 유용한 방식으로 대응할 수 있다. 그렇다면 그 방법은 대체 무엇일까?

누구나 감정을 배우고 감성 지능을 향상할 수 있다

1990년에 피터 샐러베이와 존 메이어는 그리 유명하지 않은 학회지에 〈감성 지능〉(Emotional Intelligence)이라는 획기적인 논문을 발표했다.(다수의 유명 학회지로부터 거절당한 뒤였다.) 그들은 이후 감성 지능 연구의 학문적 토대가 되는 이 논문에서 삶의 과제 가운데 대부분이 감정의 영향을 받는다고 주장했다. 우리에게는 모두 감성 능력이 있는데 그 수준은 천차만별이다. 이를 향상할 수 있는 능력 또한 우리 모두에게 있다. 샐러베이와 메이어는 감성 지능을 다음과 같이 정의한다.

감정을 정확히 인지하고 분석하고 표현하는 능력, 특정한 생각을 일으키는 감정을 만들어 내는 능력, 감정과 감정에 대한 지식을 이해하는 능력, 정서적이고 지적인 성장을 촉진하는 감정을 조절하는 능력.

훌륭한 교과서적 정의이다. 우리 모두 이런 능력을 갖춰야 한다. 그러나 이 정의만으로는 감성 지능이 실제로 어떻게 작용하는지 유추

하기 어렵다. 정보를 처리하는 방식은 저마다 다르다. 어떤 이는 선천적으로 수학을 잘하고 어떤 이는 언어 관련 과제를 더 쉽게 해결한다. 하지만 우리 모두는 수학과 언어를 학습하여 발전해 나간다. 마찬가지로 감정 문제에 유독 능수능란하고 대처가 빠른 사람들이 있다. 하지만 우리 모두는 감정에 대해 배우고 감성 지능을 향상할 수 있다.

세미나를 진행하다가 참가자들에게 감성 지능이 높은 사람이란 어떤 사람이라고 생각하는지 종종 묻곤 한다. 여러분도 한번 답해 보자. 어떤 능력이 필요할까?

누군가는 타인의 감정을 헤아리는 '공감' 능력이 필요하다고 대답한다. 공감이란 감정 경험을 공유하는 것이다. 당신이 어린 시절의 경험에서 수치심을 느끼는데 나 역시 그렇다면, 우리는 서로 공감할 수 있다. 감성 능력을 발휘하면 공감하기가 더욱 수월해진다. 공감 능력은 타인과 관계 맺는 데 도움이 되지만, 힘든 감정을 처리하려는 상대를 지원하거나 엉뚱한 길에서 헤매는 상대를 말리는 데에는 썩 유용하지 않다. 그런 지점에서 감성 능력이 발휘되는 것이다.

흔히들 높은 감성 지능의 지표로 정서적 안정을 꼽지만 실제로는 그렇지도 않다. 우리는 감정을 현명하게 다루는 사람은 평온하고 차분하게 행동한다고 여기는 경향이 있다. 정서적 안정이 내적 평화와 조화로움을 나타낸다고 생각하기 때문이다. 평온하고 '흔들림 없는' 사람들은 감성 능력이 뛰어난 것 같지만, 눈에 띄게 신경질적인 사람 또한 그런 모습을 보일 수 있다. 실제로 굉장히 신경질적인데도 순전히 필요에 따라 뛰어난 감성 능력을 보여 주는 사람이 적지 않다. 격동하는 내면을 조절하려면 그런 능력이 필요하기 때문이다. 하지만 안정과 신경증 가운데 어느 쪽도 감성 지능의 척도가 될 수 없다.

펜실베이니아 대학교 앤절라 더크워스(Angela Duckworh) 교수가 '장기적인 목표를 향해 나아가는 끈기와 열정'이라고 정의한 '그릿' (grit)은 최근 심리학계에서 인기를 끌고 있는 단어이다. 연구에 따르면 그릿은 학업 성취에서 소득에 이르기까지 수많은 중요한 성과와 연관되어 있다. 하지만 그릿은 감성 능력이 아니다. 그릿을 가졌으면서도 감정 조절에 애를 먹는 사람들이 많다. 그릿과 감성 지능은 경쟁 상대라기보다 목표를 달성하기 위해 상호 협력하는 관계이다. (나처럼) 그릿을 지녔는데도 특정한 목표를 달성하는 데 어려움을 겪는 경우가 적지 않다. 기나긴 노력을 이어 가는 사이에 좌절하고 실망하고 압도되고 부정적 피드백을 받기 때문이다. 감정 조절하는 법을 제대로 익혀 두면 장기적인 목표를 달성하는 과정에서 부딪히는 힘든 감정과 장애물을 더 잘 극복할 수 있다. 또한 모두 알다시피, 적절한 수준의 그릿은 성공으로 이어지지만 지나치면 역효과가 생긴다. 내 학생 중에는 그릿의 힘을 신봉한 나머지 사회성 부족을 메꾸기 위해 자신이 기울여 온 노력을 평가 절하하는 이들도 있다.

'회복 탄력성'(resilience) 역시 감성 능력 가운데 하나로 언급되곤 한다. 미국 심리학회는 이를 "가족이나 인간관계 문제, 심각한 건강 문제, 직장 내 문제, 재정적 압박 같은 역경, 트라우마, 비극, 위협 등 심각한 스트레스 요인에 잘 적응하는 능력"이라고 설명한다. 캘리포니아 대학교 샌프란시스코 캠퍼스 톰 보이스(Tom Boyce) 교수 연구 팀은 '예민한' 아이들(일명 '난초'형)과 '회복 탄력성이 좋은' 아이들(일명 '민들레'형)이 환경 변화에 서로 다르게 반응하도록 하는 생물학적 표지자를 밝혀냈다. 민들레형 아이들은 어떤 조건에서도 잘 적응하는 반면, 난초형 아이들은 불확실한 사회적 환경에 어쩔 줄 몰라 하며 두려움을 느낀다. 하지만 난초형도 민들레형도 가족, 교사, 또래 친구들이 정서적 발달을 얼마나 돕느냐에 따라 영향을 받을 것이다. 방치된 난초형 아이는 금방 시들어 버리겠지만, 충분한 지지를 받는다면 무사히 살아남을 뿐 아니라 민들레형 아이와 어깨를 나란히 할 정도로 잘 자랄 수 있다. 감성 능력이야말로 회복 탄력성을 쌓는 데 필요한 능력일 가능성이 높다.

마지막으로, 감성 능력은 자신감이나 카리스마, 인기 같은 성격적 특징의 집합체가 아니다. '좋은' 성격을 뜻하지도 않는다. 친절함도, 따뜻함도, 높은 자존감도, 낙관주의도 아니다. 이들 모두 다른 사람들에게 매력적으로 보일 만한 바람직한 자질이다. 그러니 저 자질 전부를, 적어도 일부라도 갖기를 바랄 수 있다. 하지만 그런 자질도 감성 능력은 아니다.

그러면 감성 능력은 무엇인가? 우선 감성 능력은 습득되는 것이다. 이런 능력을 타고나서 자유자재로 발휘하는 사람은 아무도 없다. 감성 능력은 장점을 증폭해 난관을 극복하도록 돕는다. 외향적인 사람이 두각을 나타내고 싶다면 분위기를 파악하는 방법을 배워야 한다. 언제 다른 사람들을 압도하고 언제 자신을 낮춰야 하는지 알기 위해서다. 반면 내향적인 사람이라면 조용하고 차분한 성향 때문에 가정, 학교, 직장에서 별 인상을 남기지 못할 것이다. 그러니 때로는 자신을 드러내 다른 사람들에게 내면의 열정을 보여 주어야 한다.

나는 여러 해에 걸쳐 감성 지능과 그 목적을 둘러싼 이상한 편견에 부딪혀 왔다. 한 대기업에서 세미나를 진행할 때였다. 어느 최고 임원이 자신 또한 감성 능력을 배워야 한다는 데 이의를 제기했다. "저는 당신이 우리 직원들에게 '내' 감정에 어떻게 대처해야 하는지를 가르쳐 주면 좋겠습니다."

지적으로 뛰어난 사람들이 모인 콘퍼런스에 발표자로 참석한 적이 있다. 참가자들은 서로 다른 색깔의 물방울무늬가 있는 명찰을 달고 있었다. 주최 측에 색깔이 어떤 의미인지 묻자 초록색은 "포옹을 해도 될 만큼 편안한 상태예요.", 노란색은 "포옹하기 전에 물어봐 주세요.", 빨간색은 "거리를 유지해 주세요!"라는 뜻이라고 알려 주었다. 내가 참석해 본 콘퍼런스 중에 사람들이 자신의 감정과 신체 접촉 허용 정도를 공개적으로 드러낸 경우는 그 행사가 최초였다.(그리고 유일했다.) 감성 지능과 IQ의 연관성이 낮다는 나의 실증적 연구 결과를 뒷받침하는 최초의 '현장 학습' 경험이기도 했다.

요구 사항이 까다로웠던 한 의대 강연장에서 어느 고참 교수가 노골적으로 빈정댄 적도 있었다. 강연을 마친 후 질문을 받자 그가 일어나 말했다. "학계에 무슨 일이 일어난 거죠? 우리는 미래의 노벨상 수상자들을 가르치는 거지, 좋은 사람을 만들려는 게 아닙니다." 마치 학문적 성취와 인간성이 한 사람 안에 공존할 수 없다는 듯한 말이었다. 그의 발언에는 너무도 많은 편견, 비논리, 모순이 담겨 있어서 조목조목 반박하려면 몇 시간에 걸친 토론을(그리고 상담까지도) 해야 할 지경이었다. 그래서 나는 아주 분명하고 짧게 대답했다. "감성 지능을 익히면 '더 많은' 노벨상 수상자들을 '가르칠 수 있게' 되겠죠."(나중에 학장에게 물었다. "그 교수님 말씀에 동의하시나요?" 그러자 그가 조용히 대답했다. "제가 교수님을 왜 초빙했다고 생각하세요?")

감성 능력을 구성하는 다섯 가지 요소

감성 지능이나 감정을 다루는 기술에 대한 이야기를 하면 너무 모호하고 감상적이라며 현실 도피에 불과하지 않느냐고 보는 사람들이 있다. 재계의 시각이 특히 그러하다. 하지만 진실은 정반대이다. 감성 능력은 지혜롭고 창의적인 사고를 이끌어 자신은 물론 주변 사람들이 더 좋은 결과를 얻을 수 있도록 돕는다. 감상적인 면은 전혀 없다. 감정이 일을 방해하도록 내버려 두기는커녕 오히려 반대 역할을 하는 것이다. 감성 지능은 균형 잡힌 사고를 지원하고, 감정이 행동에 과도한 영향을 미치지 못하게 하며, 특정한 방식으로 느끼게 되는 이유가 있다는 사실을 깨닫게 한다.

우리 연구 팀은 아이들과 어른들이 잘 살아가는 데 필요한 감성 능력을 가르치기 위해 심리학, 교육학, 신경 과학을 아우르며 20여 년 동안 연구에 매진했다. 감성 능력에는 감정 발달과 지능을 다룬 심리학 문헌에 등장하는 지식, 역량, 과정에 대한 중요한 내용이 포함된다. 이에 근거해 우리는 대표자, 관리자, 교사, 학생, 가족을 위한 교육 과정에 감성 능력 교육을 필수 과정으로 포함하는 접근법을 개발했다. 이 방법은 전 세계의 학교, 기업, 기관에서 활용되고 있다.

뒷부분에서 감성 능력에 대해 자세히 알아보겠지만 여기서 먼저 간략히 소개하겠다. 감성 능력의 구성 요소를 열거할 때 머리글자를 따서 RULER라고 줄여 부른다.

첫 번째, 감정 인식하기(Recognizing). 자신의 생각, 에너지, 신체의 변화나 타인의 표정, 몸짓, 목소리의 변화를 알아차려 어떤 감정이 생겨났음을 아는 것이다. 뭔가 중요한 일이 일어나고 있다는 첫 번째 단서이다.

두 번째, 감정 이해하기(Understanding). 감정의 원인을 파악하고 감정이 생각과 결정에 어떤 영향을 미치는지 깨닫는 것이다. 그러면 자신과 다른 이의 행동을 더 잘 예측할 수 있다.

세 번째, 감정에 이름 붙이기(Labeling). 이는 감정적 경험을 잘 설명하는 정확한 용어를 찾는 것이다. '감정 어휘'를 능숙하게 사용하는 사람들은 기쁨, 행복, 희열, 신남, 황홀감의 차이를 구분할 수 있다. 감정에 정확한 이름을 붙이면 자아 인식 능력이 높아지고 사회적 의사소통을 할 때 오해를 줄일 수 있으며 감정을 효과적으로 전달할 수 있다.

네 번째, 감정 표현하기(Expressing). 현재 상황, 함께 있는 사람들, 전체적인 맥락에 맞춰 감정을 표현해야 할 적절한 시기와 방법을 아는 것이다. 이 방면에 뛰어난 사람들은 감정 표현의 불문율, 일명 '표현 규칙'을 잘 이해하고 있으며, 자신의 감정을 표현하는 최적의 방법을 찾고 그에 따라 행동을 고칠 수 있다.

다섯 번째, 감정 조절하기(Regulating). 이는 개인적·직업적 목표를 달성하기 위해 감정 반응을 관찰하고 통제하여 바람직한 방식으로 수정하는 것이다. 불편한 감정을 무시하라는 뜻이 아니다. 감정을 받아들이고 다루는 법을 배워야 한다는 뜻이다. 이런 능력을 갖춘 사람들은 자신의 감정을 잘 관리하며 타인도 그렇게 할 수 있도록 돕는다.

이 다섯 가지 요소 가운데 인식하기, 이해하기, 이름 붙이기는 자신과 타인의 감정을 정확히 규명하고 해석할 수 있게 해 준다. 나머지 두 가지, 표현하기와 조절하기는 우리가 원하는 궁극적인 목표를 달성하기 위해 감정을 어떻게 관리해야 하는지를 알려 준다.

감성 지능은 우리 인생에서 IQ만큼 중요하다

IQ, 즉 일반적인 지능에 관한 연구는 1900년대 초반부터 시작되었다. 감성 지능에 관한 연구가 IQ보다 뒤처지게 된 이유 중 하나는 신뢰할 만하고 과학적으로 검증된 IQ 측정법이 존재하기 때문이다. 자격증이 있는 심리학자라면 세 시간짜리 표준화된 시험을 실시해 당신의 지능 지수를 산출해 내고 2000달러를 청구할 수 있다. IQ는 이렇게 한 세기가 넘도록 우리 곁에 머물러 왔다. 반면 감성 지능을 종합적으로 측정할 수 있는 방법은 아직 존재하지 않는다. 정확한 계산법이 없기에 주관적이고 부정확한 개념이라는 취급을 받곤 한다.

일상생활의 매 순간에 감성 능력이 필요하지만 우리가 그 능력을 잘 활용하고 있는지에 대한 믿음직한 피드백을 받기는 매우 어렵다. 어떤 능력을 갖고 있는지, 얼마나 나아지고 있는지 좀체 알 수 없다. 감성 능력을 가르치거나 이를 평가하는 학습 기관도 거의 없다. 우리는 감정을 다루는 기법을 가르치고 감성 지능을 측정하는 방법뿐만 아니라 감성 과학 자체에 대해 갓 알아 가는 단계에 있다. 생각해 보자. 위에서 언급한 다섯 가지 핵심 감성 능력을 가정이나 학교에서 정식으로 배운 적이 있는가? 다른 많은 이들과 마찬가지로, 아마 그렇지 않을 것이다.

하지만 나는 감성 지능이 IQ만큼 중요하다고 자신한다. IQ가 얼마나 높은가에 관계없이 감정은 이성적 사고 과정에 영향을 미친다는 사실을 잘 알고 있기 때문이다. 이 점이 중요하다.

앞서 감성 능력의 다섯 가지 핵심 요소를 설명했으니 이제 자신의 능력을 측정할 수 있는 간단한 테스트를 해 보자. 감정 과학자가 되는 데 필요한 자질을 간략히 요약한 각 문장을 읽고 스스로의 능력이 어떤지 1점(매우 미숙함)부터 5점(매우 뛰어남)까지 점수를 매겨 보자.

- 나는 자신과 타인의 감정을 정확히 인식할 수 있다. (   )
- 나는 자신과 타인의 감정이 일어난 원인과 결과를 알고 있다. (   )

- 나는 정확한 감정 어휘를 사용한다. ( )
- 나는 모든 감정 표현에 능숙하다. ( )
- 나는 자신의 감정을 잘 관리하며 타인이 감정을 관리하는 데 도움을 줄 수 있다. ( )

몇 점이 나왔는가? 만점은 25점, 최저점은 5점이다.

이 점수의 의미를 얼마나 신뢰하는가? 우선 테스트에 치명적인 오류가 있다는 점을 인정한다. 자신의 정신 능력이나 감성 능력을 평가할 때 객관적으로 답하는 사람은 아무도 없다. 대학생을 대상으로 연구를 하면서, 자신의 표준 감성 지능 평가 점수가 룸메이트나 다른 학생들과 비교해 어느 정도일 것 같은지 물어본 적이 있다. 80퍼센트에 가까운 학생들이 본인은 상위 50퍼센트 안에 들 것이라고 예상했다. 우리는 스스로의 능력을 과대평가한다. 감정 수행 검사 결과 남학생의 점수가 여학생보다 낮았는데, 남학생이 여학생보다 훨씬 높은 점수를 예상했다는 점도 아마 놀랍지 않을 것이다.

온라인에는 감성 지능을 신속하고 정확하게 측정할 수 있다고 주장하는 셀프 테스트가 많다. 대부분은 우리가 방금 해 본 테스트와 마찬가지로 피상적이고 오해의 소지가 있으며 감성 능력보다는 성격 특성을 측정한다. 또한 자신이 다른 사람들보다 더 지혜롭기를 바라는 보편적인 욕망을 반영하는 경우가 많다.

기업에서는 정기적으로 '다면적' 감성 지능 평가를 실시해 승진 결정이나 임원 교육에 활용한다. 자신의 평가에 동료, 부하 직원, 상급자의 평가를 더해 최종 점수가 결정된다. 평가 내용은 주로 자기 통제력, 신뢰성, 성실성, 적응력, 협응력, 영향력, 영감을 주는 리더십 등 좋은 리더나 관리자에게 중요한 덕목에 관한 것이다. 평판을 통해 개인의 특징과 경쟁력을 측정할 수는 있지만, 이 방법으로 감성 능력을 평가할 수는 없다는 것이 연구자들 사이의 일반적 견해이다.

앞서 언급한 이유 때문에 심리학계에서는 수행 검사(performance test)가 (자기 보고 검사와는 달리) 감성 능력을 측정하는 가장 훌륭한 도구라는 합의를 이룬 상황이다. 수행 검사야말로 정서적 과제를 해결하는 실제 능력을 측정한다는 것이다. 이런 견해에 입각해 샐러베이와 메이어는 감성 지능 연구소(Emotional Intelligence Skills Group) 공동 창립자인 데이비드 카루소(David Caruso)와 함께 감성 지능 테스트를 개발했다. 주어진 과제와 감정적 부담을 주는 문제를 얼마나 잘 수행하는지 측정하는 테스트이다. 이 테스트는 연구 목적에 부합하는 주요 도구였다. 하지만 가장 정교하게 설계된 테스트라 해도 실생활에서 감성 능력을 발휘해야 할 때 사람들이 어떻게 반응할지 예측하지는 못한다. 진짜 감성 능력은 해변에서 책 읽을 때가 아니라, 누군가가 당신 얼굴에 모래를 뿌릴 때 확인할 수 있지 않겠는가! 현재 우리 팀은 펜실베이니아 대학교 와튼 스쿨 시걸 바르세이드(Sigal Barsade) 교수와 함께 감성 능력을 실시간으로 포착할 수 있는 역동적 감성 지능 테스트를 개발하고 있다.

감성 지능을 정의하기 어려운 또 다른 이유는 명확한 용어가 부족하기 때문이다. 사람들은 대부분 '감정', '느낌' 같은 단어를 번갈아 가며 사용하고 이 단어들의 전반적인 의미를 이해하고 있다. 그러나 여기에는 미묘하고 중요한 차이점이 있다. 용어 사전을 살펴보자.

행복, 슬픔, 분노 같은 '감정'(emotion)은 내적·외적 자극에 대한 판단에서 비롯한다. 자신의 현재 목표나 관심사라는 렌즈를 통해 세상사나 마음 상태를 해석한 결과가 감정이다. 우리는 보고 듣고 느끼고 맛보고 냄새를 맡는 가운데 환경 변화를 감지한다. 또한 기억이나 감각, 누군가의 말이나 행동, 직접 목격하거나 경험한 일을 통해 자극을 받는다. 나를 부당하게 차별했던 사람을 생각하면 화가 치솟는 것이다.

대부분의 감정은 수명이 짧다.(한 시간 동안 놀라 본 적이 있는가?) 그사이에 안면 홍조, 오한, 심장 박동 수 증가 같은 생리적 반응이 일어나며 특정 행동을 이끄는 신경 화학 물질이 분비된다. 이런 반응은 표정이나 몸짓, 그 밖의 여러 비언어적 신호를 통해 겉으로 드러난다. 또한 감정은 의식 속의 내면적 경험과 궤를 같이한다. 기분이 좋을 때면 긍정적으로 생각하지만 화가 나면 비관주의자로 변하는 식이다. 마지막으로 감정은 행동을 일으킨다. 다가갈지 피할지, 맞서 싸울지 도망칠지는 감정이 결정한다.

감정에 대한 고전적 견해에 따르면 감정은 진화적 적응의 결과이며, 모든 문화권의 사람들이 감정을 똑같은 방식으로 겪고 표현한다. 예를 하나 들어 보겠다. 두려움은 생존에 유리하기 때문에 발달했고, 이 느낌은 생물학적 본성이기 때문에 누구라도 똑같은 방식으로 표현하게 되어 있다는 것이다.

오늘날에는 감정을 훨씬 섬세하게 이해한다. 최근 연구는 감정이 생체 활동뿐 아니라 개인적 경험 및 문화와도 밀접하게 연결되어 있다고 강조한다. 우리는 같은 대상을 두려워하지 않으며 똑같은 방식으로 기쁨을 표현하지도 않는다. 미국 초등학생들에게 행복한 얼굴을 그려 보라고 하면 활짝 웃는 얼굴을 그린다. 아시아 학생들은 살짝 웃는 얼굴을 그린다. 아시아 아이들이 미국 아이들보다 덜 행복하다는 의미가 아니다. 행복을 경험하고 표현하는 방식이 서로 다를 따름이다. 우리는 성장할수록 감정을 더욱 정확히 표현하게 된다.(그렇게 되기를 바란다.) 미취학 아동이 분노를 표현하는 단어는 "화났어." 하나뿐이지만, 학교에 들어간 아이들은 신경질, 짜증, 거슬림, 노여움, 분개 같은 개념들 사이의 미세한 차이를 알아차린다.

'느낌'(feeling)은 감정에 대한 내적 반응이다. 내가 우리 둘 사이의 문제 때문에 당신에게 화가 나 있다면 나는 희망을 잃고 이런 관계를 지속할 수 없다고 생각할 것이다. 이것이 바로 느낌이다. 느낌은 미묘하고 정확하게 감지하기 어려우며 다차원적이다. 누군가에게 기분이 어떠냐고 물었을 때 행복하다, 슬프다, 두렵다, 화가 난다 같은 감정을 나타내는 대답을 듣기도 하지만 응원받는다, 연결되어 있다, 소중히 여겨진다, 존중받는다, 고맙다 같은 느낌을 나타내는 대답을 들을 수도 있다. 느낌에 대한 단어는 그 자체로 감정을 드러내지 않지만, 감정의 이유와 감정을 일으키는 관계의 상태를 보여 준다. 엄밀히 말하면 육상 선수는 마라톤에 참여하고 싶다고 느끼지는 않는다. 현재 느끼는, 그리고 앞으로 느낄 것이라 예상되는 기쁨과 자부심이 마라톤 대회에 참가하겠다는 목적으로 매일 달릴 수 있도록 그에게 동기를 부여하는 것이다.

우리는 보통 한 번에 여러 감정을 느낀다. 새로운 일을 하게 되어 몹시 들떠 있으면서도 제대로 해낼 수 있을까 걱정한다. 상대가 자신을 대하는 태도에 화가 나는 한편으로, 자신은 상대를 함부로 대하지 않았다는 사실에 우월감을 느끼기도 한다. 이를 잘 보여 주는 내 경험담을 소개한다. 항공사에서 내 짐을 분실했을 때 나는 그들의 부주의함에 화가 났고, 가방에 넣어 둔 약 때문에 걱정이 되었으며, 비행기에서 입었던 옷을 갈아입지 못한 채 회의에 참석해야 한다는 사실에 당황했고, 일정이 끝날 때까지 내 짐을 찾지 못할 것을 알았기에 낙심했다. 이 모든 감정을 거의 동시에 느꼈다.

우리는 심지어 감정에 대한 감정을 느끼기도 하는데 이를 메타감정(meta-emotion)이라고 한다. 대중 앞에서 연설하는 데 두려움을 느끼고 그 두려움 때문에 당황할 수 있다. 또는 괴롭힘을 당해서 억울한 한편으로 그런 일이 일어나도록 내버려 둔 자신이 수치스러울 수도 있다.

'기분'(mood)은 감정이나 느낌보다 더 산만하고 덜 강렬하지만 더 오래 지속된다. 쉽게 말해, 어떤 기분이 드는 이유를 파악하기는 어렵지만 어떤 감정이 일어날 때는 그 이유를 확실히 알 수 있다. 기분은 감정의 여파이기도 하다. 누군가에게 짜증이 났는데 그 생각을 계속하다가 결국 기분이 나빠진 적이 있지 않은가? 기분은 때로 아무 이유 없이 나타나는 것 같지만 사실은 삶에 대한 감정적인 반응과 밀접하게 연관되어 있다. 우울증, 양극성 장애, 불안 장애 같은 정신적 상황을 나타내는 '기분 장애'(mood disorder)는 오늘날 흔히 쓰이는 단어이다. 이런 증상은 일상을 제대로 영위할 수 없게 한다. 기분이 일상에 대단히 큰 영향을 미치기 때문이다.

감정, 느낌, 기분 다음으로 다룰 대상은 감정과 관련된 '성격적 특성'(personality traits)이다. 성격적 특성이란 자신의 본질이라 느껴지는 부분으로, 느끼고 생각하고 행동하는 특정한 경향성을 뜻한다. 우리는 낙관주의자이거나 비관주의자이고, 운명 개척론자이거나 숙명론자이고, 내향적이거나 외향적이고, 차분하거나 과민한 사람이다. 물론 성격적 특성은 시간이 지나면서 변할 수도 있지만 그런 변화는 점진적으로 일어난다. 다시 말해 아이들이 자기답게 성장할 수 있도록 인내심을 갖고 지켜봐야 한다는 뜻이다. 우리가 어떻게 느끼는지에 영향을 주는 대부분의 성격적 특성은 평생 지속되는데 이 특성을 감정과 혼동해서는 안 된다. 낙관적인 사람들은 매우 긍정적인 감정을 많이 경험하는 탓에 다른 사람의 긍정적 감정을 과대평가할 수도 있다.

심리학자들과 사회 과학자들에게는 이런 구분이 중요하겠지만 나는 이 책에서 감정과 느낌을 거의 같은 의미로 사용할 것이다. 이 둘 사이의 모든 미묘한 뉘앙스를 표현할 어휘가 있다면 감정 생활을 더 잘 이해할 수 있으리라는 아쉬움은 접어 두고 말이다.

감성 지능이 높은 사람이 뛰어난 성과를 얻는다

감정 과학자가 되고자 노력하는 과정에서는 감정 심판자 역할을 하고 싶다는 유혹을 피해야 한다.

감정 과학자와 심판자는 모두 감정과 그 근원을 인식하고 감정이 생각과 행동에 어떤 영향을 미칠지 예측하려 한다. 하지만 감정 과학자는 가치 판단을 하지 않는다. 어떤 감정이 옳은지, 유익한지, 객관적 현실을 반영하는지 의견을 제시하지도 않는다. 그에게는 호기심과 경청하고 배우려는 욕구만 있을 뿐이다.

감정 심판자는 다른 것을 추구한다. 그는 감정을 평가한다.(우리에게는 혹독한 자기 심판에 대한 면역력이 없음에도 불구하고, 자신의 감정까지도 말이다.) 옳은지 그른지, 유익한지 해가 되는지, 현실성이 있는지 상상의 산물인지를 따진다. 감정 심판자는 감정을 인정하거나 부정할 권한, 즉 판결할 권한을 추구한다.

그들의 태도에는 납득할 만한 이유가 있다. 예를 들어 부모는 자식의 감정 생활에 촉각을 곤두세운다. 불안, 분노, 수치심 같은 부정적인 감정은 아이가 어떤 환경에서 자라고 있는지를 보여 준다. 직원이 주눅 들어 있거나, 사랑하는 이가 절망에 빠져 있거나, 자신이 가치 없다고 느껴질 때면 책임을 회피하고 그 대신 죄를 물으려는 충동이 생긴다. 아이가 화를 낼 때 아이의 감정을 듣고 무엇이 그 뒤에 숨어 있는지 탐색하기보다는 생각하는 의자에 앉히는 벌을 주기가 더 쉬운 것이다. 감정 과학자는 열린 마음과 선한 의도로 접근하는 반면,

감정 심판자는 불쾌한 말을 들을까 봐 두려워한다. 이들은 언제나 부정하고 방어하고 비난할 준비가 되어 있다.

스탠퍼드 대학교 교수이자 베스트셀러 《마인드셋》(Mindset) 저자 캐럴 드웩(Carol Dweck)은 수십 년간의 연구를 통해 자신의 능력에 대한 믿음이 성공과 실패를 어떻게 가르는지를 보여 주었다. 그 원리는 이러하다. 감성 능력을 학습할 수 있다고 믿으면 노력에 따라 더 나은 학습 결과를 얻을 수도 있다고 믿게 된다. 이와 대조적으로 감정적 기질이 고정되어 변하지 않는다고 생각한다면 자신의 능력을 개발하거나 이를 타인에게 가르치는 데 노력이나 시간을 덜 투자할 것이다. 감정 과학자들은 감정 교육이 가능하다는 사고방식을 공유한다. 감정 심판자들은 성장과 개선에 대한 희망을 품기는커녕 누군가의 감정 상태가 유익한지 유해한지, 긍정적인지 부정적인지, 좋은지 나쁜지만 생각할 뿐이다.

사법 제도에서는 판사들이 꼭 필요하고도 중요한 존재이지만 감정 생활에서는 반대이다.

높은 감성 지능을 보유하고 앞서 말한 다섯 가지 기술을 습득하면 삶의 질이 높아진다. 내가 보기에는 너무나도 자명한 이야기이지만 근거가 필요하다면 수많은 과학적 증거를 제시할 수 있다.

조지타운 대학교 제러미 입(Jeremy Yip) 조교수와 토론토 대학교 로트먼 경영 대학원 스테판 코테(Stéphane Côté) 교수가 입증한 내용이 그 핵심이다. 감성 능력이 발달한 사람들은 무엇이 감정을 일으키는지 더 명확히 파악할 수 있고, 결정을 내릴 때 우발적 감정의 영향력을 배제할 수 있다.

우리는 행동한 뒤에 어떤 느낌이 들지 예상하고 그에 따라 대부분의 결정을 내린다. 하지만 연구 결과에 따르면 감성 능력이 없을 경우에는 무엇이 우리를 행복하게 할지를 제대로 예측할 수 없다. 많은 사람들이 잘못된 목표를 좇거나 행복을 가져다줄 행동을 거부하는 데 시간을 낭비한다. 운동을 하면 기분이 좋아질 텐데도 우울한 기분을 풀기 위해 단것을 먹고, 소셜 미디어가 불안을 증폭한다는 사실을 알면서도 세상과 연결된 느낌 때문에 끊지 못한다.

존 케리(John Kerry)가 조지 W. 부시(George W. Bush)를 상대로 대통령 선거에 출마했을 때, 우리는 예일 대학교 학생들에게 자신이 지지하는 후보가 패하면 얼마나 화가 날 것 같은지 질문해 봤다. 선거가 끝난 뒤 케리에게 투표한 학생들을 대상으로 조사한 결과, 그들이 자신의 분노 예상치를 극도로 높게 잡았음을 알 수 있었다. 듀크 대학교에서 실시한 두 번째 연구에서는 최대 라이벌 노스캐롤라이나 대학교와의 농구 경기와 관련해 학생들에게 질문을 던졌다. 듀크 대학교가 이기면 얼마나 짜릿할지 상상해 보게 하고 지면 어떤 기분일지도 예측해 달라고 요청했다. 노스캐롤라이나 대학교가 이긴 다음 날, 학생들에게 전화를 걸어 얼마나 흥분했는지 얘기해 달라고 했다. 이번에도 참가자들은 자신의 감정을 과대평가했다. 하지만 감성 지능이 높은 학생들은 두 연구 모두에서 자신의 감정을 좀 더 정확하게 예상했다. 감성적으로 영민한 사람은 행복 연구의 핵심이 되는 결론을 직관적으로 이해하고 있었다. 그 결론이란, 행복은 객관적인 사건 자체보다 그 사건을 인식하고 다루고 다른 사람과 공유하는 방식에 달려 있다는 것이다. 감성 능력이 뛰어난 사람은 이런 핵심 개념을 인식하고 있기 때문에 더 나은 의사 결정을 내릴 가능성이 높다.

감성 능력은 모든 연령대의 사람에게 중요하다. 우리 아이들은 친구를 괴롭히지 않고 술과 약물 남용의 유혹을 뿌리칠 수 있을까? 지루함에 굴복하는 대신 극복할 수 있도록 창의성을 발휘하는 법을 알고 있을까? 감정적으로 화가 났을 때 소셜 미디어에서 실수하는 경우가 많다는 것을 이해하고 그에 따라 생각을 조정할 수 있을까? 아이들에게 감성 능력을 가르치면 도움이 된다는 사실이 연구를 통해 입증되었다. 초등학교 저학년 학생들을 관찰해 보면 감성 능력이 발달한 아이들이 그렇지 않은 아이들보다 문제 행동을 덜 하고 적응력이 높고 학업 성적도 좋다.

우리는 직접 겪어 봤기 때문에 사춘기 특유의 극도로 민감한 감수성과 정서적 혼란을 잘 알고 있다. 이로 인해 가장 똑똑하고 열심히 공부하는 학생조차 슬럼프에 빠지기도 한다. 이 시기를 어떻게 보낼지는 감성 지능 수준에 따라 크게 좌우된다. 감성 능력이 발달한 청소년은 (긍정적이든 부정적이든) 감정이 자신의 의도를 억누르는 위기를 겪으면서도 잘 성장해 나간다.

감성 지능이 높은 사춘기 아이는 우울과 불안, 자살 충동을 덜 느낀다. 또한 자기 자신과 교사로부터 사교성이 좋다는 평을 듣는다. 이 시기의 감성 지능이 SAT(미국의 대학 수학 능력 시험) 점수, 창의성, 고등학교와 대학교 성적과 관련이 있다는 자료도 있다. 한 연구에서는 감성 지능이 성취 예측 지표로 유명한 그릿을 뛰어넘는 지표임을 입증하기도 했다.

높은 감성 지능의 이점은 성인이 되어서도 사라지지 않는다. 감성 지능 테스트에서 높은 점수를 기록한 사람들은 친구, 부모, 연인과의 관계가 더 원만하다. 당연한 결과 아닐까. 비언어적 단서를 정확히 해석하고, 타인의 감정을 이해하며, 다른 사람의 감정 조절을 어떻게 도울 수 있는지 아는 사람이니 말이다.

감성 지능을 건강 및 직장에서의 성취와 연결한 연구도 있다. 감성 지능이 높은 사람은 불안, 우울, 스트레스, 탈진을 겪을 가능성이 낮고 뛰어난 업무 성과와 리더십 역량을 보인다. 특히 서비스업이나 고객과 접촉이 많은 분야에서 좋은 성과를 거둔다고 한다. 같은 카페나 식당을 계속 찾아가는 이유를 생각해 보라. 커피나 음식보다 바리스타에 대한 느낌이 더 큰 영향을 미쳤을 수도 있다.

어느 두 연구는 관리자 직함이 없는 직원이 동료들에게 발휘하는 리더십과 감성 능력 사이의 연관성을 밝혔다. 다른 연구들은 직원들이 공통 목표를 향해 나아갈 수 있도록 동기를 부여하고 의욕을 고취하는 '변혁적'(transformational) 리더십과 감성 지능의 관련성이 높다는 사실을 보여 주었다.

감성 능력을 갖춘 사람은 동년배에 비해 세심하고, 동료나 연인과 더 좋은 관계를 맺으며, 더 자신 있고 당당한 태도를 보인다.

많은 연구자가 간단한 전략을 활용해 감성 능력을 학습할 수 있는지 여부를 연구했다. 한 연구에서는 세 시간짜리 워크숍에 10회 참여한 운동선수들의 감성 지능을 측정했다. 그 결과 워크숍에 참여하기 전보다 감성 지능 수치가 현저히 높아졌으며 통제 집단의 동료들보다도 훨씬 높은 점수를 기록했음이 밝혀졌다. 경영대 학생들을 대상으로 한 연구에서도 비슷한 결과가 나왔다. 감성 지능을 주제로 한 열여섯 시간짜리 특강을 들은 수강생들은 전반적으로 감성 지능 점수가 상당히 오른 반면, 주의력 조절(주제는 비즈니스 에티켓) 강의를 들은 학생들의 감성 지능 점수는 큰 차이를 보이지 않았다. 우리 연구소에서 실시한 연구에서도 충실하게 RULER(우리 센터에서 개발한 체계적이고 실증적인 사회·정서적 학습법)를 시행한 학급 학생들이 RULER를 성실히 시행하지 않은 학급 학생들보다 열 달 후에 더 높은 수준의 감성 지능을 갖는 것으로 나타났다.

성공의 필수 요소는 감성 지능에서 나온다

자기 자신은 물론 주변 사람의 감정 표현을 수용하는 감성 능력을 갖춘다는 것은, 부당한 일을 겪어도 그저 당하기만 한다거나 다른 사람들에게 휘둘려 맞장구만 친다는 뜻이 아니다. 감성 지능이 높은 사람들은 공격받았을 때 뒤로 밀려나기 쉬워 보이지만, 대립 상황에서도 감정을 능숙하게 다루고 원만한 해법을 찾는다.

감정을 현명하게 다루는 사람이라고 실수 하나 없이 완벽하게 생활하지는 않는다. 지치고 화가 나고 걱정이 들 때면 반응하기 전에 감정을 돌아보려는 시도를 하지 않을 수도 있다. 이런 감정도 마땅히 표현할 수 있어야 한다. 버럭 화를 낼 때도 있을 것이다. 조금씩 나아지는 과정이니 괜찮다. 오늘 감정을 제대로 다루지 못했다 해도 그 사실을 인식할 만큼 충분한 감성 능력을 갖추고 있다면 내일은 더 잘할 수 있을 것이다.

자신과 다른 사람의 감정을 헤아리기란 여간 어려운 일이 아니다. 하지만 어른 아이 할 것 없이 모두가 감정을 표현하고 이를 다루는 법을 배운다면 협력, 관계 구축, 의사 결정, 성과 향상을 도모할 수 있을 뿐 아니라 더 큰 행복으로 나아가는 문을 열 수 있다. 성공의 필수 요소 가운데 대부분이 감성 능력에서 나오는 것이다.

나는 강의를 할 때 감성 지능에 관한 연구 결과를 공유한 다음 감성 능력 개발의 중요성에 대해 어떻게 생각하는지 물어본다. 물론 모든 사람이 꼭 필요하다고 입을 모은다. 하지만 계속해서 배우기를 미룬다. 학생들은 이런 핑계를 댄다. '고등학교를 졸업하고 시험들을 통과하면…….' '대학원에 들어가기만 하면…….' 그러고는 금세 어른이 되어 버린다. 의사, 교사, 비행기 승무원, 변호사 등 거의 업무 시간 내내 '스트레스를 받는' 바로 그런 사람들이 되는 것이다. 삶은 원래 이래선 안 된다. 다만 감정의 중요성을 간과하는 가정, 학교, 직장을 거치다 보니 삶은 원래 그렇다고 생각하게 되었을 따름이다.

우리를 인간답게 만드는 가장 중요한 요소를 잘 다루지 못하면 열정과 목적의식의 불꽃이 꺼지고, 전 세대의 발달과 성숙이 지체되고 왜곡되며, 감정 발달을 도우려는 어른들이 탈진하게 된다. 감성 능력은 아이가 제대로 된 어른으로 자라기 위해 갖춰야 할 능력에서 내내 배제되어 왔다. 지금껏 사람들이 상상조차 하지 못했던 방식으로 성공을 이끌어 낼 감정 혁명의 시작이 우리에게 달려 있다.

감정 혁명에 필요한 능력을 다시 설명하겠다.

첫 번째 단계, 현재의 감정을 인식하기.

두 번째 단계, 감정과 그 감정을 유발한 원인을 이해하기.

세 번째 단계, 감정에 적절한 이름 붙이기. '행복'이나 '슬픔'처럼 단순하게 부르지 말고 감정을 깊이 파고들어 복잡 미묘한 뉘앙스를 규명해야 한다.

네 번째 단계, 감정 표현하기. 처음에는 자신에게, 나중에는 적절한 시기에 다른 사람에게 표현하자.

마지막 단계, 감정 조절하기. 앞서 말했듯 감정을 억누르거나 무시하지 말고 바라는 목표를 달성하기 위해 현명하게 이용하자.

이제부터는 각각의 단계를 차근차근 살펴보겠다.

permission
to feel

제2부

감정을 다루는
다섯 가지 기술

제4장

감정 인식하기

다시 묻겠다. 이 책의 핵심을 담고 있는 질문이다. 지금 기분이 어떤가?

이번에는 '생각하지 말고' 대답하라. 그냥 떠오르는 대로 말하라. '느끼는 대로' 말하라. 천천히 심호흡하는 것도 도움이 될 것이다.

분석하려는 마음을 잠시 접으면 근원적인 감정 상태를 본능적으로 명확히 느낄 수 있다. 굳이 말로 표현하지 않아도 내가 무슨 말을 하는지 알 것이다. 그러니까 지금 이 순간 당신의 핵심 상태에 대한 이야기이다.

'기분이 끝내줘.'

'기분 좋아.'

'거지 같은 기분이야.'

'스트레스 받아.'

아직은 말로 표현하지 않아도 된다. 어차피 나중에 하게 될 것이다. 하지만 먼저 이 단계를 거쳐야만 한다.

잠시 멈춰 보자. 하던 일을 실제로 멈추고, 몸과 마음의 상태를 들여다보고, 자기 자신에게 물어봐야 한다. 지금 이 순간 내 감정 상태는 어떤가? 신나는가, 우울한가? 유쾌한가, 불쾌한가? 세상에 부딪쳐 보고 싶은가, 외면하고 싶은가? 다음 순서는 신체적 징후를 살펴보는 것이다. 기운이 넘치는가, 방전되었는가? 가슴이 두근대는가, 주먹을 꽉 쥐고 있는가? 긴장되는가, 아니면 안정되고 차분하고 편안한 상태인가?

감정 과학자가 되기 위해 습득해야 하는 첫 번째 기술은 감정 인식하기이다. 이번 챕터에서는 우리 자신과 타인의 감정을 정확하게 인식하는 방법을 알아볼 것이다.

나의 '진짜' 감정을 바깥으로 꺼내기 어려운 이유

앞서 언급했듯이 자신의 감정을 표현하는 단어를 찾아보라고 하면 대부분이 실패한다. 지난 10년 동안 교육자, 부모, 의사, CEO 등 수십만 명의 다양한 사람들에게 적당한 단어를 찾기가 왜 어려운지 물었다. 그들은 이렇게 대답했다.

"자신에게 그런 질문을 할 여유가 없어요."

"감정을 표현하는 단어들을 한 번도 배우지 못했어요."

"저도 모르게 '좋아요, 괜찮아요.' 같은 말이 튀어나와요."

"진짜 감정을 드러내는 게 늘 좋지만은 않아요."

"실제로 내 감정에 '관심 있는' 사람은 아무도 없어요."

"자신의 감정을 밖으로 꺼내지 말라고 배웠어요."

"내 감정을 알고 나면 그걸 받아들이고 뭔가 조치를 취해야 하잖아요."

"감정을 표현한다는 게 부자연스럽게 느껴져요."

"남들이 이러쿵저러쿵 판단하는 게 싫어요."

"그럴 시간이 없어요!"

"한꺼번에 열 가지 감정이 들어요."

"솔직하게 표현하면서 살다 보면 인간관계에서 너무 큰 부담을 지게 돼요."

"내 감정을 공유하고 나면 아무도 내 곁에 있고 싶어 하지 않을 거예요."

"부모님이 저를 사건의 증인을 보호하듯이 키운 것 같아요. 절대 아무것도 누설하지 말라고 했거든요."

이것이 우리가 봉착한 문제이다. 하지만 자신의 감정을 인식하지 않고서는 이를 조절하는 데 필요한 기법을 배울 수 없다. 감정을 인식한다는 것은 곧 우리가 항상 뭔가를 느끼는 존재임을 아는 것이고, 인생에서 매 순간 감정을 경험한다는 사실을 인정하는 것이다.

인식하기의 대상은 비단 자신의 감정만이 아니다. 다른 사람의 감정도 인식할 수 있다. 다른 사람에게 끊임없이 "안녕, 지금 네 마음속 깊이 있는 근원적인 감정이 뭐야?"라고 물을 수는 없는 노릇이기에 훨씬 더 힘들긴 하지만 말이다.(나를 믿고 한번 시도해 보면 금방 알 수 있을 것이다.) 독심술사가 아니어도 겉모습으로 어느 정도 파악할 수 있지만 이 방법은 항상 정확하게 들어맞지는 않는다. 직관적으로 인식할 수도 있는데 가까운 사람들을 대상으로 할 때에는 효과적이지만 그 밖의 사람들에게는 그렇지 못하다는 한계가 있다.

감정 인식하기가 특히 중요한 이유는 의사소통이 대부분 비언어적으로 이루어지기 때문이다. 말하지 않고도 의사를 전달하는 방식에는 표정, 몸짓, 목소리 톤 등이 포함된다. 말로는 거짓을 전달하거나 진실을 숨길 수 있다. 하지만 신체 언어로는 그렇게 하기 어렵다. 그런 이유로 첫 번째 단계인 감정 인식하기의 중요성을 강조할 수밖에 없다. 상대의 감정이나 기분을 인식한 후에야 그가 정확히 무엇을 느끼고 있으며 그 이유가 무엇인지 자세히 파악할 수 있기 때문이다. 감정을 올바르게 인식해야 그 후의 과정도 올바르게 이어진다.

타인의 감정 상태 같은 기본 정보를 인식하지 못하면 어떤 일이 벌어질까. 성실하고 다정했던 아이가 적대적으로 변할 수도 있고, 한때 밝고 명랑했던 10대 청소년이 무기력해져서 아무것도 하지 않게 될 수도 있다. 행복한 기운을 뿜어내던 어른이 심각한 불안에 시달리기도 한다. 최악의 경우에는 알 수 없는 이유로 우울해져서 스스로 목숨을 끊고 만다. 사람들은 그런 일이 벌어진 뒤에야 그들이 괴롭힘, 성적 학대, 왕따를 겪었다는 사실을 깨닫는다. 누군가가 눈치채고 개입 했더라면 결과가 달라졌을 것이다. 우리는 뒤늦게 서로를 바라보며 묻는다. "어떻게 모두가 그 신호를 놓쳤지?" 어린 시절의 나는 부모님 에게 사랑받고 있다는 믿음이 있었기에 항상 마음이 든든했다. 하지 만 몇 해 동안이나 왕따를 당하며 학교에 다녔고 성적 학대를 당했던 거리에서 뛰어놀았다. 어째서 아무도 알아채지 못했을까? 징후가 그 렇게나 명확했는데. 나를 사랑하는 것과 나를 '관찰하는' 것은 전혀 다른 일이었기 때문이다.

파괴적이고 불쾌한, 남들이 좀체 참아 주기 힘든 행동으로 부정적 인 감정을 표현하게 될 때가 있다. 이럴 때는 다가와 손을 내밀어 주 거나 도우려는 사람을 거부하는 경우가 많다. 친구를 피하고 사회적 활동을 중단하며 스스로 고립을 택하기도 한다. 그저 혼자 있고 싶을 뿐이라거나 모든 게 괜찮다는 신호를 보내겠지만, 실상은 그렇지 않 다. 어린 시절의 나는 자기 패배적인 감정 폭발과 계획적인 고립을 보 여 주는 전형적인 사례였다. 그런 행동이 나타날 때야말로 분노나 자 기 소외를 떨치고 일어나야 할 순간이다. 행동은 우리가 진정으로 원 하는 것과 정반대 메시지를 전하기도 한다는 사실을 반드시 기억해야 한다. 겉으로는 "다 필요 없어!", "괜찮다고!"라고 외치겠지만 감정은 관심을 갈구하고 있다.

감정을 인식하고 측정하는 도구, 무드 미터

우리 자신과 다른 사람의 감정에 제대로 관여하는 첫 번째 단계는 감정 인식 기술을 개발하는 것이다.

도움이 될 만한 도구를 하나 소개한다.

바로 감정을 측정하는 무드 미터(Mood Meter)이다. 보스턴 칼리지 제임스 러셀(James Russell) 교수가 개발한 '원형 감정 모형'(the circum-plex model of emotion)을 토대로 제작했다. 러셀 교수는 인간의 감정에 쾌적함(pleasantness)과 활력(energy)이라는 두 가지 핵심 특성 또는 요소가 있다고 주장했다. 그는 통찰력을 발휘해 두 요소를 교차시켜 모든 감정을 표현할 수 있는 하나의 그래프를 만들었다. 가로축은 매우 쾌적함부터 매우 불쾌함까지로 기쁨의 정도를, 세로축은 매우 낮음부터 매우 높음까지로 활력의 정도를 나타낸다.

두 요소만으로도 모든 감정 상태를 충분히 파악할 수 있다. 감정 체계는 우리가 자신의 기분을 잘 모를 때조차 목표, 가치, 행복과 관련한 환경이 어떻게 변해 가는지 계속 추적 관찰하고 있다.

사람들의 감정 인식을 돕는 무드 미터는 2004년에 출간된 데이비드 카루소와 피터 샐러베이의 책 《사람과 조직을 끌어당기는 하트 스토밍》(The Emotionally Intelligent Manager)에서 처음 사용되었다. 이후 카루소와 나는 이 도구를 사례 기반의 사회·정서적 학습 체계 RULER의 중심축으로 발전시켰다. 현재 미국을 비롯해 오스트레일리아, 중국, 영국, 이탈리아, 멕시코, 스페인 등 여러 국가에 있는 2000곳 이

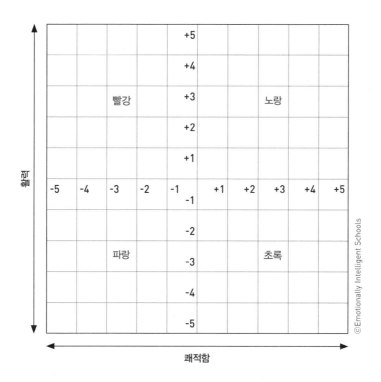

상의 학교와 지역에서 이 도구가 쓰이고 있다.

무드 미터는 인간이 경험할 수 있는 모든 감정을 정리하여 러셀이
제안한 원형 감정 모형과 유사한 그래프에 나타내기 위해 설계되었
다. 이 그래프는 쾌적함과 활력의 수준을 표시하여 감정에 대한 핵심
정보를 한눈에 이해할 수 있게 해 준다. 무드 미터를 이용해 분노와
평온함, 희열과 절망 사이의 수많은 감정을 쉽게 시각화할 수 있다.

위 그래프에서 볼 수 있듯이 무드 미터는 가로축(쾌적함 정도)과 세
로축(활력 정도)에 따라 네 사분면으로 나뉜 정사각형이다. 가로축의

왼쪽 끝은 쾌적함 정도가 극단적으로 낮은 상태를 가리키며 −5점으로 나타낸다. 반대편 오른쪽 끝은 아주 기쁜 상태로, 점수는 +5점이다. 마찬가지로 세로축 꼭대기는 가장 활력이 넘치는 상태이며 아래쪽은 그 반대를 뜻한다. 특정 감정이 두 축에서 어디에 해당하는지 숫자로 측정한다. 그래프의 정가운데는 쾌적함과 활력 모두 중립적인 상태이므로 0점으로 한다.

각 사분면은 해당 감정 상태를 반영한 색으로 구분했다.

상단 오른쪽은 노란색으로, 쾌적함과 활력 모두 높은 상태이다. 현재 기분이 노란색 부분에 속한다면 행복하고 신이 나 있으며 낙관적이라는 뜻이다. 가슴을 편 당당한 자세로 눈을 반짝인다. 세상을 다 삼켜 버릴 듯 의욕이 넘친다.

상단 왼쪽은 빨간색이다. 쾌적함이 낮지만 활력은 높은 상태이다. 화가 나 있거나 불안하거나 좌절감을 느끼거나 두려워하고 있지만, 열정이 끓어올라 적극적인 태도를 취하고 있으며 경쟁심이 고취된 상태이다. 온몸에 긴장이 느껴지고 호흡이 가쁘고 심장이 두근거린다. 그 감정이 분노인지 두려움인지에 따라 미간을 찌푸리거나 눈썹을 치켜올렸을지도 모르겠다. 맞서 싸우거나 도망칠 태세를 갖추는 중일 수도, 경기에서 이길 수 있을지 불안해할 수도, 당신의 도움이 필요한 누군가를 용감하게 지킬 준비를 하고 있을 수도 있다. 이 상태에서는 강렬한 뭔가에 사로잡혀 있을 가능성이 높다.

하단 오른쪽은 초록색으로, 쾌적함이 높지만 활력은 낮은 상태이다. 이 영역에 속한 당신은 평화롭고 만족스럽고 온화하다. 몸에 긴장이 풀려서 느리게 숨을 쉰다. 부드러운 미소를 지으며 안정감을 느낀다.

하단 왼쪽은 파란색으로, 쾌적함과 활력 모두 낮은 상태이다. 이 사분면은 슬픔부터 무관심, 심각한 우울증까지 모든 부정적인 감정을 아우르지만 공감과 염려 또한 포함한다. 여기에 해당하는 당신의 시선은 바닥을 향한다. 얼굴을 잔뜩 찌푸리고 아마 주저앉아 있을 것 같다. 움츠러들어 사라져 가는 기분에 휩싸여 있거나 혹은 불행을 겪은 사람을 위로하고 싶다는 생각을 할 것이다.

각각의 감정과 정확한 위치에 대해서는 제5장에서 무드 미터의 복잡성을 알아볼 때 자세히 다루겠다. 이번 챕터에서는 사분면에 집중하고자 한다.

더 쉽게 이해할 수 있도록 예를 들어 설명하겠다.

봄날의 화창한 토요일 아침, 활짝 피어난 꽃과 새싹이 돋아난 나무 사이에 앉아 있다. 이 순간 나의 쾌적함 수치가 얼마나 높을지는 박사 학위가 없어도 알 수 있다. 토요일 아침의 나른함이 더해진다면 초록색 사분면으로 깊이 들어갈 테고, 행복한 데다 활력이 넘치는 기분이라면 노란색 사분면으로 옮겨 갈 것이다.

다른 상황을 생각해 보자. 출장을 가려고 공항에 도착했는데 그제야 노트북이 없다는 사실을 깨달았다. 집에 놓고 왔나? 차에 두고 내렸나? 돌아가서 찾을 시간도 없다. 그 순간 내 감정은 에너지 수준이 가장 높고 극도로 불쾌한 마음을 가리키는 사분면, 빨간색 사분면 깊은 곳에 속한다. 이 상황을 되돌릴 수 없고 노트북으로 프레젠테이션을 하지 못한다는 사실을 우울한 마음으로 받아들이고 난 뒤에는 쾌적함과 활력이 모두 낮은 파란색 사분면으로 떨어질 수도 있다.

우리 감정은 끊임없이 오해받는다

감정 인식하기는 자기 자신은 물론이고 타인의 현재 감정 상태를 이해할 수 있는 중요한 첫걸음이다. 하지만 안타깝게도 인식 결과가 언제나 정확하지는 않다. 눈과 귀로 직접 보고 들었어도 잘못 해석할 가능성이 높기 때문이다. 그래서 뒷부분에서 다룰 나머지 네 가지 기술이 중요하다.

이번에도 예시를 들어 설명해 보겠다.

내 친척 중에 누구에게든 좋은 말을 하지 않는 사람이 있다.(이 정도만 말하겠다. 행여 정체가 드러나면 안 되니까!) 그는 내가 지금껏 봐 온 사람 가운데 가장 부정적인데 늘 불평불만을 입에 달고 산다. 가족이 아니라면 도저히 견딜 수 없을 정도이다.

나는 가족 모임이 있을 때마다 심리학자들이 사용하는 표정 인식 자료를 가져간다. 전형적인 표정을 담고 있는 사진들로, 보편적인 감정을 보여 주기 위해 과학적으로 제작되었다. 얼굴을 보고 그 감정을 알아맞히는 일종의 실내 게임용으로 쓰는데, 나는 매번 그 과정에서 뭔가를 배운다.

한번은 공포를 표현한 사진을 그 친척에게 보여 준 적이 있다.

"자, 그럼 이 여자가 어떤 감정을 느끼고 있을지 말해 봐."

"내가 보기엔 화난 거 같은데." 그가 말했다.

"눈을 크게 뜨고 있는데? 입도 아래로 벌어져 있고. 분노보다는 공포에 더 가깝지 않아?" 내가 되물었다.

"너한테는 공포로 보일 수도 있겠네. 하지만 내 눈엔 화난 걸로 보여." 충분히 납득이 되는 대답이다. 그의 눈에는 '모든' 것이 분노의 신호로 보일 테니.

한번은 친구와 동료가 함께한 저녁 식사 자리에서 평소와는 다른 대화를 시도했다. 나는 식탁을 둘러보며 자신이 평상시에 어떤 감정을 자주 느낀다고 생각하는지 물었다.

"나는 대체로 명랑하고 행복한 것 같아." 한 여성이 말했다.

"정말? 놀라운데? 넌 전혀 그래 보이지 않거든." 다른 친구가 대답했다.

또 다른 친구가 자신은 차분함과 느긋함을 종종 느낀다고 말했다.

그러자 아까 그 친구가 또 반박했다. "글쎄, 난 늘 네가 불안해한다고 생각했는데."

이런 식으로 대화가 한참 이어졌다.

저녁 식사 후 그 친구를 한구석으로 데려가서 그가 매번 당사자보다 더 부정적인 시각을 표현했다고 알려 주었다. 그는 몹시 당황했고 충격을 받았다. 자신의 견해가 그리 신랄하리라고는 생각하지 못했기 때문이다.

마지막으로 내가 아직 대학원생일 때 일이다. 방금 정말 충격적인 일을 겪은 친구가 흐느끼며 내게 이야기를 털어놓고 있는데, 자기중심적이기로 악명 높은 친구가 불쑥 끼어들었다. "지난 주말에 내가 남자 친구랑 뭘 했는지 얘기하면 너희들 깜짝 놀랄걸!"

나와 친구는 황당한 표정으로 그를 쳐다봤다. 그렇게까지 분위기를 못 읽는 사람은 살면서 처음 만났다.

감정 연구에 오랫동안 전념해 온 나도 단서를 잘못 해석할 때가 있다. 내가 지도하던 대학원생 중에 이상한 습관을 보이는 학생이 있었다. 리포트를 제출할 때 내 연구실로 들어와 책상 위에 서류를 휙 던지고는 아무 말도 없이 나가 버리는 것이다.

그에게 왜 그러는지 물었더니 내가 그의 리포트를 읽을 때 혐오스럽다는 표정을 짓는다고 말했다. 내 표정을 도저히 보고 있을 수 없어서 도망쳤다는 것이다. 나는 굉장히 큰 충격을 받았다. 나는 그의 과제에 전혀 불만이 없었다. 이 학생이 글쓰기 실력에 자신이 없었다는 점도 부분적으로 영향을 끼쳤을 수 있다. 하지만 사실 나는 집중해서 리포트를 검토하고 있을 때 스스로 어떤 신호를 표출하는지 잘 모른다. 어느 쪽이든 간에 그가 뭔가에 반응했고 그것이 우리 관계를 방해하고 있다는 것만은 확실했다.

무언의 신호만을 근거로 다른 사람의 감정을 추정하면 오해가 발생하곤 한다. 하지만 그것만으로 판단할 수밖에 없을 때가 많다.

나는 일하면서 늘 이 문제에 맞닥뜨린다. 교육자들을 대상으로 세미나를 할 때 학생들의 감정을 인식하는 데 얼마나 능숙한지 묻곤 하는데 그러면 모두 입을 모아 대답한다. "잘하는 편이죠. 매일 하는 일이니까요."

"좋습니다. 그러면 제가 어떤 감정을 표현해 볼 테니 그 감정이 뭔지 종이에 써 보세요." 그러고는 등을 돌리고 표정을 지은 다음 다시 돌아본다.

잠시 후 묻는다. "자, 어떤 기분일까요?"

어떤 사람은 내가 화났을 거라고, 또 어떤 사람은 평온해 보인다고 대답했다. 3분의 1은 내가 못마땅한 기분일 거라고 추측했다. 내가 자신을 유혹하고 있다고 생각한 여성도 있었다. 다른 사람들은 그 여성이 내 감정을 알 리 없다고 말했다.

이윽고 내가 말해 준다. 만족감을 표현하려 했다고. 그러면 (만약 맞힌 사람이 있을 경우) 누가 옳았는가에 대한 논의가 이어진다. 나는 스스로 뭘 보여 주려 했는지 알 수 있지만, 남들 눈에 내가 어떻게 보이는지도 안다고 할 수 있을까? 관찰자들은 자신들이 내 감정을 잘 파악했다고 확신할 때가 많다. 한 참가자의 말이 기억난다. "마크, 당신이 무엇을 표현하려 했는지 당신 자신도 잘 모르는 것 같아요." 내가 자신의 감정을 표현하는 데 다른 사람들보다 서툴 수도 있다. 그러나 진실은 이렇다. 우리는 사람들의 감정을 두고 이런 자동적인 판단을 하루 종일 내리며 대부분 틀린다. 그 결과가 어땠는지 생각해 보라. 오해받은 적이 얼마나 많았나? 주변 사람들의 마음을 잘못 이해한 적이 얼마나 많았나? 그 사실을 알아채기라도 했던가?

물론 내가 눈을 튀어나올 듯 크게 뜨고 입을 떡 벌려 뚜렷하게 감정을 보였다면 모두 틀리지 않고 놀라움이라는 정답을 써냈을 것이다. 하지만 하루에 이 정도로 놀랄 일이 몇 번이나 될까?

이상의 사례를 통해 감정 과학이 언어적 의사소통에 크게 의존해야 하는 이유를 쉽게 알 수 있다. 다시 말해 다른 사람에게 어떻게 질문해야 하고 그 대답을 어떻게 처리해야 하는지 알아야 한다. 감정을 말로 분명히 표현해야 한다. 특히, 비슷하지만 똑같지는 않은 감정들의 미묘한 차이를 구분할 수 있어야 한다. 그래야만 궁극적인 목표, 감정을 이해하고 전달하고 효과적으로 조절함으로써 감정을 장애물이 아닌 발판으로 삼는다는 목표에 도달할 수 있다.

과연 표정만으로 상대의 감정을 눈치챌 수 있을까

"쉬고 있거나 움직일 때, 죽음과도 같은 순간, 침묵하거나 말할 때, 혹은 내면을 바라보거나 느낄 때, 실제로 표정을 짓거나 예술적으로 표현되거나 카메라에 기록될 때, 압도적이고 복잡하고 때로는 혼란스러운 정보를 가장 잘 드러내는 곳이 바로 인간의 얼굴이다." 위대한 인간 거짓말 탐지기이자 TV 드라마 〈라이 투 미〉(Lie to Me)에 영감을 준 전설적인 심리학자 폴 에크먼(Paul Eckman)은 이렇게 열변을 토했다.

가능한 모든 얼굴 표정을 추적한다고 상상해 보라! 상당수가 순간적으로 나타났다 사라져서 좀체 알아차리기 어려운 미세 표정(micro-expression)이다. 과연 그렇게 많은 감정 활동을 매일 추적할 수 있는 사람이 있을까? 에크먼이라도 그렇게는 못 할 것이다.

하지만 우리는 기억도 나지 않는 순간부터 평생에 걸쳐 감정을 담고 있는 표정을 연구한다. 표정을 읽는 것은 어머니와 갓난아기 사이를 필두로 한 모든 인간관계의 기초가 된다. 또한 표정 해석은 생존의 문제이다. 표정을 잘 읽을수록 주변 사람들의 의도를 더 잘 파악할 수 있기 때문이다. 인간은 모두 감정 과학자가 되는 방향으로 진화해 왔다. 그러나 아직은 기술을 더 갈고 닦아야 한다.

에크먼보다 한 세기 앞서 찰스 다윈(Charles Darwin)은 1872년에 세 번째 주요 저작 《인간과 동물의 감정 표현》(The Expression of the Emotions in Man and Animals)을 발표했다. 이 책에서 그는 인간과 동물 모두 신체적으로 감정을 표현하며, 놀랐을 때 눈썹을 치켜올리는 등 사람들이 공유하는 몇몇 보편적 표현 방식이 있다고 주장했다. 또한 감정 표현이 엄청나게 다양하게 나타난다는 사실도 밝혔다.

1970년대에 에크먼을 비롯한 심리학자들이 여러 문화권에 걸쳐 일련의 연구를 진행한 결과, 모든 인간의 얼굴은 여섯 가지 '기본 감정'을 똑같은 방식으로 표현했다.

행복

슬픔

분노

공포

놀라움

혐오

수긍이 간다. 하지만 문헌에서는 사람들이 이런 감정을 거의 비슷하게 표현하기 때문에 모호한 지점도 있다고 덧붙였다. 학자들은 내가 가족 모임에 들고 간 전형적인(prototype) 표정 자료를 적극 활용하지만, 전 세계 모든 사람이 이 감정들을 정확하게 똑같이 표현한다는 주장은 지나치다는 사실을 알고 있다.

이들 여섯 가지 감정에는 분명 보편성이 있다. 우리는 어린 시절부터 이 감정들과 관련한 표정을 지을 수 있다. 따로 배울 필요도 없다. 그저 선천적으로 이해하는 것이다. 캘리포니아 대학교 버클리 캠퍼스 대커 켈트너(Dacher Keltner) 교수 연구 팀은 최근 연구를 통해 다양한 문화권에서 50퍼센트 이상 정확하게 인식되는 표정이 무려 스물두 가지에 달한다는 사실을 밝혔다.

우리는 소리를 통해 타인의 감정 상태를 짐작하기도 한다. 목소리 톤은 누군가가 화났는지, 슬픈지, 두려운지에 대해 확실한 메시지를 보내므로 어떤 언어를 사용해도 비슷하게 추측할 수 있다. 한 연구에서 열 개국 출신 대학생들과 머나먼 부탄의 시골 사람들을 대상으로 실험을 진행했다. 그들에게 똑같은 감정을 일으킬 만한 이야기를 들려주고 즐거움, 경외심, 경멸, 안도, 동정심, 승리감 등 열여섯 가지 감정을 느꼈을 때 저절로 나오는 소리가 얼마나 일치하는지 확인했다. 그 결과, 열한 개의 모든 문화권에서 감정 인식 수준이 '매우 높음'을 기록했다. 피실험자들이 가짜 웃음과 진짜 웃음을 매우 능숙하게 구별해 냈다는 연구도 있었다.

감정이 접촉으로도 감지될 수 있다는 사실을 보여 준 일련의 기발한 연구를 소개한다. 참가자 두 사람을 쌍으로 묶어 한 사람은 감정을 표현하고 다른 사람은 그게 무슨 감정인지 맞히도록 했다. 맞히는 쪽이 커튼 뒤 탁자에 앉아 있는 동안, 표현하는 쪽은 표현할 감정 목록을 받은 뒤 어떤 식으로든 촉각을 사용해 상대의 팔에 열세 가지 감정을 전달해야 했다. 분노, 공포, 혐오 같은 기본적이거나 보편적인 감정은 확실히 전달되었다. 친사회적 감정, 즉 사랑, 감사, 공감 같은 관계 형성과 유지에 영향을 미치는 감정 역시 쉽게 감지되었다. 반면 당황, 자부심, 시기심 같은 자기중심적 감정은 예측한 대로 잘 전달되지 않았다. 참가자들에게 주어진 조건을 감안하면 우리는 촉각을 통해 자기중심적 감정보다 사회적 감정을 더 잘 인식한다고 볼 수 있다.

앞서 논의했듯이 우리가 낯선 이든 친한 이든 상관없이 다른 사람의 감정을 읽고 해석하여 얻는 일차 감정 메시지는 놀랍게도 접근이나 회피 또는 긴장이다. 우리는 사람들을 환영하며 집단의 일원으로 맞이하거나, 저 멀리 떨어지라고 경고한다. 교사나 부모의 접근-회피 역학은 우리가 아이들을 소중히 여기는지 무시하는지, 사랑하는지 그저 참아 줄 뿐인지에 대한 메시지를 보낸다. 사람들은 똑같은 신호를 다른 어른들에게도 보낸다.

표정, 목소리 톤, 보디랭귀지 같은 비언어적 신호를 정확히 읽으면 사회적 상호 작용을 원활하게 할 수 있다. 당장 피해야 할 사람이나 바로 소통해야 할 사람을 상대할 때, 그가 주의를 기울여 주는지와 관계없이 대화를 시작하려면 비언어적 신호를 이용하는 편이 좋다. 미소처럼 단순한 표정으로도 기쁨, 흥미, 이성적 매력부터 못마땅함, 존경심, 심지어 강렬한 반감까지 다양한 감정과 의도를 담을 수 있다. 흥미로운 사실은 진심에서 우러난 미소는 몇 초간 계속되지만, 예의를 차리거나 속내를 감춘 미소는 0.25초 만에 사라진다는 점이다.

심리학자들은 우리가 비언어적 감정 신호를 표현하고 분석하는 방식에 관심이 많다. 그들은 피실험자들에게 미소 지은 얼굴, 찡그린 얼굴, 눈을 크게 뜨거나 가늘게 뜬 얼굴, 치아가 보이도록 입술을 벌리거나 입을 앙다문 얼굴 등 일상적인 감정 표현을 담고 있는 사진을 보여 준다. 하지만 그 사진들의 단서는 너무나 명백하다. 로또에 당첨되었을 때와 발가락이 부러졌을 때의 표정은 전혀 다르지 않겠는가. 눈썹을 찌푸리고 날카로운 눈빛을 쏘면서 입술을 굳게 다물고 있다면 누구라도 화났다고 생각할 수밖에 없다. 사진들은 실제 상황을 온전히 반영하지 못한다. 업무상 회의에서 노골적으로 분노를 표현하는 사람이 얼마나 있을까? 실생활에서 우리가 읽어 내려는 타인의 감정은 훨씬 더 미묘하고 모호하며 순식간에 스쳐 지나는 복합적인 느낌이다.

감정을 인식하고 해석하는 과정에서
작용하는 수많은 편견들

감정 상태 해석에 보편성이 존재하는 한편, 다양한 요인에 따른 복잡한 차이점도 있다.

우선 문화적 영향이 작용한다. 같은 문화권에 속한 사람의 감정 상태는 더 정확하게 읽을 수 있다. 그리고 다른 문화권 사람의 표정에는 더 다양한 의미를 부여하는 경향을 보인다. 한 연구에서 일본인과 미국인에게 행복을 표현하는 사람들의 사진을 보여 줬다. 일본인은 사진 속 사람이 겉으로 표현한 만큼 행복할 것이라고 판단했다. 반면 미국인은 실제 느낌보다 더 강렬하게 외적 표현을 했을 것이라고 생각했다.

　개인의 성격에 따라 차이가 발생하기도 한다. 빅 파이브(Big Five)*가운데 하나인 친화력이 높은 사람들은 분노나 적대감을 표현하는 사람들을 실제보다 우호적으로 여기는 경향이 있다. 관계의 질에 따른 차이도 있다. 15년 동안 나와 함께 일한 동료는 내가 지루해하는 것을 다른 사람보다 쉽게 알아챘다. 마지막으로 맥락이나 환경에 따라서도 차이가 발생한다. 이를 악물고 주먹을 불끈 쥔 모습은 그가 선거 유세장에 있는지 술집의 싸움판에 있는지에 따라 다르게 해석된다. 한 연구에서 피실험자들에게 표정이 같고 동작이 다른 사람을 보여 주며 그가 분노하고 있는지 물었다. 더러운 신문지를 들고 있을 때는 91퍼센트가 그렇다고 답했지만 주먹을 불끈 쥐고 있을 때는 불과 11퍼센트만이 그가 분노하고 있다고 답했다. 현실 세계에서 다른 사람의 내면을 해석할 때는 깔끔한 감정 분류가 별 소용이 없다.

* 기본적인 성격 요인 다섯 가지를 가리키는 심리학 용어. 개방성, 성실성, 외향성, 친화성, 신경성을 가리킨다.

감정 인식은 다른 사람들의 의견에 쉽게 좌우된다. 초빙 교수인 척하고 대학생들에게 강의를 하는 유명한 실험이 있다. 교수가 나타나기 전에 학생 가운데 절반은 그가 꽤 온화한 사람이라는 정보를 받았고 나머지는 냉정하다는 정보를 받았다. 후자에 속하는 학생들은 교수가 꽤 괜찮은 사람이라는 이야기를 들은 학생들에 비해 그가 짜증을 잘 낸다고 인식했다.

감정을 해석하는 데 영향을 미치는 또 다른 편견은 성(性) 고정 관념과 암묵적인 인종 편견이다.(둘 다 행동과 의사 결정에 무의식적으로 영향을 미친다.) 남성의 표정에서는 분노를, 여성에게서는 슬픔을 감지하기 쉽다. 미국인은 아프리카계 미국인의 감정 표현에서 분노를 더 예민하게 감지할 가능성이 높다. 암묵적 친(親)중국/반(反)백인 편견 테스트에 참여한 중국인의 점수는, 그들이 백인 피실험자의 표정에 드러난 분노, 두려움, 슬픔의 강도에 매긴 점수와 관련이 있다.

당연히도 우리는 곧잘 오해를 받고 다른 사람의 감정을 오해한 나머지 치명적인 오판을 내리곤 한다. 오늘 아침 상사에게 인사를 건넸을 때 그가 굳은 표정을 지었으니 어제 내가 올린 보고서가 마음에 들지 않은 것이 분명하다. 과연 그럴까? 그가 상사에게 호되게 야단맞았을 수도 있지 않을까? 심리학자들은 이런 현상을 '귀인 편향'(attribution bias)이라고 부른다. 타인의 신호나 행동을 자신의 감정 상태에 잘못 귀속하여 편향된 의견을 내놓는다는 뜻이다.

앞서 우리는 내가 보여 준 사진에 내 친척이 어떻게 반응했는지 보았다. 그의 감정 상태는 다른 사람들을 객관적으로 보고 그들의 감정을 이해하려는 능력을 압도했다. 내 친척 같은 경우를 가리키는 더 정확한 용어는 '적대적 귀인 편향'(hostile attribution bias)이다. 자신이 분노했다는 이유로 어디서든, 심지어 그런 감정이 존재하지 않는 곳에서도 분노를 발견한다. 18세기 시인 알렉산더 포프(Alexander Pope)는 이런 명언을 남겼다. "황달 걸린 눈에는 모든 것이 노랗게 보인다." 화가 난 상태로 인생을 살면 사방에 분노가 보인다. 다른 사람의 감정, 심지어 긍정적인 감정마저도 그렇게 보인다.

긍정적인 감정보다 부정적인 감정에 더욱 주목하는 것은 인간의 본성이다. 어떤 상황에서라도 위험을 파악할 수 있으려면 어린 시절부터 다른 사람의 반응을 잘 살펴야 한다. 아이들이 위험한 놀이를 시도하기에 앞서 부모의 표정을 살피는 이유이다. 자신이 하려는 일이 얼마나 위험할지 단서를 탐색하는 것이다.

다른 사람들보다 부정적인 감정을 유난히 잘 느끼는 사람이 있다. 우울한 사람은 무표정을 보고 슬픈 표정이라 인식하고, 불안 장애가 있는 사람은 두려움을 느낀다. 부모가 자주 싸우는 가정에서 자란 사람은 분노를 읽어 내고, 짜증이 많은 아이는 적대감이나 두려움을 본다. 뇌과학자들은 이런 편견이 뇌의 슬전측 대상 피질(perigenual anter-ior cingulate cortex, pgACC)에서 일어난다는 사실을 밝혀냈다.

"우리는 서로의 감정을 읽는 능력을 점점 잃어 가고 있지 않나요?" 내가 자주 받는 질문이다. 실제로 그렇다는 증거가 있다. 액정 화면을 통한 의사소통이 늘어날수록, 얼굴을 맞대고 소통하는(심지어 목소리와 귀로 하는 소통마저도) 시간이 줄어들고 비언어적 단서를 연구할 시간도 부족해진다. 6학년 학생들에게 닷새간 스마트폰이나 그 밖의 디지털 기기 사용을 금지하자, 매일 몇 시간씩 핸드폰이나 태블릿 PC, 컴퓨터 등을 들여다본 친구들보다 더 능숙하게 감정을 읽었다는 실험 결과도 있다.

현대 생활에서 비롯한 장애물은 이뿐만이 아니다. 로스앤젤레스에서 열린 세미나에서 한 교장이 일어나, 보톡스 시술이 유행하는 바람에(그의 고향에서는 특히) 요즘 학생들이 표정으로 감정을 해석하는 데 더 큰 어려움을 겪을 수 있다고 근심을 표했다. 타당한 생각이다. 부모의 이마, 눈썹, 눈꼬리, 입이 화학 물질에 의해 마비된다면 아이는 그들의 감정을 알 도리가 없지 않겠는가.

◆ ◆ ◆

감정 인식하기 기술은 연습을 통해서만 향상될 수 있다. 비언어적 정보에 의존하는 기술이어서 자신은 물론 타인이 표현하는 감정의 느낌과 뉘앙스에 민감해야 한다. 너무 많이 생각하고 있다면 잘못하고 있다는 뜻이다. 이 단계의 목표는 정확한 감정을 밝혀내기보다는 무드 미터에서 감정이 존재하는 영역을 찾는 것이다. 활력이 있는가, 없는가? 유쾌한가, 불쾌한가? 매 순간 답이 달라질 수 있는 질문이다. 당신과 일상을 공유하는 사람들 중 누구에게든 같은 질문을 해도 좋다. 배우자, 상사, 아이들, 심지어 도서관 사서에게도 괜찮다. 이 기술을 익히기 위해 아무리 탐구를 해도 불이익은 없다. 오히려 잠재적 이

익이 상당할 것이다. 어쨌거나 감정 인식하기는 반드시 거쳐야 할 첫 단계이다.

하지만 앞서 살펴보았듯 본능적 감각에만 의존해서는 필요한 정보를 알아낼 수 없다. 더 깊이 들어가야 한다. 틀릴 수 있다는 점도 감안해야 한다. 앞서 말했듯이 비언어적 신호를 잘못 해석하는 경우가 많기 때문이다. 가끔은 틀려도 괜찮다. 다음 단계에서 바로잡고 올바른 이해에 더 다가갈 수 있을 것이다. 감정을 알기 위해서는 그 이면에 숨어 있는 이유를 알아야 한다. 이제, 감정 이해하기를 익힐 시간이다.

제5장

감정 이해하기

이번 챕터는 조금 다른 질문으로 시작해 보겠다. '내' 기분이 어떤가?

아니, 더 정확하게 말하면 이렇다. 내 기분이 '어떠했는가?'

학교에서 매일같이 괴롭힘을 당하던 열세 살 때, 아버지는 나를 강하게 키우겠다며 무술 도장에 끌고 갔다. 아버지는 브롱크스* 출신의 터프가이였고 나도 그렇게 되기를 바랐다.(그래서 나는 합기도 5단 검은 띠를 따게 됐지만, 오랫동안 노력했는데도 아직 터프가이가 되지 못했다.)

---

* 뉴욕 북쪽 지구로 빈민 비율이 높고 갱단의 거점 지역이라 치안이 좋지 않기로 유명했다. 현재는 많이 개선되었다.

그때는 약골이었는데도 아버지를 기쁘게 하고 싶다는 마음에 일단 노력해 보기로 결심했다. 그리고 머지않아 노란 띠 승급 심사를 준비하기에 이르렀다. 세 달 동안 매일 연습하고는 합기도 사범에게 하루라도 빨리 승급 심사를 받게 해 달라고 사정했다.

마침내 운명의 날이 왔다. 발차기, 치기, 막기, 방어술을 차례로 펼쳐야 했다. 너무 긴장돼서 어머니에게는 체육관에 오지 말고 차에서 기다리라고 했다.

그리고 나는 심사에서 떨어졌다.

체육관을 나와 차에 탄 나는 비명을 지르기 시작했다. "엄마 꼴도 보기 싫어! 절대 다시는 합기도 안 할 거야! 다 떨어졌잖아! 나한테 이런 걸 왜 시켰어! 내가 운동 못하는 거 알면서! 내일 학교에도 안 갈 거야!" 완벽한 현실 도피였다.

그때 내 기분이 어땠을까?

프레젠테이션을 할 때 이 사연으로 역할극을 하면서 사람들에게 물었다. 대부분 분노, 실망, 속상함, 창피함이라고 대답했다. 충분히 타당한 추정이지만 단순한 추측일 뿐이다. 이야기를 들은 사람들은 자신의 직관과 상처받은 나의 울부짖음에만 집중했다. 귀인 편향에 빠져 오로지 내 행동에만 근거해 감정을 추론하거나 같은 상황에서 '그들이' 느꼈을 감정에 근거해 내 감정을 짐작한 것이다. 그러니 그들을 감정 과학자라고 부를 수는 없다. 그들은 내가 어떤 감정을 느꼈고 그 이유가 무엇인지 잘 알지 못할 뿐 아니라 그것을 알아내려는 노력도 충분히 기울이지 않았다. 어른들은 아이들의 감정이 덜 복잡하고 덜 골치 아플 거라고 생각하지만 그렇지 않다. 아니, 때로는 그 반대라고 하는 편이 옳겠다.

이제 우리 어머니의 입장이 되어 보자. 어머니는 내가 자존심을 지키기 위해서라도 승급 심사를 통과하기를 기도하며 차에서 기다리고 있었다. 내가 나오면서 어떤 몸짓을 보이는지 살피려고 체육관 문만 바라보면서 말이다.

그런데 한바탕 짜증을 들은 것이다. 내가 왜 그토록 끔찍한 감정들에 휩싸였는지 어머니가 알아내려 했을 수도 있지만, 그 선의는 내 분노 때문에 사라져 버렸을 것이다. 분노한 나에게 자극받은 어머니는 맞받아쳤다. "나한테 소리 지르지 마! 어쩜 이렇게 버릇없이 말할 수가 있어? 당장 그만해! 네가 나한테 어떻게 굴었는지 아빠한테 얘기할 거야!"

그 순간 내가 바랐던 반응은 분명 아니었다. 하지만 익숙한 반응이었다. 부모님도 더 잘해 보고 싶어 했다. 그저 방법을 몰랐을 뿐이다. 아마 부모님은 자신들이 경험한 방식으로 나를 대했을 것이다. 고통은 미화할 수 없다. 스스로 인정하지 않았던, 어쩌면 감당하지 못했던 불행한 어린 시절의 감정은 다음 세대로 이어진다.

그렇다면 어머니가 그 순간에 어떻게 하는 편이 옳았을까? "이해한다."라고, 네가 그럴 만도 하다고 말해 주었다면 좋았을 것이다. 그런데 우리가 이해하려는 것이 정확히 무엇일까? 어디서부터 시작하면 될까?

감정의 밑바닥에는 대체 무엇이 깔려 있는가

감정 이해하기는 감정 과학자가 되는 데 필요한 다섯 가지 기술 가운데 가장 익히기 어렵다. 제4장에서 우리는 자신의 감정을 알아차리고 타인의 전반적인 감정 상태를 한눈에 읽는 능력의 중요성을 배웠다. 정서적 행복을 향한 의미 있는 첫걸음을 내디딘 것이다.

이제 실전에 들어가 보자.

이 단계에서는 우리 자신이나 다른 사람의 감정을 유발하는 원인을 이해할지 말지를 결정해야 한다. 우리 자신의 감정에 대해서는 물론 그래야 한다. 어떤 감정이든 일단 밀폐된 공간에 숨기고 훗날 (아마도) 편해지면 다루자고 생각할 때가 많지 않은가. 다른 사람의 감정을 탐색하려는 순간에도 마찬가지이다. 감정을 이해한다는 것은 판도라의 상자를 여는 것과 같다. 무엇이 튀어나와 어떻게 영향을 미칠지 짐작할 수 없다. 무엇보다도, 우리가 그것을 어떻게 다뤄야 할지 모른다는 점이 가장 위험하다.

이 모든 드라마의 시발점은 딱 한마디이다. '왜?' 왜 이런 기분이 들까? 왜 지금이지? 감정 이해하기는 그런 질문에 대답하면서 시작된다. 어째서 이런 식으로 느껴지지? 이 감정의 기저에 있는 이유가 뭐지? 무엇 때문에 이런 감정이 드는 거야? 이는 전혀 간단한 문제가 아니다. 한 감정이 다른 감정을 자극하기도 하고, 사건과 기억이 복잡하게 얽히고설켜 있기도 하기 때문이다. 보통은 질문 하나를 던지면 더 많은 질문으로 이어져 깊이 파고들 수 있다. 양파 껍질을 벗기듯이 말이다. 일단 질문을 시작하면 되돌릴 수 없으니 두려워지는 것도 당연하다.

감정 이해하기는 여행과도 같다. 모험이 될 수도 있다. 여정을 마칠 때쯤엔 예상하지 못했던 새로운 곳, 갈 생각조차 하지 않았던 어딘가에 도착해 있을 것이다. 그리고 전보다, 아니 우리의 바람보다 더 현명해질 것이다. 앞으로 나아가는 데 그 외의 다른 방법은 없다.

사랑하는 사람, 소중한 동료, 친한 친구처럼 가까운 사람의 감정을 마주하기는 매우 어렵다. 인간관계가 꼬일 가능성이 분명히 존재하기 때문이다. 우리가 한(또는 하지 못한) 말이나 행동이 현재 겪고 있는 힘든 감정의 원인일 수 있다. 감정을 깊이 파고들기 전에 먼저 깊이 심호흡을 하자. 괴로웠던 어린 시절, 부모님의 마음이 어떠했을지 이제는 짐작할 수 있다. '이게 우리 잘못이면 어쩌지?'

감정 이해하기의 핵심은 감정을 자극하는 근본적인 주제나 그럴 만한 원인을 찾는 것이다. 단지 공감하기 위해서 뭔가를 물어보고 그 대답에 귀 기울이는 것이 아니다. 상대의 이야기에 귀를 기울이면서 말의 이면에 깊이 숨어 있는 의미를 찾으려는 것이다.

"학교가 너무 끔찍해. 절대 안 가!" 아이의 외침은 중요한 정보를 전한다. 단, 제대로 다룰 수 있는 경우에만 그러하다. 아이가 왜 저런 말을 하게 됐을까? 아이는 학교와 관련한 뭔가가 두려운 것일까? 그럴 수 있다. 두려운 대상을 싫어하는 경우가 많으니까. 미움의 바탕에는 위험과 위협이 깔려 있다. 이 경우 싫다는 말은 곧 위험하다고 느낀다는 뜻이므로, 이를 토대로 다음에 어떤 질문을 해야 할지 파악할 수 있다.

"학교에서 무슨 끔찍한 일 있었어?" 여기서 우리가 알아내려는 것은 잠재적 위험의 원인이다. 아이를 힘들게 하는 교사? 곧 있으면 날아올 엉망진창 성적표? 운동장에서 아이를 괴롭히는 불량배? 이런 문제가 어딘가에 도사리고 있다는 의심을 품고 답을 찾을 때까지 조심스레 묻는다. 과학자들이 바로 이렇게 행동한다. 조사를 통해 입증되거나 반박될 이론을 세운 뒤 문제에 접근하는 것이다. 아이의 감정을 자극한 것은 두려움이 아니라 실망감이나 수치심일 수도 있다. 어떤 경우든 감정의 기저에는 한두 가지 욕구나 정서가 존재하는데, 감정 이해하기를 통해 이를 찾을 수 있다.

심리학자들이 말하는 '평가 이론'(appraisal theory)도 늘 염두에 두어야 한다. 긍정적이건 부정적이건 많은 감정의 기저에는 보편적인 주제가 깔려 있지만, 각각의 원인은 사람마다 다르다. 인간은 온종일 매 순간 무의식적으로 상황이나 경험을 평가하고, 이렇게 내린 평가는 다른 감정으로 이어진다. 나는 대중 앞에서 연설할 때 짜릿한 흥분을 느끼지만 당신은 두려움에 얼어붙을지도 모른다. 어떤 사람에게 두려움이나 불안을 일으키는 뭔가가 다른 사람에게는 영향을 미치지 않을 가능성도 있는 것이다. 중요한 것은 그 사람의 경험이다. 경험을 규명하면 감정에 대처할 수 있다. 이것이 감정 과학자의 또 다른 기술로, 자신의 평가를 배제한 채 다른 사람의 감정을 이해하고 공감하는 능력이다.

감정을 이해하려면 끊임없이 질문을 던져야 한다

감정 이해하기 기술을 습득하기란 쉽지 않다. 감정을 이해해야 할 필요성은 감정 표현의 강도와 비례해 커지기 마련이다. 감정이 커질수록 위험성도 높아지기 때문이다. 모든 사람이 마찬가지이지만 어휘력이 부족하거나 전전두 피질 회로가 완성되지 않아 자신의 속마음을 분명히 표현할 수 없는 아이들의 경우에는 더욱 그렇다. 아이가 "아빠/엄마 싫어!"라고 말하면 부모는 흠칫 놀란다. 대부분이 들어 봤거나 조만간 들을 말인데, 이보다 부모를 속상하게 하는 말도 없다. 하지만 진짜 중요한 문제는 "싫어."가 아니다. 그 말은 (적어도 지금은) 분명히 설명하기 힘든 어떤 이유로 자극을 받아 나온 말일 뿐이다. 그러니 평정심을 유지하고 아이들이 아직 말하지 않은 이야기를 들으려 노력해야 한다.

이제, 지금까지 배운 내용을 염두에 두고 무드 미터로 돌아가 보자. 각 사분면에는 다양한 감정이 존재한다. 각각의 감정을 제대로 이해하면 올바른 질문을 할 수 있을 것이다.

노란색 사분면은 쾌적함과 활력이 모두 높은 영역이다. 기쁨, 놀라움, 흥분 같은 감정이 여기에 속한다. 이런 감정은 어떤 상황에서 일어날까? 예상치 못한 긍정적인 일이 일어나 마음속으로 축하할 때, 중요한 목표를 향해 소중한 한 발을 내디뎠을 때, 행복한 사건이나 경험을 기대하고 있을 때이다.

빨간색 사분면은 활력은 높지만 불쾌한 상태를 나타낸다. 분노, 두려움, 불안 같은 감정이 자리 잡고 있는 영역이라 빨간색을 배정했다. 이 감정들에는 비슷한 면이 있어서 자칫 헷갈리기 쉽다. 그래서 어떤 감정이 행동을 유발했는지 판단하려다 실수하는 경우도 생긴다. 빨간 색 영역에는 열정도 포함된다. 이 사분면에 속하는 감정들은 대체로 과도한 경계심을 유발한다. 심장 박동, 호흡, 혈압 수치를 올리는 투쟁-회피 반응을 일으키는 것이다. 우리는 화가 나면 불공평하고 불공정한 처사를 당했다는 데 집중하며, 극도로 예민해져 확신에 찬 눈길을 외부로 돌린다. 두려움이 느껴지면 임박한 위험을 경계하고, 열정이 타오를 때에는 다른 사람들에게 자신의 견해를 설득하려 한다.

파란색 사분면은 쾌적함과 활력이 모두 낮은 영역으로, 슬픔과 우울의 연속선상 어딘가에 위치하는 감정을 나타낸다. 이런 기분이 들 때에는 관심사가 좁아지며 비관적으로 사고하기 십상이다. 내면을 들여다보며 실패와 상실 등 이런 감정을 낳는 경험에 집중한다.

초록색 사분면은 쾌적함은 높고 활력은 낮은 영역으로, 무드 미터에서 평온하거나 만족스러운 느낌을 나타낸다. 몸과 마음이 편안하고 부족함이 없는 상태이며 현재를 만끽하는 데 집중한다. 문제를 해결하거나 개선하려는 욕구는 아주 낮다.

무드 미터의 사분면에 속하는 감정을 알아보았으니 이제는 세부 내용에 집중할 차례이다.

자신의 감정을 이해하기 위해 다음 질문에 스스로 답해 보자.

• 방금 무슨 일이 일어났는가? 이 일이 벌어지기 전에 나는 뭘 하

고 있었는가?

- 내 감정이나 반응을 유발한 원인은 무엇인가?
- 오늘 아침에 또는 어젯밤에 이와 관련된 일이 있었던가?
- 이전에 이 사람과 관련된 무슨 일이 있었나?(감정이 관계와 관련 있는 경우)
- 이런 상황이나 장소와 관련해 어떤 기억이 있는가?

감정 과학자로서 다른 사람을 대할 때는 다음과 같은 질문을 해보자.

- 무엇이 이 감정을 일으키는가?
- 보통 무엇 때문에 이런 감정을 느끼는가?
- 이런 감정을 느낄 때면 무슨 일이 일어나는가?
- 이런 감정을 느끼기 직전에 무슨 일을 하고 있었는가? 누구와 함께 있었는가?
- 지금 무엇이 필요한가? 내가 어떻게 도우면 좋을까?

아이들에게 감정 관리를 가르칠 때, 직접 이야기를 읽게 한 뒤 다음과 같은 질문을 하기도 한다.

- 이야기 속 친구는 기분이 어떨까?
- 이 친구는 왜 그렇게 느끼는가? 그런 기분을 느끼는 이유가 뭐

라고 생각하는가?

- 이 친구에게 일어난 일을 보고 그 기분을 이해할 수 있겠는가?
- 똑같은 일을 겪는다면 어떤 기분이 들까?

감정과 그 원인 및 결과를 한 쌍으로 연결(pairing)하거나 집단으로 묶어(grouping) 생각하면 감정을 더 잘 이해할 수 있다. 어떤 질문이 진실을 찾는 데 효과적일지 알기 위해서는 형태 재인(pattern recognition)* 능력을 개발해야 한다. 다음 사례를 보자.

수치심, 죄책감, 부끄러움

수치심은 외부의 판단에 의한 결과이다. 우리가 도덕·윤리 규범이나 관례를 깼다고 다른 사람들이 믿는다는 인식에서 비롯한 감정이다. 수치심을 느끼는 사람은 남들이 자신에 대한 평가치를 낮췄을 것이라고 생각한다. 괴롭힘을 당한 피해자가 큰 상처를 받고 고립되는 까닭은, 신체적 고통을 받아서라기보다 자신의 존재 가치가 떨어졌다고 여기기 때문이다.

죄책감은 스스로 내린 판단의 결과이다. 우리가 한 일이 잘못되어 후회스럽고 책임을 져야 한다고 느낄 때 드는 감정이다.

부끄러움은 사회적 규범에 맞지 않는 행동을 했을 때 생기는 감정이다. 장소에 맞는 옷차림을 갖추지 못했거나, 고급 레스토랑에서 어

---

* 시각 정보를 장기 기억에 저장된 정보와 비교해 대상의 정체를 알아내는 과정.

떤 포크를 사용해야 할지 몰라 실수하는 등 상황에 맞는 행동을 몰라서 잘못된 처신을 했을 때 우리는 부끄러워진다. 실수를 저지르고 나서 멀리 도망치고 싶었던 때가 누구에게나 수없이 많았을 것이다.

이상의 세 가지 감정은 서로 비슷해 보이지만, 연구자들은 각각의 원인이 다르며 인지 행동적 결과도 다르다는 사실을 발견했다. 그러니 이런 감정을 느끼면 그 원인을 찾아 어느 쪽인지 잘 구별해야 한다.

질투와 시기

보통은 질투와 시기를 같은 의미로 사용하지만 둘은 확연히 다른 감정이다. 질투는 소중한 사람을 다른 사람에게 빼앗길까 두려워하는 마음이다. 우리 모두 분노가 수반된 사랑의 질투를 목격해 보지 않았는가.(가끔은 직접 겪기도 했을 것이다.) 분노와 질투가 조합되면 불이 붙기 쉽다. 아이들은 부모나 교사가 다른 아이와 더 많은 시간을 보낸다는 생각이 들면 형제자매나 친구를 질투한다. 자신이 중요하게 여기는 어른과의 관계를 잃을지 모른다는 두려움, 관계를 맺을 수 있는 귀한 시간을 빼앗길지 모른다는 위기감 때문이다.

반면 시기는 다른 사람이 가진 뭔가를 원하는 마음과 관련이 있다. 그 대상은 사람, 물건, 지위, 심지어 명성일 수도 있다. 시기심은 갖지 못한 것에 대한 갈망에서 비롯하며 갈망하는 대상을 얻으려는 노력의 동력으로 작용하기도 한다. 시기의 순기능인 셈이다. 하지만 반대로 갈망하는 것을 가진 사람을 향한 분노와 공격성으로 이어지는 경우도 있다.

기쁨과 만족감

대부분 사전에서는 기쁨과 만족감을 '행복하고 흡족한 상태'라고 정의하며 거의 같은 감정으로 취급한다. 하지만 두 감정이 정말 똑같을까? 무드 미터에서는 기쁨을 쾌적함과 활력이 모두 높은 노란색 사분면에 놓는 반면, 만족감은 쾌적함만 높고 활력이 낮은 초록색 사분면에 놓는다. 두 감정을 유발하는 주관적 경험과 핵심적 판단이 모두 다르기 때문이다. 기쁨은 활력을 동반하는 감정이지만 만족감은 평온해지는 감정이며, 기쁨은 원하는 것을 얻었다는 느낌에서 비롯하지만 만족감은 (원하는 것이나 필요한 것 없이) 지금 이대로 완전하다는 느낌에서 비롯한다.

대부분의 서양인은 마땅히 기쁨을 좇아야 한다고 생각한다.(행복 추구권을 생각해 보라.) 그에 비해 만족감은 적극적으로 추구하는 대상이라기보다 심리적으로 균형 잡힌 상태에 가깝다. 그래서 현재를 소중히 여길 때 만족감이 크다. 그동안의 연구는 행복이 창의성과 사회적 유대를 촉진하는 방식에 주목했다. 그런데 여기서 말하는 행복이란 어떤 종류의 행복일까? 그간 우리가 배워 온 내용과는 달리, 끊임없이 행복을 추구하다 보면 오히려 자멸의 길로 들어설 수도 있다. 행복에 높은 가치를 둘수록 실망할 가능성도 커진다는 연구 결과가 이미 축적되어 있다. 행복이라면 무조건 가치 있다고 여기지 말고 행복의 종류를 구분해서 받아들여야 한다. 인생 전반에 필요한 행복과 각 상황에 걸맞은 행복은 따로 있다.

스트레스와 압박감

스트레스는 어른 아이 할 것 없이 사용하는 광범위한 용어라는 점에서 기만적인 측면이 있다. 내가 한 학생과 관련하여 겪은 일화야말로 완벽한 사례이다. 다음은 중간고사 전 일요일 밤 9시에 그 여학생이 내게 보낸 메일이다.(개인 정보는 모두 삭제했다.)

안녕하세요, 교수님!
이런 일에 대해 어떻게 생각하실지 잘 모르겠지만, 학장님께 사유서를 제출하지 않고 추가 시험을 볼 수 있을지 궁금합니다. 저는 지난 주말 내내 새벽 6시 30분에 일어나 하루 종일 경기를 뛰었어요.(사실 여부는 홈페이지에서 확인하실 수 있습니다.) 저녁에 공부하면 되겠다고 생각했는데, 하루는 부모님이 여동생을 데리고 오셔서 가족들과 저녁 식사를 하러 갔고 오늘은 팀원들과 회식을 했습니다. 지금 공부를 시작할 수도 있겠지만 '엄청 피곤하고 스트레스를 받아서' 자고 싶어요. 그런데 내일이 시험이라 그럴 수가 없네요. 교수님이 거절하셔도 충분히 받아들일 수 있으니, 지금 자도 될지 공부를 해야 할지 결정할 수 있도록 '최대한 빨리' 답장해 주세요.

터무니없는 요구와 무례한 태도가 몹시 거슬렸다. 그래서 좋은 교수라면 마땅히 그래야 할 방식으로 대응했다. 메일에 회신하지 않은 것이다. 나중에 후회할 메일을 쓰는 것보다 그편이 낫다고 생각했다. 사실 답장을 하긴 했지만 시험이 끝나고 난 뒤에 보냈다.

그는 결국 시험을 보러 오지 않았다.

그 학생이 수업 시간에 나타나자 나는 곁으로 다가가 말했다. "그 이메일에 대해 궁금한 점이 있는데요……."

그가 말했다. "하지만 교수님은 정말 재밌는 분이잖아요!"

내가 대답했다. "재미는 그렇다 치고, 학생이 보낸 메일은 정말 '무례했어요.'"

일주일 후에 그 학생이 나를 찾아왔다. "제가 무슨 짓을 했는지 곰곰이 생각해 봤어요. 사과드리고 싶어요."

나는 그 학생에게 고마움을 표했다.

"그리고 교수님 밑에서 공부하고 싶어요." 그가 말했다.

나는 놀라 물었다. "어떤 분야에 관심이 있나요?"

"아직 잘은 모르겠지만, 교수님 센터에서 제가 뭘 하고 싶은지 결정하면 말씀드릴게요."

또다시 화가 치밀었다. 대체 결정권이 누구에게 있다고 생각하는 거지……?

그 순간 그를 감성 지능 프로젝트에 참여시키기로 마음먹고 업무 시간에 내게 오라고 일러 두었다.

그가 찾아오자 나는 이렇게 말했다. "먼저 학생은 시험을 보지 않겠다는 이메일을 나한테 보냈어요. 다음에는 강의실에서 무례하게 굴었죠. 그다음에는 관심 있는 부분이 생기면 내게 '알려 주겠다.'라고 말했어요. 자, 그럼 이제 말해 봐요. 무슨 일이에요?"

그는 '엄청난 스트레스'에 시달리고 있다고 대답했다. 그건 다른 학생들도 다 마찬가지라고 생각했다.

그래서 다시 물었다. "'정말로' 무슨 일이에요?"

그제야 그 학생은 얼마 전에 할머니가 세상을 떠났는데 그때부터 어머니가 죽음을 두려워하게 되었다고 털어놓았다. 하소연을 들어 보니 어머니는 하루에도 열 번씩 문자 메시지를 보냈고, 주말마다 집에 오지 않으면 학교로 찾아갈 것이라 말했다고 한다.

일반적인 대학생보다 훨씬 큰 스트레스를 받고 있는 것 같았다.

스트레스는 과도한 요구를 받고 있는데 이를 충족할 능력이나 자원이 부족할 때 오는 반응이다. 가정과 업무를 모두 책임져야 하고 재정적 부담까지 감당해야 하는 상황을 예로 들 수 있다. 압박감은 여러 사람 앞에서 발표하거나 면접을 볼 때 드는, 자신이 어떻게 하느냐에 따라 일의 성패가 갈린다는 상황 인식에서 오는 감정이다.

내 학생은 어머니에게서 받는 압박감에 대처하기 위한 도움을 필요로 했다. 하지만 그 압박감이 스포츠 경기, 학교, 시험 같은 다른 문제에서 오는 스트레스라고 오해했다. 긴장감의 진짜 원인이 어머니임을 깨닫는 것보다 다른 것들을 비난하는 편이 더 쉬웠으리라.

오만해 보이는 학생의 태도만 보고 신경을 끊었다면 아무것도 몰랐을 것이다. 나는 묻고 또 물었다. 다른 사람의 감정을 이해하기 위해서는 "예, 아니오."나 "화났어, 속상해." 같은 단순한 답변 이상을 끌어낼 수 있는 질문을 해야 한다. 명심하자. 우리는 감정 과학자, 즉 가장 깊은 곳에 감춰진 감정을 밝혀내려 노력하는 사람들이다.

우리는 질문을 하면서 동시에 무언의 메시지를 보낸다. 표정, 몸짓, 어조 같은 비언어적 신호를 통해 상대의 대답에 진심으로 관심이 있고 상대의 감정에 신경 쓴다는 메시지를 전하는 것이다. 그런 신호는 이 대화에 기꺼이 시간과 관심을 쏟겠다는 의지의 표현이다. 만약 내가 당신의 감정이 어떤지 물어 놓고 핸드폰을 만지작거리거나 벽에 걸린 시계를 힐끔거리고 팔짱을 낀 채 뒤로 기대면서 눈을 가늘게 뜬다면 나는 명확한 메시지를 보내고 있는 것이다. '실은 당신 감정이 하나도 궁금하지 않아. 그저 당신이 뭔가(뭐든지) 말하기를 기다리고 있을 뿐이야. 이 대화를 짧게 끝내고 다른 일을 할 거야.'

메시지의 내용이 더 파괴적일 수도 있다. '네가 무슨 말을 하려는지 이미 알고 있고 난 반드시 반박할 거야.' 이는 감정 과학자의 태도가 아니다. 감정을 느낀 당사자를 비난하고 대화를 끝내 버리는 것은 감정 심판자의 접근 방식이다.

앞서 언급했던, 마빈 삼촌이 어떻게 내 마음을 열었는지에 대한 이야기를 기억할 것이다. 삼촌은 수수께끼 같은 질문을 던지거나 대단한 기법을 사용하지 않았다. 그가 보인 것이라고는 나와 내 감정에 대한 진심 어린 관심과 나를 도우려는 열망이 전부였다. 그런 태도가 거짓일 수는 없다.

감정의 원인을 끈질기게 물어보고
그 대답에 진실되게 귀 기울이라

감정 이해하기는 감정 과학이 진정으로 추구하는 목표로, 그 과정은 마치 추리 소설과도 같다. 합기도 승급 심사를 받던 날, 부모님이 내게 "마크, 무슨 일이야?"라고 물었다면 내 대답은 보나 마나 "얼굴 보기 싫어! 나 좀 혼자 내버려 둬!"였을 것이다.

명백한 분노의 표현이었는데 그 상황에서는 별 소용이 없었다. 내가 당시에 전달한 것은 실제로 무슨 일이 일어났는지 말할 수 없고 그럴 생각도 없다는 마음이었다. 왜 그런 상황이 벌어졌는지 아무도 짐작하지 못했다. 나조차도 내 감정을 설명하기 어려웠다. 하물며 부모님이 어떻게 알 수 있었겠는가?

이해하기를 시도한다고 해 놓고 이런 식으로 취조하듯이 묻게 되는 경우가 적지 않다. 우리가 살펴보려는 사람이 처한 상황은 썩 좋지 않다. 어쩌면 끔찍한 고통과 수치심으로 얼룩진 시간을 보내고 있을지도 모른다. 모두에게 명쾌하고 냉철한 분석력을 기대하긴 어렵다. 자신들이 겪고 있는 복잡한 감정을 명확하게 표현할 능력과 어휘력이 부족한 아이들은 더욱 그렇다. 부모라면 모두 겪어 봤을 테니 내가 하려는 말을 정확히 이해할 수 있을 것이다.

어른들이 적개심을 창피함으로 해석하는 등 아이의 감정 정보를 잘못 읽고 눈에 보이는 모습에만 대응하려 들 때 상황은 더 나빠진다. 뭔가 잘못되었음을 인식하는 것은 그저 첫걸음에 불과하다. 감정 인식하기는 내면 깊은 곳에서 실제로 벌어지는 움직임에 접근하는 중요한 단계이다.

감정의 폭발은 뭔가 일어나고 있다는 신호를 주지만 그 이유까지 알려 주지는 않는다. 폭발의 배후를 알고자 한다면 감정 표현을 허락하고 적절한 질문을 해야 한다.

당신이 초등학교 2학년 담임이라고 생각해 보자. 이언과 레일라, 두 학생이 함께 과학 실험을 하는 중이다. 결과물이 거의 완성되어 레일라의 책상 위에 놓여 있다.

그런데 갑자기 이언이 자리에서 벌떡 일어나 레일라의 책상을 내리치더니 레일라에게 "너 정말 싫어!"라고 소리치고는 쿵쿵대며 교실 밖으로 나가 버렸다. 그들의 과제물은 교실에 흩어졌다.

레일라는 엉망이 된 과제물을 집어 들고 울기 시작했다.

이 아이들을 달래서 방금 무슨 일이 일어났고 그 이유가 뭔지 물어보기란 쉬운 일이 아닐 것이다. 그래서 당신은 추측한다. '불쌍한 레일라, 얼마나 속상할까? 이언은 공격적인 데다 폭력적이기까지 하네. 대체 무슨 짓을 한 거야?' 누가 가해자이고 누가 피해자인지는 분명해 보인다.

당신이 교사라면 먼저 이언을 진정시킨 뒤 사과하게 할 것이다. 레일라는 이언이 버럭 화를 낸 일을 용서할 수가 없다. 당신의 목표가 교실에서 해야 할 행동과 하지 말아야 할 행동을 가르치는 것이라면 당신의 행동이 옳다고 볼 수도 있겠다. 교실에서는 이렇게 갑작스러운 폭발이 시도 때도 없이 일어난다. 집에서 형제자매들이 느닷없이 싸우곤 하는 것과 똑같다. 이때 제일 먼저 드는 충동은 한시라도 빨리 질서를 회복해 평온한 일상을 이어 가고 싶다는 것이다.

바로 이 순간이 감정을 이해하는 과정에서 중요한 순간이다. 이 부분에서 잘못하기 쉬운데, 문제가 일어난 원인보다 행동에 집중해 버리는 것이다. 병이 아닌 증상을 치료하는 꼴이다. 그런 판단 아래 고를 수 있는 최선의 선택지는 행동을 교정하는 것이다. 그것도 강제로. 이로써 감정을 일으킨 근본적인 원인과는 멀어지고 만다.

아이들을 통제하고 처벌하려는 충동을 억누른다면 교실의 모습은 어떻게 달라질까? 이언의 행동은 분명히 짚고 넘어가야 한다. 그다음 한 아이는 가해자이고 다른 아이는 선량한 피해자라는 인식의 틀을 깨고 잠시 판단을 유보한 채 각각 따로 불러 간단히 물어보자. "무슨 일이 있었니? 네 기분은 어때?" 그리고 하나 더. "왜 그렇게 느꼈어?"

이언과 레일라의 담임이 후속 질문을 통해 답을 찾아 나갔다면 흥미로운 사실을 알게 되었을 것이다.

이언이 폭발하기 10분 전, 쉬는 시간에 아이들이 함께 놀고 있을 때였다. 레일라가 다른 아이들 앞에서 이언이 이불에 오줌을 쌌다고 놀렸다. 심지어 이언의 여동생이 알려 준 얘기라고 덧붙이면서 말이다.

어떤 사람들은 이유를 알고 나서도 생각을 바꾸지 않는다. 아무리 굴욕감을 느꼈다 한들 이언이 잘못했다는 판단에서다. 하지만 이언이 벌을 받고 사과하는 일과 사고의 원인을 찾는 일은 별개이다. 이언이 느낀 분노의 뿌리에 다가갈 수 있다면 나중에 비슷한 일이 생길 때 다른 방식으로 대응할 수 있을 것이다. 레일라가 이언을 괴롭힌 문제도 그렇게 다룰 수 있다.

감정을 이해하려면 스토리텔링 능력, 조망 수용 능력(perspective-taking skill),* 현재 상황을 이끈 감정과 사건을 종합해 재구성하는 능력이 필요하다. 이런 능력을 발휘하려면 일단 감정 심판자가 아닌 감정 과학자가 되어야 한다. 질문하지 않는다면 아직 기술을 익히지 못했다는 뜻이며, 대답에 귀 기울이지 않는다면 익힌 기술을 '활용'하지 못한다는 뜻이다. 감정 과학자는 모든 감정이 정보라는 사실을 이해하고 이를 인정하려는 진실한 욕구를 가지고 있다. 감정의 '원인'을 이해하지 않고서는 자신은 물론이고 아이와 동료를 제대로 도울 수 없다.

행동이 보내는 신호를 읽으면 감정의 의미가 보인다

합기도 승급 심사가 있던 날, 아버지나 어머니, 적어도 둘 중 하나라도 버럭 화를 내는 나에게 포옹 같은 애정 표현을 해 주며 다가왔더라면 그 장면은 다르게 끝나지 않았을까? 어머니가 "괜찮아, 마크. 지금은 합기도 얘기 안 하고 싶지? 가는 길에 아이스크림 먹고, 집에 가면 TV 보면서 기분 전환하자."라고 말했다면 그날 일어난 일을 함께 탐색할 여유를 찾을 수 있었을 것이다. 잠자리에 들 때쯤 부드럽게 속내

* 타인의 관점이나 입장 등을 이해하는 능력.

를 물어봤다면 뭐가 문제였고 그 이유가 무엇이었는지 충분히 대답했으리라. 하지만 이미 말했듯이, 실제로는 그렇지 않았다.

이제, 감정 과학자의 눈으로 합기도 승급 심사와 그 여파의 현장을 바라보자. 분노해 날뛰는 아이에게서 아무런 정보를 얻지 못한 상황이다. 무슨 일이 일어났을지 네 가지 버전으로 상상해 보자.

첫 번째 시나리오. 승급 심사 자체는 불만의 여지 없이 정당했다. 사범은 막기, 치기 등 펼쳐야 할 기술 자체는 모두 잘 익혔다고 인정했다. 하지만 막기 기술은 심사를 통과하기에 조금 부족했다. 사범은 이렇게 말했다. "유감이다, 마크. 열심히 노력한 건 잘 알겠지만 막기가 조금 부족해. 두 주일 정도 더 연습하면 노란 띠를 딸 수 있을 것 같구나."

충분히 타당한 시나리오이다. 나는 굉장히 실망했겠지만 한편으로는 충분히 납득했을 것이다.

두 번째 시나리오. 심사 직전 사범이 다가와 이렇게 말했다. "마크, 그동안 네 친구 마이크랑 대련했지. 그런데 심사 때 네 파트너는 마이크가 아니야." 그는 도장에서 가장 거친 상급생 형이 내 심사 파트너라고 말했다.

이 역시 그럴듯하다. 내 입장에서 분명 불공평하다고 느낄 법한 처사이다. 사범은 내가 준비할 수 있도록 미리 말해 줬어야 했다. 화가 치솟은 건 당연한 반응이다. 게다가 재심사를 받을 때 사범이 또 어떤 결정을 할지 불안해진다.

세 번째 시나리오. 사범이 예상치 못한 도구를 던져 주었는데 전부

내 실력으로는 사용할 수 없는 것이었다. 그래서 결국 심사에 떨어지고 말았다. 이 역시 충분히 말이 된다. 이 경우에도 나는 사범의 불공정한 결정에 분노한다.

네 번째 시나리오. 공명정대한 심사를 받고 탈락했다. 문제는 다른 지점에서 발생했다. 그 후 탈의실에서 옷을 갈아입고 있는데 학교에서 나를 괴롭히는 녀석이 다가와 놀렸다. "야, 이 찌질아. 너 심사 떨어졌다며? 내일 아침 버스 탈 때 붙어 보자. 노란 띠 솜씨를 손봐 줄 테니까."

어떤 시나리오가 사실인지 어머니가 어떻게 알 수 있을까? 적절한 질문을 던지고, 내 대답을 평가하거나 거부하지 않고, 진실이 자연스럽게 드러날 때까지 기다려야 한다. 그 고된 과정에 뛰어들지 않는다면 진상을 알아낼 도리가 없다.

내 짜증이 그 탐색을 막아 버렸다.

이런 상황에서 감정 과학자가 된다는 것의 가치를 알 수 있겠는가? 감정에는 심리학자 리처드 라자루스(Richard Lazarus)가 '핵심 관련 주제'(core relational theme)라고 이름 붙인, 각각의 의미가 있다. 감정의 의미를 알아내는 유일한 방법은 그 감정을 유발한 상황적 요인을 어떻게 이해해야 할지 파악하는 길뿐이다. 행동은 수수께끼의 실마리일 뿐, 해답이 아니다.

합기도 심사의 처참한 결말을 다룬 네 가지 시나리오를 다시 살펴보고 기저에 깔린 주제를 찾아보자.

첫 번째 시나리오에서 그 경험의 핵심 의미는 '기대 미달'이며 이에 따른 감정은 실망감이다.

두 번째 시나리오의 핵심 의미는 '불확실성'이며 불안이 뒤따른다.

세 번째 시나리오의 핵심 의미는 '불공평'이며 분노가 이어진다.

네 번째 시나리오의 핵심 의미 중 하나는 '임박한 위험'이며 이에 따라 두려움이 싹트고 '자아 존중감 저하'에 의해 수치심이 생긴다.

핵심 관련 주제를 알면 감정을 이해하는 데 대단히 중요한 정보를 얻을 수 있다. 감정에 이름을 붙이고 표현하며 관리하는 방법을 파악할 때도 도움이 된다. 생각해 보자. 아이의 감정에 따라 달래는 방법을 달리해야 할까? 그렇다, 그렇게 해야 한다.

아이가 실망했다는 사실을 알았다면 다음에 부족한 동작을 연습할 때 도움을 줄 수 있다.

아이에게서 불안을 감지했다면 호흡법이나 이미지 트레이닝처럼 긴장을 가라앉히는 데 도움이 되는 방법을 알려 줄 수 있다.

아이가 불공평한 대우를 받아 분노했다면 교사를 찾아가 대안을 모색할 수 있다.

아이가 다음 날 얻어맞을까 두려워한다면 즉시 행동에 나서 교장이나 통학 버스 담당자와 면담해야 한다.

아이가 수치심을 느낀다면 전문가와의 상담이 필요하다.

그날의 진실은 네 번째 시나리오이다. 사실을 알게 된다고 해서 뭔가가 달라질까? 물론 그렇지 않다고 대답할 수도 있다. 내가 한 행동은 용납되어선 안 된다. 나도 동의한다. 그러나 자신의 감정을 알아야만 행동을 조절할 수 있다. 또한 아이를 키우는 어른들이 먼저 모범을 보이거나 적절한 질문을 하지 않는다면 아이가 스스로 감정을 파악하기란 어렵다.

행동을 감정의 신호로 보지 못하는 문제 때문에 의사소통 오류가 얼마나 많이 생기는지 짐작되는가? 바로 이런 이유로 우리는 감정 심판자가 아닌 감정 과학자가 되어야 한다.

앞서 말했듯이 감정 이해하기는 어떤 면에서 가장 습득하기 힘든 기술이다. 감정을 이해하려면 "왜?"라는 강력한 한마디 질문에 대한 솔직하고 정확한 답을 분석할 수 있어야 한다. 어떤 감정에 대해 일단 질문을 던졌다면 계속 질문을 이어 가야 한다. 무엇이 이 감정을 일으켰는가? 답을 찾아내면 곧이어 다음 질문을 한다. 여러 가지 반응 중에서 왜 하필이면 '바로 그' 행동을 했나? 그러다 보면 처음의 "왜?"라는 질문으로 돌아갈 필요가 있다고 느낄 수도 있다. 그 지점에서 갑자기 멈추면 절대 감정을 이해할 수 없다. 당연한 이야기이지만 가끔은 끝까지 파고들기 위해 진정한 용기를 내야 한다. 바로 그때 우리는 명실상부한 감정 과학자가 된다. 진심 어린 마음으로 감정 이해하기 능력을 발휘하면 더 좋은 친구, 가족, 동료, 연인이 될 수 있다.

감정을 이해하는 법을 배웠으니 이제 다음 단계로 넘어갈 차례이다. 자, 다음은 감정에 이름 붙이기이다.

제6장

감정에 이름 붙이기

"오늘 기분 어떠세요?"

최근에 강연을 시작하면서 참석한 사업가들에게 이 질문을 던진 적이 있다. 나파 밸리(Napa Valley)*에서 열린 강연이었고 물론 장소는 포도주 양조장이었다.

대부분의 다른 청중과 마찬가지로 거의 모든 참석자가 자신의 감정을 한두 마디 이상으로 표현하기 어려워했다. 평소처럼 "괜찮아요.", "좋아요."라는 대답이 가장 많았다. 더 깊이 들어가 보려 했지만 그럴 여지가 없었다. 소수의 사람만이 '호기심'과 '흥미'를 드러냈다.

---

* 미국 캘리포니아 나파 카운티에 위치한 고급 포도주 생산지.

그들이 감정 표현을 어려워하는 이유를 찾도록 몰아붙이는 대신, 나는 흐름을 다른 방향으로 돌렸다.

　"여러분의 전문 분야 이야기를 해 보죠. 이곳의 대표 격인 적포도주에 대해서 어떻게 설명하시겠습니까?"

　그러자 이 감정 문맹자들이 시인처럼 이야기하기 시작했다.

　"향이 풍부하고 미네랄의 풍미가 악센트를 주죠."

　"훈연한 고기 향에 꽃향기가 어우러진 블랙베리 아로마가 특징입니다."

　"살구와 감초의 풍미가 대담하면서도 유연하게 입안을 한가득 채웁니다."

　"후추와 엽궐련 향이 일품입니다."

　"타닌이 풍부하지만 다른 맛과 세련되게 조화를 이뤄요."

　"짜임새 있고 탄탄한 끝맛이 인상적이죠."

　"균형 잡힌 강렬함을 선사하는데 마지막에 과일의 잔향이 길게 느껴집니다."

　"입안을 가득 채우는 묵직한 타닌이 인상적입니다."

　"가격은 대중적이지만 맛은 저장고에 모셔 둘 만합니다."

　발효된 포도즙에 대해서는 이토록 유창하게 열변을 토하는 사람들이 자기 자신의 내면에 대해서는 단답형 대답에 그치다니 상상이나 되는가?

　최근 부유층과 빈곤층의 '어휘력 격차'에 대한 논의가 있었다. 소득 수준이 높은 가정에서 자란 아이들은 가난한 가정의 아이들보다 훨씬 더 많은 어휘에 노출된다는 내용이다. 어휘력 격차로 미래의 교육 성과, 돈을 버는 능력(earning power), 심지어 지능까지도 예측할 수 있다.

하지만 감정을 설명하는 어휘와 관련해서는 이런 격차가 희미해진다. 감정에 대해서는 모두가 평등하게 무지하다. 감정을 표현할 수 있는 단어가 수백 개 있는데도 대부분은 "괜찮아." 또는 "바빠." 정도로 단어 한두 개만 사용한다.

이 책의 주제를 담고 있는 질문인 "기분이 어떤가?"는 충분한 대답 없이는 제 구실을 하지 못한다. 적절한 어휘로 감정을 표현할 줄 모르면 감정에 이름을 붙일 수 없고, 이름을 붙이지 못하면 제대로 숙고하거나 예측할 수도 없다. 신경 과학과 뇌 영상 연구에 따르면 "이름을 붙이면 길들일 수 있다."라는 명제에는 실재하는 진리가 담겨 있다. 감정에 이름을 붙이는 일 자체가 조절의 한 방법이다. 이상의 과학 분야에 대해서는 나중에 더 자세히 다루겠다.

"괜찮아."라는 말은 감정 표현이 두렵다는 뜻

'감정 인식하기' 챕터에서 일반적인 감정 상태를 알아보고 빨강, 파랑, 노랑, 초록의 네 가지 색으로 구분된 무드 미터 사분면의 특징을 설명했다. '감정 이해하기' 챕터에서는 "왜?"라는 한마디 질문에 집중하며 감정의 원인을 찾는 방법을 다루었다. '감정에 이름 붙이기'는 앞서 언급한 두 가지 기술의 다음 단계에 해당한다. 이번 챕터에서는 우리가 겪고 있는 감정에 영점을 확실히 맞춰 정확한 이름을 붙이는 데 집중한다.

당신의 감정 상태가 빨간색 사분면에 있는가? 미안하지만 이제는 빨간색 사분면 가운데 정확히 '어디에' 있는지 밝혀야 한다. 격분했는가, 아니면 단순히 짜증이 치밀었는가? 무서운가, 아니면 그저 걱정스러운가? 만약 초록색 사분면에 속한다면 당신의 감정은 안전하다는 느낌과 현실에 안주하고 있다는 느낌 가운데 어느 쪽인가? 지극히 행복한가, 아니면 만족스러운가?

감정들 사이에는 상당한 차이가 있으며 감정마다 각각의 이유와 행동 방향이 있다. 그래서 무드 미터가 중요한 도구인 것이다. 기본색으로 구분된 사분면으로 시작해서 구체적인 색조를 찾으며 범위를 좁혀 간다. 무드 미터는 단순히 감정 시각화에 유용한 도구가 아니다. 우리가 진정으로 경험하는 감정을 발견하고 이름을 붙이는 데 필요한 방법론이다.

RULER 과정에서 '감정에 이름 붙이기'는 중심점이자 경첩 역할을 한다. '감정 인식하기', '감정 이해하기'를 '감정 표현하기', '감정 조절하기'와 연결함으로써 감정에서 힘을 끌어내 필요한 행동을 취하게 한다. 이름을 붙이지 않으면 우리 감정은 고작 시작 단계에서 그치고 만다. 일단 이름을 붙이면 감정에 내재된 힘을 얻을 수 있다.

감정에 이름 붙이기는 감정 이해하기와 자신과 타인에게 감정을 정확히 설명하기의 중간쯤에 위치하는 기술이다. 거의 똑같은 감정 표현 어휘만 반복적으로 사용하는 것은 말수 없던 10대 시절로 돌아가는 것이나 다름없다. 진짜 감정을 알고 싶은 마음이 정말 없는가? 다른 사람에게 내 감정을 이해시키고 싶다는 생각이 정말 들지 않는가? 약점이 드러난다는 두려움 때문인가? 기분이 어떠냐는 물음에 "괜찮아."라고 대답한다는 것은 약점이나 고민을 털어놓게 하지 말라는 뜻이다. "괜찮아."라는 말에는 "내 기분이 어떤지 묻지 말아 줘."라는 정중한 거절의 의미가 담겨 있다. "괜찮아."라고 자주 말한다면 감정을 표현하기 불편하고 심지어 두렵다는 뜻이다. 하지만 감정이 우리를 두렵게 해서는 안 된다.

우리는 감정에 정확한 이름을 붙이는 대신 흔히 비유법을 사용한다. 세상이 발아래 있는 것 같아. 하얗게 불태웠구나. 오뉴월 개 팔자네. 구렁텅이에 빠졌어. 얼굴이 어두워. 이런 표현은 모두 감정을 암시한다. 하지만 이런 표현은 분명하고 정확하게 감정에 직면하려는 노력을 가로막는다. 창의적인 은유는 글 안에서 감정을 묘사하기에는 충분하다. 그러나 종종 실제 감정과 말 사이의 거리를 떨어뜨려 놓는다.

정확한 단어로 감정에 이름을 붙이는 일은 다음과 같은 네 가지 중요한 역할을 한다.

- 경험을 정당화하고 조직화한다. 감정에 단어를 붙이면 감정에 실체가 주어지고 그 단어의 정신적 모델이 만들어진다. 이름 붙인 감정과 다른 감정을 비교할 수 있다는 뜻이다.
- 다른 사람들이 우리 요구를 충족하도록 돕는다. 일단 감정에 대

해 구체적으로 의사소통할 수 있게 되면 주변 사람들은 감정의 원인을 이해하기 위해 행동 이면을 탐색할 것이다. 그 결과 공감하기가 더욱 수월해진다.

- 마찬가지로 우리가 다른 사람들의 요구를 들어주는 데에도 도움이 된다. 감정을 알면 도움을 주기가 훨씬 쉬워진다.
- 다른 세상과 연결된다. 우리 감정이 일종의 의사소통 방법, 즉 생생한 경험을 공유하는 통로가 되는 것이다. 사회적 연결이 건강에 이롭다는 연구에 따르면 감정에 이름 붙이기는 서로를 알아 가는 시작점이 된다. 감정 용어는 소설을 읽을 때처럼 서로의 삶을 읽을 수 있게 돕는다. 감정의 이름이 각각의 이야기를 들려주는 셈이다.

이것이 바로 감정에 이름 붙이기의 힘이다.

감정에 정확한 이름을 붙이면 잘 대처할 수 있다

감정을 표현하는 영어 단어는 어림잡아 2000개가 넘는다고 한다. 하루에도 수많은 감정과 느낌을 경험한다는 점을 생각하면 충분히 납득할 만하다. 그만큼 감정을 표현할 수 있는 폭이 넓은 것이다.

하지만 이 중에서 실제로 사용하는 단어가 몇 개나 되는지가 문제이다. 언어를 통해 감정에 대한 우리의 태도를 엿볼 수 있다. 단도직

입적으로 말해, 안타깝게도 우리는 한정적인 감정 어휘만 사용한다.

　대부분의 경우, 가장 많은 관심을 기울여야 하고 우리의 관심을 사로잡는 감정은 화, 두려움, 슬픔, 수치심 같은 부정적인 감정이다. 연구에 따르면 감정을 표현하는 단어의 50퍼센트는 부정적이고 30퍼센트는 긍정적이며 20퍼센트는 중립적이다. 그렇다고 해서 우리가 부정적인 감정만큼은 잘 표현한다고 해석해서는 안 된다. 사람들은 불쾌한 느낌을 생각하지 않으려 한다. 그저 지워 버리고 싶어 하고 그마저도 본인의 노력 없이 저절로 사라지기를 바란다. 부정적인 감정이 우리 자신의 것이든 다른 사람의 것이든 이를 다루는 건 고통스럽기 때문이다.

　부정적인 감정을 표현하는 단어가 더 많은 이유 가운데 하나는, 인간의 뇌가 긍정적인 감정과 부정적인 감정을 다르게 처리하기 때문이라고 설명하기도 한다. 우리는 긍정적인 감정에 피상적인 관심만 주는 경향이 있다. 좋은 감정은 조절할 필요가 없다. 그저 이 상태가 지속되기를 기원할 따름이다. 왜 이리 기분이 좋은지 분석하는 데 정신 에너지를 쏟지 않아도 되는 것이다.

　반면 부정적인 감정의 여파는 더 깊다. 부정적인 감정이 든다는 것은 문제가 생겼다는 뜻이므로 이를 처리하는 속도가 느려진다. 부정적인 감정을 표현하는 어휘는 결국 필요에 의해 발달한 셈이다. 마빈 삼촌이 일명 '감정 단어 교육 과정'(Feeling Words Curriculum)을 만들면서 소외감, 박탈감을 비롯한 어두운 감정을 입에 담자 교육자들은 질겁을 했다. 아이들이 실제로 그런 감정을 느낀다는 발상이 부담스러웠던 것이다. 하지만 삼촌은 아이들도 꽤 자주 부정적인 감정을 느끼며 어른인 우리가 이를 논의하느냐 무시하느냐가 관건이라고 주장했다. 1970~1980년대에는 삼촌의 주장이 널리 수용되지 못했지만 그때도 지금도 삼촌이 옳다.

뇌가 발달하는 과정과 감정에 대한 이해가 발전하는 과정을 연결해 살펴보는 것도 유익하다. 연구자들은 갓난아기들이 표정으로 감정을 또렷하게 인식할 수는 없지만 유쾌한지, 불쾌한지, 중립적인지는 구분할 수 있다는 점을 밝혀냈다. '좋아.', '싫어.' 같은 기본적인 감정 단어만 알고 있는 세 살배기는 부정적인 얼굴 표정들의 차이를 구분하지 못해 불쾌한 표정은 죄다 '슬픔'으로 인식한다. 네다섯 살이 되면 분노와 두려움을 이해하기 시작하고 서로 다른 부정적인 표현을 구별하는 법을 배운다. 감정에 정확한 이름을 붙일 줄 아는 아이들이 그렇지 않은 아이들에 비해 더 긍정적인 사회적 상호 작용을 누리며, 이름을 잘 붙이지 못하는 아이들은 학습과 행동 문제를 더 많이 겪는다는 사실이 많은 연구를 통해 입증되었다.

이는 단순한 이론이나 추측이 아니다. 매슈 리버먼(Matthew Lieberman)이 이끄는 UCLA 연구 팀은 감정 표현 어휘(일명 정서 표지(affective labeling))를 쓰면 고통스러운 감정적 경험을 덜 수 있는지 알아보는 실험을 실시했고, 실제로 고통이 줄어든다는 사실을 확인했다.

한 연구에서 피실험자들에게 부정적인 감정을 표현한 사진을 보여 주었다. 그리고 표정에 이름을 붙이게 했다. 표정에 이름을 붙인 참가자들은 사진을 보기만 한 참가자들에 비해 정신적 고통을 덜 느껐다고 한다. 또 다른 연구에서는 거미 공포증이 있는 참가자들을 거미가 담긴 상자가 있는 방에 머무르게 했다. 일부 참가자에게는 그 상황에서 느낀 감정을 표현하게 했고 나머지에게는 오로지 사실만 중립적인 언어로 설명하게 했다.

결과는 어땠을까? 첫 번째 집단이 다른 집단보다 상자에 더 가까이 접근할 수 있었다. 게다가 거미에 노출되는 동안 '불안', '공포' 같은 단어를 더 많이 사용할수록 오히려 그런 감정이 줄어들었다. 실험이 시작되기 전에 참가자들은 감정에 이름 붙이기가 효과적인 감정조절 방법이 아니라고 생각했다. 하지만 그들이 틀렸다. 리버먼은 이런 현상을 가리켜 '부수적 감정 조절'(incidental emotion regulation)이라고 불렀는데, 이름 붙이기가 불쾌한 감정을 줄인다는 사실을 피실험자들이 인식하지 못했기 때문이다.

다른 연구에서는 감정에 이름을 붙이면 부정적인 감정을 느낄 때 활성화되는 뇌 속 편도체 활동이 감소하고, 감정을 조절하는 우측 복외측 전전두 피질(RVLPFC)이 눈에 띄게 활성화된다는 사실이 밝혀졌다. 뇌의 각 영역이 신경 통로를 통해 연결되는 것처럼 감정도 특정한 길을 통해 전해진다. 화를 잘 내는 편이라면 특정 자극에 일상적으로 분노가 일어날 것이고 결국 분노가 몸에 밴 상태가 된다. 쾌적함이 낮고 활력이 높은 영역에 해당하는 감정들, 즉 짜증, 역겨움, 거슬림, 불만족 등을 각각 규정할 수 있다면 우리는 스스로 반응을 조절할 수도 있다. 도발적인 자극을 받을 때마다 격렬한 분노를 터뜨리기에 앞서 자신을 다잡게 되는 것이다. 감정에 이름 붙이기에 사용하는 단어 하나하나가 자아 성찰을 위한 여유를 만들어 준다. 내가 이 감정을 정말 강렬하게 느끼고 있나? 아니면 그리 극단적이지 않은 다른 감정을 느끼는 걸까?

'입자도'(granularity)는 감정에 이름 붙이는 방법을 설명하는 데 유용한 용어이다. 주로 사용하는 일반화된 용어에 안주하지 않고 단어가 허용하는 한도 내에서 알갱이가 될 때까지 의미 범위를 좁혀 우리 느낌을 협소하고 정확하게 정의한다는 뜻이다. 심리학자 리사 펠드먼 배럿은 〈뉴욕 타임스〉에 기고한 글에서 감정 입자도(emotional granu-larity)라는 용어를 제시하며 "복잡성이 높은 단어에 느낌을 대입할 수 있는 정도"라고 설명했다. 복잡성이 우리 내면을 반영하는 거울이라는 것이다. 그가 실시한 실험에서 입자도가 높은 참가자들은 그들의 감정 경험을 훨씬 잘 구별해 냈다. 반면 입자도가 낮은 피실험자들(응집자(clumper)라고 불렀다.)은 분노, 걱정, 좌절 같은 감정의 차이를 제대로 구별하지 못했다. 배럿은 두 집단을 다음과 같이 비교했다. 입자도가 높은 사람들은 스트레스를 받아도 당황해서 무너지거나 알코올 의존증에 빠질 가능성이 낮으며 부정적인 경험에서도 긍정적인 의미를 찾아낼 가능성이 높았다. 또한 원하는 결과를 얻기 위해 반응을 조절하는 능력도 더 뛰어났다. 반면 응집자들은 신체적·심리적 건강 상태와 관련한 수치가 더 나쁜 것으로 드러났다.

감정 표현 어휘가 빈약한 사람들을 묘사할 때 감정 표현 불능증(alexithymia)이라는 용어를 쓰는데, 감정을 인식하고 표현하는 데 어려움을 겪는 상태를 뜻하기도 한다. 한 연구에서 감정 표현 불능증을 겪는 사람들의 뇌는 그렇지 않은 사람들보다 언어 처리 능력과 관련 있는 전측 대상회 피질(anterior cingulate cortex)의 회백질이 적다는 사실을 밝혀냈다.

우리가 느끼는 감정과 이를 표현하는 단어 사이에는 분명 연관이 있다. 두 언어학자의 이름이 붙어 있는 사피어·워프 가설(Sapir-Whorf hypothesis)은 언어가 세계관은 물론 사고방식까지 결정한다고 주장한다. 언어가 문화의 정수를 드러낸다는 19세기 사상을 떠올리게 하는 내용이다. 이러한 믿음은 환영받지 못했지만, 학자들은 언어가 우리의 사고 과정과 세상을 경험하는 방식에 어떻게 영향을 미치는지를 여전히 연구하고 있다.

알래스카와 캐나다에 사는 이누이트(Inuit)의 언어에는 눈(snow)을 표현하는 단어가 수십 개에 이를 것이라고 흔히들 생각한다. 우리는 몇 단어만 그럭저럭 사용할 따름이다. 여기에 내포된 의미는 명확하다. 어떤 대상이 얼마나 중요한지는 그것을 묘사하는 단어의 수로 입증된다.

영어에는 없지만 다른 언어에는 존재하는 감정 표현 단어들이 있다. 영어권 사람들은 그런 감정 자체를 느끼지 않는다는 뜻일까? 그렇지 않을 것이다. 어떤 감정을 표현할 단어가 하나도 없다고 해서 그 감정을 경험하지 않는다고 보기는 어렵다. 하지만 그런 단어가 영어에 없다는 사실이 시사하는 바가 분명히 있을 것이다. 폴란드 언어학자 안나 비에주비츠카(Anna Wierzbicka)는 우리의 영어 의존도가 너무 높기 때문에 자아 인식(self-awareness)의 폭이 제한될 수도 있다고 주장한다.

심리학 교과서에서 굉장히 주목하는 단어 가운데 하나가 다른 사람의 불행으로 유발된 행복이나 만족감을 표현하는 독일어 단어 '샤덴프로이데'(schadenfreude)이다. 이와 뜻이 비슷한 단어가 네덜란드어, 아랍어, 히브리어, 체코어, 핀란드어에는 있지만 영어에는 존재하지 않는다. 영어 사용자들이 누군가가 고통받는 모습을 보며 덜 즐거워하거나, 다른 나라 사람들이 더 못됐다는 의미일까? 그보다는 해당 단어를 사용하는 이들이 이런 고약한 감정을 품는 데 양심의 가책을 덜 느낀다는 정도일 것이다.

다른 언어에 있지만 영어에는 없는 감정 표현 단어가 비단 이뿐만은 아니다. 몇 가지 사례를 더 찾아보자.

'리토스트'(litost)는 체코어인데, 소설가 밀란 쿤데라(Milan Kundera)는 이 단어의 의미가 "갑자기 자신의 비참함을 깨달음으로써 겪게 되는 고통스러운 상태"라고 설명했다.

'익트수아르포크'(iktsuarpok)는 손님이 오기를 기다리며 집 밖을 서성이는 들뜬 기대감을 뜻하는 이누이트어이다.

'휘게'(hygge)는 가장 덴마크인다운 단어로, 겨울철에 친구들과 불 주위에 둘러앉은 자리에서 느끼는 아늑한 행복을 뜻한다.

'크벨'(kvell)은 아이의 성취에 대해 느끼는 기쁨과 자부심을 뜻하는 이디시어*이다.

---

* 유럽 내륙 지방에 살던 유대인이 사용하던 언어.

'야부르니'(ya'arburnee)는 "나를 묻어 주기를."이라는 아랍어 표현인데, 사랑하는 사람이 없는 세상에서는 살 수 없으니 상대보다 먼저 죽기를 바란다는 의미이다.

이처럼 색다른 단어의 존재에서 어떤 의미를 찾을 수 있을까? 십중팔구 이런 단어에는 그들의 문화적 유산이 반영되어 있다. 우리가 사용하는 단어는 우리의 가치 판단을 반영한다.

반면 티베트어, 타히티어, 비민쿠스쿠스민어,* 취옹어,** 사모아어에는 '감정'을 뜻하는 단어가 없다. 하지만 이 언어를 사용하는 사람들도 감정을 느낄 것이다.

감정을 느낄 수 있다는 것과 표현할 수 있다는 것 사이에 실제로 연관성이 있을까? 여러분은 그렇지 않다고 생각할지도 모르겠다. 설령 어떤 감정에 이름을 붙이지 않는다 해도 우리는 모두 똑같은 감정을 경험하지 않는가? 감정을 표현하는 능력이 정말 어휘의 영향을 받을까?

어느 정도는 그렇다. 우리가 "화났어.", "기분 좋아.", "무서워.", "슬퍼." 등 아이들이 아는 수준의 기본 어휘만 인정한다면 엄청난 정보를 놓치게 될 것이다.

'수치심'과 관련 있는 영어 단어는 중국어 단어와 비교도 안 되게 적다. 표준 중국어로 쓰인 한 연구 논문에서 발견된 수치심 관련 단어

---

* 파푸아 뉴기니에 사는 부족의 언어.
** 말레이반도 열대 우림 지대에 사는 부족의 언어.

와 구절은 무려 100개가 넘었다.

같은 맥락에서 감정 어휘의 규모와 감정의 중요성은 연관이 있다고 봐야 한다. 감정을 표현하기 위해 더 많은 단어를 사용할수록 우리 자신을 잘 이해하고 상대에게 내 감정을 잘 전달할 수 있다. 상대방이 풍성한 감정 어휘를 구사한다면 그들을 이해하기가 훨씬 쉬워질 것이다. 단지 공감하는 데 그치지 않고 도움을 줄 수 있으며, 필요하다면 그들의 감정을 조절하고 진정할 수도 있다.

짐작할 수 있겠지만 감정 어휘 사용은 아이들을 대할 때 굉장히 중요하다. 아이들은 감정을 처리하고 표현하는 법을 배우지 못했기 때문에 우리는 그들의 감정을 도무지 종잡을 수 없다. 아이들이 사용할 수 있는 단어가 많을수록 도움을 주기가 수월해진다. 우리가 다양한 감정 표현 어휘를 사용하면 아이들은 그 단어를 배울 뿐 아니라 감정 표현이 자연스럽고 긍정적이라는 깨달음까지 얻는다.

감정에 정확한 이름을 붙이는 것은 매우 중요하다. 일단 감정에 이름을 붙이면 그 감정에 어떻게 대처해야 할지 생각하게 되기 때문이다. 아이가 불안감을 느끼고 있다고 잘못 추측하면 실제 감정과 동떨어진 대처를 하게 된다. 당황이나 두려움은 겉보기에 불안과 상당히 비슷해서 실수하기 쉽다. 정확하지 않은 이름을 붙이면 부정적인 감정을 해소하려다가 잘못된 길로 인도할 위험이 있다.

바로 이것이 감정 어휘와 감정에 이름 붙이기가 그토록 중요한 이유이다.

힘들고 괴로울 때 감정을 '스트레스'로 뭉뚱그리지 말라

이로써 풍부한 감정 어휘를 습득하고 사용하는 일의 장점은 명백하게 밝혀졌다. 하지만 감정 어휘를 익히는 방법은 아직 이야기하지 않았다.

첫 번째 방법은 간단하다. 감정의 지도인 무드 미터를 활용하는 것이다. 무드 미터에 나오는 감정 어휘를 자주 입에 올리다 보면 그중 몇 가지는 몸에 배기 시작한다. 무드 미터는 각 감정 영역의 모든 기본 단어를 포함한다. 왼쪽 상단 빨간색 사분면에는 '언짢은'과 '격분한', '마음이 불편한'과 '공황에 빠진' 사이의 감정들이 담겨 있다. 초록색 사분면은 '속 편한'부터 '안온한'까지, '평온한'부터 '안정적인'까지의 감정들을 포함한다. 파란색 사분면은 '의욕 없는'부터 '절망한'까지, '쓸쓸한'부터 '소외된'까지를 담고 있다. 마지막으로 노란색 사분면은 '기쁜'과 '황홀한', '희망찬'과 '낙관적인' 사이의 감정들을 담고 있다. 무드 미터의 감정 단어 100개는 삽지에 나와 있다. 우리는 호프랩(Hopelab)과 함께 무드 미터를 앱으로 개발했다.(www.moodmeterapp.com) 이 앱을 활용하면 시간의 흐름에 따른 감정 변화를 추적해 볼 수도 있다.

우리는 모든 중학생이 최소 여든네 개의 감정 표현 단어를 배우게 하겠다는 목표를 토대로 개발한 '감정 표현 교육 과정'을 활용해 아이들에게 감정 개념을 가르친다. 먼저 단어를 알려 준 다음에 다양한 감정을 인정하고 받아들이는 일이 얼마나 소중한지 강조한다. 단어 자체만큼이나 중요한 내용이다.

"엉망이야.", "괜찮아.", "미치겠어." 같은 두루뭉술한 표현을 쓰면 다른 사람이 당신을 도와주기 어렵다. "엉망이야."가 '나는 이번 프레젠테이션을 완벽하게 준비했다고 생각했는데 반응이 별로라서 너무 실망스러워.'인지 '동료들에게 이번 프레젠테이션 반응이 별로였다고 말하기가 두려워. 준비를 제대로 하지 못한 탓이라고 비난할 것 같아.'인지 파악하기 위해 많은 수고를 들여야 할 수도 있다. 감정에 이름을 붙이고 그 이유를 설명하는 데 능숙해질수록 공감이나 도움을 얻기가 쉬워진다. 감정에 딱 맞는 이름을 붙이는 능력은 다른 사람들의 수고를 덜어 준다.

감정에 이름 붙이기를 잘하는 비결은 정확한 단어를 찾아내는 것이다. 여기서 너무 멀리 가 버리면 존재하지 않는 문제에 대처하고 존재하는 문제를 오히려 무시하게 되기도 한다. 감정 과학자로서 주의하지 않으면 이처럼 잘못된 길로 빠지는 오류를 저지를 수 있다.

학교나 직장에서 감정에 이름을 붙일 때 가장 흔히 겪는 어려움은 모두가 '스트레스'라고 부르는 것에만 집중한다는 점이다. 하지만 질문을 하면서 스트레스로 뭉뚱그려 표현하는 감정을 탐색해 보면 최소 네 가지 감정이 드러난다. 불안, 두려움, 압박감, 진짜 스트레스이다. 언뜻 보기에는 네 가지 단어를 모두 돌려써도 될 것 같지만 각각은 근원이 다른 별개의 감정이다.

불안은 앞서 살펴보았듯이 미래가 불확실하고 앞으로 일어날 일을 통제할 수 없다는 데 대한 걱정이다.

두려움은 위험이 코앞에 닥쳤고 곧 우리를 덮칠 것이라는 뚜렷한 느낌이다.

압박감은 중요한 일이 위태롭게 돌아가고 있는데 우리가 낸 성과에 따라 성패가 결정된다는 외부의 압력이 느껴질 때 드는 감정이다.

마지막으로 스트레스는 위에서 언급한 상황에서 과도한 요구에 직면하여 이를 감당하지 못할까 두려울 때 느끼는 감정이다.

분명히 이 모든 감정은 연결되어 있지만 서로 확연히 다른 감정이다. 감정을 이해하고 어떻게 다뤄야 할지 알아내려면 각각의 근본적 주제와 원인에 얽힌 실타래를 풀어야 한다. 감정의 원인은 내부에 있을 수도 있고 외부에서 침입해 왔을 수도 있다.

스트레스가 전혀 다른 감정을 가려 버리는 경우가 있다. 예일 대학교 학생 200명을 대상으로 '스트레스'의 원인을 조사해 보니 대부분 시기심과 연관되어 있었다. 과연 무엇에 대한 시기심일까? 열심히 공부하지 않고도 A를 받고 부모 연줄로 좋은 직장을 보장받는 친구들이 그 감정의 대상이었다. 문득 궁금해졌다. 학생들의 '스트레스 감소'가 아니라 시기심 관리를 도와주는 상담소를 갖춘 대학교가 과연 얼마나 될까?

10년 전쯤 위산 역류와 불안감 때문에 고생하던 나는 모든 고통이 신경증 탓이라고 여겼다. 심각한 수준은 아니었지만 오랫동안 장래에 대한 두려움을 안고 살아왔다. 의사를 찾아가자 그는 이렇게 말했다. "예일 대학교에 오신 걸 환영합니다." 그러고는 말을 이었다. "제산제 드시고요, 스트레스가 완화될 수 있도록 안정제 처방해 드릴게요."

미처 예상치 못한 처방이었다. 스스로 문제를 해결하겠다고 결심하고 병원을 나왔다. 나는 정말 스트레스를 받았을까, 아니면 그저 불안했을까? 아니면 또 다른 감정을 느끼고 있었을까?

결국 내가 '스트레스'를 받고 있다고 느낀 건 해야 할 일이 많아서라는 사실을 깨달았다. 누구라도 쉽게 끝내지 못할 정도의 양을 떠안았던 것이다. 스트레스는 내 문제의 뿌리가 아니었다. 나는 상황에 압도되었다. 내 몫의 일이 너무도 많았다. 업무 부담과 운동 계획, 자투리 시간을 줄였더니 스트레스 수준이 상당히 낮아졌다. 내 감정을 정확히 분석해 이름을 붙이지 못했다면 해결책을 찾아낼 수 없었을 것이다.

제5장에서 질투와 시기심에 대해 다루었다. 이 둘을 혼동하는 경우가 많은데 두 단어는 바꿔 쓸 수 없다. 같은 뜻으로 사용했다가는 엉뚱한 방향으로 나아가게 된다. 명심하자. 질투는 관계 때문에 생기는 감정이다. 중요한 누군가의 관심을 잃을지도 모른다는 위협과 관련되어 있다. 질투는 어느 관계에서라도 발생할 수 있다. 어머니나 아버지가 다른 형제와 더 많은 시간을 보낼 때 생겨나기도 하고, 상사가 다른 동료를 더 좋아한 탓에 동료 간 불화로 드러나기도 하며, 전형적인 삼각관계에서 나타나기도 한다. 반면 시기심은 다른 사람이 소유한 것을 갈망할 때 생기는 감정이다. 갈망의 대상은 물건일 수도 있지만 관계, 태도, 누군가의 솜씨나 재능, 마음가짐일 수도 있다. 질투와 시기심을 구분하지 못하면 이를 다루거나 해소할 수 없다.

강연을 하다가 청중에게 분노와 실망의 차이점을 어떻게 정의할 수 있는지 묻곤 한다. 사람들이 이 문제를 두고 심각하게 고민하는 모습은 볼 때마다 놀랍다. 대부분은 말로 설명하기 어렵다고 답하는데, 이는 감정 어휘 사용에 어려움을 겪고 있다는 방증이다. 앞서 말했듯 분노는 불공평하거나 부당한 처우에 대한 반응이고 실망은 기대가 충족되지 못했을 때 느끼는 감정이다. 따라서 실망에 대처하는 방법은 분노를 다루는 방법과 다르다.

RULER를 가르치는 강사가 가족들과 저녁 식사를 하고 있는데 아들이 떼를 쓰기 시작했다. 아이 어머니가 물었다. "왜 이렇게 화가 났어?" 그러자 학교에서 RULER를 배운 아이의 형이 말했다. "엄마, 제러미는 화난 게 아니라 실망한 것 같아요. 밖에 나가서 놀고 싶었는데 비가 오는 바람에 못 나갔잖아요." 부모의 입이 떡 벌어졌다. 두 사람 모두 RULER에 정통한 사람들이었다. 저녁 식사 자리에서 기술이 실제로 활용되는 장면을 보니 기분 좋게 놀라지 않을 수 없었다.

흔히 저지르는 또 다른 실수는 감당하기 벅찬 감정으로 발전할 때까지 한참을 방치하는 것이다. 짜증, 긴장, 걱정을 미처 알아채지 못하고 내버려 두면 극심한 분노나 공황 상태로 발전한다. 무덤덤하거나 진이 빠진 느낌을 무시했다가는 절망이나 우울로 전이된 감정을 힘겹게 다뤄야만 한다. 또한 우리는 부정적인 감정에 치우쳐 말하는 경향이 있는데 어째서 평온함이나 쾌활함은 탐색하지 않을까? 이런 감정을 인정하지 않으면 마치 긍정적인 감정을 경험하지 않는 것처럼 살아가게 될지도 모른다. 한편으로는 긍정적인 순간을 생각하는 시간을 많이 확보할수록 이런 감정을 발전시키는 길을 찾을 수 있을 것이다.

　아이들에게 짜증 나고 거슬린다는 감정이 뭔지, 이런 감정을 둘러싸고 어떤 생각이 일어나는지 알려 주는 것 자체가 극단적인 감정 폭발과 폭력 사건을 막는 전략이다. 아이들이 내면에서 생긴 어려움을 인식하면 감정에 압도되어 조절할 수 없는 상황으로 내몰리기 전에 도움을 받을 수 있다. 감정에 이름 붙이기를 통해 눈물이나 떼쓰기로 끝나기 마련인 일련의 악순환을 짧게 줄일 수 있다.

감정을 이해하고 이름을 붙이면
일어나는 마법 같은 변화

뉴욕에서 지도했던 한 교사는 정서적 어려움을 겪고 있는 아이들을 위한 학교에서 일했는데 그가 이런 사실을 입증해 주었다. 처음 면담했을 때 그는 학생들이 대체로 극단적으로 감정을 표출한다고 말했다. 화가 치밀어 오르면 책상을 집어 던지고 다른 학생을 때리고 수업 중에 신경질적으로 울음을 터뜨린다는 것이었다. 조용한 학생은 실의에 빠져 있고 심각한 수준으로 우울하다고 했다. 그 교사의 대처법은 중재 팀을 부르는 것이었다. 그는 상황이 한계에 이를 때까지 자신이 할 수 있는 일이 없다고 생각했다. 결국 그는 학생들의 분노, 심지어 폭력의 대상이 되고 말았다. 그가 수년간 거의 매일 아이들에게 맞아 타박상과 멍을 달고 살면서도 학교에 보고하지 않은 이유는 아이들이 퇴학당하거나 소년원에 갈까 염려했기 때문이다.

우리는 그가 근무하는 학교에 무드 미터를 도입했다. 아이들은 폭력이나 다른 극단적인 행동으로 폭발하기 전에 자신이 느끼는 감정을 인식할 수 있는 기회를 처음으로 얻었다. '짜증 나는', '좌절한', '거슬리는' 등의 어휘를 사용하는 순간 자신에게 무슨 일이 일어나고 있는지 인지할 수 있게 되었다. 교사에게 감정을 설명하고 다루기에 버겁지 않은 단계에서 도움을 요청할 수도 있었다.

그 교사는 훗날 이렇게 말했다. "무드 미터를 활용한 지 1년이 지났는데 더 이상 멍이 들지 않게 됐어요. 중재 팀을 부르는 일도 줄어들었죠. 이제 아이들은 조금 화가 난 것과 엄청나게 분노한 것을 구분해요. 약간 화가 나면 손을 들라고 하거든요. 그 감정이 통제 불가능한 상황에 이르기 전에 저나 보조 교사가 감정을 전환하도록 도와줍니다. 연습을 통해 많은 학생들이 그 방법을 체득했어요. 교실은 물론이고 학교 밖에서도 활용하게 되었습니다."

아이들은 내면에서 일어나는 일을 무시하거나 억누르지 않고 조금씩 통제해 나갔다. 연구에 따르면 언어 장애를 겪는 상당수의 아이가 정서적·행동적 문제를 보인다고 한다. 하지만 앞서 이야기했듯 감정에 이름을 붙이고 각 감정의 특징을 이해하면 뇌의 회로와 신경계는 그 감정을 진정한다. 언어 능력은 실행 제어(executive control)와 메타 인지 사고(metacognitive process)를 가능하게 한다. 따라서 감정에 이름 붙이기라는 단순한 행위가 사고의 전환을 일으켜 변화를 이끌어 낼 수 있는 것이다.

나는 감정에 이름 붙이기의 엄청난 위력을 직접 목격했다. 심지어 아이가 아닌, 내 아버지에게서 말이다. 아버지가 일흔여덟이 됐을 때, 새어머니 제인에게서 이메일이 왔다.

"잘 지내니, 마크. 요즘 네 아버지와 문제가 있어서 연락했다. 네 아버지가 전보다 훨씬 자주 크게 화를 내고 심지어 욕까지 퍼부어. 나도 이젠 한계에 이른 것 같아. 아무래도 약을 먹거나 상담 치료를 받아야 할 듯해. 당사자는 자신이 화내는 이유가 있다고 합리화를 하니, 내가 너에게 연락했다는 걸 알면 분명 불같이 화를 낼 거야. 요즘은 내가 손자를 봐 줄 때도 엄청 화를 내. 자주는 아니지만 난 손자 봐 주는 걸 참 좋아해. 그만큼 건강하다는 뜻이니 감사한 마음도 들고. 네 아버지에게 무슨 문제가 있는지 모르겠지만 더 큰 문제는 언제 폭발할지 짐작할 수 없다는 거야. 이런 식으로 사는 데 이젠 지쳤어. 너라면 도와줄 수 있을 거라고 생각해. 고마워."

나는 즉시 형들에게 전화했다. 물론 질풍노도 같았던 우리 어린 시절 이야기를 가장 먼저 했다.

우리는 아버지와 대화를 나누기 위해 함께 여행을 다녀오기로 했다. 아버지가 어떻게 반응할지 염려하는 제인에게 피해가 가지 않도록 조심스럽게 추진해야 했다. 우리는 아버지를 데리고 나가 커피를 마시며 제인이 보낸 이메일을 열었다. 훌륭한 감정 과학자가 으레 그러듯이 우리는 아버지를 관찰하며 단서를 찾았다. "아버지, 제인이랑 무슨 문제 있어요? 제인이 아버지가 하는 행동 때문에 많이 힘들어하던데요." 내가 말했다.

"난 더 이상 못 견디겠다." 아버지가 말했다.

"뭘 더 못 견디시겠다는 거예요?" 나는 아버지의 감정이 상하지 않도록 조심하면서 감정 과학자다운 질문을 연이어 던졌다.

"무슨 일이에요?"

"더 자세히 말씀해 주세요."

"뭐 때문에 화가 나셨어요?"

"제인의 행동은 어떤데요?"

"언제 그런 느낌이 드세요?"

아버지는 이렇게 대답했다.

"제인의 딸이 제인을 이용해 먹는 거야. 몇 시간이고 손자를 맡기잖냐. 그러면 제인은 그동안 손자 녀석한테만 매달리는 거지. 난 말이지, 노년을 이런 식으로 보내고 싶지 않다."

아버지 입에서 나오는 감정 이야기를 들어 보니, 아버지가 화를 내고 있다기보다는 아내의 관심을 빼앗아 간 손자를 질투하고 있다는 느낌이 들었다.

물론 아버지는 제인의 자식들이 제인에게 너무 많이 의존한다는 사실에 분개했다. 하지만 아버지의 감정에 담긴 핵심 주제는 제인이 아버지를 내버려 두고 손자를 더 챙긴다는 점에 위협을 느낀다는 것이었다.

"아버지, 제인의 손자를 질투하시는 것 같은데요?" 내가 말했다.

그러자 아버지가 어이없다는 표정으로 나를 쳐다봤다.

나는 말을 이어 갔다. "그러니까 아버지는 제인하고 더 많은 시간을 보내길 원하는데, 제인이 손자 돌보는 데 시간을 많이 뺏기니까 섭섭하신 것 같아요. 그건 질투죠."

"지금 나더러 질투한다고 했냐?"

"아뇨, 아버지가 '직접' 말씀하셨어요. 질투하고 계신다고요."

그 순간 아버지가 울기 시작했다. 갑자기 자신의 진짜 감정을 깨달은 것이다. 아버지는 꼬마 아이에게서 위협을 느끼고 있었다.

변화를 향한 문이 열렸다. 우리는 아버지가 감정을 추스를 수 있는 시간을 마련했다.

그날 이후 아버지와 새어머니의 생활이 크게 바뀌었다. 한 달 후 제인에게서 전화가 왔다. "마크, 그날 너희가 뭘 했는지 모르겠지만, 어쨌든 효과가 있었어. 고맙다. 너희 아버지가 '달라졌어!'"

감정을 이해하고 이름을 붙이면 마법 같은 일이 일어난다. 감정을 인정하기만 해도 변화의 동력이 생긴다. 감정을 표현할 단어를 잘 모른다는 것은 단지 묘사 능력이 부족하다는 뜻만은 아니다. 삶을 만들어 가는 '작가'로서의 능력이 부족한 것이다.

힘든 과정이었던 감정 이해하기를 거친 뒤라 감정에 이름 붙이기는 쉽게 느껴졌을 것이다. 우리는 감정, 느낌, 기분을 묘사하는 수많은 단어를 알고 있다. 평소에는 사용하지 않더라도 어디서든 읽고 듣는다. 삶을 표현하는 단어는 황홀한, 불안한, 격분한, 자족하는, 미심쩍은, 희망에 찬, 묵인하는 등 아주 많다. 유의어 사전이나 일반 사전만 있어도 단어는 충분히 찾을 수 있다. 우리가 할 일은 내면의 느낌에 이런 평범한 단어를 붙이기 시작하는 것이다. 늘 사용하던 예닐곱 개 단어에만 안주하면 자신을 제한하게 된다. 풍요로운 감정 생활로 이어지는 길을 눈앞에 두고 빈곤한 감정 생활을 맹세하는 것이나 다름없다. 한번 자신에게 물어보자. 지금 내 기분은 어떤가? 그리고 최대한 많은 단어를 떠올려 보라. 평소 사용하는 단어보다 정확한 의미를 담은 것으로. 이렇게 발전해 가면 된다. 감정에 명확한 이름을 붙이지 못하면 우리는 자신에게도 다른 사람에게도 스스로를 알릴 수 없다. 그러니 다음 단계를 배워야 한다. 이번에는 감정 표현하기이다.

제7장

감정 표현하기

이번에는 또다시 기분이 어떤지 묻기보다, 자신이 용감하다고 느끼길 바란다는 말을 하고 싶다.

앞서 제4장부터 제6장까지 우리는 유용한 감성 능력을 배웠다. 자신과 다른 이의 감정을 인식하고, 그 원인과 결과를 이해하며, 그로 인한 감정에 정확한 이름을 붙이는 것이다.

이상의 단계에는 중요한 공통점이 있다. 내적인 감정 경험에 집중한다는 점이다. 감정을 깊이 파고 들어가는 일이 늘 쉽지는 않지만 외부의 위험에 맞닥뜨릴 가능성은 크지 않았다.

하지만 이번 챕터의 내용은 다르다. 표현한다는 것은 우리 자신을 드러낸다는 것이다. 이제는 결정을 해야 한다. '이 감정을 공유해도

될까?'

당신의 답이 '그렇다.'라면 다음으로는 얼마나 정확하게, 언제, 어디서, 누구에게 공유할지 결정해야 한다. 부모, 동료, 친구, 소중한 사람, 아이에게 내 진짜 감정과 그 이유를 알려 줘도 될까? 겁이 날 수도 있다. 내가 어린 시절 겪은 학대와 괴롭힘을 털어놓기 힘들었듯이 말이다. 감정을 표현하기 전 의구심이 드는 건 당연하다. 내 말을 들어 줄까? 받아들여 줄까? 아니면 비판할까? 내게 필요한 도움을 받을 수 있을까? 관계가 끊기진 않을까? 나는 이런 감정을 받아들일 준비가 됐을까?

감정에 대해 침묵하면 고통이 끊임없이 반복된다

감정 표현하기는 다섯 가지 기술 가운데 가장 두려운 부분이다. 감정 인식하기–감정 이해하기–감정에 이름 붙이기 과정에서 발견한 내밀한 마음을 바탕으로 행동하기 시작하는 단계이기 때문이다.

표현하려는 내용과 대상에 따라 민감한 순간이 될 수도 있다. 열려 있는 솔직한 자세가 중요하지만, 한편으로는 정직함이 가져올 결과도 고려해야 한다. 어떤 의미에서 감정을 표현하는 행위는 사람 간의 거래와 비슷하다. 당신이 표현하면, 나는 반응한다. 이렇게 주고받은 끝에 서로를 이해하게 되어 관계가 더 좋아질 수도 있다. 하지만 반대의 경우도 가능하다. 감정을 직면하거나 통제할 마음의 준비가 미처 되지 않은 상태에서 상대의 부정적인 뭔가를 자극하면 역효과가 생긴다. 어느 쪽이든 솔직한 표현은 적어도 단기적으로 서로가 멀어지게 하거나 양쪽의 삶을 더 나쁘게 만들 수 있다. 균형을 맞추려면 감수성이 필요하다.

돌이켜 보면 내가 어린 시절에 겪은 모든 트라우마의 중심에는 감정을 표현할 수 없다는 생각이 있었다. 부모에게 내가 느끼고 있던 끔찍한 두려움, 불안, 수치심을 털어놓았다면 그들은 그런 파괴적인 감정들의 근원을 발견했을 것이다. 내가 아무에게도 말하지 못한 채 성적 학대를 견뎌 왔으며 매일 학교에서 괴롭힘을 당했다는 사실을 말이다. 나는 비단 감정만을 숨긴 것이 아니었다. 그런 감정을 유발한 원인까지도 숨긴 것이다.

오늘날 여성, 남성, 아이 할 것 없이 성적 학대나 추행을 당했으면서도 아무것도 말하지 않거나 가해자를 밝히지 못한 사람들에 대한 이야기가 자주 회자된다. 그들이 왜 그랬는지는 명백하다. 많은 이들이 그런 일을 입 밖으로 꺼내면 수치심이나 죄책감이 들어 더욱 견디기 힘들어질 거라고 믿기 때문이다. 아무도 자신을 믿어 주지 않는다고 생각하거나 가해자가 보복할 것을 두려워하는 까닭에 털어놓지 못하는 경우도 있다. 하지만 이런 감정을 표현하지 못하면 고통이 끊임없이 계속된다. 침묵이 폭행만큼이나 피해를 주는 셈이다.

어린 시절 내 감정적 고통의 원인은 당시의 나에게는 압도적이었지만 사실 대부분은 부모나 교사가 극복하게끔 도와줄 수 있는 정도였다. 감정을 편히 털어놓을 수만 있었다면 고통의 세계에서 금방 벗어났을지도 모른다.

하지만 나는 이런 질문들로 자신을 괴롭혔다. '내가 털어놓으면 그 애들이 어떻게 반응할까? 나에 대해 어떻게 생각하겠어? 화내거나 실망하지 않을까? 나를 비난하거나 무시하고 나한테 망신을 주지 않을까?' 어떤 이유에서였든 간에 나는 집에서나 학교에서나 감정을 털어놓지 않았고, 마음속에 꼭꼭 숨겨진 감정은 자기 의심, 낮은 자존감, 극단적인 외로움으로 이어졌다.

그러다 감정이 끓어오르면 어디를 향하는지 모를 격렬한 분노가 일었다. 내 행동은 상황을 더 나쁜 방향으로 몰아갔다. 나는 자신을 표현하는 다른 방법을 알지 못했다.

초등학교 시절에는 억눌린 감정이 신체적 고통으로 변하곤 했다. 검사를 받으면 아무런 이상이 없는데 아픔을 느끼는 신비한 위장병에 시달리기 시작했다. 원인은 생리적인 문제가 아니었다. 달리 분출할 곳을 찾지 못한 감정적 고통이 일으킨 결과였다. 고통 역시 감정 표현 방식이었던 셈이다. 중학교 시절에는 표현하지 못한 감정이 자기혐오와 식이 장애로 변했다.

지금까지 어린 시절 나를 괴롭힌 부정적인 감정을 묘사해 봤다. 확실히 수치심, 시기심, 불안감 같은 감정은 좀체 표현하기 어렵다. 그러나 우리는 긍정적인 감정조차 다른 사람에게 잘 표현하지 못한다. 자랑한다든가 너무 뿌듯해한다는 소리를 듣고 싶지 않아서일 것이다. 어쩌면 행복은 다른 사람의 공감을 필요로 하지 않는, 스스로에게 주는 보상일지도 모른다. 하지만 우리가 느끼는 모든 긍정적인 감정에 이름을 붙이고 가까운 사람에게 알리는 것 역시 중요하다. 감정을 공유하면 우리는 더욱 가까워질 것이다.

고통에 허덕이면서도 침묵해 버리면 우리를 진정으로 알아주고 이해하고 공감하고 가장 크게는 도와줄 수 있는 사람을 막는 꼴이 되고 만다. 감정을 억누를 때 우리는 주변 사람들에게 이런 메시지를 보내게 된다. 난 괜찮지 않을 때도 괜찮아. 참견하지 마. 끼어들지 마. 말하기 싫으니까 왜냐고 묻지도 마.

하지만 감정을 표현하면 이렇게 말하게 된다.

지금 내 기분은 이런데 이유가 뭐냐면 말이지…….

다음에는 이렇게 하고 싶어.

지금 네가 도와줬으면 하는 건…….

지금이야말로 우리가 가까워질 기회야.

모두 행복하다는 거짓말을 하며 살아간다

나는 공개 강연에서 교육자들에게 이런 질문을 자주 한다. "지금 기분이 (무드 미터의) 노란색 사분면이나 초록색 사분면에 속한다고 생각하는 사람들 있나요?" 거의 모든 사람이 손을 든다. 그러면 나는 비밀을 보장하겠다고 약속하고 실시한 설문 조사에서는 60~70퍼센트가 빨간색이나 파란색 사분면에 속한다고 답했다는 결과를 알려 준다. 공개적으로 물을 때는 대부분 긍정적인 감정을 말하지만 사적으로 물을 때는 주로 부정적인 감정을 털어놓는 것이다.

이중적이라고 사람들을 탓해선 안 된다. 우리 모두가 그렇게 한다. 인간의 본성인 것이다. 누군들 정서적으로 유별나다는 말을 듣고 싶겠는가? 슬프고 불안하고 우울하고 화가 나 있는 수많은 사람들은 긍정적이고도 낙관적으로 생각해 보라는 조언을 듣곤 하지 않는가? 특히 미국인 사이에서는 긍정적인 감정이 바람직하다는 편견이 만연해 있는데, 이는 무슨 일이 있어도 행복해 보여야 한다는 압박이 된다. 이런 압박감이 역효과를 불러와 우리를 덜 행복하게 한다는 사실이 밝혀졌다.

다들 행복하다고 거짓말을 한다. 대단한 거짓말도 아니다. 아무도 속아 넘어가지 않으니 말이다. 하지만 우리는 그 거짓말을 멈추지 않는다.

최근 500명이 넘는 기업 경영자와 지역 사회 지도자를 대상으로 한 강연에서 기분이 어떤지 물은 뒤 이렇게 말했다. "자기 얘기 들려주실 분 있나요?"

손을 든 사람은 겨우 두 명뿐이었다. 다른 사람들에게도 발표를 독려하는 대신 참석자 모두를 둘씩 짝지어 사람들이 공유를 꺼리는 '이유'를 논의해 보라고 했다.

"우리 감정이 어떤지 '정말로' 궁금해하는 사람이 있겠어요?" 누군가가 물었다.

"왜 내 감정을 얘기해야 하죠? 여성이라면 감정을 털어났다가 얕잡힐 수도 있어요."

실제로 나는 만나는 모든 그룹과 같은 과정을 거친다. 어째서 우리가 감정 공유를 꺼리는지 알아내려는 끊임없는 노력의 일환이다. 그리고 매번 새로운 이유를 알게 된다.

한 학생이 말했다. "학교가 감옥 같아요. 학교 규칙이 우리가 어떻게 '느껴야 하는지'를 정해 놓는데 제가 굳이 진짜 감정을 표현할 이유가 있나요?"

플로리다 파크랜드 총기 난사 사건의 목격자인 한 학생은 이렇게 말했다. "저는 엄마와 제 감정을 나누고 싶지만 엄마가 받는 스트레스가 너무 커서 귀찮게 할 수 없어요."

어떤 부모는 말했다. "아들처럼 괴롭힘당한 적이 있다고 누구에게도 말하지 않을 겁니다. 그러면 우리 아들이 아버지는 약해서 자신을 지켜 줄 수 없다고 생각할 거예요."

인터뷰에 응한 IT 기업 직원은 이렇게 말했다. "회사에서는 감정을 공유하기 어렵습니다. 그저 가십거리가 될 뿐이니까요."

한 고등학교 여학생은 말했다. "오빠가 죽은 뒤로 아빠는 마음의 문을 닫았어요. 우리 가족은 언니의 자살도 입에 올리지 않죠. 그건 일종의 금기예요."

어느 교사는 말했다. "일단 마음을 열면 수위 조절에 실패할 것 같아서 두렵습니다."

"대화를 하려고 들 때마다 무시당해요. 아버지는 이렇게 말하죠. '걱정 마. 괜찮아질 거야.' 바로 그게 '괜찮지 않다'는 걸 몰라요." 고등학교 남학생의 말이다.

번아웃에 빠진 한 교사가 최근 내게 말했다. "모든 학생에게 내 감정을 공유하면 누구도 교실에 들어오려 하지 않을 겁니다. 저를 존경하지 않겠죠."

50대 변호사의 말이다. "지금껏 감정을 공유하지 않고도 남편과 오래 잘 살아왔는데, 이제 와서 감정을 공유하기 시작하면 무슨 일이 생길지 누가 알겠어요?"

레즈비언 고등학생이 말했다. "부모님의 고정 관념 때문에 마음을 털어놓기가 정말 어려워요. 그들은 이해를 못 해요. 사귀고 싶은 여자애가 있다는 얘기를 할 수가 없어요. 저와 의절할걸요."

당신에게 같은 질문을 한다면 당신의 대답 역시 이와 크게 다르지 않을 것이다. 우리는 같은 감정을 경험하지만 서로에게 그 사실을 숨긴다. 이상하지 않은가.

감정을 표현하지 않으면 좋은 관계를 맺을 수 없다

학교에는 감정을 억압하는 분위기가 팽배하다. 감정을 표현할 엄두도 내지 못하는 사람은 비단 학생만이 아니다. 교사들 사이에서는 "크리스마스 때까지 웃지 말라."라는 오랜 격언이 전해지는데, 강력한 통솔력을 행사하기 위해 학년 초에는 엄격한 감독관처럼 행동하라는 뜻이다.*

과연 이런 방식이 교실의 규범과 기대치를 확립하는 데 효과적일까? 웃음을 짓고, 진심 어린 친절을 보이고, 농담을 하는 것이 교육 과정을 방해할까? 교사라면 교실 통제권을 가지고 학생들의 성적과 행동에 대한 기준치를 설정해야 마땅하지만 그렇다고 해서 학생들을 '지배'해야 한다는 뜻은 아니다. 교사는 독재자가 아닌 안내자이다. 이를 명확히 보여 주는 연구가 있다. 학생들을 끌어들이는 가장 좋은 방법은 제재가 아닌 관계를 맺는 것이며 관계는 감정 표현을 통해 발전한다.

누구나 "착하게 행동하고 조용히 있어야 한다."라는 말을 들으며 자랐을 것이다. 정말 구시대적인 표현이 아닐 수 없다. 사회는 다행히 이런 문화를 떨쳐 내고 발전했지만 여전히 그 잔재가 일상에 남아 있다. 우리는 아이들이 감정 표현을 크게 하면 말린다.

"선생님이 교실에서 울면 안 된다고 했어요." 어느 날 동료의 여섯 살 아들이 그에게 말했다. "선생님이 그러는데 나는 이제 형이니까 학교에서 웃으며 지내야만 한댔어요." 공공장소에서는 행복한 모습만을 보여야 한다는 생각에서 나온 말이다. 늘 행복하지 않으면 실패했다고 해석하는 것이다. 우리는 아이들의 감수성이 가장 예민할 시기에 이런 메시지를 보낸다. 기질적으로 조용한 아이는 어쩌나? 집에서 슬프고 힘든 일을 겪고 있는 아이는? 가엾은 아이는 어디서도 솔직히 감정을 털어놓을 수 없다.

아이들의 어휘력이나 의사소통 기술은 아직 발달하지 않았기 때

---

* 미국에서는 새 학년이 9월에 시작한다.

문에 아이들의 감정과 그 이유를 알고 싶다면 그들의 이야기에 더욱 귀를 기울여야 한다. 그들의 삶에서 일어나는 일이 좋은 일이건 나쁜 일이건, 기쁜 일이건 슬픈 일이건, 성공이든 실패든 상관없이 모든 일에 기꺼이 관심을 보인다는 믿음을 아이들에게 줘야 한다.

감정을 표현할 수 있는 말을 아직 배우지 않은 갓난아기들은 감정을 숨기지 못한다. 비록 감정은 원초적이고 욕구는 몇 가지 실용적인 부분에 그치지만 그때는 감정을 순수하게 표현한다. 연구자들은 신생아들이 표현하는 감정을 다음과 같이 정리했다.

- 관심
- 즐거움
- 놀람
- 슬픔/괴로움
- 분노
- 불편함/고통
- 두려움
- 역겨움

아기들은 말을 하지 않고도 부모가 알아들을 수 있도록 크고 명확하게 메시지를 전한다. 갓난아기의 감정은 식사, 잠, 신체적 편안함, 안정감 같은 기본적인 생존 욕구에 맞춰져 있다. 감정 표현의 일차적 목적, 즉 생존을 강조하는 것이다. 다윈의 진화주의적 관점에서 감정에 주목하는 행위는 선택이 아닌 필수이다.

　말을 배우고 습득함에 따라 감정 욕구는 더욱 복잡해지고, 그 감정을 전달하는 법도 따라서 발전한다. 그러나 역설적이게도, 감정을 표현하는 힘을 얻게 되면 에둘러 표현하거나 속이고 부인하는 등 감정을 숨기려는 능력과 욕망도 커진다. 이렇게 균형이 이루어진다. 감정을 표현하는 능력이 정교해질수록 자신에 대한 통제력도 커지는 것이다. 수치심 때문에? 자기 보호를 위해? 아니면 주변 사람들이 각자의 이유로 우리가 감정을 담아 두기를 바란다고 생각해서?

감정을 감추려는 욕구와 표현하려는 욕구, 두 가지를 조화시킬 수 있을까

앞에서 말했듯, 다른 사람의 감정을 듣는 것은 두려운 일이다. 우리 자신에 대한 괴로운 진실을 받아들여야 할지도 모르기 때문이다. 게다가 이에 대응해 어떤 조치를 취해야 하고 심지어 변화해야 할 수도 있는데 누가 그러기를 바라겠는가.

　몇 년 전, 큰형과 작은형이 내 강연에 온다고 해서 한껏 들떠 있었다. 형들은 내가 커피숍에 앉아 생각이나 하면서 돈을 번다고 확신하고 있었다.(부분적으로는 맞는 말이다.) 그날 강연은 뉴욕 호텔 대강당에 모인 수천 명을 대상으로 한 대규모 강연이었다. 형들은 앞줄에 앉았다. 강연하면서 형들의 반응을 계속 주시했는데 초반 15분가량은 표정에서 뿌듯함과 자랑스러움이 전해졌다. 저 위에 있는 녀석이 바로 우리 동생이야! 그들의 표정은 이렇게 말하고 있었다.

나는 곧이어 어린 시절에 당한 괴롭힘, 부모님에게 드러난 분노와 불안, 어머니의 비밀 스티로폼 컵에 담긴 듀어스 위스키 등 부모님이 자신들의 감정을 조절하기 위해 사용한 '전략', 좀처럼 잊기 어려운 부모님의 양육 수단에 대해서 이야기했다. 그러자 형들의 얼굴에서 뿌듯하고 자랑스러워하던 표정이 순식간에 사라졌다.

강연이 끝난 뒤 출구로 향하는 형들을 붙잡고 물었다. "어땠어?"

"따라 나오지 마." 큰형이 말했다.

"어떻게 네 사생활을 그렇게 많이 털어놓을 수 있어? 사람들은 네가 '약하다'고 생각할 거다." 작은형이 말했다.

놀랐지만 충격을 받진 않았다. 형들도 나와 똑같은 집에서 똑같은 집안 분위기에서 자랐으니 말이다. 그런 사고방식의 뿌리가 어디인지 잘 알고 있다. 형들에게 말하진 않았지만 그때 이런 생각을 했던 기억이 난다. 형들도 자신의 감정을 표현해 보면 분명한 이점이 있다는 걸 알게 될 거야.

옛날 노래 〈스마일〉(Smile)이 떠올랐다. 이 노래 가사에는 감정, 특히 불행한 감정을 대하는 우리의 자세에 대한 진실이 담겨 있다. 이 노래는 마음이 아프고 가슴이 찢어져도 웃으라고 말한다. 부정적인 감정을 감춰야 한다는 명확한 메시지를 전하는 것이다. 나아가 단지 감추는 데 그치지 말고 세상을 향해 정반대 감정의 가면을 쓰라고 한다. 신기하게도 가사의 정서에는 비통함이 묻어 있다. 우리는 '기쁜 표정' 뒤에 숨어 있는 부정적인 감정을 생각하며 감동한다. 우리는 누군가가 불행을 감추는 태도를 고상하다고 여기는 편이다.

왜 그럴까?

인간은 때로 노랫말처럼 웃으며 '모든 슬픔의 흔적을 감추'려는 충동을 느낀다는 사실을 암묵적으로 인정하기 때문이다. 내면의 상처와 상실감을 가리고 적어도 겉으로는 아무렇지 않은 모습을 보여 주려는 욕구가 있다.

어떻게 해야 이런 두 가지 측면이 조화를 이룰 수 있을까? 지나친 자기 노출을 줄여 편안함을 유지하면서도, 감정을 모두 표현함으로써 정서적 건강을 추구할 수 있을까?

일방적인 감정 분출도,
억압적인 감정 노동도 모두 해롭다

상상해 보자. 오늘은 드디어 당신의 진실한 감정을 솔직하게 표현하기로 용기를 낸 날이다. 숨기거나 부정하거나 다른 사람들이 편히 들을 수 있는 단어로 포장하지 않기로 했다. 아마도 어른이 되고서 처음으로 완벽히 있는 그대로 당신의 마음을 말해 봤을 것이다.

환상적인 기분이다. 마치 깨끗하게 씻어 정화된 느낌이다. 처음에는 남들이 어떻게 받아들여 줄지 아랑곳하지 않고 속 시원히 쏟아 내기가 두려웠겠지만, 결국 당신은 해냈다. 축하한다.

주위를 둘러본다. 배우자는 짐을 싸고 있고, 아이들은 구석으로 도 망쳤고, 개는 침대 밑에 숨어 있다. 그리고 상사가 전화해 말한다. 내 일부터 출근할 필요 없다고.

당신은 궁금해진다. 더 나은 방법이 없을까?

우선 당신 마음속에 쌓인 오해부터 정리해야겠다. 당신은 감정 표 현을 허락한다는 것이 모든 감정을 내키는 대로 표현해도 되는 것이 라고 생각한다. 징징대고 고함지르고 모든 자극에 반응하며 마치 스 스로를 통제할 수 없는 것처럼 행동해도 괜찮다고 여기는 것이다. 그 래서 무작정 시도하고 자제력을 잃는다. 어떤 사람들은 이런 식의 감 정 분출이야말로 진정한 자신이 되는 길이라고 생각한다. 그러나 습 관적인 고함, 험담, 언어적·신체적 공격 등 건강하지 못한 감정 표현 방식은 삶에 항상 큰 혼란을 초래한다.

심리학자와 사회 복지사는 감정 표현을 관리하는 데 수반되는 노 력을 '감정 노동'(emotional labor)이라고 부른다. 사회학자 앨리 혹실드 (Arlie Hochschild)는 감정 노동을 "직장에서 감정을 감추고 다른 사람 들에게 보이기 위한 표정과 행동을 하는 행위"라고 정의한 뒤 간호 사, 유치원 교사, 경찰, 승무원 등 고객을 직접 상대하는 사람들이 얼 마나 거짓된 태도를 취하도록 요구받는지 연구했다. 물론 업무 환경 이 아닌 곳에서도 비슷한 단절이 일어난다. 가족과 친구, 심지어 가장 친밀한 사람들 사이에서도 말이다.

감정 노동은 일반적인 노동과는 거리가 있지만, 감정을 표현하는 방식과 시기를 관리하는 데에는 지속적인 노력이 필요하다. 특히나 표현해야 하는 것과 실제로 느끼는 것 사이의 괴리가 클수록 더 지친다. 시간이 지나면 진실한 감정을 억누르는 일이 자연스러운 행위라는 느낌이 들면서 감정 표현이 조금 두려워지기 시작한다. 이러한 표면 행동(surface acting)이 번아웃, 직업 만족도 저하, 심지어 불안과 우울 증가로 이어진다는 연구도 있다.

우리의 감정적 자아처럼 길들지 않고 예측할 수 없는 뭔가를 통제하기 위해서는 복잡한 규정이 필요하다. 그래서 '표현 규칙'(display rules)이 생겨났다. 문서화되진 않았지만 언제, 어디서, 어떻게, 누구 앞에서 감정을 표현할지에 대해 널리 합의된 지침이다. 다른 불문율과 마찬가지로 문화, 성별, 인종, 나이, 사회적 지위, 권력 등 여러 요인에 따라 미묘한 뉘앙스와 변화가 생긴다. 특히 권력에 따른 차이가 크다.

우리에게는 감정을 표현하는 방법에 대해 저마다 다른 기대치와 개인적 규칙이 있다. 건강한 삶을 살아가는 데 방해가 되지 않는다면 괜찮다. 그러나 대부분은 감정을 억누르게 하고 심지어 역효과를 일으킨다. 아들에게 어린 시절의 힘들었던 경험을 들려주면 안 된다는 아버지의 규칙은 자기 나름대로의 내적 논리에 따른 결과이겠지만 실생활에서는 수치심과 공격성으로 드러났다.

감정 표현하기의 핵심은 편견 없는 '경청'

지난 몇 년에 걸쳐 나는 사람들이 어디에서 누구와 있는지에 따라 편안하게 감정을 표현하는 정도가 달라진다는 사실을 알아냈다. 어떤 사람들은 자신이 실제로 어떤 감정을 표현하는지 잘 모른다. 스스로는 진짜 감정을 감추고 있거나 포커페이스를 보여 주고 있다고 생각한다. 하지만 미묘한 거짓 웃음, 빠른 눈 굴림, 누군가를 향해 던지는 추파 등의 미세 표정은 기저에 깔린 전혀 다른 감정을 드러낸다.

표현은 상대가 있어야만 쓸 수 있는 기술이다. 테니스처럼 혼자서는 절대 할 수 없다. 들어 주는 사람이 제 역할을 하지 않으면 어떤 유용한 결과도 얻을 수 없다. 많은 사람이 감정적으로 벼랑 끝에 몰려 있다. 사랑하는 사람이 이메일을 제때 확인하는지, 인스타그램에 뭔가를 올렸는지, 창밖을 바라보며 탈출을 꿈꾸는지 살펴봐야 한다. 아마 인터넷 세계에 중독되어 다른 것은 개의치 않거나 당신에게서 듣고 싶지 않은 말을 들을까 두려워하고 있을 것이다.

우리는 노골적인 무관심을 드러내는 신호를 보내는 데 능숙하다. 이는 방어적인 몸짓, 시선 회피, 미묘한 억양, 조금 오래 지속되는 침묵을 통해 전해진다. 동시에 누군가의 관심을 잃는 것이 얼마나 마음 아픈지도 잘 알고 있다.

그래서 표현하기의 핵심 기술은 바로 경청이다. 그저 들어 주기보다는 마음을 열고 참을성 있게 공감하며 들어야 한다. 팔짱을 껴서도, 산만하게 굴어서도, 한눈팔아서도 안 된다. 또한 감정 심판자가 아닌 감정 과학자로서 접근해야 한다. 말이나 몸짓, 표정, 눈 맞춤 등의 반응을 보이며 '지금 난 네 이야기에 귀 기울이고 있어. 너를 평가하지 않아. 너를 이해하고 도움을 주고 싶어.'라는 메시지를 보내야 한다.

성별, 인종, 계급 등 감정 표현을 가로막는 수많은 사회적 규칙들

감정 표현 과정에서 자신과 상대방에게 적용하는 개인적인 제한도 있지만, 감정을 표현할지 말지를 결정하는 수많은 사회적 규칙들도 있다. 이런 규칙들은 단순함과는 거리가 멀고 대부분 낡은 고정 관념에서 비롯한다. 오늘날 우리가 겪고 있듯이 사회가 격변하는 시대에는 이런 규범들도 변화하고 진화한다. 지금껏 봐 왔듯이 불평등, 불의, 불공정은 분노를 일으킨다. 그리고 분노는 대부분 공포를 일으킨다. 이 모든 것이 한데 섞이면 강력한 불안과 불화의 혼합물로 재탄생한다. 마치 오늘날의 세상을 가리키는 것 같지 않은가.

사실 요즘 뉴스를 지배하는 많은 논쟁은 감정을 경험하고 표현하는 방식의 차이에 뿌리를 두고 있다.

예를 들어 성별은 감정 표현을 결정하는 중요한 요소이다. 연구에 따르면 여성은 전반적으로 감정을 잘 표현하는데 특히 긍정적인 감정 표현을 많이 하며 남성에 비해 슬픔과 불안 같은 부정적인 감정을 속으로 삼키는 경향이 있다. 반면 남성은 여성에 비해 공격성이나 분노를 높은 수준으로 표현한다. 하지만 흥분에 따른 생리적 징후인 혈압과 코르티솔 분출 수치는 남성이 훨씬 높았다. 이는 남성도 여성만큼 풍부한 감정을 느끼지만 더 많이 억누른다는 것을 시사한다.

여성은 표정, 몸짓, 억양을 자유롭게 바꿔서 감정을 더 잘 전달한다. 연구자에 따르면 여성이 남성보다 자주 웃는데 이런 성별 격차는 중학교 때까지는 발현되지 않는다고 한다. 여성이 미소 지으며 부드러운 모습을 보여야 한다는 생각은 오늘날 남녀에 대한 인식이 바뀌면서 변화하고 있다. 이제 여성들은 웃으라는 낯선 이의 훈계를 거부하고 이런 간섭을 일종의 학대로 인식하기 시작했다. 충분히 이해할 수 있는 분노이다. 항상 행복한 모습을 보이라고 지속적인 압력을 가하는 쪽은 남성인데 그들에게는 해당하지 않는 요구 사항이니 말이다.

남성과 여성 모두 울지만, 여성은 가족이나 친구와 함께 있을 때 우는 반면 남성은 혼자 운다. 여성은 남성보다 공감 능력이 뛰어난데, 이는 여성들이 더 잘 우는 이유 가운데 하나이다.

인종 역시 감정 표현에 강한 영향력을 발휘하는 요소이다.

소수 인종은 감정을 표현하다가 뿌리 깊은 고정 관념이라는 덫에 빠져 자칫 역풍을 맞을 수도 있다는 두려움을 품고 있다. 조사에 따르면 아프리카계 미국인 어머니는 자식에게 분노 표현을 자제하라고 요구한다고 한다. 백인보다 훨씬 거칠다고 오해받을 수 있기 때문이다. 분노는 부당함과 불공평함에 대한 반응이며, 두려움은 곧 해를 입을 것 같다는 생각에서 오는 반응이다. 이렇듯 강렬한 감정에 대한 충고는 그간 아프리카계 미국인이 백인에게 얼마나 불공평한 대우를 받았는지 여실히 보여 준다. 감정적인 면에서 가장 분노할 자격이 있는 집단은 분노를 표현해선 안 된다고 느끼는 반면 백인들은 처벌받을 염려 없이 분노를 표현할 권리인 일명 '분노 특권'을 누린다.

감정을 억압하는 또 다른 요소가 있다. 범죄율이 높은 동네에서 자란 아이들은 내면의 감정과 상관없이 터프하고 냉정한 모습을 보여야 한다고 배운다. 이는 자기 보호의 한 형태로, 단기적으로는 유용할 수도 있지만 궁극적으로는 자아 인식을 가로막는 장벽을 하나 더 세우는 셈이다.

성별, 인종, 문화, 계급이 결합하면 특정 감정 표현을 억압하는 강력한 요소로 작용한다.

2018년 US 오픈 결승전에서 세레나 윌리엄스(Serena Williams)는 분을 못 이겨 자신의 테니스 라켓을 부쉈다는 이유로 심판이 점수를 깎아 버리자 '도둑'이라며 항의했다. 그랬더니 이번에는 과도한 항의라는 이유로 게임 페널티를 받았다. 남자 선수들은 고함을 치고 소리를 지르고 심판 이름을 불러도 게임 페널티를 받은 적이 없었다. 이 사건은 남성과 여성의 분노가 어떻게 다르게 인식되는지 보여 주는 가장 최근 사례이다. 여러 형태로 나타나는 성별 격차에 대해 요즘 들어 활발한 논의가 진행되고 있다. 남성이 단호하면 강하고 적극적이라고 보지만 여성이 단호하면 잘난 척하고 고집스럽다고 평가한다. 남성이 목소리를 높이면 모두 주목하지만 여성이 목소리를 높이면 날카롭고 히스테릭하다는 말을 듣는다.

우리 사회는 여성이 강렬한 부정적인 감정을 공개적으로 표현할 때 자제력을 잃었으니 불이익을 받아야 한다고 말한다. 하지만 남성이 똑같은 행동을 하면 남성으로선 보통의 행동이므로 벌을 받지 않는다. 우리가 미처 인식하지 못하지만 널리 퍼져 있는 성(性) 고정 관념은 자신의 감정을 표현하는 방식뿐 아니라 다른 사람의 감정을 인식하는 데에도 영향을 미친다.

만약 우리가 여성이나 아프리카계 미국인을 비롯해 역사적으로 불리한 환경에서 살아온 집단의 분노가 점점 더 격렬해진다는 사실을 알아차린다면, 그것을 긍정적인 신호로 받아들일 수 있을 것이다. 예전보다 정의로운 세상에 살고 있다는 뜻이기 때문이다. 비록 적어도 얼마 동안은 사회 정의의 대가로 그 어느 때보다 더 큰 분노를 마주해야겠지만 말이다.

갑과 을이 누리는 감정 표현의 자유는 천지차이

권력 불평등은 감정 표현에 더 큰 영향을 미친다.

직장은 권력 차이가 자유로운 감정 표현의 허용 정도를 어떻게 바꾸는지를 연구하기에 가장 좋은 무대이다. 이사장과 CEO는 아무도 건드릴 수 없는 존재이므로 혹시 선을 넘지 않았을까 하는 염려 없이 비교적 자유롭게 감정을 표현할 권리를 누린다. 그들은 어떤 대가를 치르지 않고도 분노, 좌절, 짜증 같은 부정적인 감정을 표현할 수 있다. 이런 감정을 부하 직원들에게 전달해 두려움을 불러일으키면 원하는 결과를 얻을 수도 있다.

하지만 조직 말단에 속하는 직원들이 똑같이 감정을 표현했다간 당장 짐을 싸야 할 수도 있다. 이들에게도 행복, 낙관, 의욕의 표현은 허용된다. 한편으로 부하 직원들에게 허용되는 슬픔, 두려움, 불안 같은 감정을 상사가 표현하는 것은 바람직하지 못하다고 여겨진다. 감정 표현을 막는 칼날은 양쪽을 모두 잘라 낸다.

우리는 권력을 지닌 사람이 감정 표현 면에서 더 큰 자유를 누리는 것이 당연하다고 받아들인다. 부모는 자녀에게 용납되지 않는 수준으로 감정을 표현한다. 교실의 역학 구조는 직장과 비슷하다. 교사는 상사이고 학생은 부하 직원이 되는 셈이다. 경찰과 이야기할 일이 생기면 우리는 한 가지 지혜를 깨닫는데, 경찰이 (표현의 한계 없이) 뭐라고 말하고 어떤 행동을 하든 우리는 감정을 통제하는 편이 낫다는 것이다. 지금 이 순간에도 CEO는 조금도 억제하지 않고 감정을 표현하는 반면, 주위 사람들은 살얼음판을 걷듯 조심하며 그의 분노를 자극하지 않도록 최선을 다한다. 현대인이 가장 부당하다고 느끼는 일들은, 이른바 갑질을 하는 사람들이 비인간적인 대우를 해도 두려움과 분노를 표현하지 못하는 힘없는 자들의 무력함을 중심으로 전개된다. 감정을 표현해야 하는지에 대한 논의는 사소한 문제가 아니다. 때로는 말 그대로 생사가 달린 일이 되기도 한다.

문화 역시 감정 표현에 큰 영향을 미치는 요소이다.

전 세계로 범위를 넓히면 감정을 보여 주는 방식에 대한 규칙은 미국 내에서보다 더 복잡하고 다양하다. 감정 표현 규칙은 특정 문화권에서 수용되는 표현 방식이 무엇인지, 의사소통을 어떻게 해야 하는지를 알려 준다. 개성을 중시하는 미국에서는 상대방과 눈을 맞추는 관습이 확립되어 있다. 그런데 무술을 배우러 처음 가 본 한국에서는 사범을 만나면 눈을 똑바로 쳐다보지 말고 고개 숙여 인사하라는 조언을 들었다. 이 조언을 지나치게 열심히 따른 탓에 사범을 볼 때마다 시선을 피했더니 결국 사범이 무슨 문제 있느냐고 물을 정도였다.

월리스 프리센(Wallace Friesen)은 전 문화권의 감정 표현 방식을 최초로 연구한 사람이다. 그는 미국인과 일본인에게 스트레스를 유발하는 영화와 중립적인 영화를 보여 주고 영화를 보는 동안 그들의 얼굴 표정을 비교했다. 혼자 영화를 볼 때는 두 문화권의 참가자들이 모두 비슷한 표정을 보였다. 하지만 스트레스를 유발하는 영화를 볼 때 나이 든 남성 과학자가 동석하면, 일본인은 미국인보다 더 자주 미소를 지으며 부정적인 감정을 감추는 경우가 많았다.

스탠퍼드 대학교 진 차이(Jeanne Tsai) 교수 연구 팀이 최근 수행한 연구에서 사람들은 자신이 속한 문화에서 중시하는 감정을 더 잘 표현한다는 사실을 밝혀냈다. 한 연구에 따르면 미국 정부 고위 관료, 기업체 임원, 대학 학장은 중국 지도자보다 더 과장된 미소를 짓는다. 중국에서는 개인 간 화합을 강조하고 개인보다 집단을 우선시하기에 긍정적인 감정을 강력하게 표현할 경우 사회적 규범을 어겼다고 여긴다. 다른 연구에서는 집단주의 성향이 강한 문화권 사람들은 경쟁에서 지면 (고개를 숙이거나 긴장된 자세를 취함으로써) 강렬한 수치심을 표현하는 경향이 있음을 보여 주었다. 튀어선 안 된다며 겸양을 강조하는 집단주의 문화의 특징과 일치한다.

감정 표현 방식이 얼마나 다양한지 생각해 보자. 여행 중에 길을 지나면서 낯선 사람들이 소통하는 법, 친구들끼리 친밀감을 표현하는 법, 아이가 어른에게 존중을 나타내는 법이 지역마다 다르다는 사실을 깨달았을 것이다. 몇 년 전, 크로아티아에서 나고 자란 대학원 친구 조라나와 그의 모국을 여행할 때였다. 어느 날 아침에 평소처럼 길에서 마주친 사람들에게 손을 흔들며 인사를 건넸는데 아무도 상대해 주지 않는다는 사실을 알아챘다. 응답이 돌아오지 않는 인사를 몇 번 더 하고 나니 사람들이 멈춰서 나를 빤히 쳐다보고 있었다.

호텔로 돌아온 나는 사람들이 왜 그런 반응을 보였는지 조라나에게 물었다. 크로아티아에서는 길 가다 마주치는 낯선 사람에게 인사하지 않으며 만약 인사한다면 같이 대화하고 싶다는 뜻이라고 그가 알려 주었다. 나는 '사람들이 왜 이리 불친절하지?'라고 생각했는데 저들은 '길 가면서 손 흔들고 인사하는 저 이상한 사람은 뭐야?'라고 생각했던 것이다. 감정 과학자가 아닌 감정 심판자가 되면 큰 오해를 할 수 있다는 교훈을 얻었다.

문화적 차이는 세계적인 규모로만 존재하는 것이 아니다. 뉴욕과 불과 110킬로미터밖에 떨어지지 않은 코네티컷주 뉴헤이븐에도 그곳만의 규칙이 있다. 월 가에서는 고위 인사들이 활짝 웃으며 힘껏 악수하는 것으로 결속을 다지고, 고상한 아이비리그에서는 다들 감정적으로나 신체적으로 냉정을 유지한다.

감정을 표현하면 몸도 더 건강해진다

감정 표현을 허락한다는 것은 그동안 느낄 필요 없다고 생각했던 감정을 표현하라는 의미이기도 하다. 부정직해지라는 것이 아니라 다양한 면을 고려하는 의사소통 방식을 찾자는 것이다.

이 길에 접어든 뒤 몇 번, 완전히 낙담한 마음을 안은 채 강단에 오른 적이 있다. 그런 순간에도 교육자 수천 명 앞에서 강연을 해야 했다. 한번은 마빈 삼촌이 돌아가셨다는 소식을 막 들었을 때였다. 몇 가지 대처 방안을 생각해 보았다. 첫째, 강연을 취소한다. 둘째, 연단에 올라 슬픈 소식을 청중과 공유한다. 셋째, 아무 일도 없는 듯 억지 미소를 짓는다. 우리 모두는 매일 매 순간 심사숙고할 틈도 없이 이런 종류의 선택을 해야 한다. 어떤 이유에서든 당신이 끔찍한 기분을 느끼고 있다고 가정하자. 만나는 모든 사람에게 털어놓을 것인가? 아무 일 없었던 듯 잠시 마음을 추스르고 하던 일을 계속할 것인가? 두 가지 전략은 효과가 분명하고 활용하기 편하다. 선택을 반복하다 보면 제2의 천성이 된다.

마빈 삼촌이 돌아가셨다는 소식을 들었을 때 내게는 또 다른 선택지가 있었다. 강연을 잘 진행할 수 있는 방법을 찾아서 동기 부여를 받고 싶어 찾아온 객석의 청중에게 예를 갖추면서도, 내가 느끼고 있는 감정을 표현하며 삼촌을 기리는 것이다. 나는 마빈 삼촌이 돌아가셨다는 이야기는 꺼내지 않고 이 강연을 삼촌에게 바친다는 말로 강연을 시작했다. 우리의 노력이 얼마나 많은 사람에게 영향을 미쳤는지 삼촌이 안다면 굉장히 행복해할 것이라고 생각했다.

강연을 마치고 나면 가족들의 위로를 받으며 내 비통함을 표현할 수 있을 터였다. 그리고 실제로 그렇게 되었다.

표현은 우리의 정서에만 영향을 미치는 것이 아니다. 풍부한 연구 자료를 통해 감정을 표현함으로써 신체적·정신적 혜택을 얻을 수 있다는 사실이 입증되었다. 반드시 얼굴을 마주하고 말로 표현할 필요는 없다는 사실을 명심해야 한다. 다른 사람과 감정을 공유하기 너무 힘들 때면 글쓰기가 더 유용할 수도 있다. 많은 사람이 대화로 표현하기 어려운 감정을 일기나 편지에 쓴다.

텍사스 오스틴 대학교 제임스 페니베이커(James Pennebaker) 교수에 따르면 비밀을 품고 있던 사람에게 실제로 병이 생기는 경우가 있다고 한다. 하지만 감정이나 생각을 언어로 옮기면 대부분 건강이 회복되었다.

감정 표현으로 얻을 수 있는 구체적인 이점은 다음과 같다.

- 병원 방문 횟수의 현저한 감소
- 면역 기능 개선
- 혈압 저하
- 장기적인 기분 향상
- 스트레스 감소
- 대학생의 경우 성적 상승
- 결근율 저하

페니베이커 교수는 한 연구에서 학생 쉰 명을 두 그룹으로 나눴다. 한 그룹에게는 감정적으로 중요한 주제에 대해, 다른 그룹에게는 지난 나흘간 있었던 피상적인 문제에 대해 에세이를 쓰게 했다. 몇 달 후 테스트를 해 보니 첫 번째 그룹은 면역 체계 기능이 향상되었고 교내 학생 건강 센터에도 거의 방문하지 않았다는 결과가 나왔다. 그들은 예민한 주제에 대해 글을 쓰느라 정신적 고통을 느꼈다고 했지만 세 달 뒤에 다른 그룹에 비해 더 많이 행복해졌다. 페니베이커는 트라우마를 억압하면 몸이 쇠약해지지만 다른 사람에게 털어놓거나 글로 쓰면 안도감을 얻을 수 있다고 결론지었다.

감정을 표현해야 하는 이유는 이 외에도 더 많다.

지금까지 감정 표현하기에 대해 알아보았다. 이제 한번 생각해 보자. 집이나 직장에서 어떤 감정을 가장 많이 보이는가? 그 감정은 실제로 느낀 것인가, 아니면 보여도 된다고 생각한 것인가? 배우자나 파트너, 동료나 상사, 아이들은 당신의 표현 능력을 어떻게 평가할까?

당신은 무드 미터의 노란색, 빨간색, 파란색, 초록색 사분면에 위치한 감정들을 편하게 표현하는가? 누구에게 어떤 감정을 표현할지 규칙을 만들어 두었는가? 매일 얼마나 많은 감정 노동을 하고 있는가? 감정 노동의 강도가 업무 성과, 인간관계, 전반적인 삶의 질에 영향을 미치는가?

답하기 어려운 질문이라는 것을 잘 안다. 하지만 자신에게 이런 질문을 자주 해야 한다.

오명에 대한 공포가 표현 능력을 옥죌 때 우리는 뭘 할 수 있을까? 먼저 우리 자신과 다른 사람에게 자유로운 표현을 허락해야 한다. 그리고 감정을 표현하는 것이 부끄러운 일이 아님을 인정하고 받아들여야 한다. 감정을 고치거나 감출 필요가 없다. 감정 표현하기는 눈에 보이지 않는 부분을 포함하여 다방면으로 우리의 삶을 향상한다. 이제 마지막 단계, 감정 조절하기로 나아갈 차례이다.

감정 조절하기

자, 또다시 같은 질문이다. 기분이 어떤가? 이제는 나도 당신이 어떻게 대답할지(어떤 대답이든) 알고 싶다.

금요일 오후에 콘퍼런스 참석차 외부에 나와 있다고 상상해 보자. 힘든 한 주를 보냈으니 집에서 편히 쉬고 싶다. 차라리 직장에 돌아가는 게 나을 것도 같다. 하지만 당신은 창문 없는 회의실에 갇혀 있다. 강연에 집중해야 하는데 머릿속엔 이런 생각이 스친다. '세 시간이나 여기 앉아서 이 사람들 이야기를 듣고 있어야 하다니. 열심히 듣는 체하는 것도 일이다.'

스멀스멀 짜증이 치솟고 자꾸만 딴생각이 들고 피곤하다. 너무나 공감 가는 상황 아닌가.

나는 강연 참석자들에게 이 시나리오를 들려주며 그들이라면 이런 감정 상태일 때 어떻게 대처할지 묻는다. 답변은 이러했다.

"제 감정 같은 건 문 앞에 두고 옵니다."

"저라면 앞줄에 똑바로 앉아 있을 겁니다."

"커피를 잔뜩 마시죠."

"강연에 집중하면 다른 생각이 끼어들 틈이 없어요."

"저는 필기를 열심히 합니다."

"긍정적으로 생각해야죠."

"그럴 때는 일어나서 스트레칭을 하든지 잠깐 밖에 나가서 한 바퀴 돌아요."

"낙서를 끄적이죠."

"그냥 버팁니다."

"주차장에서 담배를 한 대 피웁니다."

지난 몇 년간은 다음과 같은 대답이 유행이었다.

"호흡에 집중하며 자리를 지킬 겁니다."

"제 마음을 다스립니다."

"최선을 다하자고 기도할 거예요."

개인적으로 내 마음에 들었던 대답은 다음과 같다.

"언제든 박차고 나올 수 있다고 생각합니다."

"시계만 쳐다볼 겁니다."

"내가 집중하고 말고는 '당신한테' 달렸죠!"

"5분 정도 지켜본 다음 관심이 생기지 않으면 다시 페이스북이나 볼 겁니다."

"무슨 이런 질문이 있어요? 난 예일대 교수 강의를 들으러 온 겁니다. 우리더러 감정을 어떻게 관리하는지 묻는데, 강의나 하세요. 그러면 난 들을 테니까."(절대 지어낸 얘기가 아니다!)

나는 청중에게 묻는다. 지금까지 말한 방법들이 정말 도움이 될까? 여러분의 아이들이 비슷한 상황에 처했을 때 극복에 도움이 된다면서 그들에게 가르쳐 줄 만한 전략인가?

이번에는 업무 관련 콘퍼런스에 참석한 어른이 아닌, 그 나이답게 충동과 불안으로 가득 찬 5학년 아이가 되었다고 상상해 보자. 때는 금요일 오후, 사회 시간이다. 어젯밤 늦게까지 오늘까지 제출해야 하는 과학 숙제를 하느라 매우 피곤할 것이다. 어쩌면 오늘 아침에 수학 시험을 망쳐서 낙제점을 받고 보충 수업을 듣게 될까 봐 걱정이 산더미일 수도 있다. 또는 아침 식사를 할 때 들은, 이혼하기로 했다는 어머니의 말씀과 "너는 곧 새아빠랑 살게 될 거야."라는 아버지의 말씀을 계속 되뇌고 있을 수도 있다.(실제로 내가 들은 사례이다.)

자, 그럼, 앞에서 본 성인들의 전략이 이 상황에서 얼마나 효과를 발휘하는지 살펴보자.

쉬는 시간에 교실을 한 바퀴 돌라고 하겠는가? 교사를 무시하고 인스타그램을 보라고 할 텐가? 감정 따위는 문 앞에서 버리라고 말할까? 시계만 빤히 쳐다보라고? 교사한테 수업을 똑바로 하라며 따지라고 조언하면 될까?

아직도 웃음이 나오는가? 피곤한 열한 살짜리 아이가 교실 뒤에

206

마련된 커피포트를 향해 터덜터덜 가서는 커피 한 잔 마시고 기분 전환을 할 수 있을까? "수업이 너무 지루해서 스냅챗*을 볼 수밖에 없었어요."라고 말하는 학생을 상상할 수 있을까? 불쑥 자리에서 일어나 스트레칭을 하고 교실을 한 바퀴 도는 아이가 여기저기서 열 명 정도 튀어나온다면 다른 아이들은 어떻게 반응할까?

가장 쉬우면서도 어려운 기술, 감정 조절하기

감정 조절하기는 RULER 체계에서 최상위에 있다. 다섯 가지 기술 가운데 가장 복잡하고 어렵다. 감정을 조절하는 힘이 없다면 삶이 어떻게 될지 상상조차 할 수 없다. 우리는 태어나면서 감정을 조절하기 시작해 깨어 있는 매 순간, 어느 정도로든 감정을 조절한다.

그리고 아마 당신은 대부분의 사람들처럼 감정을 잘 조절하지 못했을 것이다. 아무렇게나 내키는 대로 일관성 없이 조절했기 때문에 득보다 실이 더 많은 결과를 얻을 때도 있었다. 이성을 잃고 누군가에게 고함을 지른 적이 있었나? 의식적으로, 진심을 담아, 적절한 상황에, 최선의 결과를 기대하며 그렇게 하진 않았을 것이다.

모든 감정적 반응은 유일무이한 경험이다. 오늘 불쾌한 감정을 유발한 뭔가가 내일은 내 감정에 접근조차 못 할 수도 있다. 오늘 스타

---

* 미국의 사진 공유 소셜 네트워크 서비스.

벅스에서 영원처럼 긴 시간 동안 줄을 서며 기다릴 때는 당장 계산대로 뛰어들어 바리스타의 손에서 커피를 잡아채 쏟아 버리고 싶다는 생각으로 머리가 꽉 찼다. 다음 날 바로 그 스타벅스에서 똑같이 줄을 서는데 이번에는 감정 상태가 고요해 기다리는 동안 행복한 눈으로 공간과 사람들을 바라볼 수 있다.

이 상황은 우리가 배운 처음 세 가지 기술의 중요성을 강조하는 예시이다. 5분 후 어떤 감정 조절 전략을 쓸지 결정하기 전에 우리가 느끼고 있는 감정과 그 이유를 먼저 파악해야 한다.

지금까지의 이야기는 감정 조절하기를 제대로 이해하고 능숙하게 구사하는 일이 왜 중요한지를 잘 설명해 준다.

지금까지는 본질적으로 생각과 단어를 대상으로 한 기술을 다루었다. 이제부터 어려운 부분으로 들어가겠다. 앞에서 배운 네 가지 기술을 통해 얻은 모든 지혜를 실행에 옮겨야 한다. 바로 실전 연습이다. 그리고 이 연습에는 보상이 따른다.

감정 조절 분야 권위자인 스탠퍼드 대학교 심리학과 제임스 그로스(James Gross) 교수는 감정 조절하기를 "개인이 어떤 감정을 언제 느끼고 어떻게 경험하고 표현하는지에 영향을 미치는 과정"이라고 정의했다.

우리 센터에서 주력하는 분야는 개인의 성장을 촉진하고, 긍정적 관계를 맺고 유지하여, 더 큰 행복을 누리고 목표를 달성할 수 있는 건설적인 전략을 발전시키는 방식이다.

감정 조절하기는 모든 기술 가운데 가장 다루는 범위가 넓고, 어떻게 보면 가장 쉬우면서도 어려운 기술이다. 감정을 조절하는 구체적인 방법의 가짓수가 관련된 감정과 상황에 따라 거의 무한하기 때문이다. 오늘의 당신에게 효과 있는 전략이 내일의 당신에게는 효과가 없을 수 있고, 당신에게 효과 있는 전략이 배우자나 아이에게는 효과가 없을 수 있다.

앞서 말했듯이 인간의 감정은 강물처럼 끊임없이 흐르고 이 흐름에 따라서 우리는 감정을 조절한다. 이것이 우리가 균형을 유지하고 강렬한 감정에 휘둘리지 않는 방법이다. 주변에 감정 조절이 미숙한 사람이 한둘은 있을 것이다. 이들은 쉽게 감정에 휩쓸리고 유용하지 않은 방식으로 과민 반응을 보인다. 정반대로 감정적인 반응을 극도로 억제해 냉정해 보이는 사람도 있다. 그들은 과도하게 반응할 때 드는 부정적인 감정을 전혀 느끼지 않으려고 한다.

우리는 아주 일찍부터 감정 조절을 시작한다. 아기들은 정서적 안정을 얻고 싶을 때 엄지손가락을 빨고 불편함의 원인을 마주하면 고개를 돌린다. 감정 조절하기의 기본 방식이다. 그러니까 당신은 평생 감정 조절을 해 온 것이다. 다만 그것이 기술이라는 점을 몰랐을 뿐이다. 나 역시 대학원에 다니기 전까지는 감정 조절이라는 용어를 들어 본 적이 없다!

감정은 서로 영향을 주고받기에
'협력적'으로 조절해야 한다

감정 조절의 일차 목표는 감정적 반응을 관리하는 것이지만 이 기술은 훨씬 더 복잡한 협력적 조절(co-regulation)로 발전한다. 유아기부터 지금까지 우리가 겪은 모든 상호 작용에는 협력적 조절이 포함되어 있다. 다른 존재와 함께 있으면서 상대의 감정 상태에 영향을 받지 않기는 불가능하고 그 반대의 경우도 마찬가지이다.

원래 협력적 조절은 아기의 스트레스 조절을 돕기 위해 양육자와 아기가 행하는 상호 작용을 설명하는 용어였다. 유아의 사회적 감정 회로는 인생 초창기에 어른들에 의해 형성된다. 신체적으로나 언어적으로 안정감을 주며 아기를 안심시키는 양육자는 감정적 괴로움을 감당할 수 있다고 가르친다. 그런 지원을 제공하지 않는 양육자는 아기에게 괴로운 감정에 휘둘릴 수밖에 없다고 가르치는 셈이다. 이런 점에서 협력적 조절은 건강한 자아 조절력을 키우는 밑바탕이 된다.

성인들의 관계에서는 화난 사람을 달래거나 누군가가 행동하도록 격려할 때 협력적 조절을 의도적으로 사용할 수 있다. 당신이 즐거워하거나 화를 내거나 지루해하면 나는 자동으로 그 신호를 읽고 내 기분도 그에 따라서 변한다. 우리는 모두 끊임없이 서로의 감정 상태에 영향을 주고 있다.

이 기법을 동료들에게 사용해 공동의 목표 달성이라는 동기를 부여하고 지속적인 노력을 이끌어 낼 수도 있다. 2015년에 우리 센터는 본 디스 웨이 재단과 함께 예일 대학교에서 감정 혁명 정상 회담(Emo-tion Revolution Summit)을 개최했다. 목표는 감정이 청년들의 삶에서 중요한 역할을 한다는 인식을 높이는 것이었다. 우리는 전국에서 온 청년들을 한자리에 불러 그들의 생각을 교육자, 학자, 정책 입안자와 공유하고자 했다.

우리가 첫 번째로 한 일은 이 회담에서 뭘 하고 싶은지 알아내는 것이었다. 재미있는 과정이었고 감정 조절하기가 큰 역할을 했다. 역동적이고 대담한 사고를 끌어내기 위해 시작 단계의 브레인스토밍 모임에서 신나고 활기찬 음악을 틀었다. 그 결과 다들 한껏 흥이 올랐고 우리는 여러 아이디어를 떠올리며 즐거움을 만끽했다. 아무리 과격하고 터무니없는 의견이라도 모두 수용했다. 저 하늘 위가 우리의 한계선이었다.

아이디어를 모았으니 이제 실행에 옮길 차례였다. 목록을 추리고 실행 방법과 각자의 역할을 정하기 시작했다. 이 단계에서도 음악으로 분위기를 조성했다. 앞 시간에 우리가 꿈꿨던 것들에 대한 공감대를 형성하는 데 도움이 되는 온화하고 사색적인 음악이었다. 우리 감정 상태는 긍정적이고 활력이 넘치는 노란색 사분면에서 여전히 긍정적이지만 차분하고 이성적인 초록색 사분면으로 이동했다.

뒤이은 세 번째 시간은 요점을 정리하는 단계였다. 이번 시간에는 음악을 껐다. 조용히 앉아 세부 사항을 사무적으로 처리하며 일정표, 예산, 비상 시 대책을 수립했다. 누가 조사를 관리하고 홍보를 주관하며 안전 문제를 맡을지도 결정했다. 초점을 좁히고 추론에 몰입하면서 우리 감정 상태는 초록색 사분면에서 파란색 사분면으로 옮겨 갔다. 세 번째 시간이 끝날 무렵, 우리는 실행 가능한 현실적인 계획을 도출했다.

대규모 회의가 시작되기 전에 확정해야 할 것이 하나 더 있었다. 청중이 어떤 감정을 떨쳐 내길 바라는지 결정해야 했다. 우리는 청중의 감정이 마지막에는 빨간색 사분면에 이르러 현 상황의 부당함을 인식하고 변화의 동기, 나아가 열정을 품기를 바랐다. 단순히 열의를 불태우는 상태가 아니라 다소 화가 난 상태였으면 했다. 분노란 부당함에 대한 반응이기 때문이다. 이를 위해서는 우리가 발견한 것과 앞으로 나아갈 길에 대한 마무리 발언을 하면서 청중의 행동을 독려해야 했다. 나는 공무원들이 "와, 이번 회담은 굉장한 경험이었어요!" 같은 입에 발린 인사를 건네는 모습을 보고 싶지 않았다. 그들이 위급한 현실을 깨닫고 사명감을 안은 채 일터로 돌아가기를 희망했다.

이제 실용적이고 필수적인 기법인 감정 조절하기를 마스터할 시간이다.

감정 조절은 어떤 감정이라도
마음껏 느껴도 된다고 허락하는 행위

지금까지는 감정 인식하기부터 감정 이해하기에 이르는 과정이 순서에 따라 단계적으로 이루어진다고 설명했다. 하지만 인간의 마음과 감정은 그렇게 명료하게 정리되지 않으며 한 번에 하나의 정보만을 처리하지도 않는다. 게다가 우리는 감정을 제대로 인식하기 전에 조절하기도 한다. 직장에서 누군가가 당신에게 무례하게 굴면 평화로운 초록색 사분면에 머물러 있던 당신의 뇌는 즉시 불타는 빨간색 사분면으로 위치를 옮기고 자신의 존엄성을 지키기 위한 분노를 일으킨다. 이때 우리는 깊이 생각하기도 전에 심호흡을 하며 그 일과 어느 정도 거리를 둔다. 이것이 바로 감정 조절하기이다.(구체적으로 말하자면 본능적 내지 자동적 조절하기라 할 수 있다.)

감정 조절하기는 꽤 간단하다. 이웃을 도저히 참을 수 없는가? 그러면 피하라. 집을 방문한 부모가 당신의 기괴한 예술 작품을 보지 않기를 바라는가? 그러면 그들이 집을 떠날 때까지 그것을 감춰 두라. 피곤한가? 찬물로 세수를 하라.

감정 조절하기는 '느끼지 않는 것'을 다루지 않는다. 우리 감정을 엄격히 통제하지 않으며, 부정적인 감정을 추방하고 긍정적인 감정만을 느끼게 하는 것도 아니다. 오히려 감정 조절은 감정을 느껴도 좋다고 허락해 주는 행위이다. 어떤 감정이라도.

몇 년 전 뉴욕의 한 빈민가에 있는 학교를 방문했다. 조지라는 4학년 남학생은 자신의 감정이 파란색 사분면에 속해 있다면서 타당한 이유를 제시했다. 자신이 키우는 햄스터가 그날 아침 쥐에 물려 죽었기 때문이다. 나중에 그 아이가 임시 주택에 살고 있으며 불안과 불확실성이 높은 생활을 한다는 사실을 알게 되었다.

담임 교사가 학생들에게 물었다. "오늘 조지를 돕기 위해 우리가 뭘 하면 좋을까?" 그러자 바로 대답이 튀어나왔다. 한 학생이 말했다. "조지, 내가 안아 줄까?" 다른 학생이 말했다. "조지, 얘기하고 싶을 땐 언제든지 말해. 내가 들어 줄 테니까." 조지의 얼굴 표정이 바로 바뀌었다. 그는 수업에 집중할 수 없을 정도로 우울했지만 자신을 보살펴 주겠다는 친구들의 표현 덕에 위안을 얻었다. 그는 파란색 사분면의 감정에서 벗어나라는 재촉 대신 지지와 애정을 받았고 현재 머무른 곳에서 편안함을 느낄 수 있었다. 조지는 더 이상 불행 속에서 홀로 허덕이는 사람이 아니었다. 그의 이야기를 듣고 무엇이 필요한지 이해하려는 친구들, 교사와 함께였다. 우리는 사람들을 부정적인 감정에서 벗어나게 하려는 방법을 찾을 때가 많지만 그 방법이 항상 효과를 발휘하지는 않는다. 힘든 시기에는 그저 함께 있어 주는 것만으로 도움이 될 때도 있다.

이번 챕터의 나머지 부분에서는 감정 조절을 광범위한 다섯 가지 범주로 나누어 깊이 살펴보겠다. 각 범주에 속하는 구체적인 전략의 수는 사실상 무한하다. 상황 맥락, 감정, 나이, 성격, 문화와 더불어 당사자가 이전에 무엇을 겪었고 어떤 결과를 바라는지에 따라 어떤 전략을 취할지가 결정된다.

첫 번째 범주는 문자 그대로 우리를 살아 있게 하는 전략, 바로 호흡이다. 특히 '마음 챙김 호흡'(mindful breathing)은 몸과 마음을 차분히 진정하며 주변에서 일어나는 일에 압도되지 않고 현재 순간을 충실히 살아갈 수 있도록 돕는다.

두 번째는 '전망하기 전략'(forward-looking strategies)이다. 무엇이

원치 않는 감정을 유발할지 예상하고 이를 피하거나 물리적 환경을 바꾸는 것이다.

세 번째는 '주의 돌리기 전략'(attention-shifting strategies)이다. 구체적인 방식은 다양하지만 감정을 유발한 원인으로부터 주의를 돌려 그 영향을 완화한다는 기본 원리는 똑같다. TV를 켜거나 스트레스를 주는 만남에서 벗어나거나 기운을 북돋우는 긍정적인 문구를 반복하는 등 방법은 간단하다.

네 번째는 '인지 재구조화 전략'(cognitive-reframing strategies)이다. 먼저 감정을 유발한 원인을 분석하고 이를 새로운 시각으로 바라보는 것이다. 현실에 대한 인식을 감정 관리 방법으로 삼는 셈이다.

마지막으로 '메타 모먼트'(Meta-Moment)를 소개한다. 감정적 상황에 (과잉) 반응하는 대신 최선의 행동을 하게끔 도와주는 도구이다.

마음 챙김 호흡

2분만 시간을 내서 하던 일을 멈추고 긴장을 푼 뒤 자연스럽게 호흡하기를 권한다. 원한다면 시간을 재도 된다. 자, 지금부터 시작이다.

어떤가? 해 봤는가? 아니면 그냥 계속 읽었나? 만약 시도했다면 느낌이 어떤가? 초조하고 불안하고 지루했나? 딴생각이 들었나? 어쩌면 오늘 하루 중에서 자신을 위해 보낸 유일한 시간이었는지도 모르겠다. 평온하고 중심이 잡혀 있다는 기분이 낯설게 느껴질 수도 있다. 마음을 한가하게 두는 것은 바쁜 삶을 사는 대다수 현대인에게 큰 도전이다. 특히나 불안, 분노, 심지어 흥분처럼 강렬한 감정에 휩싸였을 때에는 더욱 그렇다.

인간의 뇌는 강렬한 감정을 느끼면 교감 신경계를 활성화한다. 심장 박동 수가 올라가고, 감정에 따라 스트레스 호르몬과 엔돌핀이 분비되며, (압박을 느낄 때는) 도망치거나 그 자리에서 얼어붙는다.

마음 챙김 호흡은 심장 박동 수를 감소함으로써 스트레스 반응 체계에 브레이크를 걸어 준다. 코를 통한 깊은 호흡이 도움이 된다. 입을 통한 호흡은 빠르고 얕기 때문에(개가 헉헉대는 모습을 생각해 보라.) 스트레스 반응 체계를 재활성화할 수 있다. 그리고 호흡하는 동안 숫자를 세거나 마음을 차분하게 하는 구절을 반복해 되뇌면 활성화된 뇌의 영역이 뇌줄기에서 운동 피질로 이동하면서 균형과 통제력이 회복된다. 호흡은 또한 부교감 신경계를 활성화하고 교감(흥분) 신경계를 억제하여 자율 신경계의 재설정을 돕는다.

마음 챙김 호흡을 할 때 가부좌를 틀고 앉거나 특별한 기술을 사용할 필요는 없다. 하지만 앉든 서든 바른 자세를 취하는 건 중요하다. 마음 챙김 호흡은 어디서든 할 수 있다. 집, 학교, 직장, 심지어 잠자리에 들어서도 할 수 있다.

최고의 방법은 꾸준히 조금씩 마음 챙김 호흡을 하는 습관을 쌓는 것이다. 우선 일주일에 두세 번 몇 분간 앉아 마음 챙김 호흡을 하는 것으로 시작하자. 어느 정도 익숙해지면 매일 5분, 10분, 15분으로 늘려 간다. 그러다 보면 언제든 필요할 때 강렬한 감정을 가라앉힐 수 있게 된다.

다음은 마음 챙김 호흡 실행법이다.

○ 핸드폰 등 방해되는 물건을 치운다.

○ 편안한 자세를 잡는다.

○ 눈을 감거나 시선을 아래로 향한다.

○ 자신의 자세와 몸을 의식한다. 숨이 오르내리는 자리에 손을
  얹어도 좋지만 반드시 그럴 필요는 없다.

○ 자연스럽게 호흡한다.

  • 열까지 센다. 하나에 들이마시고 내뱉고 둘에 들이마시고 내
    뱉는 식으로 열까지 세기를 반복한다.

  • 한 구절을 반복하며 호흡하는 방법도 있다. 20여 년 전, 내가
    가장 좋아하는 명상 지도자 틱낫한 스님에게 배운 것이다.
    방법은 간단하다. 숨을 들이마실 때는 "안으로.", 내쉴 때는
    "밖으로."라고 말한다. "깊게/천천히", "고요/편안", "웃음/
    내려놓음"을 반복할 수도 있다. 특히 마음이 어수선해서 잠
    들기 힘든 밤에 도움이 된다.

  • 마음이 산란해지면 다시 호흡으로 주의를 돌리라.

당신이 나처럼 수련하는 동안 쉽게 산만해진다면 이런 생각이 들
수도 있다. 난 도저히 못 하겠어. 가망이 없나 봐. 그럴 때는 감정 심판
자가 아닌 감정 과학자가 되려고 노력해 보라. 약간의 자기 자비(self-
compassion)를 발휘해 다시 시도하는 것이다. 당신은 지금 새로운 근
육을 단련하고 있다. 기본 수련이 익숙해지면 다른 방법을 시도할 수
있겠지만 반드시 그럴 필요는 없다. 나는 몇 년 동안 이 기본적인 수

련을 고수하고 있다.

수십 번의 실험을 통해 마음 챙김 호흡이 감정적·사회적·인지적 작용에 미치는 긍정적인 효과가 입증되었다. 수련을 거듭할수록 마음이 빨리 진정될 뿐 아니라 집중하고 평정심을 되찾는 능력이 더욱 강해진다. 연구에 따르면 매일 15분 연습이 가족과 친구와의 감정 조율, 정서적 반응성, 주의력, 기억력, 면역 기능, 고혈압, 천식, 자율신경계 불균형, 정신 건강에 긍정적인 영향을 줄 수 있다고 한다.

전망하기 전략

다음 전략은 무엇이 우리를 화나게 하고 기쁘게 하는지, 그 이유는 무엇인지 정확히 이해할 수 있는 충분한 자아 인식을 필요로 한다. 우리는 앞으로 닥칠 상황에 어떤 기분이 들지 생각하여 감정의 영향을 바꾸도록 미리 계획을 세운다. 이는 감정 인식하기, 감정 이해하기, 감정에 이름 붙이기를 바탕으로 한다.

예를 들어 명절에 가족끼리 함께하는 저녁 식사 자리에서 매번 화를 돋우는 고모가 있다고 하자. 남은 휴일 동안 이를 부득부득 갈면서 지내느니 차라리 고모의 정반대 자리에 멀리 떨어져 앉기로 결정한다. 문제 해결이다!

직장에서 한 부하 직원이 일대일 회의를 하자며 쫓아다닌다. 문제는 그가 당신의 신경을 긁는다는 점이다. 회의 분위기가 극도로 어색할 것이 분명하다. 당신은 차일피일 미뤘지만 두려움이 커지고 상황이 나빠질 뿐이다. 당신이 이토록 싫어하는 데는 타당한 이유가 있겠지만 그건 다른 날 다루자. 현 상황에서 바람직한 감정 조절 전략은 일대일 회의를 다른 팀원들과 함께하는 단체 회의로 바꾸는 것이다. 해결책이 떠오른 순간, 당신의 기분은 나아질 것이다.

이 전략은 약간의 자기 이해(self-knowledge)를 필요로 한다. 감정적 반응을 자극할 상황이나 대상을 예측할 수 있다면 그런 일이 일어나지 않도록 조치를 취할 수 있다.

미래를 완전히 피하는 것은 불가능하지만 어느 정도는 예측하고 바꿀 수 있다. 연말 성과 평가 시기가 되면 당신은 한 주 전부터 두려움과 불안에 떨고 마침내 당일이 되면 공포에 휩싸인다. 그러나 상사가 업무 성과를 비난하면 차분히 논리적으로 대응하겠다는 식으로 가능한 모든 시나리오를 상상하며 준비한다면, 평소처럼 버벅거리며 변명을 늘어놓지 않고도 잘 대처할 수 있다.

회피도 전략이 될 수 있다. 권할 만한 방법이 아니라고 생각하겠지만 특정 상황에서는 유용한 방법이다. 나는 어떤 식당에는 가지 않는다. 그곳의 감자튀김은 굉장히 맛있어서 도저히 거부할 수 없기 때문이다. 그곳을 멀리함으로써 고뇌의 순간에서 나를 구하는 것이다. 큰 손해는 아니다. 어느 상점에 가 보니 계산대 직원이 무례하다. 나중에라도 그와 교류할 가능성이 높지 않다면 장기적으로 보아 아무것도 할 필요가 없다. 그저 다시는 그 상점에 가지 않거나 다른 직원에게 가면 된다.

직장이나 집에서 비슷한 경험을 했는데 단지 문제를 직면할 수 없어서 피했을 뿐, 실은 그때마다 얄보인 기분이나 굴욕감이나 분노를 느꼈다면 이야기는 달라진다. 아마 곤란한 대화를 나누거나 자신을 대변하는 과정에서 불쾌함을 다루는 데 어려움을 겪는 등 다른 문제가 있을 것이다. 이럴 때는 회피보다 장기적 전략을 찾아야 한다.

전망하기 전략을 익힐 가치가 있다고 보는 또 다른 이유가 있다. 이 전략은 기쁨만을 추구한다. 직장에서 끔찍한 한 주를 보내고 있다고 가정해 보자. 금요일에는 분명 스트레스가 최대치에 달할 것이다. 그 생각을 하면 절로 몸서리를 치게 되겠지만, 금요일 밤에 데이트 약속을 잡거나 퇴근하자마자 바닷가로 놀러 갈 계획을 세운다면 갑자기 이 암울한 터널의 마지막 끝이 기다려질 것이다. 치과 신경 치료 예약일이 가까워진다면 치료가 끝나자마자 좋아하는 일을 하고 자신에게 선물을 주는 계획을 세울 수도 있다. 대체로 자신이 좋아하는 일을 하는 것은 부정적인 감정을 조절하는 데 매우 효과적인 전략이다.

주의 돌리기 전략

주의 돌리기에는 여러 방식이 있지만 모두 똑같은 원리에 근거한다. 감정을 자극하는 원인으로부터 주의를 돌려 그 영향을 완화하는 것이다. 이 방법은 스트레스를 주는 만남을 피하는 것만큼 간단할 수도 있고 자기 대화(self talk)와 같이 사색적일 수도 있다. 마치 엄청난 압박감에 시달리는 친구에게 아름다운 바닷가 풍경을 머릿속으로 그려 보라고 조언하듯 스스로에게 말을 건네는 것이다.

계산대 앞에서 차례를 기다리는 동안 지루해서 인스타그램 피드를 확인했나? 오늘날 꽤 흔한 기분 전환 행위이다. 썩 유익하다고 볼 수는 없다. 그 시간 동안 새로운 사업 아이디어를 생각하거나 휴가 계획을 세울 수도 있었다. 그래도 씩씩대며 서 있는 것보다는 낫다.

신용 카드 결제일이 내일인데 은행 계좌에 잔고가 부족한 상황에서 앞으로 소비 습관을 바꾸고 저축을 시작하겠다고 다짐하며 불안을 잠재우기도 한다. 그렇게 해서 기분이 나아진다면 그 나름대로 괜찮다. 앞으로 이런 순간을 다시 겪지 않기 위한 좋은 방법이다. 주의를 돌린다고 해서 당신을 빤히 바라보고 있는 청구서가 사라지진 않겠지만 말이다.

혈액 검사 결과를 기다리는 동안 한껏 예민해진 마음을 잊기 위해 밤새 넷플릭스를 보는가? 불안해서 안절부절못하는 것보다 낫기는 하다. 살을 빼지 못하는 자신에 대한 좌절감을 달래려고 아이스크림을 먹는가? 15분 동안은 위안이 되겠지만 목표를 달성할 수 있는 완벽한 전략은 아니다.

기분 전환(distraction) 방법은 몽상부터 마약까지 그야말로 끝이 없다. 먹기는 가장 단기적인 전략으로, 신체적 위안을 정신적 불안보다 중시한다는 점에서 다른 분위기 전환 방법과 크게 다르지 않다. 혈류 속 당분이 급증하면 뇌가 즐거움을 느낀다. 감정 조절 전략의 일환으로 가끔 정크 푸드에 의존한다면 큰 문제 없는, 보통의 상태이다. 하지만 하루 삼시 세끼 그렇게 한다면 감정적으로나 정신적으로나 문제가 있다는 뜻이다.

현실을 마주하고 행동을 취하면 삶이 개선될 수 있는데도 어려운 문제를 다룰 엄두도 내지 못하고 회피하는 경우도 있다. 보통 '부정'

(denial)이라고 부르는 이 전략은 기분 전환의 극단적 형태인데, 위기가 닥치면 머리를 모래 속에 묻는 것과 같은 행위이다.

어쨌든 이 또한 감정을 조절하는 방법이다.

지연 행동(procrastination)은 공간보다 시간을 이용해 감정적 거리를 확보하는 방법으로 많은 이들이 사용한다. 어떤 상황에서 스트레스를 받으면 다음 주, 다음 달, 또는 기약할 수 없는 미래의 어느 날에 해결하기로 결정한다. 그렇게 휙 사라지는 것이다. 정치인과 관료가 좋아하는 방법으로, 그들이 사는 세계에서는 '문제를 뒤로 미룬다.'라고 표현한다. 이로써 고통스러운 적자, 마감일, 그 밖의 여러 힘든 문제를 피할 수 있다. 지연 행동이 효과적이라는 건 분명한 사실이다. 우리가 그렇게 많이 사용하는 이유가 무엇이겠는가. 하지만 다른 값싸고 쉬운 해결책처럼 지연 행동 역시 해로운 결과를 이끌 가능성이 높으며 문제 해결에 크게 도움이 되지 않는다.

'자기 대화'도 우리가 가끔 쓰는 방법인데, 자신을 향해 큰 소리로 말하는 것처럼 조용히 생각을 표현하는 것이다. 자기 대화의 가장 좋은 점은 종종 하는 일이기 때문에 별로 힘이 들지 않는다는 점이다. 하지만 우리 중 대다수는 자기 대화를 그리 친절하게 진행하지 않는다. 뭔가 잘못되어서 자신을 바보라고 부르는 상황을 떠올려 보라. 자기 대화를 잘하려면 긍정적으로 공감하는 자세를 갖춰야 한다. 적어도 서양 문화권에서 자기 대화가 어려운 이유는 그동안 부모와 친구에게서 부정적인 말을 들어 왔고 태생적으로 자기 대화에 대한 부정적인 편견을 가지고 있기 때문이다. 편견을 쉽게 떨칠 수는 없으니 다른 것으로 대체해야 한다. 가혹한 자기 비판(self-criticism)은 교감 신경계(투쟁-도피 반응)를 활성화하고 스트레스 호르몬 수치를 높인다. 반면 자기 자비는 포유류 특유의 돌봄 체계를 작동시켜 소속감과 사랑을 관장하는 옥시토신 같은 호르몬 분비를 촉진한다.

미시간 대학교 이선 크로스(Ethan Kross)와 미시간 주립 대학교 제이슨 모저(Jason Moser)는 인간의 뇌가 자기 대화에 어떻게 반응하는지 연구했다. 특히 자신을 일인칭으로 부를 때와 삼인칭으로 부를 때의 변화를 비교해 보았다. 나를 삼인칭으로 부른다는 것은 대화할 때 내가 마치 다른 사람인 것처럼 "마크가……."라고 말을 꺼낸다는 뜻이다. 별 차이 없을 것 같지만 실제로는 유의미한 변화가 있다는 사실이 드러났다.

한 실험에서 피실험자들에게 중립적인 이미지와 충격적인 이미지를 보여 주고 자신의 인생에서 부정적이었던 순간을 떠올려 보게 했다. 연구자들이 그들의 뇌를 모니터링한 결과, 일인칭으로 자기 대화를 할 때보다 삼인칭으로 했을 때 1초 이내로 고통이 급감한다는 사실을 발견했다.

무엇이 이런 차이를 만들어 냈을까? 제이슨 모저는 이렇게 밝힌다. "우리는 자신을 삼인칭으로 부른다는 것이 본질적으로 타인을 대하듯 자신을 대하는 것이라고 생각했고, 피실험자들의 뇌에서 이런 견해를 입증할 증거를 발견했다. 자신을 타자화하면 자신의 경험으로부터 약간의 심리적 거리를 확보할 수 있기 때문에 감정을 조절하는 데 유용할 수 있다." 다시 말해 자신을 삼인칭화하는 자기 대화법은 우리 자신에게 공감을 표하는 방식인 것이다.

나도 자기 대화법을 사용해 기분을 조절한다. 상황마다 다른 구절을 사용하는 방법이 유용하다. 파국화(catastrophizing)*가 시작되면 나는 이렇게 말한다. "마크, 그건 네가 만들어 낸 생각일 뿐이야." 잠자리에 들기 전 부정적인 감정에 압도되면 이렇게 말한다. "마크, 지금 기분은 일시적이란 거 알잖아. 한숨 자고 일어나면 괜찮아질 거야."

때로는 자기 대화가 더욱 정교해지기도 한다. 나는 전 세계 여러 단체를 대상으로 세미나를 여는데, 대부분은 감정 다루는 법을 배우려는 사람들을 대상으로 활기차게 열정적으로 강의한다. 하지만 가끔, 이틀 동안 긴 실습 세션 끝에 열리는 강연을 맡게 되면 호텔 방에 누워 느긋하게 케이블 방송이나 보고 싶어진다. 앞으로 세 시간 동안 강연을 하려면 얼른 몸을 일으켜야 하는데도 말이다.

그럴 때는 이렇게 말한다.

"마크, 넌 지금 교육감 100명 앞에서 강연하려고 해. 그들은 교사 수만 명을 감독하고, 교사들은 하루 종일 칠판 앞에 서서 수십만 명을 가르쳐. 그리고 이제 너는 그 아이들의 인생에 깊은 영향을 미칠 뭔가를 전달할 기회를 갖게 됐어. 그 강당에서 오늘 밤 일어날 일은 아이들이 학교뿐 아니라 인생에서 더 잘 배우고 성공할 수 있도록 도움을 줄 거야."

---

* 어떤 경험을 하든 항상 최악을 생각하고 언제든 나쁜 일이 다시 일어날 것이라고 생각하는 인지 왜곡 현상.

"우와!" 내가 대답한다. "이런 기회를 얻다니 얼마나 큰 행운이야?" 그렇게 기운을 북돋우고 강연에 나선다.

인지 재구조화 전략

햄릿이 말했다. "좋고 나쁜 것은 없다. 그저 생각하기 나름일 뿐이다." 이런 사고는 가장 정교하고 지적인 감정 조절 방법이며 연구 문헌에서는 재평가(reappraisal)라는 표현으로 더 알려진 인지 재구조화의 토대이다.

어떤 의미에서 인지 재구조화는 인지 행동 치료(cognitive behavioral therapy)에서 파생되었다고 볼 수 있는데, 이 치료법에서는 어려움이 닥치면 이를 다른 시각으로 이해하여 사고의 균형을 맞추게 한다.

우리의 목적을 위해 감정적 경험을 유발한 원인을 재해석하거나 재구조화하는 방법으로 재평가를 사용하면, 새로운 해석에 따라 새로운 감정 반응이 생겨난다.

예를 들어 살펴보자. 아침 식사를 하러 나오면서 배우자에게 인사를 건네는데 평소와 달리 표정이 퉁명스럽다. 그런 대접을 받을 만큼 스스로 잘못한 게 없다고 생각한다면 아마도 하루 종일(적어도 저녁 식사 때까지는) 억울할 것이다. 똑같은 태도로 대응하면 불쾌한 분위기가 계속될 뿐이다.

그 대신 잠깐 멈춰서 조금 전에 일어난 일의 다른 원인을 생각해보자. 당신에게 차마 말하지 못하는 고민거리가 있지는 않을까? 아니면 당신과 전혀 상관없는 업무 문제 때문에 화가 났는데 그 모욕감과 상처가 아직 남아 있는 걸까? 이런 가능성을 떠올리다 보면 상대가 평소에는 이렇게 무례하지 않다는 사실을 깨닫는다. 그리고 문득 공감대가 형성되면서 배우자에게 어떻게 도움을 줄 수 있을까 생각하게 된다. 당신의 감정 반응이 모두에게 유익한 방향으로 조절된 것이다.

재구조화의 기본 원리는 부정적인 감정을 최소화하는 방향으로 상황을 바라보거나 당신을 자극하는 사람이 품었을 최선의 의도를 의도적으로 생각해 보는 것이다. 예를 들어 점원이 무례하고 당신을 무시한다면 이렇게 생각할 수 있다. '이 사람이 나한테 바보 같은 짓을 하고 있네. 여자를 대하는 데 무슨 문제가 있나. 내가 여기서 쇼핑하기엔 돈이 없는 사람으로 보일지도 모르지.' 어느 쪽이든 최소한 간접적으로라도 그의 행동에 대한 책임을 당신에게 돌리는 생각들이다. 하지만 재구조화를 거치면 달라진다. '이 사람은 정말 일을 싫어하나 보다. 아니면 무슨 안 좋은 소식이라도 들었나.' 둘 중 어느 쪽이든 당신이 입은 마음의 상처를 동정심이나 호기심으로 바꾼다.

재구조화의 목표는 상처 입은 감정을 조절하는 것뿐만이 아니다. 이번에는 당신이 교사라고 상상해 보자. 새로운 학교에 부임한 첫날, 교직원 회의에 참석했는데 실망만 하고 말았다. 교사들은 하나같이 경험이 부족하고 준비가 덜 된 것 같다. 하지만 절망하는 대신 젊은 후배 교사들을 지도하여 학교 전체에 영향을 미칠 기회를 얻었다고 생각한다면 우울함이 흥분으로 대체될 수 있다.

대형 금융 기관의 직원들을 대상으로 실시한 실험을 예로 들어 보겠다. 한 그룹의 직원들에게 일주일 동안 스트레스의 해로운 영향을 다룬 동영상을 보여 주었다. 스트레스는 건강에 좋지 않고 업무 성과에 악영향을 미치며 학습과 성장에도 장애가 된다는 내용이었다. 다른 그룹은 반대되는 메시지를 담은 동영상을 보았다. 스트레스는 실제로 건강에 좋으며 학습과 성장 효율은 물론이고 업무 성과를 높인다는 내용이었다.

일주일에 세 번 3분짜리 '스트레스는 좋다' 동영상을 본 참가자들은 부정적 신체 증상이 눈에 띄게 감소했다. '스트레스는 나쁘다' 동영상을 본 집단에 비해 업무 성과도 높아졌다. 스트레스가 사고방식을 단련한다는 견해를 지지하는 사람들은 피드백을 받고자 하는 욕구가 더 강하다는 연구 결과도 있다.

하버드 대학교에서 실시한 연구에서도 비슷한 결과가 나왔다. 시험 전의 불안감이 유익하다는 메시지를 받은 학생들은 통제 집단보다 시험에서 더 좋은 결과를 거뒀다. 또 다른 실험에서는 흥분을 불안으로 재구조화하면 협상과 대중 연설 능력이 향상하는 것으로 나타났다.

fMRI로 뇌 활성화를 측정한 연구 결과에 따르면 재평가는 감정 조절에 도움을 준다. 강렬한 감정을 경험할 때 활성화되는 뇌의 영역인 편도체의 활동성을 현저히 떨어뜨리고, 감정 반응을 조절하는 외측 측두 피질 영역(lateral temporal cortical areas)을 활성화한다는 사실이 밝혀졌다.

모든 조절 전략이 그렇듯 재구조화도 우리에게 해를 미칠 가능성을 내포하고 있다.

상상해 보자. 파티에 와 있는데 배우자가 당신을 곤란하게 하는 뭔가를 공개적으로 이야기했다. 당신은 화가 머리끝까지 치밀어 뛰쳐나가고 싶었지만 충동을 억누른 뒤 마음 챙김 호흡을 하고는 방금 일어난 일을 다시 생각해 보았다.

그리고 "나를 모욕하려는 의도는 아니었을 거야."라고 스스로에게 말한다. 도움이 되는 방법이다. 적어도 지금은 그가 의도적으로 당신을 조롱한 게 아니라고 믿을 수 있다.

"술을 너무 많이 마신 탓이야."라고 추측할 수도 있다. 이 생각 또한 화를 잠재울 수 있다. 잘못은 그가 아닌 마티니가 했으니 말이다.

"내가 과민 반응한 거야. 별로 큰 문제도 아닌데." 이렇게 결론 내릴 수도 있다. 이 또한 가능한 방법이다. 어쩌면 당신은 피곤한 나머지 평소보다 더 예민해져 있을 것이다. 어쩌면 그의 말이 부적절하다고 생각하는 사람은 당신뿐일지도 모른다.

사건을 재구조화함으로써 마음을 진정하고 추태를 보일 상황을 막았으니 강렬한 감정을 성공적으로 조절했다고 생각할 수 있다.

혹은 그렇지 않다고 볼 수도 있다.

이번에도 똑같은 상황이다. 자제력을 잃지 않고 상황에 대처하기 위해 앞서 한 것처럼 자기 대화를 한다. 그런데 지난 두 달 사이에 이런 일이 오늘로 세 번째 일어났다는 사실이 떠오른다. 마음속으로는 그의 의도가 그리 순수하지 않으며 당신을 희생시켜 모두를 웃겼다는 데 만족하고 있다고 믿는다. 게다가 최근 그가 자주 과음을 하지 않았던가. 당신은 자신의 반응이 유별나지 않다는 생각이 든다. 사람들이 북적이는 파티에서 배우자가 그런 말을 한다면 누군들 격분하지 않겠는가.

당신은 재구조화를 통하여, 배우자에게 말하지 못했고 건강하지 못한 무언가를 부인하거나 거부하며 살았던 것이다. 그가 수동 공격적인(passive-aggressive) 방식으로 당신을 공격하고 있는데 어떤 이유에서인지 당신은 그것을 허용하고 있다. 당신은 그 문제에 대해 그에게 얘기하지 않았고 그 문제가 당신을 얼마나 기분 나쁘게 하는지 스스로 인정하지도 않았다. 왜 꺼려 왔는지 이해할 수 있다. 일단 감정을 직시하면 어떻게든 조치를 취해야 하기 때문이다. 쉽지 않은 일이다. 하지만 그런 감정이 눈에 띄지 않도록 억누르는 대신 부딪쳐 다루기 전까지는 상황이 나아지지 않을 것이다.

이때 인지적 재평가를 병행할 수도 있다. 이는 매우 바람직하며 유익하고 설득력 있는 감정 조절 전략이다.

재평가를 할 때에는 자신에게 다음과 같이 질문해야 한다. '힘들고 예민한 문제를 회피하는 것을 정당화하기 위해서 재평가를 하는 것인가? 이 문제를 다루는 것이 길고 고통스러우며 가슴 아픈 대화로 이어질 것이라는 걸 알기 때문인가?' 이런 경우에는 재평가가 단기적으로 유용한 해결책이 된다. 파티장에서 얼굴 찌푸릴 일을 만들 수는 없지 않은가. 하지만 장기적 전략으로는 바람직하지 않다. 당장 문제를 숨긴다고 해도 나중에 반드시 다시 나타나기 때문이다.

그러므로 우리는 감정 과학자가 되기 위해 노력해야 한다. 정기적으로 스스로를 들여다보고 어떤 감정을 품었다는 이유로 자신을 비판하지 않으면서 솔직하게 감정을 평가해야 한다. 감정을 조절하는 전략을 제대로 사용했다는 확신이 생길 때마다 자신에게 물어야 한다. 지금 당장은 효과를 보고 있지만 장기적으로는 무엇을 성취할 수 있는가?

메타 모먼트

마침내 감정 조절의 정점, 가장 복잡한 기술의 핵심에 이르렀다. 하지만 여기에는 함정이 있다.

모두 알다시피 차분하고 깊은 성찰은 감정을 통제한다고 느낄 때에만 가능하다. 억울함에 분개하거나 실망감에 억눌려 있다면 상황을 새로운 시각으로 보는 데 필요한 확장된 추리력을 발휘할 수 없다. 그런 상황이라면 먼저 감정의 온도를 낮추고 마음을 진정해 이성적 사고에 필요한 공간을 마련해야 한다. 아마 몇 번 심호흡을 하고 몇 걸음 뒤로 물러나 주위를 한 바퀴 돌면 될 것이다.

그러면 메타 모먼트를 쓸 준비를 모두 마친 셈이다.

10년 전, 정신 분석학자이자 우리 센터의 부책임자이기도 한 로빈 스턴(Robin Stern)과 나는 많은 사람이 목표 달성에 방해되는 전략을 고집하는 이유에 대해 의문을 품었다. 로빈은 전략을 배운 뒤에도 성공하지 못하는 환자 수백 명과 상담했고, 나는 도움이 된다는 걸 알면서도 배운 전략을 사용하지 않는 학생들과 교사들을 관찰했다.

많은 사람들이 어릴 때부터 부정적 대화, 소리 지르기, 비난하기 등 파괴적인 전략에 노출되었다. 이들 전략은 인지 제어(cognitive control)를 거의 사용하지 않고도 부정적인 감정을 없애고 (일시적인) 만족감을 준다는 점에서 효과적이다. 하지만 상대와의 관계가 망가질 위험이 있다는 사실은 깨닫지 못한다. 이런 전략은 장기적인 이점을 만들어 내지 못하고 목표 달성을 방해한다.

우리는 사람들이 유익한 전략을 스스로 찾는 데 도움이 될 만한 도구를 만들어야겠다고 생각했다.

그래서 메타 모먼트라는 방법을 개발했다. 간단히 말하면 일시 정지이다. 메타 모먼트에는 급브레이크를 밟고 그 시간에서 벗어나는 것까지도 포함된다. '메타'라는 단어를 붙인 까닭은 이 방법이 순간에 대한 순간을 뜻하기 때문이다.* 우리는 관리하려 애쓰는 감정의 심각성에 따라 "하나, 둘, 셋."을 되뇌거나 열까지 세는 방식으로 메타 모먼트를 사용한다. 한 번 또는 그 이상 심호흡을 하는 것도 메타 모먼트의 일환이다. 감정을 전환하고 잠시 멈출 여유를 갖는 행위라면 모두 해당된다.

우리는 메타 모먼트가 필요할 때 행동을 멈추고 "방금 내가 제대로 들었나?"라고 자문할 수 있다. 혹은 "지금 여기서 잠깐 멈추고 깊게 호흡해야겠어. 그러지 않으면 노발대발하거나 대성통곡하거나 나중에 후회할 짓을 저지를지도 몰라."라고 말할 수도 있다. 감정이 자극된 그 순간을 냉정하게 바라보면 최초의 충동을 넘어 더 나은 반응을 찾게 되기도 한다. 심리 상담가이자 작가 저스틴 바리소(Justin Bariso)가 썼듯이 "멈추기는 일시적인 감정에 근거해 영구적인 결정을 내리

---

* 접두사 meta는 '~에 대해서'라는 뜻으로 쓰인다.

는 상황을 방지한다."

우리는 멈추기가 도움이 된다는 점을 본능적으로 감지하는데 이는 생물학적으로도 사실이다. 멈추기와 깊게 호흡하기는 부교감 신경계를 활성화하여 주요 스트레스 호르몬인 코르티솔의 분비를 줄이고 자연스럽게 감정의 온도를 낮춘다.

멈추기는 "과거에 내가 이런 상황에 어떻게 대처했더라?" 또는 "내 '최고의 자아'라면 지금 뭘 할까?" 같은 유용한 질문을 재빨리 던질 기회를 주기도 한다. 최고의 자아는 우리 자신은 물론 다른 사람의 관점에서 볼 때도 이상적인 가상의 인물로, 남들 눈에 어떻게 보이고 싶고 무엇을 경험하고 싶은지를 반영한다. 어떤 사람은 동정심 있는, 지적인, 양심적인 같은 형용사로 이 사람을 표현한다. 또 어떤 사람은 이미지나 특정한 물건을 모델로 삼는다. 중학교 교장인 내 친구는 책상에 스머프 피규어를 올려놓고 그것이 자신이 생각하는 최고의 모습임을 상기한다.

최고의 자아를 시각화하면 감정을 자극한 '방아쇠'에 머물러 있던 관심의 방향을 자신의 가치로 돌릴 수 있다. 그러면 긍정적인 자기 대화나 재평가 같은 유용한 감정 조절 전략을 선택하고 이에 따라 반응하게 된다.

몇 년 전에 수업 중 한 학생이 손을 들고 이렇게 말했다. "교수님께서도 답을 모르실 것 같은 질문이 있습니다." 순화된 표현으로 말하자면 그 순간 나는 활성화되었다. 오만함이 나를 자극했다. 그 말에 이렇게 답해 주고 싶었다. "내가 답을 모를 수도 있지만 내가 학생들의 리포트에 점수를 매긴다는 사실을 기억하세요." 가능하다면 욕도 몇 마디 내뱉었을 것이다. 하지만 나는 '감성 지능이 발달한 교수'라는 자아를 떠올리며 말했다. "지금은 다른 학생들 질문을 더 받고 우리는 수업 후에 얘기하는 게 어떨까요?" 덧붙여 좀 더 요령 있게 질문할 수도 있었을 거라고 정중히 알려 주었다.

좀 더 최근의 일이다. 대규모 집단을 대상으로 강연하고 있는데 누군가가 내 주장에 반론을 제기했다. 단지 질문을 하거나 반대 의견을 제시하려는 것이 아니었다. 나를 깔아뭉갤 작정으로 덤벼들었다. "이곳에 있는 많은 사람이 그 모델에 동의하지 않을 겁니다." 그가 말했다. 그 순간, "이곳의 많은 이들이라면 당신과 당신이 가진 서른 가지 인격을 말하는 건가요."라고 맞받아쳐 그의 동료들 앞에서 망신을 주고 싶다는 충동을 느꼈다. 하지만 나는 그런 하찮은 즐거움에 넘어가지 않았다. 그 대신, 그 순간을 벗어나 최고의 자아를 '감정의 달인'으로 시각화한 뒤 답을 생각하려는 듯 잠시 멈췄다. 작은 시간의 창가에서 마음을 진정한 뒤, 그를 얕잡아 보는 기색을 드러내지 않은 채 한마디를 하고 강연을 이어 갔다. "나중에 당신의 생각을 들을 시간을 따로 갖고 싶군요." 그곳에 있는 누구도 내가 얼마나 자제력을 잃을 뻔했는지 눈치채지 못했다. 사실, 몇 년 전 같았으면 무너졌을 것이다.

메타 모먼트는 단지 불쾌한 감정을 누그러뜨리는 방법만은 아니다. 때로 최고의 자아는 우리가 옳은 행동을 하도록 이끌어 준다. 한번은 연설 도중에 한 동료가 이상한 방법으로 나를 괴롭혔다. 내가 어릴 적 괴롭힘당했다는 사실을 두고 농담을 한 것이다. 인정하고 싶지 않지만 그 순간 무대에서 뛰어 내려가 그의 머리에 드롭킥을 날려 버리고 싶은 충동을 느꼈다. 탈의실에서 괴롭힘당하던 학창 시절로 돌아간 기분이었다. 하지만 나는 메타 모먼트를 구사해 강연이 끝날 때까지 기다렸다가 그에게 다가갔다. "무슨 생각으로 그런 말을 했는지 모르겠지만 하나도 재밌지 않았어. 다시는 그런 말 하지 마."

이것이 바로 메타 모먼트의 승리라고 생각한다.

당신은 메타 모먼트를 얼마나 능숙하게 구사하는가? 당신의 최고의 자아를 특징짓는 형용사는 무엇인가? 자극받거나 허를 찔렸을 때 당신은 어떤 전략을 선택하는가? 감정을 무시하는가, 행동으로 옮기는가, 직접 부딪치는가?

상사에게 비판을 받아 실망했거나 큰 충격을 받았거나 분노했을 때 당신은 얼마나 성공적으로 메타 모먼트를 구사하는가. 스스로에게 '상사가 피드백을 해 주니 고맙지. 뭔가 배울 수 있잖아.'라고 말할 수 있는가.

딸이 숙제를 하지 않으면 당신은 어떻게 하는가? 잔소리하거나 협박하거나 달래거나 혹은 못마땅한 듯 얼굴을 찌푸리거나 화를 내며 폭발하는가? 아니면 깊게 호흡하고 최고의 자아를 떠올리며 아이에게 가장 효과적인 전략을 생각하고 침착하게 행동하는가?

메타 모먼트 연습을 시작할 수 있도록 각 단계를 소개한다.

1. '변화를 감지하라.' 당신은 동요했거나 허를 찔렸거나 나중에 후회할 말이나 행동을 하고 싶은 충동을 느끼고 있다. 그럴 때

는 심리적으로나 신체적으로, 혹은 양쪽에 모두 변화가 나타날 것이다.

2. '그만두거나 멈추라!' 반응하기 전에 약간의 여지를 두라. 뒤로 물러나 호흡하라. 호흡을 반복하자.

3. '최고의 자아를 떠올리라.' 최고의 자아를 상상해 보라. 이를 생생히 구체적으로 그려 낼 형용사나 이미지를 생각하라. 평판을 생각할 수도 있다. 다른 사람들에게 어떻게 보였으면 하는지, 어떤 평가를 듣고 싶은지, 어떤 경험을 하고 싶은지 상상하라. 당신이 존경하는 사람이 보고 있다면 어떻게 행동하겠는가?

4. '전략을 세우고 행동하라.' 지금까지 배운 기술(예를 들면 긍정적인 자기 대화나 재구조화)을 활용해 '자극받은' 자아와 새로 등장하는 최고의 자아 사이의 격차를 좁힐 수 있는 길을 선택하라.(이 부분은 항상 마지막 단계이다.)

신체가 건강해야 감정도 건강해진다

우리가 고려해야 할 조절하기의 마지막 측면이 있다. 감정 조절하기는 지적 능력을 요구한다. 자동으로 튀어나오지만 도움이 되지 않는 전략을, 의도적이며 도움이 되는 전략으로 전환하려면 힘이 많이 든다! 식습관, 운동, 수면처럼 겉보기에는 무관한 요소에 영향을 받는다. 영양 부족 상태에서는 정신도 제대로 기능하지 못한다. 당분이나 정제된 곡물을 과도하게 섭취하면 혈당이 급상승했다가 곤두박질치는데, 이는 인지 기능과 자기 조절력을 크게 위협한다. 건강한 식사 직전이나 직후에 이런 음식을 섭취하면 더욱 심각해진다. 해결책은 간단하다. 사무실 책상에 건강한 간식거리를 올려 두거나 세 시간마다 조금씩 먹도록 핸드폰 알람을 설정해 두라.

신체 활동이 너무 적으면 정신 능력과 기분이 부정적인 영향을 받는다. 한 연구에서 피실험자들이 스트레스 요인에 노출되었는데, 절반은 유산소 운동을 했고 나머지는 아무것도 하지 않았다. 그 결과 운동한 집단의 부정적인 감정이 그러지 않았던 집단보다 두드러지게 낮았다. 불안감과 우울감도 운동으로 낮출 수 있다. 이 방면에 축적된 연구 결과는 규칙적인 요가 수련이 정신적·육체적 건강에 얼마나 유익한지를 보여 준다.

수면의 질이 낮거나 부족한 상황이 감정에 미치는 영향도 비슷하다. 피곤하면 방어력을 비롯한 정신적 능력도 떨어진다. 잠은 원기를 회복하는 작용을 한다. 충분히 잠을 자지 못하거나 너무 많이 자면 불안, 우울, 피로감, 적대감이 더 커진다. 수면 부족은 인지 제어와 행동을 담당하는 뇌 영역 사이의 연결 강도를 낮춘다. 효과적인 감정 조절 전략을 사용하기 위해서도 충분한 수면이 필요하다.

전반적인 안녕을 지키기 위해 취할 수 있는 방법이 두 가지 더 있다. 첫 번째는 좋아하는 일을 하는 것이다. 가족이나 친구와 시간을 보내고, 취미 활동에 열을 올리고, 영적인 면을 들여다보고, 자연 속에 흠뻑 젖고, 좋은 책과 재미있는 영화를 보는 시간을 가진다. 이렇게 인지 예비 용량(cognitive reserve)*을 구축해 두면 불가피한 정서적 혼란을 겪을 때 도움이 된다. 인간은 태생적으로 사회적 접촉과 지지를 구한다. 따라서 사회적 관계가 부족한 사람들은 불안, 우울, 심혈관 질환에 걸리기 쉽다.

두 번째 방법은 마음 챙김 호흡으로 아마도 궁극적인 예방 전략일 것이다. 배운 대로 매일 연습을 하면 현재 상황에 더욱 집중할 수 있고, 오가는 대로 감정을 받아들일 수 있으며, 감정에 과민 반응하거나 압도되지 않는다.

정신적·신체적 건강을 유지하는 모든 방법을 감정 건강에도 적용하라. 모두 연결되어 있으니 말이다.

이렇게 마지막 기술에 대한 소개를 마쳤다. 하지만 아직 끝나지 않았다.

다섯 가지 RULER 기술과 그 작용 방식 및 원리는 반드시 배워야 할 대상이다. 하지만 이는 시작 단계일 뿐이다. 이제 이 기술들을 활용하는 방법을 알아보자.

상호 연관된 다섯 가지 기술을 한꺼번에 배우는 일은 그리 간단하지 않다. 당신이 습득한 다른 기술을 배울 때 어땠는지 생각해 보라. 나는 합기도 검은 띠를 따기까지 4년간 매일 연습을 했다. 5단으로 승급하는 데에는 10년이 걸렸다. 무술을 배우는 것처럼 감정 기술을

---

* 뇌 기능이 저하되었을 때 평소 사용하지 않던 뇌 기능을 활용할 수 있는 능력.

개발하는 일에도 시간이 걸린다. 노력이 필요한 것이다. 연습을 해야 하고 열린 마음으로 피드백을 받아들여야 한다. 그렇게 갈고 닦아 개선해 나가야 한다.

이 기술들에는 감정적 특성이 있기 때문에 당신이 특히 잘하는 기술이 따로 있을 것이다. 나도 그렇다. 나는 감정 표현하기나 감정 조절하기보다 감정 인식하기, 감정 이해하기, 감정에 이름 붙이기를 더 잘한다. 이는 내가 행동 기술보다 사고 기술에 더 능숙하다는 뜻이다. 최근에 비행기 연착으로 연결편 비행기를 놓친 데다 그 밖의 여러 짜증 나는 일로 길고도 힘든 하루를 보낸 적이 있다. 그야말로 '멘탈 붕괴' 일보 직전이었다. 그 순간 나는 스스로에게 물었다. 심리학 박사 학위를 가진 대학 교수가 감정을 조절하지 못한다면, 감정 조절 기술을 배우지 못한 아홉 살짜리 아이나 엄청난 압박감에 시달리는 어른은 어떻게 할까? 그 생각이 들자 금세 마음이 진정되었다. 동시에 나는 모든 아이가 감정 교육을 받게 하려면 얼마나 많은 일을 해야 하는지 상기했다.

"누구에게나 그럴듯한 계획이 있다. 입을 한 방 맞기 전까지는." 마이크 타이슨(Mike Tyson)*은 이렇게 말했다. 옳은 말이다. 권투 링에서의 진리이자 다른 곳에서의 진리이기도 하다. 지금부터 모든 감정 반응에 능숙하게 대처하겠다고 말하기는 쉽다. 소중한 상대, 짜증만 부리는 아이, 비합리적인 상사가 말이나 표정으로 우리를 자극하기 전

* 미국의 세계적인 권투 선수.

까지는 말이다. 막상 이런 일이 벌어지면 지금껏 배운 기술들을 까맣게 잊고 만다.

감정을 자유롭게 표현하도록 허용하면서, 동시에 실패해도 괜찮다는 여지를 자신에게 줘야 한다. 실패한 뒤에는 다시 시도하면 된다. 한두 번 깊게 호흡하고 최고의 자아를 떠올리고 첫 단계부터 다시 시작하자. 그런 순간에는 다른 사람에게 하듯 자신을 용서하는 용기도 필요하다. 용기란 시도했던 모든 방법이 실패했을 때 전문적인 도움을 구한다는 의미이기도 하다.

우리는 최고의 자아에 가까워지기 위해 끊임없이 노력해야 한다. 그럴 만한 가치가 충분하다. 건강, 의사 결정 능력, 인간관계는 물론이고 모든 것이 더 좋아지지 않는가.

물론 다른 사람들이 여전히 낡고 잘못된 감정 규칙에 얽매여 있다면 내가 아무리 감성 능력에 통달했어도 큰 도움이 되지 않을 것이다. 수십 년 전 마빈 삼촌과 내가 발견했듯이 학생들에게 이 기술을 가르치기 충분한 분위기가 아직 조성되지 않았다. 교육 여건을 갖추려면 교사들이 감정 과학자가 되어야 하고 부모 또한 마찬가지이다. 나아가 고용주와 직장 동료를 비롯해 그들의 삶에 영향을 미치는 그 밖의 모든 사람도 감정 과학자가 되어야 한다. 이것이 다음 파트에서 다룰 내용이다.

permission
to feel

제3부

행복과 성공을 부르는
감정 기술 적용법

제9장

가정에서의 감정

부모와 보육자를 대상으로 한 세미나가 끝난 후 한 여성이 내게 다가와 조용히 말을 건넸다. "따로 말씀 나눌 수 있을까요? 아들이 걱정돼서요."

"그럼요, 문제를 말씀해 보세요."

"아무래도 작은아들에게 감성 지능이 없는 것 같아요. 툭하면 뭔가를 집어 던지고 너무 공격적이에요. 큰아들과는 딴판이에요. 큰아들은 사교적이고 재주도 많거든요. 남편도 저도 걱정이 이만저만이 아네요. 그 녀석을 데리고 임상 심리사를 찾아가 봐야 할까요?"

그가 감정 조절법을 배워서 아들을 도우면 어떨까 싶어서 몇 가지 제안을 해 보았지만 그는 이렇게 말했다. "그런 전략 같은 건 소용없어요."

"왜 그렇죠?" 내가 물었다.

"작은아들이 이제 겨우 11개월밖에 안 됐거든요."

말문이 턱 막혔다. 그 순간 떠오른 말은 "그래요, 임상 심리사한테가 보셔야겠어요. 당신이."였다. 나는 심호흡을 한 뒤 아들의 감성 지능에 대해 과도하게 걱정하는 것일 수 있으니 좀 더 지켜보다가 전문가를 찾아가는 편이 좋겠다고 완곡하게 제안했다.

우리는 제각각 다른 감정 프로그래밍을 가지고 이 세상에 태어난다. 자극받고 활성화되고 흥분하고 놀라는 지점이 저마다 다르다. 어떤 사람은 다른 사람들보다 감정을 강렬하게 경험한다. 감정 반응에서 회복하는 속도도 제각기 다르다. 하지만 이러한 개인적 차이가 감성 능력을 익히는 데 영향을 미치진 않는다. 연구에 따르면 과도하게 반응하도록 양육된 아이들조차 잘 배울 수 있다고 한다.

우리는 아이들의 감정 생활을 염려한다. 삶의 어느 곳이 감정과 관련된 부분인지도 잘 안다. 사실상 모든 분야가 그렇다. 앞서 살펴보았듯 아이들의 신체적·정신적 건강, 학업 능력, 장래의 성공적인 직장 생활과 가정 생활 등 모든 것이 감정 관리에 달려 있다. 이런 점에서 아이들의 성공 여부는 부모의 양육 행동을 고스란히 보여 주는 척도이다. 가족과 가정의 영향력에 비견할 만한 다른 요인을 찾기 어렵다.

그런데 '어떤' 가정인가?

바로 우리가 자란 곳, 감정 생활 방식을 형성한 가정이다. 우리는 감정 지식을 알지 못한 채로 태어난다. 그저 배고프고 춥고 어떤 이유

244

로 불편해져서 그에 반응할 뿐이다. 자연은 영유아기 아이들이 생존에 필요한 관심을 얻을 수 있도록 이처럼 반응하는 능력을 주었다. 그 밖의 모든 것은 둥지에서 배워야 한다.

어른이 되고 가정을 유지하는 데 필요한 지식을 배우는 과정에서 우리는 숨 쉬듯 자연스레 감정 경험을 쌓아 가고, 좋든 나쁘든 이렇게 형성된 감정적 패턴을 복제하며 성장한다. 그리고 우리가 출발한 가정을 감정적 토대로 하여 새로운 가정을 만들면서 순환이 반복된다.

많은 사람이 그런 운명을 피하려고 필사적으로 노력한다. 절대 부모처럼 되지 않겠다고 굳게 마음먹는다. 하지만 필연적으로 "이런 모습이 어디서 나왔지?"라고 혼잣말하는 순간이 온다. 불현듯 평생 마음 한구석에 부모를 품고 다녔다는 사실을 깨닫는다.

성인 두 사람이 만나 새로 꾸린 가정에는 상당한 양의 감정적인 상속분이 있다. 현재 아이가 없거나 독신으로 산다 해도 과거는 늘 당신 내면 어딘가에서 함께하고 있다.

이런 점을 감안할 때, 어떻게 해야 좋은 가정 환경을 만들 수 있을까? 우리 아이들과 사랑하는 사람이 지지와 존중을 받고 소중히 여겨지고 충분히 이해받으며 자신의 말을 귀담아 들어 준다고 느낄 만한 가정 말이다. 인내와 수용, 유머와 즐거움이 가득 찬 가정을 꾸리려면 무엇이 필요할까?

부모가 감정을 능숙하게 다루면
아이들도 자연스레 따라 배운다

오늘날 충분히 사랑받고 자라난 아이가 자기 삶에 최선을 다할 것이라는 생각에 이의를 제기하는 부모는 없을 것이다. 하지만 항상 그렇지만은 않았다. 20세기 초 아동 심리와 발달 분야에서는 아이들을 양육하는 최선의 방법을 놓고 의견이 갈렸다. 특히 엄격함과 관대함, 훈육과 허용의 장점을 두고 첨예하게 대립했다. 1915년에 미국 심리학회장 존 B. 왓슨(John B. Watson)은 지나친 사랑과 위안이 아이들에게 해로우며 자주 안아 주면 버릇이 나빠진다고 경고했다.

오늘날 기준으로는 왓슨이 말한 어떤 행동도 잘못되었거나 해롭다고 느껴지지 않는다. 부모에 대한 아이의 애착, 보고 느낀 데 따른 감정의 힘, 위안이 주는 혜택에 대한 최근의 과학적 연구는 한 가지 진실을 보여 준다. 아이들은 사랑과 보살핌을 체감할 때 가장 잘 자라난다.

그러나 부모들은 아이들의 감정 생활에 대해 양면적인 감정을 품게 되는 듯하다. 나는 감정을 다루는 다섯 가지 기술에 거부 반응을 보이는 부모들을 자주 만난다. 그들은 내가 거실 바닥에 둥그렇게 모여 앉아 지겹도록 감정을 토해 내는 모든 이를 옹호하는 사람이라고 생각한다. 그들은 우리의 일이 아이들의 현실 적응을 돕기는커녕 아이들이 방종하도록 내버려 두는 것이라고 이해한다.

그런 부모들은 감성 능력이야말로 현실적이고 실용적인 기술이라는 점을 놓치고 있다.

감정 표현을 허락한다는 것은 누군가가 우리에게 못되게 굴거나 무시하는 모든 순간에 집착하라는 뜻이 아니다. 사실은 그야말로 정반대이다. 그런 순간을 극복하고 그 경험을 통해 배우고 정상적인 삶을 이어 갈 수 있는 힘을 기르는 것이다. 감성 능력은 특히 젊은이들 사이에 만연한 분노, 괴롭힘, 격리, 불안, 두려움에 대항하는 방어막이 된다. 또한 창의성, 대인 관계, 의사 결정력, 건강을 끈질기게 해치는 방해물을 제거해 준다.

감정 표현을 허락하면 힘을 기를 수 있다. 스스로에 대한 진실을 직시하면서 자신과 아이들의 감정을 고려하는 일은 쉽지 않다. 하지만 감정을 부인하거나 과잉 반응하는 것보다는 훨씬 낫다. 부모가 감정을 능숙하게 표현하는 모습을 보면 아이들도 감정을 제대로 표현하는 법을 배운다. 반대로 당신이 감정 표현을 꺼리거나 최대한 적은 단어로 표현하면 당신의 아이들도 그렇게 자라난다. 아이들을 키우기 전에 감정 전략을 배우고 연습하는 데 열린 자세를 가져야 하는 이유이다.

연구자들은 부모의 감정이 어떤 식으로 자녀의 감정에 영향을 미치는지에 대한 여러 가지 경우를 발견했다.

감정에 대한 믿음

존 가트맨(John Gottman) 등의 가정 문제 연구자와 에이미 할버스타트(Amy Halberstadt) 등 발달 심리학자들은 감정을 중시하는 부모가 자녀의 감정을 잘 인지하면 코치처럼 행동할 수 있다고 보았다. 이들은 아이들이 분노나 슬픔을 표현할 때 훈육으로 위협하지 않는다. 그 대신 강렬한 감정을 건강하게 발전한다는 증거로 여긴다. 감정이 해로우며 문제를 일으킨다고 보는 부모들은 아이들에게 "그냥 참고 받아들여."라고 지시한다. 그리고 아이들의 감정 표현을 교묘하게 조정하려 한다. 자신의 감정을 숨기고 감정은 중요하지 않다는 암묵적인 메시지를 보내는 바로 그 부모들이다.

다른 사람의 감정을 인정할 때조차도 어떤 방식으로 할지 신중하게 선택해야 한다. 남자아이와 여자아이는 부모가 보내는 감정에 대한 메시지를 서로 다르게 받아들이는 경향이 있다. 남녀 간 차이는 성장하면서 더욱 커진다. 애리조나 주립 대학교 발달 심리학 전공 낸시 아이젠버그(Nancy Eisenberg) 교수에 따르면 초등학교에 들어가기 전까지는 성별 차이가 크게 나타나지 않지만 초등학교 2학년부터는 차이가 크게 나타난다고 한다. 예를 들면 다음과 같다.

- 어머니는 딸과 감정 이야기를 더 많이 나누고 아들보다 딸에게 더 폭넓은 감정 표현을 한다.
- 아버지는 아들이 감정적으로 유약한 모습을 보이지 못하게 하며 딸보다 아들에게 더 거친 언어를 사용한다.
- 부모가 학령기 이전 아이들과 이야기할 때, 아들보다 딸에게 감정 언어를 더 많이 사용한다.
- 영유아기 아이를 키우는 어머니는 아들보다 딸에게 더 많이 웃어 주고 감정을 표현한다. 딸에게는 슬픔에 대해, 아들에게는

분노에 대해 더 많이 이야기한다.

감정 어휘

어휘력이 감성 능력에 얼마나 중요한지 잘 알지 못하는 사람들이 많다. 지금껏 보았듯이 다양한 단어를 사용하면 미묘한 차이를 표현할 수 있다. 우리는 단순히 화를 내고 있는 것이 아니다. 골치 아프고 짜증 나고 막막하고 역겹고 약이 올라 괴로워한다. 그 차이를 구분하지 못하면 그 감정을 이해하지도 못한다. 이 차이가 감정 생활의 풍요와 빈곤을 가른다. 아이는 당신이 쓰는 어휘를 물려받을 것이다.

한 연구에서 연구자들은 정교한 언어로 감정을 표현하는 어머니의 아이가 감정 조절에 더 능숙하다는 사실을 발견했다. 연구자들은 "자신의 감정 상태를 표현하는 능력은 다른 사람들의 도움이나 위안을 얻어 내는 힘이라는 점에서 중요한 감정 조절 능력이다."라고 썼다. 이 문장의 핵심 의미는, 부모가 감정을 표현하는 데 많은 단어를 사용하면 아이들도 자신의 감정을 더 잘 표현하며 공감 능력도 더 발전한다는 것이다.

협력적 조절

우리가 서로의 감정에 어떻게 영향을 미치는지, 우리 행동 때문에 다른 사람의 감정이 어떻게 오락가락하는지 언급할 때 연구자들은 '협력적 조절'이라는 용어를 사용한다. 부모와 자식 관계에서 아이는 자신의 감정을 적극적으로 조절하는데 그 전략의 원천은 결국 부모이다.

가장 기본적인 수준의 협력적 조절은 양육자가 따뜻함, 반응성, 민감성을 발휘하는 것이다. 아이의 스트레스를 완화하고 안정감을 높일 수 있는 습관을 만드는 방법도 포함된다. 어린아이들에게는 기분 전환 전략도 이에 해당한다. "속상하구나. 쟤가 네 장난감 가져가서 화났어? 그러면 이 장난감 갖고 같이 놀자."

아이 스스로 감정을 조절할 계기를 만들어 주는 방법도 있다. "무슨 일이야? 기분이 어때? 어떻게 하고 싶어?" 같은 질문을 던지는 것이다. "저 친구가 네 장난감 갖고 놀게 해 주자. 2분만 지나면 분명히 네게 돌려줄 거야."라고 말하며 아이의 문제 해결을 돕거나 "저 친구가 아마 자기 장난감이라고 착각했나 봐. 쟤 뒤에 네 것이랑 아주 비슷한 장난감이 있었거든."이라고 말해서 재평가를 이끌 수도 있다.

또 다른 전략은 메타 인지적 자극이다. 이 전략은 아이들이 다른 감정 조절 전략을 만들어 내거나 대안을 선택하도록 이끌어 주는 활동이 얼마나 중요한지 강조한다. "무슨 일이 일어났는지 다른 방향으로 생각해 볼까? 아까 한 일 대신 어떤 일을 할 수 있었을까? 비슷한 느낌이 들었을 때 어떻게 했더니 효과가 있었지?"

아이의 감정을 외면하기 위해
핸드폰으로 도망치지 말라

나는 공공장소에서 귀를 쫑긋 세운 채 가족들이 나누는 대화를 엿들

곤 한다. 이런 일이 내게는 연구 활동의 일환이다. 가끔 아이들이 감성 능력을 발전시키도록 잘 이끌어 주는 부모를 만나기도 하지만 대부분은 그렇지 못하다.

내가 호텔 식당에서 아침 식사를 하고 있을 때 목격한 일이다.

"지금 '당장' 조용히 해." 아버지가 세 살 정도 되어 보이는 딸에게 말했다. "아침부터 기분을 망쳐 줘서 고맙구나." 그가 왜 폭발했는지는 알 수 없었다.

그런 다음에 그는 아이의 어머니가 그렇게 했듯이 메뉴판을 펼쳐 식사를 주문한 뒤 핸드폰으로 시선을 돌렸다. 그 남자는 30분 동안 한 번도 딸이나 아내를 쳐다보지 않았다. 식사를 마치고 자리에서 일어날 때가 되어서야 딸을 보며 말했다. "다시는 그렇게 행동하면 안 돼, 알겠지?"

이런 건 질문이 아니다.

"계속 이렇게 행동하면 남은 휴가 동안 수영하러 못 갈 줄 알아."

아이는 훌쩍이기 시작했다. 수영하러 못 가서 운다고 생각하는가? 그 세 살 아이에게 기분이 어떠냐고 묻는다면 (아이가 어른의 어휘력을 갖고 있다고 가정할 때) 아버지의 눈에서 자신을 무시하고 억누르며 하찮게 여긴다는 느낌을 읽었다는 대답을 듣게 될 것이다.

이 아버지에게는 딸의 감정을 인식하고 이해하며 감정에 이름 붙이는 능력이 부족했다. 그 모습을 보고 있자니 마음이 아팠다. 그 가족이 식당을 떠나자 문득 궁금해졌다. 그들에게 오늘 아침은 평소와 다름없는 날이었을까? 저 어린 소녀는 마음껏 감정을 표현해도 된다고 믿을까? 아이 아버지가 아이의 성격에 대해 보내는 암묵적인 메시지는 무엇일까? 무엇을 배워야 아이가 미래로 나아갈 수 있을까? 감정 기술이 몸에 밴 아버지라면 이 상황에 어떻게 대처할까?

한번은 기차에서 일곱 살가량의 남자아이와 어머니를 봤다. 나는 어머니가 아들에게 "명심해, 기차 예절."이라고 말하는 것을 듣고 그들의 존재를 처음 알아차렸다. 고개를 들어 보니 어머니는 핸드폰을 들여다보고 있고 아이는 좌석 옆에 서 있었다. 잠시 후, 아이가 통로를 왔다 갔다 했다. "자리에 앉아." 어머니가 말하자 아이가 자리에 앉았다. 어머니는 다시 핸드폰으로 시선을 돌렸다. 몇 분 후 아이는 다시 일어나 돌아다녔고 이를 알아챈 어머니가 말했다. "기차 예절에 맞게 행동해!" 이 짧은 코미디는 계속되었고 나는 그들에게 관심을 집중했다. 마침내 아이가 또다시 자리에서 일어나자 어머니는 소리를 지르고 말았다. "앉아! 엄마가 말할 때는 엄마를 쳐다봐!" 그러곤 자신의 옆자리를 손가락으로 가리키며 아들의 눈을 뚫어질 듯 쳐다봤다.

그 순간 이런 생각이 들었다. 한 시간 동안 참아야 하나? 아이 어머니에게 가서 "실례합니다. 저는 예일대 감성 지능 센터장인데 어떻게 하면 이런 상황에 잘 대처할 수 있을지 간단한 도움을 드리고 싶네요."라고 말하면 어떤 반응을 보일까.

사실 내가 정말 하고 싶었던 일은 아이에게 가서 "빨리, 도망칠 수 있을 때 도망쳐!"라고 속삭여 주는 것이었다.

부모들은 순간의 스트레스에서 벗어나기 위해 전자 기기에 관심을 돌림으로써 아이의 감정을 회피하곤 한다. 연구에 따르면 부모가 이렇게 행동할수록 아이는 더욱 고통스러워질 뿐이고 심지어 더 나쁜 행동을 하기도 한다. 그러면 부모는 이 상황을 자신이 혼자 있어야 할 핑계로 삼는다. 아이들은 부모가 식사나 대화 중에 전자 기기를 사용하면 자신이 중요하지 않다고 느낀다. 유아 또한 어머니가 핸드폰을 사용할 때 고통을 더 많이 표현한다. 한편 식당에 있는 동안 전자 기기에 몰입한 부모들은 아이들이 관심을 원할 때 굉장히 거칠게 반응한다.

아이들은 전자 기기를 어떻게 사용할까? 2018년에 퓨 리서치 센터(Pew Research Center)가 발표한 보고서에 따르면 10대 청소년 가운데 45퍼센트가 "거의 지속적으로" 온라인에 접속해 있으며 미국 고등학교 3학년 학생들은 채팅과 SNS, 인터넷 서핑에 하루 평균 여섯 시간을 쓴다고 한다. 샌디에이고 주립 대학교 진 트웽(Jean Twenge) 교수가 수행한 연구에서 화면을 들여다보는 시간과 어린이 및 청소년의 안녕은 반비례한다는 사실이 밝혀졌다. 전자 기기 사용 시간이 길수록 호기심, 자기 통제력, 정서 안정성이 낮았다. 불안 장애나 우울증 진단을 받는 비율은 사용 시간이 짧은 사용자에 비해 두 배 더 높았다.

우리가 어렸을 때 어떤 가정에서 자라났는지 생각해 보자

자, 이제 기억을 되짚어 봐야 할 시간이다. 우리가 어떻게 자랐는지 살펴보고 우리가 머릿속에 간직해 둔 가족에 대한 단서를 찾아보자.

잠시 시간을 두고 당신이 자란 가정을 떠올려 보라. 부모나 양육자와의 관계가 어땠는지, 집에 있을 때 어떤 감정이 들었는지 생각해 보라. 어린 시절의 집안 분위기를 한마디로 무엇이라고 묘사할 수 있을까?

전 세계 사람들에게서 수천 가지 반응을 수집한 결과를 다음과 같이 요약 정리할 수 있다. 전체 반응은 세 가지 범주로 나뉜다. 단어 가운데 약 70퍼센트가 부정적이었고 20퍼센트는 긍정적, 10퍼센트는 중립적이었다.

가장 부정적인 반응은 다음과 같다. 꽉 막힌, 무거운, 해로운, 억압된, 불편한, 성장에 방해되는, 회피하는, 맹목적인, 극심한, 지지해 주지 않는.

가장 긍정적인 반응은 다음과 같다. 지지해 주는, 사랑받는, 보살펴 주는, 잘 키워 준, 수용해 주는.

가장 중립적인 반응은 다음과 같다. 모르겠음, 경우에 따라 다름, 별생각 없음, 평범한, 중립적인.

내 형에게 이 질문을 하니 그는 바로 "재떨이, 옷걸이, 허리띠!"라고 답했다. 무슨 의미인지 확 와닿았다.

스스로에게 물어보자. 자라면서 감정에 대해 뭘 배웠나? 집에서 무슨 일들을 겪었나? 부모가 쉽게 표현하는 감정과 전혀 드러내지 않는 감정은 어떤 것들이었나? 부모는 당신의 감정, 특히 분노, 두려움, 슬픔처럼 힘든 감정에 어떻게 대응했나? 그들은 감정 과학자로서, 당신이 느낀 감정과 그 이유를 알아내려 노력하며 당신이 그 감정을 다룰 수 있도록 도움을 주었나? 아니면 감정 심판자로서, 당신이 느낀 감정을 비난하거나 잘못된 점을 꼬집었나? 부모의 행동이 당신이 감정을 표현하도록 독려했나, 아니면 억압하라는 무언의 메시지를 보냈나?

가정의 감정 표현에 대해 생각하는 또 다른 방법은 현재의 당신에게 영향을 미친 어린 시절의 결정적 순간을 찾아보는 것이다. 긍정적이건 부정적이건 당신의 성장에 큰 영향을 미친 사람이나 사건을 떠올려 보자. 아마 집이나 학교, 놀이터가 배경일 것이다. 당신의 결정적인 순간은 언제였는가?

잘 생각해 보자. 집, 학교, 가족과 친구가 어땠는지 기억해 보라. 떠올릴 때마다 당신을 미소 짓게 하는 긍정적인 순간은 언제인가? 평생 잊으려 애쓸 만큼 고통스럽거나 힘들었던 순간은? 그런 순간도 행복한 순간만큼 중요하다. 자, 이제 그 순간들의 긍정적인 면과 부정적인 면을 살펴보자. 어른이 된 당신과 당신 가족의 감정 생활 사이에 어떤 연관성이 있는지 찾아보자.

인간은 긍정적인 사건보다 부정적인 사건을 더 잘 기억하므로 나는 초등학교와 중학교 시절 겪은 괴롭힘과 학대를 자주 떠올린다. 내 어린 시절의 가장 강렬한 기억 가운데 하나는 크리스마스이브에 동네를 한 바퀴 뛰었던 것이다. 아버지와 어머니가 그렇게 해야 선물을 열게 해 주겠다고 말했기 때문이다.(어쨌든 그들은 달리기가 살을 빼는 효과적인 방법이라고 믿었다.) 합기도를 배워 검은 띠를 딴 일, 고등학교 시절 여자 친구와 가장 친한 친구, 마빈 삼촌과 함께한 시간처럼 행복한 경험도 있었다. 기쁨을 가져다준 소중한 순간들이었다. 결국 내가 다른 사람들에게 자유롭게 감정을 표현해도 된다는 생각을 심어 주고, 부끄러움이나 두려움 없이 감정을 표현하도록 돕는 일에 평생을 바치게 된 것은 긍정적인 경험과 부정적인 경험이 복합적으로 작용한 결과였다.

현재의 감정 생활에 미친 과거의 영향을 인정했다면 현재를 마주할 준비가 된 것이다. 이제부터는 RULER를 따르면 된다. 먼저, 감정을 인식하면 그 이유를 이해할 수 있다. 감정을 이해해야만 우리의 감정이 어떻게 행동을 유발하는지, 즉 무엇이 우리를 자극하는지 알 수 있다. 또한 무엇이 우리를 자극하는지 알아야만 감정 반응을 조절할 수 있다.

부모가 감정을 조절할 줄 알아야
아이도 감정을 조절할 수 있다

부모들에게 자신을 자극하는 방아쇠가 무엇인지 구체적으로 표현해 달라고 하면 금세 답이 나온다. 다음과 같은 답을 찾아내느라 오래 생각할 필요는 없다.

"매일 아침 7시 40분이면 자극을 받아요. 아이들을 깨워 옷을 입히고 집을 나서는 전쟁이 시작되는 시간이죠."

"같은 일을 계속 반복해야 할 때요."

"고생하며 저녁 식사를 차렸는데 안 먹겠다고 할 때죠."

"내가 질문할 때마다 잘난 체하는 말투로 대답하는 거요."

"돼지우리 같은 딸의 방을 보기만 하면 화가 치밀어요."

"끝없는 말다툼과 싸움이죠."

"두 아들을 버릇없게 키웠다는 사실을 느낄 때마다 그래요."

부모 또는 양육자인 당신의 감정을 자극하는 방아쇠는 무엇인가? 이상의 목록에 무엇을 더하겠는가?

부모들이 불만 사항을 털어놓으면, 다음으로는 자극받을 때 보통 어떻게 반응하는지 묻는다. 이번에는 답이 그리 빨리 나오지 않는다. 우리의 반응이 얼마나 격렬하고 부적절한지 털어놓으려면 상당한 정직함과 용기가 필요하다.

"저는 딸에게 소리를 질러요. '빼액' 지르는 거죠. 있는 힘껏 말이에요."

"저는 위협해요."

"뭔가를 빼앗습니다."

"아무 말 않고 무시해요."

"애들의 죄책감을 자극해서 내가 바라는 행동을 하게 해요."

"아이들을 제대로 통제하지 못한다고 아내를 탓합니다."

"원하는 걸 해 주겠다고 조건을 걸어요."

한 어머니가 자신의 이야기를 들려주었다. 어느 해 여름, 고등학생 아들이 참여했던 캠프에 문제가 생기는 바람에 아들이 도중에 집으로 돌아왔다. "그러더니 서서히 저를 미치게 했어요. 그 애는 게으름뱅이였어요. 집을 엉망으로 만들었고 아르바이트라도 찾아보라고 해도 말을 안 들었죠. 방구석에서 빈둥대기만 했어요. 아들을 쳐다보지도 못할 지경에 이르렀죠. 짜증이 치솟고 속이 터져서 미칠 것 같더라고요. 한계점에 이를 때면 욕실에 들어가 문을 걸어 잠그고 혼자 있었어요. 그렇게 한 달이 지나니까 남편이 묻더군요. 혹시 요도염이라도 생겼냐고요."

이 중 당신에게도 익숙한 반응이 있는가? 당신을 자극하는 방아쇠가 당겨졌을 때 자동으로 어떤 반응이 튀어나오는가? 아이에게 위협받는다고 느끼면 우리의 동정심은 사라지고 만다.

강연 중에 극단적인 반응이 아이들의 뇌 구조를 실제로 바꿀 수도 있다는 사실을 청중에게 말하면 강연장에는 침묵만이 감돈다. 모두들 자신이 얼마나 성질을 주체하지 못하고 아이들에게 화를 냈는지, 외부 영향을 쉽게 받는 아이들에게 얼마나 큰 피해를 주고 말았는지 조용히 헤아리는 것이다. 분위기가 심상치 않다. 부모들은 몹시 당황스러워하며 후회로 가득 찬 표정을 짓는다.

"지난 6년간 고함지르며 야단친 모든 순간이 아이의 뇌에 영구적인 손상을 입혔다고 생각하니 무섭네요." 한 어머니가 강연장의 모든 사람을 대변해 말했다.

"너무 심각하게 걱정할 필요는 없습니다. 아이들의 뇌는 아직 말랑말랑하거든요. 그 말은 곧, 구조가 항상 변한다는 뜻입니다. 여러분이 감정을 더 잘 조절하기 시작하면 아이들의 뇌는 그 점을 받아들여 변할 것입니다."

그제야 안도의 한숨 소리가 들린다.

"하지만 말이죠." 내가 뒤이어 말한다. "너무 안심해서도 안 됩니다. 방금 드린 말씀은 여러분이 계속 소리 지르고 벌주고 스트레스를 줘도 된다는 뜻이 아닙니다. 지금이라도 여러분이 감정 조절을 시작하면 아이들도 자신의 감정을 조절할 수 있게 된다는 의미이고 바로 그 지점에 희망이 있다는 겁니다."

'방아쇠'(triggered)는 우리가 감정에 반응하는 방식을 설명하기 위해 선택한 단어이다. 우리는 외부에서 뭔가가 우리의 방아쇠를 당기기라도 한 것처럼 말한다. 아이가 무례한 어투로 말대꾸하거나 발을 굴렀기 때문에 당신이 분노했다고 생각하는 것이다. 하지만 방아쇠는 외부가 아닌 우리 내면에 있다. 자신의 행동은 스스로 책임져야 한다. 본인이 선택한 행동이라고 느끼지 않겠지만 실제로는 그렇다. 우리는 삶의 자극에 대응하는 방식을 스스로 결정한다. 아이가 버릇없이 굴 때마다 분노를 터뜨리고 싶지 않다고? 그러면 더 잘 대응할 방법을 찾아내야 한다. 눈에는 눈, 이에는 이 같은 구시대적 방법은 효과가 없다.

효과적인 방법은 무엇일까? 여기서 다시 감정 조절하기 기술로 돌아가 보자. 우리 자신의 감정 반응은 물론 아이들의 감정을 조절하는 것이다. 감정 조절하기의 첫 단계이자 위력이 가장 센 것은 바로 메타 모먼트이다. 정말 피하고 싶은 방식으로 몸이 반응하려 할 때 잠시 멈춰 숨을 한 번(또는 두 번) 고르는 것이다.

난관에 봉착했을 때 잠시 멈추는 것은 삶에 대한 반응을 다스리는 오래된 방법이다. 바로 그 방법에서 감정 조절이 시작된다. 호흡은 강한 반응을 가라앉히며 생각할 시간을 1~2초 정도 벌어 준다. 다만 메타 모먼트에 완전히 집중하는 것이 핵심이다.

내가 이상적으로 생각하는 '최고의 자아'를 상상하라

자, 숨을 깊게 들이마시고 내쉬면서 멈춤 버튼을 눌렀다. 이 방법은 앞서 '감정 조절하기'에서 다루었다. 그러면 다음 차례는 뭘까?

당신의 '최고의 자아'(best self)를 떠올리는 것이다.

이때 우리는 이상적인 부모를 상상한다. 친절하고 사랑이 넘치며 인내심 있고 다정하게 보살피는, 감정에 휘둘리지 않고 공정하고 합리적이며 지지와 격려를 보내는 부모를 떠올린다. 이들은 분노나 실망감 때문에 비이성적으로 행동하지 않는다. 비꼬지도, 격렬하게 화를 내지도, 기를 죽이지도, 군림하지도, 무섭게 굴지도 않는다.

대부분의 부모가 그렇지 않느냐고 말하고 싶지만 이런 사람은 어디에도 존재하지 않는다. 우리 모두는 너무도 인간적이기에 실수를 한다. 최고의 자아는 머릿속에만 존재하는 이상형일 뿐이다. 항상 최고의 자아처럼 살아갈 수는 없다. 대부분의 순간에는 최고의 자아에 가까이 다가가기조차 어렵다. 하지만 그 정체를 파악하는 것은 중요하다. 최고의 자아는 곧 당신이 되고 싶어 하는 존재이기 때문이다. 메타 모먼트 동안 '최고의 자아라면 어떻게 반응할까?'라고 물으면 적어도 이 중요한 시점에 어떻게 행동하고 싶은지 알게 될 것이다. 그러다 보면 최고의 자아와 점점 가까워질 테고 다음에는 더 친해질지도 모른다.

충분히 노력한다면 대부분의 부모가 갖추고 싶어 하는 감정적 특징을 구현해 나갈 수 있다. 나는 종종 청중에게 다음 문장을 완성해 달라고 청한다.

'나는 (   ) 부모가 되기 위해 노력하겠다고 약속한다.'

가장 많이 나온 답변은 다음과 같다.

- 열성적인
- 격려해 주는
- 영감을 주는
- 공감해 주는
- 인내하는
- 아이에게 열중하는
- 지지해 주는
- 친절한
- 이해심 있는
- 사랑해 주는
- 책임감 있는

좋은 출발이다. 당신은 이상의 목록에 무엇을 더하겠는가?

최고의 자아라는 이상에 접근하는 또 다른 방법이 있다. 직장이건

속해 있는 공동체이건 당신이 알려진 곳이라면 어디든 당신에 대한 평판이 존재하기 마련이다. 당신은 대체로 이를 진지하게 받아들이고 좋은 평판을 유지하기 위해 최선을 다할 것이다.

가정에서의 평판도 있다. 그 '공동체'의 규모는 일반적인 것보다 꽤 작지만 단어의 정의에는 부합한다. 이 공동체에서 당신은 친절하거나 인내심 있거나 이해심 있거나 포용력 있다는 평판을 얻을 수 있다. 이와 정반대이거나 그 중간 어디쯤이라는 평가를 받을지도 모르겠다. 성질이 급하거나 느긋하거나, 말 붙이기 쉽거나 어렵거나, 정직하고 성실하거나 신랄하고 비꼬기 잘한다고 알려진 경우도 있을 것이다. 약속을 잘 지키거나 잘 잊어버린다는, 마음이 넓거나 이기적이라는 평이 따를 수도 있다. 가정에서 평판을 얻는 방식은 밖에서와 똑같다. 모든 평가는 당신의 행동에서 비롯한다.

그렇다면 가정에서 당신의 평판은 어떤가? 어떤 행동을 했기에(또는 실패했기에) 그런 평판을 얻었는가?

아이들은 끊임없이 부모를 관찰한다

기억하라. 당신의 아이들은 갓 태어난 순간부터 당신을 면밀히 연구한다. 그들은 당신의 어조, 미세한 표정, 모든 동작과 스킨십, 보디랭귀지를 읽고 단서를 파악한다. 그리고 당신의 말보다 많은 의미를 전하는 분위기를 감지한다.

평판을 의식하면 존경과 존중을 받을 만한 행동을 하게 된다. 평판을 위해 조금 더 나은 사람이 되려 하는 것이다. 당신이 다른 사람들에게 기울이는 노력을, 당신의 가족도 똑같이 받을 자격이 있지 않나? 이 질문에 한번 답해 보라. 당신은 아이들이 커서 과거를 회상했을 때 당신이 어떤 사람이었다고 말해 주기를 바라는가?

감정을 효과적으로 조절하는 또 다른 방법은 조절해야 할 때를 미리 떠올리는 것이다. 대부분의 경우 일과를 마치고 집으로 돌아갈 때가 잠재적 발화점이다. 직장에서 우리는 가장 바람직한 모습을 보인다. 자연스러운 감정 반응을 순화하여 늘 침착하고 유능하며 통제력이 있는 사람처럼 행동한다. 하지만 감정을 단단히 묶어 둔 상태를 계속 유지하기란 어렵다. 따라서 그날 일을 마치면 자동으로 느슨하게 풀리고 만다. 큰 숨을 내쉴 때처럼 바로 긴장이 누그러진다. 그리고 마침내 우리는 자기 자신다워진다.

드디어 집에 도착한다. 지치고 힘 빠진 상태로. 아마 배도 고플 것이다. 마침내 문손잡이를 잡고 돌리면…… 평화와 안식의 세계로 들어간다. 고요하고 평온한 세상이다. 사랑이 듬뿍 담긴 가족의 포옹을 받으면 근심 걱정에서 해방된다.

글쎄, 이것이 당신 가정의 풍경일 수도 있다. 그렇다면 이 규칙의 찬란한 예외가 된 것을 축하한다.

당신의 일상이 이렇지 않다면 일종의 주의 장치(reminder)를 찾아야 한다. 문을 열고 집에 들어서기 전, 그 어떤 혹독한 시험에 들어도 가족을 위해 냉정함을 유지하겠다고 다짐하게 하는 장치이다. 이제 문손잡이는 당신의 감정 생활에서 중요한 부분이 된다. 문 건너편에서 어떤 일을 마주해도 감정을 조절해야 한다는 사실을 일깨워 주는 장치로 작용하는 것이다.

주변에 있는 것은 뭐든 주의 장치가 될 수 있다. 내 친구는 매일 저녁 퇴근길에 샌프란시스코 금문교를 지나는데 이 다리를 자신만의 표지판으로 삼았다. 금문교를 볼 때마다 감정의 온도를 낮춰야 할 시간이 되었음을 떠올리는 것이다. 맨해튼에 사는 지인은 자유의 여신상을 자신의 부적으로 여긴다고 한다. 퇴근길에 자유의 여신상이 보이면 자동으로 마음을 가다듬고 최고의 자아를 필요로 하는 곳에 기운을 쓸 수 있도록 대비하는 것이다.

하지만 이 모든 전략은 메타 모먼트 뒤에야 효력을 발휘한다. 따라서 메타 모먼트를 갖는 것이 제2의 천성이 되어야 한다. 그렇게 되려면 얼마나 걸릴까? 하루 이틀 이상? 일주일이나 한 달? 무엇이 당신을 자극하든 즉각 반응하기 전에 멈춤 버튼을 누르는 연습을 열심히 한다면 여섯 달쯤 뒤에는 습관처럼 느껴지기 시작할 것이다. 메타 모먼트가 하루 사이에 자동으로 체득되리라는 기대는 비현실적인 생각이다. 나는 인생의 대부분을 감성 능력과 메타 모먼트를 연구하고 가르치고 논의하는 데 바쳤다. 하지만 나조차도, 긴 하루 일과를 마친 다음 지치고 배고파 아무 생각도 할 수 없는 상태로 집에 가면 이런 기술을 전혀 발휘하지 못한다.

가정에서 어떤 감정을 느끼기를
바라는지 '헌장'을 만들라

감성 능력이 중요한 집단에서 시도해 볼 수 있는, 대체로 성공적인 방법이 하나 있다. 바로 '헌장'(charter)이다. 당신의 모든 가족 구성원이 어떻게 느끼기를 바라는지 상세히 기록한 문서 또는 협약서이다. 가족 모두가 최선의 가정 환경을 만들기 위해 서로에게 했던 약속 목록도 헌장에 포함할 수 있다. 아이들이 어리면 글쓰기에 도움이 필요할 수도 있겠지만 어린아이들도 어떤 단어가 적절한지 의외로 잘 알고 있다.

헌장은 세 가지 질문에 답을 찾으며 만든다. 첫 번째 질문은 '가족으로서 어떤 감정을 느끼고 싶은가?'이다. 이 질문은 주말이나 저녁 식사 때처럼 한가한 시간에 하면 좋다. 많은 가족이 이 질문에 사랑하는, 존중하는, 하나 된, 안전한, 행복한, 평온한, 감사하는, 즐거운 같은 표현으로 답했다.

두 번째 질문은 '이런 감정을 최대한 자주 경험하려면 어떻게 해야 할까?'이다. 숙제하거나 잠자리에 들 때 혹은 저녁 식사 자리에서 어떻게 적절한 분위기를 조성할지 결정하는 식으로 아주 상세하게 답할 수 있다. 어떤 가족은 매일 밤 잠자리에 들기 전 "사랑해."라고 말하기로 약속한다.

세 번째 질문은 헌장이 한동안 효력을 발휘한 뒤에 답한다. '헌장을 따르지 않을 때 어떻게 해야 할까?' 이번에도 구체적으로 답하는 편이 좋다. 예를 들어 한 가족 구성원이 다른 구성원을 무시하는 말을 했다면 그 감정과 논쟁을 유발한 문제를 해결할 수 있는 최선의 방법은 무엇인가? 많은 헌장에는 이러한 문구가 포함된다. "우리는 헌장의 약속이 깨졌다고 느끼는 사람을 심판하지 않고 그의 말을 주의 깊게 들어 준다."

가족의 모든 구성원이 참여하면 헌장에 힘이 실린다. 그러면 가족 모두가 자신의 감정 환경에 대해 자발적인 책임감을 갖게 된다. 대부분의 가정에서는 그 정도만 해도 진일보를 이룬 것이다.

헌장은 부모의 요구를 수용한다는 점에서 부모에게도 유익하다. 어른들은 일정 시간이 지나면 싸움이나 과도한 소음 없는 평화롭고 조용한 시간을 즐기길 바란다. 헌장에는 모두의 바람을 담아야 한다. 이로써 부모 역시 다른 사람처럼 감정 욕구를 가진 인간이라는 사실을 아이들에게 일깨워 줄 수 있다. 결국은 아이들도 깨닫는 사실이지만, 많은 부모가 자신의 욕구로부터 아이들을 보호하려 노력한다. 그래서 의도치 않은 결과가 일어나는데, 아이들이 어른들의 감정을 존중하기는커녕 인정하는 데도 어려움을 겪는 것이다.

감정적 욕구를 글로 쓰면 자신은 물론 다른 사람을 위해 이를 실현하게 된다. 감정에 압도되었을 때 주의를 환기하는 데에도 유용하다. 헌장은 계약서와 비슷하게 작용한다. 차분히 생각하며 쓴 공식 합의서는 평정심을 잃고 상대를 배려하지 못할 때 도움을 줄 것이다. 냉장고 문이나 벽에 헌장을 붙여 두어도 그다지 소용없다는 생각이 들 수도 있지만 막상 시도해 보면 꽤 효과가 있다는 사실을 알게 된다.

워크숍에서 만난 어느 아버지의 인터뷰가 생각난다. "여섯 살 아들 데이비드를 혼낸 적이 있습니다. 아내와 한창 말다툼을 벌이고 있는데 부엌에 들어와 게임기 배터리를 달라고 조르기 시작했죠. 이미 화가 치민 상태라 데이비드가 '아빠, 아빠, 아빠, 아빠, 아빠, 아빠.' 하는 소리에 인내심이 끊기고 말았습니다. 결국 폭발해서 아이더러 방에 들어가라고 했죠. 사실 반쯤은 부엌 밖으로 쫓아내 계단으로 내몰았습니다."

다음 날 아침, 아이들이 등교 준비를 하고 있을 때 이 남자는 데이비드의 침대 옆에 놓인 쪽지를 봤다. 열 살짜리 제이슨의 글씨였다. "왜 제이슨의 글씨가 여기 있는지 의아해서 집어 들어 읽어 보니까, 데이비드에게 감정 다루는 법을 알려 주는 대본이었습니다. '세 번 깊게 숨을 쉬어. 아빠는 그냥 기분이 나쁜 거야. 조금 쉬고 내일이 되면 더 나아지실 거야.'"

그 남자가 말을 이었다. "평생 겪어 보지 못한, 각성의 순간이었습니다. 큰아들 제이슨은 학교에서 감정을 다루는 법을 배우고 있었습니다. 아내와 저는 우리가 나쁜 본보기였고 아이들에게 불필요한 상처를 많이 주었다는 사실을 깨달았습니다. 제이슨에게 우리가 어떻게 감정을 다뤘어야 했는지 묻자 이렇게 말하더군요. '있잖아요, 아빠. 학교에는 우리 모두가 어떻게 느끼고 싶은지 적어 놓은 헌장이 있어요. 우리도 하나 만들어요.'"

부모가 먼저 감정 조절하기 기술을 익혀야 하는 이유

가끔씩 부모들과 상담하는 중에 내 어린 시절의 힘들었던 순간을 끌어내곤 한다. 합기도 노란 띠 심사에서 떨어진 뒤 부모님께 화풀이하던 순간 말이다. 우리는 이 상황을 두고 역할극을 한다.

나는 당신의 사춘기 아들이고 무술 승급 심사에 떨어진 채 돌아왔다. 나는 부엌에 들어와 고함을 지르며 화를 낸다. "엄마 싫어……. 합기도도 싫어……. 승급 심사를 안 봤어야 했어. 아직 준비가 안 된 걸 엄마도 알면서 시켰잖아……. 다시는 안 해. 그리고 내일 학교도 안 갈 거야!"

시점을 바꿔서 내가 당신을 참아 주지도 이해해 주지도 못한다고 상상해 보자. 당신은 하루 종일 일하고 한 시간을 달려 집에 왔다. 너무나 지쳤고 머리가 아프기 시작한 데다 배도 고픈데 나는 이렇게 화를 낸다. 내가 이 순간을 극복하려면 당신의 도움이 필요하다는 사실을 당신도 알고 있다. 아이들이 울적해하고 좌절할 때 곁에 있어 주는 부모가 되고 싶다.

하지만 나의 나쁜 행동이 당신을 자극한다. 그래서 내가 하는 말을 완전히 무시하고 맞받아 소리치기 시작한다. 카운터펀치 같은 반사 작용이다. 다음은 역할극에서 부모들이 보인 반응이다.

"어디서 엄마한테 그런 식으로 말해!"

"진정하고 목소리 낮춰. 아무것도 아닌 일로 울지 말고!"

"중간에 그만두면 안 돼. 이미 수업료 냈으니까 가서 수업 받아."

"내일 학교 안 가겠다는 소리 따위 하지도 마. 무조건 가! 내가 시키는 대로 해!"

어떤 부모들은 아이를 달래 주면서도 아이의 실망감과 수치심을 건드리지 않으려 노력한다.

"괜찮아, 우리 아들. 사범님이 일부러 그러진 않았을 거야."

"엄마는 어떤 일이 있어도 항상 널 사랑해."

"진정해. 저녁 먹고 쇼핑몰 가서 좋아하는 거 사 줄게."

"그만두고 싶으면 그만둬도 돼."

이번에는 꽤 재미있었던 대응을 살펴보자.

"이번 주말에 노란 띠를 사자. 그러면 사범님이 줄 때까지 기다리지 않아도 되잖아."

"더 멋있는 합기도 사범님을 찾아볼까?"

"새 옷 사러 쇼핑이나 가자."

우리는 웃음을 멈춘 뒤 감성 능력이 고도로 발달한 부모의 대답을 듣는다.

"네가 그렇게 느낄 만도 하다. 엄마 생각에도 어딘가 석연찮은 구석이 있구나. 잠시 산책하면서 얘기해 볼까?"

"잠깐 멈추고 깊이 호흡하렴. 나도 네가 얼마나 화났는지 알겠어."

"이리 와, 안아 줄게."

"마음을 진정할 시간이 필요한 것 같구나. 네 방에 가서 쉬다가 저녁 먹으면서 이야기할까?"

역할극이 끝나고 참여한 부모들에게 가상의 아이가 고민을 털어놓았을 때 어떤 느낌이었는지 물었다.

"눈앞에서 폭탄이 터진 것 같았어요."

"저한테도 생각할 시간이 필요했어요."

"절박하고 두려웠죠."

"자신에게 물었어요. '왜 애를 낳았을까?'"

이처럼 연습을 거치면 '아하!' 하고 깨달음을 얻는 순간이 온다. 어른들은 자식에게 가르쳐 줄 감정 조절 전략을 배우러 세미나에 오지만, 아이들이 감정을 조절하려면 부모가 먼저 자신의 감정을 조절해야 한다는 사실을 깨닫는다.

누군가가 나를 심리적으로 공격할 때, 감성 지능이라는 방어 도구가 필요하다

가족들의 감성 지능을 향상하는 과정을 다음의 네 단계로 정리할 수 있다.

• 1단계 '성공을 위해 스스로 준비하기.' 가족 헌장을 만들라! 그리고 매일 헌장에 적힌 단어를 생각하라. 그러면 헌장의 내용이 늘 마음속 어딘가에 존재하게 된다. 아이의 감정 조절을 돕기에 앞서 메타 모먼트를 갖고 최고의 자아를 떠올려야 한다는 것을 잊지 말자. 당신은 아이의 롤 모델이다. 당신의 표정, 어조, 몸

짓이 모두 중요하다.

- 2단계 '탐색하기.' 감정 과학자가 되자. 다 안다는 자세가 아닌 알아 간다는 자세가 중요하다. 자신의 주장을 펴는 대신 상대를 이해하려는 마음으로 귀 기울여 들어야 한다. 기억하자. 행동은 드러난 현상일 뿐, 감정 그 자체가 아니다. 아이를 인정하고 아이에게 조건 없는 사랑과 지지를 보여 줘야 한다. 필요하다면 감정을 잠재울 수 있도록 도와주자. 감정을 아이 잘못으로 돌려선 안 된다. 마음껏 감정을 표현하게 하고 감정의 주제를 이해하여 아이가 감정에 이름을 붙일 수 있도록 거들어 주자.

- 3단계 '전략 세우기.' 아이의 감정이 무엇인지 알았고 상황을 다 파악했다면 자기 대화, 재평가, 포옹, 곁에 머무르기 등의 단기 전략으로 아이를 도울 수 있다. 부모 입장에서 아이가 사용하기를 바라는 전략이 흡족하지 않을 수도 있다. 또한 전략이 처음부터 잘 작동하는 경우는 드물다. 아이가 감정 근육을 기르려면 당신이 도와줘야 한다. 그런 다음에 아이가 문제를 해결하도록 돕는 방법부터 전문 상담가를 찾는 방법까지 두루 검토하며 장기 전략을 세우자.

- 4단계 '후속 조치하기.' 감정 조절은 평생 과제이다. 역사는 자주 되풀이된다. 그러므로 아이들에게는 정기적인 점검과 지속적인 지원이 필요하다. 아이들의 건강한 감성 발달을 뒷받침하려면 어떤 환경이 필요할까? 내 최고의 자아는 아이를 어떻게 지원할 수 있을까? 이런 질문의 답을 늘 생각하자. 그리고 자신

과 아이에게 연민을 품자. 마음대로 하라는 뜻이 아니다. 실패했다고 자책하는 대신 지난 경험을 통해 배움을 얻는 건설적인 시각으로 접근하라는 것이다.

감성 지능 발달 과정을 잘 보여 주는 바람직한 사례가 바로 내 주변에 있다. 조카딸 에스미는 빨간 머리에 흰 피부를 지닌 내 사촌 엘린이 과테말라에서 갓난아기일 때 입양한 아이이다. 엘린은 사촌이라기보다 친누나 같았기 때문에 나는 에스미를 친조카처럼 여겼다. 에스미가 뉴욕 북부 유치원에 다닐 때였다. 같은 반 친구가 에스미에게 말했다. "웩, 넌 너희 엄마랑 얼굴색이 다르네!"

에스미는 크게 충격받았다.

엘린은 내게 전화를 걸었다. "에스미가 피부색 때문에 놀림을 받았어. 자기가 나랑 다른 식구들, 유치원 친구들이랑 다르게 생겼다고 화를 내면서 계속 울기만 해. 유치원도 이젠 안 가겠대. 두려운 모양이야. 언젠가 이런 일을 겪으리라고 생각했지만 유치원 때일 거라고는 생각도 못 했어. 도저히 참을 수 없어서 지금 차에 올라탔어. 놀렸다는 그 애 집에 찾아가려고 해."

자, 이 상황에서 제일 먼저 뭔가 해야 할 사람은 에스미가 아니다. 엄마인 엘린이 메타 모먼트를 갖고 딸아이에게 건강한 반응을 보여 주는 것이 우선이다. 그래야 아이가 반응한다. 아이들은 부모를 열심히 지켜보고 있다. 부모의 일거수일투족을 통해 비슷한 상황에서 어떻게 행동해야 할지 단서를 얻기 때문이다.

엘린이 흥분한 건 충분히 이해된다. 새끼를 보호하는 어미 호랑이 같은 반응이다. 하지만 엘린이 흥분한다면 에스미는 엄마도 이 상황에 침착하게 대처하지 못한다는 메시지를 받을 것이다. 또한 에스미가 비슷한 일을 다시 겪을 때 스스로 방법을 찾게 하려면 엘린이 몸소 그 방법을 보여 줘야 한다.

에스미가 겪은 일이 그리 놀랍지는 않았다. 연구에 따르면 미국 어린이의 3분의 1이 괴롭힘을 당한 경험이 있으며 가장 큰 이유는 외모라고 한다. 아이들은 자신과 다른 외모에 잔혹해진다.

하지만 다섯 살짜리 조카가 피부색 때문에 공격받았다니 가슴이 아팠다. 괴롭힘을 당하는 동안 불안과 공포로 힘들었던 내 어린 시절이 떠올라 그들을 돕지 않을 수 없었다.

우리는 더는 괴롭힘을 당하지 않게 해 준 누군가에게 늘 빚을 지고 있다. 괴롭힘은 단지 한 아이가 학대당하는 문제가 아니다. 또래 괴롭힘(peer victimization)은 실제로 뇌의 작용을 변화시킨다. 스트레스 조절과 관련된 신경 회로 발달을 저해하고 신체적·정신적 질환부터 사회적 관계 형성과 학업 성취의 어려움에 이르기까지 수많은 문제를 일으킨다. 그 영향은 성인기까지 지속되어 취업, 인간관계 등 삶의 질을 결정하는 문제를 그르치게 한다. 괴롭힘은 놀이터나 통학 버스에서만 일어나는 단순한 일이 아니다. 그 여파는 결코 완전히 사라지지 않는다.

한편 누구나 살면서 한 번쯤은 에스미와 비슷한 일을 겪었을 것이다. 누군가의 말에 따르면 우리는 너무 뚱뚱하거나 너무 말랐고, 코가 너무 크거나 피부색이 너무 어둡고, 똑똑하지 않거나 충분히 세지 않다. 우리를 비탄에 빠뜨리는 이런 평가는 오랫동안 뇌리를 떠나지 않는다. 결국 자기 혐오와 자기 의심이라는, 낫지 않는 상처로 남는다.

아이가 감정이 담긴 평가를 계속해서 들으면, 이내 그 목소리는 바깥이 아닌 안쪽에서 들려오게 된다. 자신에 대한 부정적인 시각을 내면화하는 것이다. 그러니 아이가 수치심, 두려움, 자기 혐오를 느낄 때 이런 감정을 조절하도록 옆에서 도와야 한다. 부정적인 시각이 아이를 억누르지 않도록 자상한 어른이 협력해야 한다.

에스미가 어른처럼 반응할 수 있었다면 자신이 인종 차별주의자 가족을 상대하고 있다는 사실을 즉시 깨닫고 이렇게 말할 수 있었을 것이다. "그래, 우리 엄마랑 나랑 피부색 달라. 그래서 뭐? 피부색 다른 가족들이 얼마나 많은데. 네가 무슨 상관이야?"

하지만 에스미가 들은 악랄한 말들은 목표를 정확히 맞혔다. 우리는 에스미가 상처받은 감정을 조절하도록 최선을 다해 도왔다. 엘린의 반응은 교과서적으로 완벽하지는 않았다. 그를 안내할 헌장이 없었다. 하지만 그 밖의 모든 것은 옳은 방식으로 해냈다. 엘린은 훌륭한 감정 과학자처럼 에스미에게 올바른 질문을 하고 대답에 귀 기울였다. 그리고 훗날 비슷한 상황에서 사용할 대응책을 마련할 수 있도록 딸을 도왔다. 또한 자신의 가정이 다문화 가정이라는 사실을 에스미에게 상기시켰으며, 에스미가 불편한 감정을 느낄 때 혼자 되뇌이며 마음을 다스릴 문구를 알려 주었다. 우리는 에스미의 교사와 원장을 찾아가기도 했다. 우리의 목적은 앞으로 몇 년 동안 에스미를 지탱

할 기반을 만들어 주는 것이었다. 우리가 즉각 개입한 것은 문제를 빨리 해결하기 위해서가 아니라, 긴 여정을 시작할 준비를 해 주기 위해서였다.

에스미의 상처는 오래갔고 다르기 때문에 열등하다는 느낌을 받은 건 그때가 마지막이 아니었다. 하지만 그 아이의 감정이 건강하게 발달할 수 있도록 엄마가 섬세하게 주의를 기울인 덕분에 이제 에스미는 회복 탄력성도 좋고 학업 성취도도 높은 고등학생이 되었다.

심리적 공격을 받으면 보통은 항복을 택한다. 자신에 대한 부정적인 시각을 진실이라 여겨 수용하고 자신의 생각처럼 내면화한다. 아이들에게는 다른 사람에게 맞설 내면의 힘이나 기술이 부족하다. "네가 뭔데 날 그런 식으로 평가해? 무슨 권리로 그러는 거야? 나를 왜 업신여겨? 난 너는 물론이고 네가 나에 대해 떠들어 댄 평가도 인정하지 않아. 내가 어떤 사람인지는 내가 잘 아니까."라고 말할 수 있게 되려면 어른들의 무조건적인 지원이 필요하다.

◆ ◆ ◆

앞서 말했듯이 나는 마빈 삼촌이 "기분이 어때?"라고 물었을 때 처음으로 감정을 표현해도 좋다는 허락을 받았다. 마찬가지로 이런 질문을 하지 못할 때 감정을 부인하는 행동이 시작된다.

감정 표현에 대한 허락을 얻지 못해도 아이들은 계속 감정을 느낄 것이다. 하지만 그런 감정들은 어둠 속에서 자랄 것이고, 감정과 가시적 징후와 행동 사이의 경로는 틀림없이 모호해질 것이다. 그러면 아이들은 고통을 겪는데 우리는 그 이유를 알지 못하는 상황이 벌어진다.(익숙한 시나리오 아닌가.) 반면 우리 아이들이 자신을 잘 알고 느낄 수 있도록 지원한다면 그들이 얼마나 깊고도 꾸준하게 발전할 수 있는지 목격하게 될 것이다. 그 여정은 우리가 롤 모델이 되는 데에서 출발한다.

제10장

학교에서의 감정
유치원부터 대학교까지

교육자들을 대상으로 세미나를 할 때면 자주 이런 질문을 한다. "여러분의 학생 가운데 유치원부터 고등학교까지 종합적인 감정 교육을 받은 아이가 얼마나 됩니까?"

모두들 내가 외계에서 온 사람인 양 쳐다본다.

그러면 다시 묻는다. "여러분은 학교 다닐 때 감정에 대해서 얼마나 배웠습니까?"

아까와 비슷한 표정들이다. 그때 누군가가 말한다. "'진심으로' 묻는 겁니까?"

교사 연수에서 감정과 감성 능력의 역할에 대해 뭘 배웠는지 물으면 다음과 같은 대답이 나온다.

"그보다는 제 과목을 가르치는 법을 배웠습니다."

"학습 계획 세우는 법을 배웠죠."

"어떻게 교실의 질서를 유지할지 논의했습니다."

"학교 폭력 예방 자료를 읽었습니다."

나중에 이 교사들과 일대일로 면담하면서 어떻게 교실에 감정을 불어넣는지 물으면 이런 전형적인 대답을 한다.

"솔직히, 그냥 제 마음대로 합니다."

불행히도 이런 접근법은 그리 효과를 거두지 못한다. 만약 그렇다면 모든 학교가 감정적으로 건강한 교사와 학생이 가득한 긍정적인 안식처로 번창했을 것이다. 하지만 대부분 그렇지 않다.

교직은 매우 보람 있지만 동시에 극도로 힘든 직업으로 유명하다. 모두가 촉각을 곤두세우는 시험의 압박에, 학급 규모는 크고, 저마다 요구 사항이 다른 다양한 학생들을 지원해야 하는 데다, 월급은 적고, 관리자들은 비협조적이기 때문에 교사가 일을 그만두는 비율이 매우 높다. 미국 교사의 40퍼센트가 5년 이내에 교직을 떠나며 일부 지역에서는 그 비율이 연 30퍼센트에 달한다.

교사 5000명 이상을 대상으로 설문 조사를 실시한 결과, 그들이 매일 느끼는 감정의 70퍼센트는 '좌절감', '과로', '스트레스' 같은 부정적인 감정이었다. 부정적인 감정을 더 많이 경험하는 교사는 수면 장애, 불안, 우울증, 과체중, 번아웃을 겪을 가능성이 높고 퇴직하려는 생각을 더 많이 한다.

교사의 부정적인 감정은 학생들에게도 심각한 영향을 미친다. 심한 스트레스에 시달리는 교사는 수업 열의가 낮고 칭찬을 덜 하며 학생들의 생각을 덜 수용하고 학생들과 덜 교류한다. 아이들이 잘 자라길 바란다면 교사부터 살펴야 한다.

아이들의 감성 능력을 키우려면 학교와 교사가 바뀌어야 한다

앞서 언급했듯이 미국 전역의 고등학생 2만 2000명에게 "매일 학교에서 어떤 기분을 느끼는가?"라고 질문한 결과 응답의 77퍼센트가 부정적인 것으로 나타났다. 가장 많이 나온 대답 가운데 상위 세 가지는 "피곤하다.", "스트레스 받는다.", "지루하다."였다. 전체 학생 중 LGBTQ* 학생들의 불안과 우울 수준이 가장 높았으며 수용과 심리적 안전성 같은 긍정적 감정 수준은 가장 낮은 것으로 드러났다. 미국의 LGBTQ 젊은이들은 LGBTQ가 아닌 또래보다 더 많은 괴롭힘을 당하고 낮은 학업 성취도와 높은 중퇴율을 보인다.

조사 대상이었던 고등학생 가운데 상당수는 학교가 학생들의 적극적인 교육 활동 참여 분위기를 조성하려 들지 않는 것 같다고 답했다. 그들은 교사의 지도와 격려를 받으며 수업 내용을 깊이 생각해 보고 그 의미를 찾기를 바랐다. 코네티컷에서 실시한 연구에서는 학생

---

* 레즈비언, 게이, 양성애자, 트랜스젠더 등 성 소수자를 포괄적으로 가리키는 용어.

3만 9000명이 수업에 참여하지 않거나 아예 학교에 나오지 않는다는 사실이 밝혀졌다. 수많은 고등학생들이 학업을 외면하는 현실이 그리 놀랍지 않다.

괴롭힘은 크게 주목받을수록, 수그러들지 않고 계속된다. 괴롭힘 당하는 학생들은 학교에 있는 동안 두려움과 절망을 느낀다고 한다. 교사와 관리자가 있는 학교에서 일어나는 일인 만큼 당신은 학교가 학생들의 극단적인 정서적 고통에 제대로 대처해 주기를 바랄 것이다. 그러나 교사들 대부분은 스스로가 학교 내 괴롭힘 문제를 다룰 준비를 해 두지 못했다고 생각한다. 교사들은 괴롭힘이 어디서 어떻게 일어나는지 파악하지 못하며 학생 간 분쟁에 개입하지 않으려 한다. 감성 능력을 훈련받지 않은 교사들은 자신의 어린 시절 가정에서의 경험을 토대로 훈육한다. 그 결과 많은 학생이 괴롭힘으로부터 보호받지 못했다. 나처럼 말이다. 그들은 수업에 집중하지 못하고 학업적으로나 사회적으로 더 발전할 수 없을 만큼 두려움과 수치심에 젖은 채 학창 시절을 보낸다. 심지어 가해자들도 좋은 대접을 받지 못한다. 그들에게도 감정적이거나 심리적인 문제가 있을 가능성이 큰데, 아무도 언급하거나 관심을 기울이지 않으며 교사의 적절한 지도 없이 방치된다. 또한 학교는 괴롭힘과 정상적인 갈등을 혼동하거나 도발적인 행동에 과잉 반응하는 것으로 알려져 있다. 유치원 아이와 아프리카계 미국인 소년에 대한 간섭이 특히 가혹하다.

미국 어린이 다섯 명 가운데 하나는 우울이나 불안 같은 정신 건강 문제를 겪고 있으며, 17세 청소년의 절반 이상이 방치부터 학대에 이르는 다양한 원인으로 트라우마를 갖고 있거나 적어도 한 번은 이런 일을 목격했다고 한다. 교육자들은 트라우마가 학습에 미치는 영향을 인식하지 못한 탓에 학생의 트라우마를 악화하고 장래를 위태롭게 하는 위험을 무릅쓴다. 많은 아이들에게 학교는 이런 문제를 인식하여 해결할 수 있는 유일한 장소일 텐데 말이다.

우리는 모든 아이가 공부할 마음가짐을 품고 있는 교실 분위기를 조성하기 어렵다는 사실을 알고 있다.

그도 그럴 것이, 우리가 모든 아이의 가정 환경을 바꿀 순 없지 않은가. 연구에 따르면 자상한 어른의 존재는 아이들이 스트레스를 좀 더 효과적으로 다스리는 데 도움을 준다고 한다. 그러나 교사 2000명을 대상으로 한 연구에서 50퍼센트만이 학생들과 친밀한 개인적 관계를 맺고 있다고 답했다. 같은 연구에서 학생 2000명을 대상으로 설문 조사를 실시했는데 불과 34퍼센트만이 그런 관계를 맺고 있다고 답했다.

학생들이 가만히 앉아 있지 못하고 교사의 말에 집중하지 못하며 배운 내용을 기억하지 못할 경우 전통적으로 교사가 일차적으로 주목하는 것은 학생이 드러내는 분위기와 행동이었다. 잘못된 행동에 대해 훈육하고 징계하는 식으로 대처해도 감정과 관련된 근본 원인은 대부분 그대로 남았다.

열아홉 개 주에서 여전히 교실 체벌이 허용되고 있으며 흑인 학생들에게 정학과 퇴학 기준이 불공평하게 적용되는 사례가 계속 증가한다는 사실을 생각해 보라. 교사와 교육 행정가가 학생들의 감정과 행동을 오해하거나 자신들의 편견을 인지하지 못할 때 문제는 더욱 나빠진다. 교사들이 충분한 지원을 받지 못한다면 상황이 나아지기를 기대할 수 없다.

교사와 학생이 감정적으로 가까운 관계가 되면 학습 효율도 더 높아진다

"위험한 나라에서 희망찬 나라로". 애스펀 연구소(Aspen Institute) 산하 국가 사회·정서·학술 발전 위원회가 발표한 2019년 1월 보고서 제목이다. 인용해 살펴볼 만한 가치가 있어 일부 내용을 소개한다.

> 사회적·정서적·학문적 배움을 촉진하는 것은 변화무쌍한 교육 트렌드가 아닌 교육의 본질이다. 이는 수학과 영어 등의 '실제 공부'를 방해하지 않는다. 오히려 교육 활동이 성공하도록 돕는다. 전통적으로 보수층은 개별적 통제와 학생다움을 강조하고, 진보층은 창의적이고 도전적인 교수법과 더불어 학생들, 특히 큰 어려움을 겪는 학생들의 사회·정서적 욕구에 주목한다.

전부 맞는 말이다. 그런데 나는 행정가, 교장, 교사로부터 다른 의견을 들었다. 학생들에게 사회·정서적 교육을 제공하는 학교의 역할을 논의하다가 나온 이야기였다.

"학생들이 직면하고 있는 사회·정서적 어려움에 대처할 시간이 없고 그런 훈련도 받지 못했습니다. 그 문제는 너무 복잡해요."

"학교에서 감정 교육에 시간을 할애하는 걸 원치 않아요. AP 수업*을 할 시간이 부족해지고 우리 학생들의 명문대 입시 준비에 영향을 미치기 때문입니다."

"저는 가르치려고 교사가 됐습니다. 감정을 다루는 문제는 부모에게 맡겨야죠."

교육 활동에서 감정적인 면을 고려하기 시작하면 무슨 일이 벌어질지도 모른다는 교사들의 두려움에는 근거가 없다. 실제로 학생들은 교사도 감정을 가진 인간이라는 사실을 알게 된 것을 감사하게 생각한다.

〈뉴욕 타임스〉 칼럼니스트 데이비드 브룩스(David Brooks)는 대학교에서 강의를 하던 시절에 사유를 구체적으로 밝히지 않고 '개인적인 문제'를 처리해야 해서 휴강하겠다고 공지한 적이 있다. 학생 열댓 명이 문제가 잘 해결되길 바란다는 이메일을 보냈다. 그리고 남은 학기 동안 일어난 일에 대해 그는 이렇게 썼다.

"수업 분위기가 달라졌다. 우리는 더 가까워진 것이다. 약한 면을 조금 드러낸 것만으로 나는 냉정한 브룩스 교수님이 아닌 그저 인생

---

* 'The Advanced Placement Program'의 약자로, 북미 지역 고등학교 학생들이 대학교 개론 과정에 해당하는 각 과목을 미리 공부하면 학점을 인정해 주는 제도이다. 이수한 뒤 치르는 시험 점수는 대학에서 입시 자료로 활용한다.

을 잘 살아 내려 애쓰는 멍청이라는 사실이 드러났다. 계획하지 않았던 그 순간 덕분에 나는 감정적 관계와 학습의 연관성을 절감하게 되었다."

그는 계속해서 이렇게 써 내려갔다.

"학교의 핵심 역할은 학생들에게 흥미로운 공부 분야, 새로운 친구 등 새로운 사랑의 대상을 제시하는 것이다. 그 경험 덕분에 교사가 진짜 가르치는 것은 교사 자신이라는 사실을 다시금 깨달았다. 그들이 가르치는 과목과 학생에 대한 열정이 전염되는 것이다. 아이들은 자신이 사랑하는 사람을 보면서 배운다. 이런 맥락에서 사랑은 다른 사람이 나아지기를 바라며 모든 사람에게 적극적인 보살핌을 제공한다는 의미인 셈이다."

감정을 학습 경험의 일부로 간주한다는 것은 학생과 교사가 자신들의 영혼을 드러내고 어려운 감정적 문제와 씨름해야 한다는 의미가 아니다. 그보다는 학생들이 자신들이 배우는 것에 더 제대로 참여한다는 의미이다.

이와 관련해 초등학교 5~6학년 학생들을 대상으로 두 가지 연구를 시행했다. 외부 관찰자가 보기에 분위기가 따뜻하고 학생들이 서로 도움을 주는 학급 아이들은 교사를 더 가깝게 느꼈으며 문제 행동을 더 적게 했고 성적이 높았다.

감정 과학자이자 자상한 시민으로 성장하기 위해 반드시 필요한 감성 능력 교육

내 동료인 서던 캘리포니아 대학교 신경 과학자 메리 헬렌 이모디노 양(Mary Helen Immordino-Yang)은 우리가 종종 잊어버리는 자명한 원칙을 일깨워 주었다. 아이들은 관심이 가는 대상을 배운다. 그런 점에서 어른과 다르지 않다. 어른인 우리는 아이들에게 배움을 강요할 수 있지만 그 결과는 보잘것없다. 어떤 아이들은 배운 내용을 기억할 수 있고 필요할 때 되새길 수도 있겠지만 그건 배움과는 전혀 다르다.

감정 상태에 따라 우리의 화학 물질과 호르몬 분비가 극적으로 변화하고 뇌 기능이 달라진다는 사실을 뇌 과학자들이 어떻게 밝혀냈는지 앞서 이야기했다. 학습에 중요한 세 가지 특성인 주의력, 집중력, 기억력은 모두 인지 능력이 아닌 감정에 의해 통제된다. 이모디노양의 연구는 학생들이 학습 과정에 깊이 참여하고 학습 내용이 실생활에 유용하거나 의미 있다고 느낄 때 연수(medulla) 등 생존을 유지하는 뇌 영역이 활성화된다는 사실을 입증했다.

학생들은 교실에서 감정 문제를 다루기를 어렵게 여기지 않는다. 심지어 매우 좋아한다. 최근에 초등학교 5학년 학생들이 감정을 다루는 다섯 가지 기술을 실습하는 모습을 보았다. 나는 아이들에게 내가 그들과 동갑이었을 무렵 합기도 승급 심사에 떨어져서 얼마나 충격받고 낙담했는지 이야기해 주었다. 그러고는 그들이 당시의 내 친구라면 어떤 감정 조절 전략을 제안했을지 생각해 보자고 했다.

"웃긴 얘기를 해 줄 거예요." 한 학생이 말했다.

"좋아, 재미있는 접근인걸. 적어도 내 기분을 풀어 줄 순 있겠구나. 또 뭐가 있을까?"

"아이스크림 먹으러 가자고 해요." 다른 아이가 말했다.

"그것도 분명히 기분 좋아질 방법이지. 하지만 내가 실망하거나 슬플 때마다 그러면 어떻게 될까?" 내가 물었다.

"배가 아프거나 뚱뚱해질 거예요!"

"충분히 그럴 가능성이 있지. 그 밖에 또 무슨 방법이 있을까?"

"저라면 계속 노력하라고 말해 주겠어요……. 왜냐하면 슛을 날리지 않으면 골인은 100퍼센트 불가능하니까요." 한 아이가 전설적인 하키 선수 웨인 그레츠키(Wayne Gretzky)의 말을 인용하며 대답했다.

"처음 들어 본 말인데 정말 맘에 드는구나. 기분이 나아질 수 있겠어. 그런데 내가 슬프기보다 절망에 빠져 있다면 어떨까? 마치 절대 심사를 통과하지 못할 것처럼 말이야." 내가 말했다.

"어느 동작을 망쳤는지 물어볼 거예요. 그러면 그 동작을 함께 연습해 줄 수 있잖아요." 다른 학생이 대답했다.

나는 정답을 찾지 않았다. 그저 아이들이 상상할 수 있는 모든 전략을 알아보고 싶었다.

그러는 동안 교사들은 믿을 수 없다는 듯 이 장면을 쳐다보고 있었다. 나중에 그들이 말하기를, 감성 능력을 가르치는 일이 과학이나 수학 같은 학문적인 과목을 가르치는 일과 다르지 않다는 사실을 깨닫기 전까지는 과연 감정 관리 수업을 할 수 있을지 확신하지 못했다고 했다. 감성 능력 교육의 목표는 아이들이 무엇을 느껴야 하는지, 감정을 조절하는 데 어떤 전략을 사용해야 하는지 알려 주는 것이 아니다. 중요한 정보를 모으고 좋은 용도로 사용할 기술을 갖춘 감정 과학자이자 자상한 시민으로 자라게 하는 것이다.

수업이 끝날 무렵, 나는 학생들에게 물었다. "나를 너희 교실에 초대해 줘서 고맙다. 질문이나 마지막으로 하고 싶은 말 있니?"

한 학생이 말했다. "'제가' 참여할 수 있어서 오늘 수업이 정말 좋았어요."

케빈이라는 남학생이 손을 들었다. 담임 교사에 따르면 절대 나서는 아이가 아니라고 했는데 말이다.

"무슨 말을 하고 싶니?" 내가 물었다.

"선생님이 제게 저 자신에 대해 일깨워 주셨다는 걸 그냥 알아 주셨으면 좋겠어요."

교사는 도저히 믿기지 않는다는 표정을 지었다. 나는 마음 깊이 감동했다. 그날 오후, 나는 케빈이 학교 건너편에서 알코올 의존증 환자인 엄마와 둘이서 살고 있다는 이야기를 들었다. 케빈은 집에 가는 걸 좋아하지 않는다고 했다. 대부분 집에 아무도 없기 때문이다. 케빈이 어떤 감정을 안고 교실에 들어서는지 상상이 되는가. 그의 학업 성적이 그 감정에 영향을 받지 않을 수 있을까.

감성 능력 덕분에 괴롭힘과 외로움을 극복할 수 있었다

이미 마빈 삼촌을 여러 차례 언급했고 그가 내게 얼마나 큰 영향을 미치고 영감을 주었는지 분명히 전달되었으리라 생각한다. 내가 하는 모든 일에 삼촌의 영향이 배어 있지만 특히 교실에서 감정이 하는 역할에 대해서는 더욱 그렇다.

마빈 삼촌은 20년간 뉴욕 북부에서 중학교 교사로 재직했다. 그는 자신의 교실을 거쳐 간 아이들과 함께 이례적인 성공을 거두었다. 당시 삼촌의 관찰 결과를 입증할 대조 실험은 이루어지지 않았지만, 삼촌이 계속 추적 관찰한 많은 학생들은 큰 장애물에 직면했을 때에도 탈선하지 않고 무사히 고등학교와 대학교 과정을 마쳤다.

마빈 삼촌은 어린이들이 성공을 향해 가는 여정에 필요한 것들 가운데 뭔가가 교육 과정에 빠져 있다는 사실을 본능적으로 깨달았다. 바로 감정을 받아들이고 현명하게 사용하는 능력이었다. 삼촌은 아이들이 감성 능력을 습득하며 성장한다면 더 나은 학습자, 의사 결정자, 친구, 부모, 배우자가 되리라고 생각했다. 그런 사람은 자신의 건강과 안녕을 유지하고 인생의 굴곡에 적절히 대처하여 꿈을 이룰 수 있다는 사실을 알았던 것이다.

나는 직접 체험했기에 삼촌의 생각이 실제로 효과가 있다는 걸 진작에 알았다. 감성 능력 덕분에 어린 시절의 지독한 괴롭힘과 외로움을 헤쳐 나갈 수 있었다. 삼촌이 없었다면 나는 중학교, 고등학교 과정을 제대로 마치지 못했을 것이다.

그로부터 10년 후로 시간을 빨리 돌려 보겠다. 나는 대학에서 심리학을 전공했지만 무술을 가르치면서 영업을 하고 있었다. 향후 진로는 불확실했다. 그때 1995년에 출판된 대니얼 골먼의 획기적인 책 《EQ 감성 지능》을 우연히 읽었다. 책에 급성장하는 사회 정서 학습(Social and Emotional Learning, SEL) 분야를 다룬 챕터가 있었다. 학교를 기반으로 설계된 감성 지능 교육 프로그램이었다. 그 순간 눈이 번쩍 뜨였다. SEL은 마빈 삼촌이 1970년대에 학생들에게 가르쳤던 바로 그것이었다.

난 즉시 삼촌에게 전화를 걸었고 우리는 몇 주 만에 중학생을 위한 교육 과정을 만들기 시작했다. 수십 년 경력의 교육자인 삼촌의 경험과 감성 지능이라는 새로운 심리학을 결합해 학교를 바꿔 놓을 생각이었다.

골먼의 책에는 예일 대학교의 피터 샐러베이와 뉴햄프셔 대학교의 존 메이어, 두 연구자가 소개되어 있었다. 그들은 1990년에 감성 지능이라는 개념을 확립한 역사적인 글을 쓴 심리학자이다. 나는 그들에게 따로따로 연락했고 두 사람 모두 한번 만나자는 내 제안을 수락했다. 나는 점심시간에 샐러베이와 만나서 마빈 삼촌과 함께 만든 교육 과정에 대해 논문을 쓰고 실제 효과를 확인해 보겠다는 열정을 피력했다.

"당신이 참고한 이론적 모델은 무엇입니까?" 샐러베이가 물었다. 그가 무슨 말을 하는지 알 수 없었다. 대학을 졸업한 지 2년이 지난 뒤였고 내겐 공식적인 사회 과학 연구 경력이 없었다.

그해 나는 예일 대학교 박사 과정에 떨어지고 뉴햄프셔 대학교에 합격했다. 나는 대학원 시절 내내 마빈 삼촌과 함께 교육 과정을 계속 연구했고 마침내 박사 후 과정 연구원으로 예일 대학교에서 샐러베이와 함께 일하게 되었다.

그곳에서 헤드 스타트 프로그램(Head Start Program)*의 아버지로 유명한 아동 심리학자 에드워드 지글러(Edward Zigler)를 만났다. 그는 공립 학교에서 교육을 받은 적이 있는 예일대의 몇 안 되는 심리학자였다. 나는 그에게 마빈 삼촌과 내가 하려는 일을 설명했다.

"당신의 논리 모델(logic model)**은 무엇입니까?" 지글러가 물었다. 나는 다시 당황했다. 그가 뭘 묻는 건지 도무지 알 수 없었다. 샐러베이의 질문을 받았을 때 얻은 교훈 덕분에 대학원에 있는 감정 이론에 대한 자료는 모두 다 읽었다고 생각했다. 그런데 두 번째로 경종이 울린 것이다. 이 다섯 가지 기술이 아이와 어른에게 얼마나 더 나은 결과를 가져오는지, 그 원리가 무엇인지 사람들에게 보여 주어야 했다.

* 1965년에 미국 연방 정부 차원에서 실시한 교육 정책으로, 경제적·사회적으로 열악한 환경의 어린이들에게 초등학교 입학 전 보충 교육을 제공하여 학습 부진을 겪지 않게 하려는 것이 목표이다.
** 프로그램 기획과 평가를 위한 도구로써 문제 해결을 위해 투입되는 자원, 활동, 산출, 성과에 관한 논리적 연계를 만들어 가는 모델.

아이들의 감성 능력이 발달하려면
어른을 포함한 마을 전체가 함께 배워야 한다

2004년, 마침내 우리의 중학교 교육 과정이 완성되어 테스트를 앞두고 있었다. 삼촌과 나는 라이트 형제처럼 세상에 한 획을 긋기 위해 애썼다. 마빈 삼촌이 플로리다의 집에서 날아왔고 우리는 참여할 학교와 훈련받을 교사를 모집하기 시작했다. 여기저기서 작은 성공을 거두었지만 대부분의 경우에는 이런 얘기를 들었다.

"아이들에게 불안에 대해 가르친다는 것이 불안합니다."

"행복과 설렘 같은 감정은 가르치겠지만 절망과 낙담 같은 감정이 담긴 판도라의 상자를 열고 싶진 않네요."

한 학교를 찾아갔을 때 교장은 "남자아이를 동성애자로 만들려 하는군요."라고 말했고 경력이 오래된 어느 교사는 "내 일은 당신이나 내 학생들과 감정에 대해 이야기하는 게 아닙니다."라면서 자리를 박차고 나갔다. "다르게 생각하는 분 있나요?" 내가 강연장 안의 다른 사람들을 향해 물었다. 모두가 웃음을 그친 후, 한 젊은 남자 교사가 큰 소리로 말했다. "저는 이 학교 졸업생인데 아까 그 선생님이 제 담임이었어요. 선생님이 이 자리에 남아 계셨으면 정말 좋았을 텐데요."

또 다른 세미나에서는 쉬는 시간 동안 한 교사가 내게 다가와 말했다. "당신이 오늘 말한 것은 하나도 도움이 되지 않습니다. 난 감정적으로 완전히 무너진 상태예요!" 그 교사의 학생들이 교실에서 분명히 겪고 있을 일들이 끊임없이 떠올랐다. 호기심과 열정이 발전할 수 있을까? 수업 참여도는 높을까? 뭔가 배우기는 할까?

마빈 삼촌과 내가 어느 정도 성공을 거두긴 했지만 우리가 고안한 교육 과정은 기껏해야 비정규 과정으로 실행될 뿐이었다. 이런 현실이 일깨우는 메시지는 점점 명확해졌다. 대부분의 교육자는 자신이나 학생이 감정에 대해 이야기하는 것을 불편해했다.

결정권자들이 학교나 교육청의 방침을 일방적으로 정하기 때문이기도 했다. 그들에게는 어떤 프로그램이든 만들거나 없앨 수 있는 권한이 있었다.

이 일에 뛰어든 초기에 교사 몇 명이 나를 한구석으로 데리고 가서 이렇게 말해 준 적이 있다. "우리는 이 프로그램이 좋다고 생각하지만 교장이 대입 시험이 끝날 때까지는 프로그램을 시작할 수 없다고 이미 못 박아 뒀어요." 그때가 8월이었고 대입 시험은 3월에나 있으니 우리는 모두 시간을 낭비하고 있는 셈이었다.

어떤 학교 네트워크의 CEO는 대놓고 이렇게 말했다. "나는 우리 학생들이 감정이 아닌 사실을 배우길 바랍니다. 우리 네트워크의 학교들은 감정에 할애할 여유가 없어요. 그저 시험 보는 동안 가만히 앉아 있게만 가르치세요." 역설적이게도 그 학교를 나서면서 한 유치원 교사가 다섯 살 아이에게 고함치는 걸 들었다. "입 다물고 자리에 돌아가 앉아! 우리는 더 이상 친구가 아니야!"

큰 충격을 받은 채 그 자리를 떠나면서 나는 의문을 품었다. 저 아이는 유치원에서 자신이 안전하다고 느낄까? 뭔가를 배울 열의가 있을까? 저 아이가 오늘 실제로 배운 내용이 얼마나 될까?

결국 마빈 삼촌과 나는 실패했다. 너무 협소한 범위로 접근했다. 학생에게만 집중했기 때문에 실패한 것이다. 우리가 놓친 부분은 교육자도 감성 능력을 배우는 대상이어야 한다는 점이었다. 돌이켜 보니 그게 이치에 맞았다.

시간이 흐르면서 우리는 아이들을 위한 모든 것이 그렇듯 감성 능력 교육에도 마을이 필요하다는 사실을 깨달았다. 아이들의 감성 능력이 발달하려면 주변 어른들도 이 기술을 배워야 했다.

몇 년 전, 나는 삼촌을 추모하며 감성 지능 교육에 뛰어난 성과를 보인 교육자에게 수여하는 상을 만들었다. 마빈 삼촌의 학생 가운데 한 명이 이 소식을 듣고 삼촌에게 보내는 편지를 전해 왔다. 그의 동의를 얻어 내용을 공개한다.

마우러 선생님께

잘 지내시지요. 조카분과 함께하시는, 학생과 교사에게 힘을 길러 주려는 중요한 작업이 순조롭게 진행되길 바라며 이 편지를 씁니다.

선생님과 함께한 수업은 지금까지 제 인생에서 가장 의미 있는 교육 경험이었습니다. 개인의 눈높이에 맞는 수업을 해 주신 선생님의 다정함과 그 능력은 수없이 많은 방법으로 제 인생에 영감을 주었습니다.

지금 저는 뉴욕에서 초등학교 2학년 학생들을 가르치며 교육 행정 학위 과정을 밟고 있습니다. 망가진 교육 제도를 바로잡겠다는 제

열망을 따른 거죠. 저의 주요 관심사는 표준화된 시험 방식의 지속적인 불평등성과 학생들의 사회·정서적 욕구에 대한 인지 부족입니다. 불행히도 우리는 아이들이 한 인간이자 학습자로서 자신의 정체성을 직접 발견하는 방법을 가르쳐야 한다는 생각의 정당성을 애써 증명해야 합니다. 아이들의 감정과 욕구가 존중받고 칭찬받을 때 얼마나 강력한 위력을 발휘하는지에 대해서도요.(아시겠지만 쉽지 않은 일이죠.)

제게는 열한 살 조너선과 아홉 살 헨리라는 사랑스러운 두 아들이 있습니다. 둘 다 감수성이 풍부하고 친절하지요. 9월에 조너선이 중학교에 입학하면 선생님의 교실에서 제가 겪은 일들을 애틋한 마음으로 돌아보게 될 것 같습니다. 제 아들도 저처럼 그에게 힘을 실어 주고 이끌어 주는 선생님과 인연을 맺기를 바랍니다.

마빈 삼촌과 그가 이루려 노력했던 것에 대한 굉장한 찬사였다. 내가 어느 학교 네트워크의 수석 심리학자에게 받은 편지와 비교해 보라. 학생들이 감정이 아닌 사실에 집중하기 바란다고 했던 그 CEO의 네트워크에서 일하는 사람의 편지이다. 동의를 얻어 공개한다.

안녕하세요, 마크.
RULER와 우리의 SEL 프로그램의 성공적인 시행을 막는 가장 큰 장애물은 아동 발달, 사회·정서적 건강, 학생의 적절한 기대 수준과 욕구에 대한 의사 결정권자들의 이해와 훈련이 부족하기 때문이라고 생각합니다. 그들 중 이 분야를 공부한 사람은 극소수에 불과합니다.

어제 교장으로부터 우리 네트워크에서는 누구도 학생의 자신감, 정서적 행복, 정신 건강, 진실성 등 인간으로서의 전반적인 성공 (제가 구체적으로 제기한 특성)에 신경 쓰지 않는다는 말을 들었습니다. 오직 시험 성적만 중요하다는 겁니다. 그것이 그들의 판단 기준이고 아이들에게 보내는 메시지인 거죠. 핵심은 (시험 점수가 높지 않거나, 학습지에 답을 쓰지 못했거나, 제시간에 끝내지 못한 아이들을 대상으로 쉬는 시간이나 방과 후에 여는 '보충 수업' 같은) '엄중한 처벌'입니다. 그렇게 해야 아이들이 다시는 같은 행동을 하지 않는다고 생각하는 거죠. 이런 접근 방식에 의문을 제기했더니 이것이 우리 네트워크가 향하는 방향이며 그 방향성이 당신과 잘 맞지 않는 것 같다는 말을 들었습니다.

그것이 우리가 직면한 난관이었다.

모두가 긍정적인 관계를 맺기 위한 감정 교육 과정

다행히도 많은 교육자가 무엇이 빠졌는지 인식하기 시작했다. 맥그로 힐 교육(McGraw-Hill Education)에서 2018년에 실시한 설문 조사에 따르면 압도적으로 많은 교육 행정가, 교사, 부모가 SEL이 학업만큼 중요하다고 답했다. 이와 동시에 교사의 65퍼센트가 현재보다 더 많은 시간을 들여 감성 능력을 가르쳐야 한다고 말했다. 가장 영향력이 큰 교육자들이 사회적·정서적·학문적 배움이 서로 연계되어 있다는 사실을 인식했다. 그러나 우리가 SEL에 대해 교사들에게 알려 주려는 것과 교사 연수 과정에서 가르치는 것 사이에는 큰 간극이 있었다. SEL이 포함된 교직 이수 과정은 거의 없었다.

그렇다면 SEL을 우선시하는 학교는 정확히 어떤 특징을 나타낼까? 이는 지난 20여 년 동안 교육계가 품은 큰 의문이었다. 많은 아이와 학교가 폭력, 마약, 학습 부진, 교사 감소 등의 문제와 씨름하고 있다는 사실을 깨달은 후로 의문이 계속되었다.

명확히 답하겠다. 바로 '아이와 어른이 감정을 이해하고 관리하며, 긍정적인 목표를 설정 및 달성하고, 타인에게 공감하여 이를 표현하고, 긍정적인 관계를 맺고 유지하며, 책임감 있는 결정을 내리는' 학교이다.

이는 "유치원부터 고등학교까지 증거에 기반한 양질의 사회·정서적 학습을 필수 교육 과정으로 확립한다."라는 목표로 1994년에 설립된 학술·사회·정서적 학습 협업(Collaborative for Academic, Social, and Emotional Learning, CASEL)이라는 단체가 내린 정의이다. SEL은 학습이 이루어질 수 있는 정서적으로 건강한 환경을 만들기 위해서는 인지, 행동, 감정의 세 가지 요소가 함께 고려되어야 한다는 인식에서 만들어졌다. CASEL에 따르면 아이들은 세 가지 요소가 고려된 환경에서 "자기 자신과 사회를 인식하는 능력을 쌓고, 감정과 행동을 관리하는 법을 배우며, 책임감 있는 결정을 내리고, 긍정적인 관계를 형성할" 수 있다.

CASEL이 출범한 이래 인종, 민족, 성별, 성적 지향, 언어 장애, 가정 환경, 가정 소득, 시민권, 부족 지위에 상관없이 모든 어린이에게 평등한 교육 제도를 만들겠다는 목표에 따른 수많은 접근법과 프로그램이 등장했다. 모두가 성공을 거두지는 못했다. 일부는 아이들에게 자아 존중감만을 가르치려 했는데 그렇게만 해도 충분하다고 생각했기 때문이다. 하지만 부당한 칭찬은 역효과를 낳으며 심지어 내재적 동기 수준을 낮춘다는 사실이 밝혀졌다. 다른 프로그램들은 "내 기분은……"이라는 문장으로 말하기를 가르치는 데 집중했는데, 교사와 아이에게 이 두 단어로 시작하는 문장으로 감정을 표현하라는 내용이었다. 하지만 이런 문장을 사용하는 것만으로 모든 사람의 감성 능력이 발전하거나 SEL이 교수법과 학습법의 일환으로 수용된다고 확신할 수는 없다.

최고의 SEL은 단편적이 아닌 체계적인 접근 방식이다

SEL은 위부터 아래까지 모두 수용해야 한다. 교장이 전적으로 열의를 보이지 않으면 교사들에게도 그 메시지가 전해지고 학생들은 온전한 효과를 얻지 못한다. 의사 결정권자들은 지속적으로 전문적인 발전이 이루어지도록 이끌어야 한다. 학교의 모든 성인이 감성 능력을 배우면 아이들의 롤 모델이 될 수 있지 않겠는가. 각 학년의 교사들은 해당 학년 수준의 사회적·정서적·인지적 발달 과정을 이해하고 문화

감응 교육에 관심을 기울여야 한다. 교사들은 수업 시간에 자신이 학생들의 주된 역할 모델이 된다는 사실을 인식해야 한다. 비단 SEL 수업만이 아닌 모든 시간에 말이다. 그리고 학생들은 SEL이 시행되는 방식에 목소리를 내야 한다. 해당 과정이 그들의 환경과 동떨어져 있고 의미가 없다면 실패한 것이다.

연구에 따르면 감성 능력이 발달한 교사들은 피로를 덜 느끼고 직업 만족도가 높으며 가르치는 동안 긍정적인 감정을 더 많이 경험하고 교장에게서 더 많은 지원을 받는다. 정서적으로 뛰어난 결정권자의 존재도 차이를 만든다. 교장에게 감성 능력이 있을 때 그 학교의 교사들은 더 많은 영감을 받고 덜 지치며 자신의 일에 더 만족하는 경향이 있다. 이에 따라 교사와 학생의 관계는 더 따뜻해지고 교실은 더 체계적으로 관리되며 더 많은 지원을 받는다. 창의성, 선택, 자율성을 기르는 연습 또한 더 많이 하게 된다. 아이들이 교사와 더 좋은 관계를 맺으면 아이들이 학교에 더 많이 참여하여 헌신하고, 높은 사회 적응력을 보이며, 도전에 기꺼이 응하고, 어려움에 직면했을 때 잘 버텨낸다. 더불어 산만함이 덜해지고 집중도가 올라가서 학업 성취도 역시 좋아진다.

SEL은 조회 시간 10분, 매주 목요일 4교시에 편성하는 식으로는 제대로 작용할 수 없다. 가끔 있는 학생 모임이나 교사 워크숍에서 별도로 진행되어서도 안 된다. SEL은 학교 생활 전반에 배어 있어야 한다. 다시 말해 학교 DNA의 일부가 되어야 한다. 모든 관계자 사이에 공통 언어가 있어야 한다. 따라서 SEL은 교육 관련 지도층, 교육 과정, 교직원 회의, 학부모 참여 프로그램, 교사 채용 절차, 학교 정책에 융화되어야 한다.

수업이 진행되는 교실에서 학생들은 교사의 표정, 몸짓, 목소리의 오르내림에 세심하게 주의를 기울인다. 그들은 교사가 해당 주제와 가르치는 내용과 학생으로서의 자신들을 어떻게 생각하는지 끊임없이 정보를 수집한다. 그렇게 숨어 있는 감정적인 부분은 교사가 의도했든 아니든 모든 수업에 존재한다.

교사가 수업에 정서적으로 투자하면 학생들에게는 배우려는 마음이 생긴다. 학생에 따라 역사 과목이 지루하거나 흥미진진할 수 있고, 기하학 과목은 도통 이해가 안 되는 골칫거리이거나 경외심의 대상일 수 있다. 외국어 과목은 흥미진진한 새로운 세계를 향하는 학생의 마음의 문을 열거나 닫을 수도 있다. 과목 자체는 그대로이지만 교사가 수업에 감정을 불어넣으면 이런 차이가 생긴다.

RULER가 잘 시행되는 학교에서는 교사, 교장, 상담 교사뿐 아니라 보안 요원, 매점 직원, 관리인, 스쿨 버스 운전사까지 모든 성인이 다섯 가지 기술을 실제 행동으로 보여 준다. 시애틀에 있는 한 학교의 출석 관리자는 자신의 책상 뒤에 커다란 무드 미터를 붙여 놓았다. 아이들은 종종 늦었다며 달려 들어와 허둥대곤 한다. 학생들이 그의 사무실에 들어오면 그는 아이들을 가라앉히며 자신의 감정을 무드 미터에 표시하게 한다. 그 간단한 행동은 학생들의 초조함을 누그러뜨리는 효과가 있다. 그는 아이들과 함께 여러 전략을 탐구하며 교실에 들어갈 감정적 준비를 돕는다. 어떤 학교에서는 스쿨 버스에도 무드 미터를 붙여 놓았다. 버스에 탄 아이들은 자신의 감정이 학교 생활을 시작하기에 적당한지 점검하고 생각하는 시간을 갖는다.

심지어 건물도 노력의 일부가 되어야 한다. 내가 방문한 학교 한 곳이 떠오른다. 정문에 들어서자마자 SEL이 교육 내용의 일환임을 명확히 밝힌 교육 목표와 복수의 언어로 감정 어휘를 표현한 거대한 무드 미터가 나타났다. 교실 안에는 학생들의 최고의 자아를 나타내는 형용사들로 둘러싸인 자화상을 비롯해 각자의 다양한 배경이 잘 반영된 창작물이 전시되어 있었다.

교실 자리 배치도 영향을 미친다. 하루 종일 친구의 뒤통수만 쳐다보며 앉아 있어야 한다면 과연 창의성이 발휘되고 영감을 받을 수 있을까? 전형적인 학교 건축 양식은 그 자체로 확고한 메시지를 전한다. 학교는 유연성을 허용하고 동료와 관계를 맺으려는 인간의 욕구를 인정해야 한다.

교실 밖에서 우리는 여러 단체들과 협력했다. 플레이웍스(Play-works)는 SEL을 게임, 운동 같은 여가 활동과 결합하는 방법을 알아내는 데 도움을 주는 단체이다. SEL이 방과 후 교실까지 자리 잡을 기회를 확장하기 위해 미국 소년 소녀 클럽(Boys & Girls Clubs of America)과도 손을 잡았다. 나는 쉬는 시간과 방과 후 수업 시간 동안 느꼈던 두려움과 불안을 자주 떠올린다. 그 공간에 있던 어른이 감정 과학자였다면 상황이 어떻게 달라졌을지 상상해 보곤 한다.

SEL은 포괄적이어야 한다. 바꿔 말하면 가정에서도 행해져야 한다는 뜻이다. 어릴 때 내가 부모님과 학교에 대해 나누는 대화는 대부분 이런 식이었다.

"요즘 학교 생활 어떠니?"

"괜찮아요."

대화 끝.

하지만 가족의 참여도가 높은 학교에 다니면 나와 부모님이 했던 대화가 아니라 다음과 같은 대화를 하게 된다.

"엄마, 오늘 '소외감'이라는 새로운 단어를 배웠어요. 요즘 민권 운동을 공부하거든요. 우리가 무엇 때문에 소외감을 느끼는지 생각해야 했는데요, 나는 야구팀에 뽑히지 못했을 때를 생각했어요. 지금까지 그때처럼 기분 나빴던 적이 없는데 뽑히지 못한 이유를 도저히 모르겠거든요. 엄마는 언제 소외감을 느껴요?"

"우리 아들, 정말 좋은 질문이구나. 엄마는 직장에서 그렇게 느낄 때가 많아. 우리 부대에서 유일한 여성 장교라서 다른 장교들이 함께 어울리는 모임에 거의 초대받지 못하거든."

그 어머니는 아들이 말을 꺼내기 전까지 자신이 직장에서 얼마나 고립감을 느꼈는지 별로 생각해 보지 않았다고 말했다. 이 대화는 그들이 유대감을 갖는 데 도움이 되었을 뿐 아니라 그 어머니에게 개인적으로도 중대한 계기가 되었다. 이 문제에 대해 상관에게 말하기로 결심했기 때문이다.

최고의 SEL은 사후 대응이 아닌 능동적인 사전 대비이다

능동적으로 사전 대비를 한다는 것은 문제가 생길 때까지 가만히 있지 않고 미리 대처한다는 뜻이다. 다시 말해 문제를 예방하기 위한 조치를 취하는 것이다.

손을 들고 "실례지만 이 교실에서는 감정적으로 지지받는다는 느낌이 들지 않아요."라고 말하는 유치원생은 많지 않을 것이다. 대부분의 고등학생도 교장을 찾아가 "거의 모든 수업 시간에 불안과 두려움을 느낍니다. 이 문제를 다룰 전략을 세우고 싶은데 도움이 필요합니다."라고 불만을 토로하지 않을 것이다. 그러니 학교가 주도적으로 움직여야 한다. 감성 능력이 교육 과정의 필수 과목이라는 사실을 모든 학생에게 분명히 밝혀야 한다.

주도적인 학교의 모습은 어떻게 만들어지는가? 개학 후 초반 두 주일 사이에 교사가 이렇게 말한다. "여러분, 감정이 중요하다는 사실을 우리 모두 알고 있습니다. 그러니 우리 반에서 학생으로서 경험하고 싶은 모든 감정에 대해 이야기를 나눠 봅시다." 이 말은 감성 지능 헌장을 만드는 논의의 시작점이 된다. 이 연습의 핵심은 학생들이 무엇을 어떻게 느끼고 싶은지, 서로 그런 감정을 느끼도록 도울 방법은 무엇인지 설명하게 하고 교실 환경의 통제권을 스스로 갖게 하는 것이다. 어떤 학교에서는 감성 지능 헌장 만들기를 계기로 사고방식을 전환하게 되었다. 학교 규칙이란 그저 따르는 대상이었는데 규칙 제정이 정서적으로 안전한 공간을 만드는 행위가 된 것이다. 이는 희망의 행위이자, 수동적인 태도에서 능동적인 자세로의 변화이다.

어린아이들은 더 행복하고 안전하고 평온한 감정을 갖길 바란다고 말한다. 좀 더 큰 학생들은 그보다 미묘한 어감을 지닌 단어를 사용한다. 권한을 가지고 있다는, 존중받는, 동기 부여를 받는, 지지받는, 신뢰받는 감정을 느끼고 싶다고 말한다.

모든 학년의 아이들이 이 과정을 좋아한다. 무엇을 원하느냐는 질문이 아주 새롭다고 느낀다. 몇 년 동안 하루 종일 그들의 감정은 갇혀 있었는데 갑자기 그들의 감정이 어떤지, 앞으로 어떤 감정을 느끼고 싶은지, 그러기 위해 뭘 할 것인지 궁금해하는 교사가 나타난 것이다.

학교 관리자, 교사, 직원도 모두 똑같은 과정을 거친다. 하지만 그들은 전형적인 답을 내놓는다. 가치를 존중받고 진가를 인정받으며 영감을 받고 연결되고 지지받는 감정을 느끼고 싶다는 것이다. 그들이 바라는 감정의 상당 부분은 학생들이 원하는 것과 같다. 나는 궁금해졌다. 오랜 세월 학교 환경이 만들어지는 과정에서 학생과 교사 모두 필요로 하는 뭔가가 빠졌던 걸까?

정보를 모은 뒤에는 모든 사람이 서명할 수 있는 커다랗고 근사한 포스터 같은 시각 자료를 만든다. 일단 자료가 완성되면 습관이 형성되고, 어른과 아이는 필요할 때마다 더욱 기꺼이 감정을 공유하며 거리낌 없이 표현하게 된다.

사례를 통해 살펴보자. "쉬는 시간에 놀고 있는데 새로 온 친구가 끼려고 했어요." 시애틀 출신의 여덟 살 캘리가 말했다. "걔랑 같이 놀기 싫었지만 교실에 있는 헌장을 생각해 봤어요. 우리가 모두 '소속된' 느낌을 가지려면 어떻게 해야 한다고 동의했는지 떠올렸어요. 우리가 그 애를 끼워 주지 않으면 헌장을 어기는 거고 걔는 기분이 나빠지잖아요. 우리가 똑같은 일을 겪는다면 소외감을 느끼고 외로워질 거예요. 그래서 같이 놀기로 했어요. 생각보다 그 애랑 통하는 부분이 많더라고요."

가장 효과적인 접근 방식은 SEL을 학교 교과 과정으로 편입하고 모든 학년 수준에 맞는 과정을 만들어 모든 아이에게 전달되도록 하는 것이다

SEL을 배우고 익히는 방법은 나이에 따라 다르지만 시작하기에 이르거나 늦은 나이는 없다. 뉴욕시 공립 학교 학생 가운데 10분의 1은 여러 트라우마를 겪었거나 노숙자 쉼터 또는 임시 주택에서 산 적이 있다. 이들에게는 학교 차원에서 심리 상담사, 사회 복지사, 상담원 연결 같은 추가적인 지원을 해야 한다.

SEL은 문화적으로 반응해야 한다. 일례로 뉴욕시에서 학생과 그 가족이 사용하는 언어의 종류는 160개가 넘는다. 서구 문화권에서 개발된 프로그램들은 문화적 소수 집단에 적절하게 적용할 수 없으므로 해당 환경 출신 학생들이 소외될 수도 있다. 감정을 표현하고 조절하는 방식이 문화마다 굉장히 다르기 때문이다.

가장 포괄적인 SEL 개입은 학급 관련 주제, 대화, 학생들의 관심사, 요구 사항, 인간관계, 학교 안팎의 생활에 관련한 활동을 통해 사회·정서적 기술을 기르는 데 집중하는 것이다. 사례를 살펴보자. 오클라호마주 털사에 있는 학교에서 이루어진 RULER 수업에서 홀로코스트를 다룬 책《줄무늬 파자마를 입은 소년》(The Boy in the Striped Pajamas)을 교재로 감성 능력 교육을 진행했다. 학생들은 이야기에 등장하는 여러 인물의 감정을 추적하고 분석했다. 그리고 책에서 감정의 원인과 결과, 그것이 각 인물의 의사 결정과 관계에 미친 영향을 찾아냈다. 또한 학생들은 자신의 삶과 더 큰 공동체를 연결했다.

발달 단계도 중요하다. 우리 뇌가 감정과 감성 능력을 처리하는 방식은 사회적·인지적 발달 정도와 불가분의 관계가 있다. 발달 과정상 다섯 살 아이는 슬픔과 자존심에 대해, 5학년 학생은 절망과 의기양양함에 대해, 중학생은 시기와 질투에 대해 배울 수 있다.

중학교에서 SEL을 시행할 때는 정체성, 관계, 의사 결정 같은 주제를 다루면서 더 많은 자율성을 원하는 사춘기의 독특한 발달 욕구를 충족해야 한다. 로스앤젤레스의 한 중학교 학생들은 자신의 감정을 추적하기 위해 무드 미터 일지를 만들었다. 두 주일 동안 수업이 끝날 때마다 자신의 감정을 기록한 뒤 감정의 원인과 결과를 포함한 데이터를 분석했다. 시간대, 요일, 과목과 관련한 감정 패턴을 찾는 것이 목표였다. 학생들은 수면, 운동, 식습관 내용도 관찰하여 데이터를 통한 추론의 폭을 더욱 넓혔다. 그런 다음 학생들은 도움이 될 만한 감정 조절 전략을 생각해 보고 최선의 결과를 얻을 수 있는 다른 방법들을 서로 추천했다. 이 프로젝트는 학생들의 안녕을 증진할 수 있는 각자의 방법을 찾는 것으로 마무리되었다. SEL이 영문학, 수학, 과학, 보건 등의 교과 수업 및 실제 세상과 얼마나 완벽하게 통합될 수 있는지 보여 주는 훌륭한 예시이다.

고등학교에 적용할 접근법의 핵심은 학생들이 다음 세 가지 질문에 답을 찾아내도록 돕는 것이다. 첫째, 나는 누구인가? 이 질문에 답하며 학생들은 다양한 역량 사이에서 자신의 성격적 특징과 동기를 탐색한다. 둘째, 고등학교 생활에서 나는 무엇을 얻고자 하는가? 이 부분에서는 관계, 학업, 특별 활동에서의 목표를 탐색한다. 셋째, 목표를 달성하고 자신의 안녕을 지키려면 무엇이 필요한가?

학생들은 공감대를 형성하고 대인 관계에서 생기는 갈등을 관리하는 전략을 계속 배워 간다. 시카고 고등학교의 호르헤와 알리는 절친한 친구였다. 열다섯 살 남자아이들이 으레 그러하듯 그들도 신체에 대한 농담을 즐겨 주고받았다. 한번은 축구 연습하러 가던 길에 알리가 새 여자 친구에게 문자 메시지를 보냈다. 호르헤가 메시지를 보여 달라고 했지만 알리는 사생활을 지키고 싶었다. 그는 핸드폰을 머리 위로 들어 올리면서 큰 소리로 말했다. "인마, 그만해! 넌 내 동생보다도 약골인 주제에."

호르헤는 알리의 팔을 힘껏 잡아당겨 핸드폰을 잡아챈 뒤 탈의실 문을 박차고 달려 나가서는 자기를 잡아 보라고 놀렸다. 알리가 멘 가방이 문손잡이에 걸려 그가 끙끙대는 사이 호르헤는 그에게 더러운 운동화 한 짝을 던져 골려 주기로 작심했다.

알리는 문손잡이에 걸린 가방은 내버려 두고 몸만 빼냈다. 그리고는 탈의실에 있는 모든 사람이 깜짝 놀랄 만큼 분노하며 호르헤에게 달려들었다. 알리가 호르헤의 얼굴에 주먹을 날리려는 찰나 코치들이 겨우 그들을 떼어 놓았다.

소년들은 교무실로 불려 갔다.

"얘들아, 너희가 사이좋은 친구라는 걸 알아." 교감이 들어와 말했다. "그리고 너희는 이 문제를 다룰 방법을 알고 있지. 알리 너는 교무실 밖에 앉아 있고, 호르헤 너는 대기실 빈 의자에 앉아 있어. 잠시 숨을 돌리고 마음을 가라앉히자. 그런 다음 이 '감성 지능 점검표'를 완성해. 그럼 5분 있다가 다시 올게."

점검표의 목록을 보며 소년들은 상대방이 어떻게 느꼈을지, 그 감정의 원인이 무엇인지, 각자 감정을 어떻게 표현하고 조절해야 할지 생각할 수 있었다. 서로의 입장이 되어 보는 과정에서 호르헤와 알리의 감정은 빨간색 사분면에서 초록색 사분면으로 옮겨 갔고 그 덕분에 차분히 생각할 수 있었다.

그들이 점검표를 완성하자 교감이 그들을 다시 불러와 말했다. "자, 그럼 너희가 뭘 썼는지 들어 보자. 그 전에 명심해야 해. 중간에 끼어들거나 비판해선 안 돼."

알리는 자신이 태어난 이라크에서는 다른 사람에게 신발을 던지는 일이 욕을 퍼부어도 될 만큼 심각하게 모욕적인 행위라고 설명했다. 그의 말을 듣고 자신이 실수했음을 깨달은 호르헤가 말했다. "진짜 미안해. 난 정말 몰랐어. 다시는 그러지 않겠다고 약속할게."

알리와 호르헤는 자신들의 감정을 효과적으로 관리하기 위해 훗날 사용할 수 있는 전략을 함께 만들었다. 후속 조치로 이 소년들은 중동과 스페인 문화를 비교해 함께 발표했고 그 덕분에 그들과 반 친구들 모두에게 회복적 실천(restoratve practice)의 기회를 주었다.

수업 내용 외의 분야에서 우리는 페이스북과 손을 잡고 무료 자원 센터인 인스파이어드(inspirED)를 세웠다. 이곳에서는 학생들이 목소리를 높이고 고등학생들이 학교와 지역 사회에 긍정적인 변화를 일으킬 수 있도록 힘을 실어 주고자 한다. 학생들은 다음 네 단계 과정을 따르며 센터에는 각 단계를 지원하는 자원과 도구가 갖추어져 있다. ① 다양한 방식으로 학교 분위기 평가하기 ② 학교 공동체에 도입할 열정 프로젝트에 대해 브레인스토밍 하기 ③ 계획에 전념하여 완료하기 ④ 성공과 영향력에 대해 설명하기

최상의 SEL 접근 방식은 결과에 주목한다

SEL의 진행 상황과 영향력은 반드시 모니터링해야 한다. 프로그램이 제대로 작동하는가? 사람들이 배운 내용을 잘 지키고 있는가? 예상 결과가 나아지고 있는가?

지난 10여 년간 RULER가 학생들의 감성 지능 함양, 사회적 문제 해결 능력 향상, 공부 습관 개선, 성적 상승에 긍정적인 영향을 미친다는 증거가 축적되어 왔다. 학교 폭력 감소, 교실과 학교 분위기 개선, 교사의 스트레스와 피로 감소, 학생에 대한 교육 지원 개선도 중요한 효과이다. 두 가지 메타 분석으로 SEL을 통합한 체계적인 교육이 교사와 학생 간 관계 향상, 감정적 어려움과 문제 행동 감소, 학업 성과 상승을 거둔 학교들의 공통분모라는 사실도 입증되었다. 긍정적인 효과를 수치로도 나타낼 수 있다. 2015년에 SEL을 도입한 미국 학교 여섯 곳의 편익 비용을 분석한 결과 약 11 대 1 비율이 산출되었다. 편익 비용 분석은 투자에 따른 금전적 비용(SEL 프로그램 시행)을 그 결과의 금전적 가치(교육 목표 달성)와 비교하는 것인데, 분석에 따르면 SEL에 1달러를 투자할 경우 평균적으로 11달러의 수익을 거둔다는

뜻이니 경제적 이득이 상당하다고 할 수 있다.

SEL을 실시하는 학교와 그렇지 않은 학교의 차이는 끝없이 찾아낼 수 있다. 그중에서도 볼 때마다 감동적인 사례가 있다.

조던이라는 소년은 다니던 초등학교에서 지독한 괴롭힘을 당하다가 RULER를 시행하는 학교로 전학을 왔다. RULER 수업의 일환으로 '소외'에 대한 시를 써 오라는 과제를 받아 조던이 쓴 시는 자신을 괴롭힌 아이들에게 보낸 편지나 다름없었다. 그는 시를 썼지만 발표하고 싶어 하지 않았다. 또다시 괴롭힘당할까 두려웠던 것이다. 감정을 다루는 다섯 가지 기술을 훈련받은 그의 담임은 조던에게 다른 교사들과 그의 시를 함께 봐도 되는지 물었다. 아이는 마지못해 동의했고 이내 교사들로부터 칭찬을 들었다. 그 덕분에 그는 자신의 시를 친구들 앞에서 낭독할 용기를 낼 수 있었다.

그의 동의를 구해 그 시를 여기에 옮긴다.

너는 못난이야

나도 알아

전에도 들었거든

너 우스워

나도 알아

나도 깨달았거든

너 외계인 같아

나도 알아 나한테 하는 소리라는 걸

너 눈이 크네

나도 알아 거울 봤거든

넌 파일럿이 못 될 거야

넌 똑똑하지 않잖아

그럴 거야, 나도 그렇게 생각해

네가 한 욕설들은 하나같이 이상하지만 사실이야

넌 내 수많은 실패를 지적해서

내가 발전하게 도와줘

너는 내 많은 약점을 강조하면서 내 장점도 강조해

내 열린 마음은 친절함으로 이어지고

내 우스꽝스러움은 세상에 웃음을 주고

영화 속 외계인 닮은 내 모습은 내 똑똑함을 강조하고

내 큰 눈은 내 감정을 드러내고 시야를 넓혀 주지

나는 파일럿이 되지 못할 수도 있지만 될 수도 있어

있잖아, 네가 내게 욕을 할 때마다 난 네 마음을 들여다봐

내가 문제점이 많은데도 난 네가 안쓰러워

오, 이런, 네가 왜 안쓰럽지?

왜냐하면 네 마음은 자유로워질 수 없으니까

네가 쌓은 욕의 장벽이 네 마음과 감정을 막을 테니까

그러니 곧 멈추지 않으면 넌 괴물이 되고 말 거야

그리고 더 큰 문제가 있어

외로움

한번 생각해 봐

조던이 마지막 행을 읊고 몇 초도 지나지 않아 그의 반 친구들은 눈시울을 붉히며 자리에서 일어나 박수를 쳤다. 그가 전혀 예상하지 못한 기립 박수였다.

"네가 이런 일을 겪었다는 게 믿기지 않아. 하지만 여긴 그렇지 않아." 한 아이가 그에게 말했다. 조던은 새 학교가 안전한 천국이라는 사실을 깨닫고 재능을 꽃피우게 되었다.

1년 뒤 그 학교를 다시 방문했을 때, 카페테리아에서 조던과 우연히 마주쳤다. "글을 많이 쓰고 있는데요, 시인이 되고 싶어요." 그가 신이 나서 말했다. 내가 고개를 끄덕이자 그가 활짝 웃으며 종이 뭉치를 잔뜩 들고 돌아왔다. 그러고는 자신 있게 "나중에 서점에서 제 이름을 찾아보세요."라고 말하며 자리를 떴다.

조던이 전학 간 학교가 SEL에 전념하는 학교가 아니었더라도 그는 끔찍한 경험을 겪은 아이에게 뭐가 필요한지 알아차리는 섬세한 교사를 만났을 수 있다. 하지만 아무래도 그럴 가능성은 낮다. 자신에게 일어난 일을 마주하지도, 안전하다는 감각을 느끼지도, 자신이 사회에 기여하는 소중한 인간임을 알지도 못한 채 남은 삶을 살아갔을 것이다. 우리가 진정으로 SEL의 사명을 믿는다면 조던의 시야말로 학교 교육 목표가 시험 성적을 넘어 학교에서 느끼는 감정을 포함해야 한다는 사실을 보여 주는 증거이다.

오늘날 대학생에게 필요한 경쟁력은
사회·정서적 능력이다

이런 문제들이 대학에서는 어떻게 발현될까? 우리의 예상과 크게 다르지 않다.

대학 정신 건강 센터의 보고서에 따르면 2009년부터 2015년 사이에 상담 센터를 찾는 학생들의 수가 30퍼센트 증가했다. 학생들이 상담을 받는 가장 큰 원인은 불안과 우울증이었다.

2018년 세계 보건 기구(WHO)는 여덟 개국 열아홉 개 대학교 학생 1만 4000명을 대상으로 실시한 연구 결과를 발표했다. 세 명 가운데 한 명 이상이 우울증, 불안 장애, 약물 남용 등 적어도 한 가지의 정신 건강 장애와 일치하는 증상을 보였다. 2018년 정신 건강 연구에서는 대학생의 23퍼센트가 정신과 진료를 받고 있는 것으로 나타났는데 이는 2016년에 비해 18퍼센트 증가한 수치이다. 또 다른 연구에서는 대학생의 87퍼센트가 "압도되는 느낌"을 받고 있으며 63퍼센트는 "매우 외롭다."라고 답했다.

주로 아이비리그 대학을 대상으로 한 나의 비임상 연구 결과를 보면 학기 초에 학생들은 흥분과 불안, 행복과 피로, 자신감과 두려움처럼 즐겁고 불쾌한 감정이 건강하게 섞인 감정을 경험한다. 하지만 중간고사 기간이 되면 대부분이 스트레스, 압도감, 좌절감을 느낀다. 이유를 물어보면 "스트레스를 받지 않고 성공할 수는 없는 법이죠."라든가 "무슨 대가를 치르더라도 참고 견뎌야 합니다.", "1등 해야 하니까요." 같은 대답을 한다. 그들은 부담스러운 감정을 관리하기 위해 잠 줄이기, 밤새 게임하기, 정크 푸드 잔뜩 먹기, 마약과 약물에 의존하기 등의 전략을 쓰는데 실제로는 별 도움이 되지 않는다. 최근에 학생들에게 대학에서 어떤 감정을 느끼고 싶은지 물었더니 '사랑받는' 이라는 답변이 가장 많이 나왔다. 그 이유로 그들은 "나 자신이 공부 기계처럼 느껴지기 때문이다.", "가면을 쓰고 있는 것 같다.", "나라는 존재를 잘 모르겠다." 같은 답을 내놓았다. 나는 굉장히 놀랐다.

지금까지 우리는 이런 사실을 확인한 후에 학생들의 정신 건강 문제를 다루는 방식을 취해 왔다. 학생들이 불안 장애나 우울증을 진단받거나 자살 충동이 있다고 말하면 약이나 상담 치료를 처방하는 식이다. 하지만 초·중·고등학교와 마찬가지로 대학교에도 예방적인 접근이 필요하다. 그렇다면 도움을 받아야 할 모든 대학생에게 상담을 제공할 수 있을 정도의 자원을 어떻게 마련할 수 있을까?

고등 교육 기관에 SEL을 결합하는 것은 상당한 난제이다. 체계적인 접근이 용이했던 초·중·고등학교와 달리 대학교나 전문학교는 규모가 크고 교직원 및 상담사와 학생의 관계가 멀어서 SEL을 가르치기에는 장벽이 높다.

고등 교육 기관이 구조화된 결과 단편적인 접근법만 다양해졌다. 어떤 대학에는 마사지 의자와 빈백(beanbag)을 갖춘 '쉼터'가 설치되었고 요가와 마음 챙김 강좌를 운영하는 대학도 있다. 하지만 더 체계적인 접근법은 없었다.

나는 SEL에 흥미를 품고 예일 대학교에 오는 학생들이 적지 않다는 사실을 발견했다. 나는 거의 10년 동안 '감성 지능'이라는 강의를 진행했다. 이는 학점 과정으로 분류되지만 내 목표는 학생들이 근거 기반 실천을 학습해 스스로의 안녕을 지원하고 고용주가 요구하는 '원만한' 능력을 발전시키도록 돕는 것이었다. 하지만 많은 학생이 심각하게 반발했다. 강의 시간에 들은 불만은 대략 이런 내용이다.

"예일대에 들어오는 데 이 기술은 필요 없었습니다."

"그렇지 않아도 할 일 목록이 긴데 이제는 감정 조절하기까지 추가하란 말입니까?"

"제가 수강 신청을 한 건 감정 과학을 배우기 위해서이지 호흡 연습이나 하기 위해서가 아니란 말입니다!"

그 순간 나에겐 메타 모먼트가 필요했다. 잠시 멈추지 않았다면 "들어오는 데는 필요 없었겠지만 나가려면 필요할 거야!"라고 외치고 말았을 것이다. 나는 소리를 지르는 대신 대학을 갓 졸업한 학생들이 직장 생활을 할 준비가 되어 있다고, 특히 사회·정서적인 측면에서 그렇다고 생각하는 기업 대표가 왜 42퍼센트뿐인지 설명했다. 마이크로소프트와 맥킨지의 교육 실습과 연계하여 시행한 '2030년의 수업과 인생 준비 학습'이라는 설문 조사 결과, 오늘날의 직업 가운데 30~40퍼센트에 향후 사회·정서적 역량이 요구될 것이라는 예측이 나왔던 것이다. IQ 점수에 '범위 제한'이 있어서 IQ로는 더 이상 잠재적 가치를 판단할 수 없다고도 설명했다. 다시 말해 학생들에게 성공할 기회를 가져다주는 건 높은 IQ가 아니다. 오늘날 대학생들이 갖춰야 할 경쟁력은 사회·정서적 능력이다.

감정 교육 프로그램 덕분에 마음의 평화를 얻었다

대학생들이 SEL의 혜택을 받으려면 그 기술을 배우고 실천할 때 유의미한 차이가 생긴다는 사실을 확신해야 한다. 동료 심리학자이자《해피니스 트랙》(Happiness Track)의 저자인 에마 세팔라(Emma Seppälä)는 나와 함께 예일 대학교에 시범적으로 몇 가지 SEL 프로그램을 도입했다. 200명 이상의 대학생을 대상으로 한 첫 번째 연구 결과 SEL에 참여한 학생들은 스트레스와 탈진을 덜 겪었다. 자기 연민과 자기감정 수용 정도가 높아졌고 여섯 주 후에는 학교 활동 참여도도 높아졌다. 공중 보건을 전공하는 대학원생이 시행한 예비 연구에서는 학생 예순일곱 명을 두 그룹으로 나눴다. SEL을 도입한 그룹에는 무드미터 앱을 전달해 네 주 동안 하루에 여섯 번씩 자신의 감정을 추적하게 했고, 통제 집단인 다른 그룹은 '평소처럼' 생활하게 했다.(연구가 끝난 후 그들이 무드 미터 앱에 동일한 접속 권한을 갖게 될 때까지.) 또한 SEL 도입그룹에 속한 사람들은 감성 지능 발달, 자기 관리(self-care) 연습, 목표 설정에 집중하는 두 시간짜리 강의에 매주 참석했다. 이들은 통제집단에 비해 우울, 스트레스, 불안이 상당히 감소했으며 마음 챙김 자기 평가 점수(쉽게 말하면 현실 만족감)가 눈에 띄게 높아졌다. 올해는 우리가 접근한 방식의 효과를 테스트하기 위해 처음으로 무작위 대조시험을 실시할 예정이다.[*]

* 이 책은 미국에서 2019년에 출간되었다.

이 연구의 효과를 가장 잘 보여 주는 것은 학생들의 반응이다.

"나의 약한 면을 보여 주는 것이 우정을 비롯해 더 깊은 관계를 쌓을 훌륭한 기회라는 점을 알게 됐다. 때로는 다른 사람에게 그러하듯 자신에게도 온화해야 하고, 다른 사람을 이해하듯 자신도 이해해야 한다는 것 또한 배웠다."

"이 수업이 최대한 오래 이어지기를 바란다. 지금 내가 느끼는 평화가 곧 사라질까 두렵기 때문이다. 하지만 이번에 배운 걸 늘 명심하면 된다고 위안 삼아야겠다."

"차분함, 평온함, 집중력, 전반적인 행복은 모두 내 손이 닿는 곳에 있다. 이번 워크숍에서 깨달은 지혜를 내재화하기만 하면 된다."

"이 수업 덕분에 긴 꿈에서 깨어났다. 오랫동안 '현실'에서 생생히 숨 쉰다는 느낌을 받지 못했는데 이제는 잠에서 깨어난 것 같다. 내가 바라본 내 삶의 느낌을 색깔로 설명한다면 이전에는 창백한 회색이었지만 지금은 밝은 흰색이다. 마치 강렬한 색을 칠할 수 있는 빈 캔버스가 새로 생긴 것 같다. 이 워크숍은 가장 기본적인 삶의 원리를 인지하고 관심을 기울이면 자신을 정화하고 향상할 수 있음을 가르쳐 주었다."

이런 이야기가 내게는 경고로 들렸다. 우리가 아이들의 감정 발달을 제대로 지원하지 못한다는 뜻이기 때문이다. 그 탓에 그들은 대학에 다니는 젊은이가 될 때까지 감정 교육을 받지 못해 고통받고 있다.

감정이라는 지혜를 풀어 주면
건강한 아이들을 길러 낼 수 있다

사이버 폭력이든 총기 문제든, 마약을 끊으라는 압박이든 살을 빼라는 압박이든, 부모의 과보호든 방치든, 학력 차이든 정체성 차이든, 어떤 문제를 겪고 있든 이런 상황에서 발생하는 감정을 어떻게 다뤄야 할지 모르면 아이들의 뇌는 감정에 압도되고 만다. 고차원의 사고와 학습으로 가는 길이 끊긴다. 성취라는 이름의 다람쥐 쳇바퀴에 올라탄 아이들은 시험 점수, 봉사 활동, 과외, AP 수업을 우선하느라 SEL은 할 일 목록의 최하위에 둔다.

SEL은 학생들이 감정에 함몰되지 않고 배움으로 나아가게 하는 일상의 구명조끼이다. 감성 능력을 기를 수 있는 심리적으로 안전한 환경에서 학습할 수 있어야 한다. 그래야만 무력감에서 회복으로, 불안에서 행동으로, 혼란에서 집중으로, 소외에서 연결로 나아갈 수 있다.

내 동료이자 우리 센터의 부센터장 디나 시먼스(Dena Simmons)가 옹호했다시피, SEL은 큰 맥락에서 모든 아이, 그중에서도 특히 사회적으로 소외된 아이들이 잘 성장하고 삶의 방향을 스스로 주도할 수 있도록 평등과 정의를 구현하려는 노력에 기반을 둬야 한다. SEL을 통해 학업적으로 뛰어날 뿐 아니라 친절하고 인정 많고 회복 탄력성을 갖추고 성공적인 인생을 꾸려 가는 젊은이들을 육성할 수 있다. 또한 협력할 줄 알고 끝까지 노력하며 실패한 뒤에도 다시 일어날 수 있는 아이들을 길러 낼 수 있다. SEL에서는 서로 떼려야 뗄 수 없는 자신감, 정서적 민감성, 열정, 성취를 연결한 학습 모형을 개발하고 이에 따라 수업을 진행한다.

우리 센터는 지난 몇 년에 걸쳐 개별 학교 및 교육청과 손잡고 도시와 주 전체로 접근 범위를 확대해 왔다. 뉴욕시에서는 거의 모든 교육감을 대상으로 연수와 코칭을 진행했으며 현재 공립 학교 1700곳 가운데 4분의 1에 RULER가 도입되었다. 코네티컷에서는 달리오 재단(Dalio Foundation), 하트퍼드 공공 기부 재단(Hartford Foundation for Public Giving), 시들링스 재단(Seedlings Foundation), 타우크 가족 재단(Tauck Family Foundation) 등의 대규모 후원을 받아 공립 학교 교육감 협회, 교육 위원회 협회 등의 정책 입안자 및 단체와 협력해 '코네티컷주를 최초의 감성 지능 [교육] 지역으로!'라는 계획에 돌입했다. 우리의 목표는 SEL의 원리와 실천법을 주 내 모든 학교와 방과 후 교실에 도입하여 50만 명이 넘는 학생과 8만 5000명의 교직원 및 그 가족이 감성 능력 학습의 혜택을 누리게 하는 것이다.

SEL이 자리 잡으려면 학교가 있는 마을 전체에 SEL의 기본 정신이 퍼지고 지역 사회 지도자들이 SEL을 위해 소리 높여 힘을 실어 주는 단계에 이르러야 한다. 이것이 마빈 삼촌과 내가 힘들게 얻은 교훈이다. 모두가 SEL이 중요하다는 사실을 입증할 수 있어야만 정치인, 교육 위원회, 행정가가 관심을 보이고 필요한 노력을 기울일 것이다. 이런 헌신은 궁극적으로 교실, 카페테리아, 체육관, 운동장, 스쿨 버스, 교장과 교사, 학교 생활 도우미, 생활 지도 상담사, 학부모 등 모두에게 혜택을 선사한다.

갇혀 있던 감정이라는 지혜를 세상에 풀어 주면 자신의 꿈을 이루고 더 나은 세상을 만들 건강한 아이들을 길러 낼 수 있다.

제11장

직장에서의 감정

　　　　　　　　직장이 정서적 어려움을 유발하는 공간이라는 사실을 모르는 사람은 없다.

　어쨌거나 우리는 깨어 있는 시간의 절반을 그곳에서 보낸다. 함께 어울리겠다고 선택하지 않은, 습관과 가치관과 취향을 공유하지 않는 사람들에게 둘러싸여 지내는 것이다. 하지만 우리는 그들과 가깝게 지내야 하고, 협력하고 협업할 방법을 찾아야 하며, 그러지 않으면 불행해지는 데다 성공하지 못한 어른이 될 위험까지 무릅써야 한다. 이 무대에서 어떻게 성과를 거두느냐에 따라 우리가 자신과 가족을 부양하는 수단을 얻을 수 있다. 그리고 학교와 달리 직장에는 졸업이 없기 때문에 장기간, 수십 년 동안 여기에 머물러야 한다. 대부분 젊은 시절에 들어가 노년의 정점에 이르러서야 빠져나온다.

감정적 부담이 심할 수밖에 없다.

우리는 직장 일을 기술과 정보, 지적 능력과 경험, 성취와 성과를 향한 갈망으로 해 나간다고 생각한다. 물론 이 모든 것이 뒤섞여 작용한다. 하지만 모든 인간의 노력 속에 존재한다는 점에서 감정이야말로 직장에서 작용하는 가장 강력한 힘이다. 감정은 리더십의 효과부터 복잡한 관계를 맺고 유지하는 데까지, 혁신부터 고객 관계에 이르기까지 모든 면에 영향을 미친다. 우리는 제2장에서 무엇에 집중하고 어디에 노력을 쏟고 무엇을 기억하고 어떻게 의사 결정을 내리고 창의성과 참여 수준을 어느 정도로 조정할지 정하는 우리의 인지 능력이 감정 상태에 따라 어떻게 달라지는지 알아보았다. 그리고 제4장부터 제8장에 걸쳐 살펴보았듯, 감정을 현명하게 이용하는(인식하고 이해하여 이름 붙이고 표현하고 효과적으로 조절하는) 능력은 대인 관계, 건강, 성과의 수준을 결정한다.

자, 그러면 잠에서 깨는 순간부터 우리의 감정이 어떻게 흘러가는지 생각해 보자. 침대에서 눈을 뜨면 출근한다는 생각에 기쁜가, 아니면 이불을 머리 위로 끌어당겨 숨고 싶은가? 가장 자주 대면하는 몇몇 동료를 떠올려 보자. 이들을 만날 생각에 미소가 떠오르는가, 속으로 신음하는가? 사무실이나 가게나 공장에 도착한 당신은 일이 선사하는 도전 의식과 즐거움에 몰입하느라 시간이 쏜살같이 지나간다고 느끼는가, 아니면 시계를 쳐다보며 민방위 훈련을 받게 해 달라고 기도하는가? 이것들은 모두 직장에서의 감정 상태를 보여 주는 명백한 신호이며 심지어 직장에 있지 않을 때에도 당신이 어떻게 느끼고 생각할지에 큰 영향을 미칠 것이다.

이제 스스로에게 물어보자. 직장에서 자신과 다른 사람의 감정을 얼마나 정확하게 파악하는가? 어떤 감정을 가장 자주 경험하는가? 당신은 무엇이 당신과 동료들을 노란색, 빨간색, 파란색, 초록색 사분면에 있게끔 하는지 알고 있는가? 당신의 직장에는 감정을 표현하는 방법에 대한 불문율이 있는가? 어떤 감정이 수용되는가? 눈살 찌푸리기는 가능한가? 업무상 요구 사항을 충족하기 위한 감정 노동의 수준은 어느 정도인가? 당신은 자신의 감정을 조절하고 다른 사람의 감정 조절을 돕는 데 얼마나 능숙한가?

오늘날에는 특히 감성 능력이 업무 성과를 좌우한다

내가 아는 한 여성에게는 회사가 아직 텅 비어 조용한 시간에 출근해 일을 시작하는 습관이 있었다. 그는 혼자 있는 시간을 사랑했고 짧은 시간에 많은 일을 마무리할 수 있었지만 일단 동료들이 출근하면 상황이 전혀 달라졌다. 동료들과 교류할수록 점점 진이 빠졌고 시간도 더디게 흘렀다. 퇴근 후 남편이 종종 외식을 제안하기도 했으나 그의 머릿속에는 책을 보고 와인 한잔하면서 혼자 늘어져 쉬고 싶다는 생각뿐이었다.

우리 훈련 프로그램을 이수한 뒤 그는 자신의 상황을 정확히 이해하게 되었다. 그의 기분은 활력 있고 긍정적인 노란색 사분면에서 시작해 점차 초록색 사분면으로 옮겨 가다가 하루가 끝날 때쯤에 활력은 낮고 부정적인 파란색 사분면에 도착했다. 이런 감정 변화는 그의 결혼 생활과 가정 생활에 타격을 주고 있었다. 하루 사이에 변화하는 감정을 조절하고 매일을 파란색 사분면으로 끝내지 않기 위한 전략이 필요했다. 전략이 통한다면 그는 자신의 일에 전념하고 남편과 건강한 관계를 유지하기에 충분한 인지적 자원을 갖게 될 것이다.

이 여성의 사례는 일과 감정이 얼마나 밀접하게 연관되어 있는지 단적으로 보여 준다. 제너럴 모터스의 CEO든 세차장 직원이든, 소속되고 싶고 보고 들은 것에 반응하고 싶다는 감정 욕구가 똑같다는 것은 그리 중요한 일이 아니다. 당신이 골드먼 삭스나 페이스북에 갓 취직한 스물다섯 살의 뛰어난 인재라고 해서, 감성 지능이 더 뛰어나거나 집이나 직장에서 최대한 능력을 발휘할 수는 없다는 뜻이다.

많은 직업이 의사소통 능력을 요구하는 오늘날에는 특히 감성 능력이 행동 방식을 결정한다. 감정을 인식하고 이해하여 이름 붙이고 표현하고 성공적으로 조절할 수 없다면 우리는 상당한 고충을 겪을 것이다. 동료, 고객, 다른 회사 담당자 등 다른 사람들과 교류하며 일하는 사람이 많은데, 상대방에게 공감하지 못하고 그들의 감정을 협력적으로 조절하지 못할 경우 능력을 제대로 발휘할 수 없다. 우호적으로 협력할 근거를 찾아내야만 자신이 맡은 일을 잘해 낼 수 있다.

표면적으로 직장에서의 상호 작용은 모두 일에 관한 것이다. 기획 회의에 참석하고, 새 프로젝트에 대한 정보를 교환하며, 합작 투자에 대한 조사 결과를 공유하고, 계약 사항을 협의하고 파트너십을 모색한다. 하지만 그런 상호 작용은 종종 일하지 않는 순간에 구축된 관계 안에서 발생한다. 엘리베이터에서 가벼운 대화를 나누거나, 같이 식사하며 조언을 교환하거나, 사무실에 떠도는 가십을 공유할 때 맺은 관계가 기반이 되는 것이다. 직장 역시 공동체이다. 개인적인 순간에 맺은 우정 때문에 일이 더 쉽고 즐거워질 수도 있고, 반대로 아주 힘들어질 수도 있다.

새로운 동료가 곁에 있어서 생각했던 것보다 더 즐겁게 일하게 되었나? 아주 좋은 일이다. 상사가 당신을 하루 종일 괴롭히기를 즐기는 교활한 작자인가? 그리 좋은 일이 아니다. 이는 전형적인 직장 드라마인데 좋든 싫든 당신은 이런 상황에 감정적으로 관련되어 있다. 그러니 좋은 점뿐만 아니라 나쁜 점도 받아들이고 이를 처리해야 한다. 감성 지능을 개발하면 도움이 된다. 감성 지능 생태계를 만들면 훨씬 더 많은 혜택을 얻을 수 있다.

직장에서 일어나는 모든 일은 마음속에서 감정적인 사건이 된다. "나는 승진할 자격이 있어."라는 말은 자신이 다른 사람이 알고 있는 것보다 더 가치 있다고 생각한다는(승진하지 못하면 제대로 평가받지 못했다는 생각에 다른 직장을 찾겠다는) 뜻이다. 얼굴을 마주칠 때의 분위기, 사무실에서 자리의 위치, 엘리베이터에서 인사를 건네는 태도 등을 통해 상대가 나에게 품은 감정이 드러난다. 이에 따라 상대방에 대한 나의 감정이 결정된다.

'사무적인'이라는 말은 굉장히 부적절한 표현이다. 회사는 일을 하는 곳이니 당연하다는 허울을 덮어씌우지만 회사 일은 전혀 사무적이지 않다.

연구에 따르면 우리의 감정과 기분은 의식적으로든 무의식적으로든 한 사람에서 다른 사람으로, 그리고 팀 전체로 전달된다. 이를 '감정 전염'(emotioal contagion)이라 부르는데 그 연구의 시작은 1890년대까지 거슬러 올라간다. 누군가가 웃으면 당신도 웃고 누군가가 인상을 찌푸리면 당신도 표정을 바꾼다. 이유를 모르는 사이에 갑자기 행복해지거나 슬퍼진다. 펜실베이니아 대학교 와튼 스쿨 시절 바르세이드 교수는 감정 전염이 집단 내에서 일어나는지, 그에 따라 집단 구성원의 다음 행동이 예측되는지 확인하는 연구를 처음으로 수행했다. 연구 참가자들은 무드 미터의 각 사분면을 의미하는 네 개의 그룹으로 무작위 배정되었다. 훈련된 실험 협조자들이 참가자 역할로 각 그룹에 배정되어 적절한 감정을 끌어냈다. 참가자들은 직원과 보너스 협상을 하는 매니저 역할을 맡아 그룹별로 정해진 예산에 따라 직원과 회사 양측을 모두 만족시킬 방안을 찾아야 했다. 그 결과, 실험 협조자들이 감정 전염을 유도했을 뿐 아니라 후속 행동에도 영향을 미쳤다는 사실이 밝혀졌다. 구체적으로는 노란색 사분면과 초록색 사분면 참가자들이 갈등이 적고 협조적이었으며 개인 성과도 더 좋아졌다고 보고했으며, 이들은 빨간색 사분면과 파란색 사분면 참가자들에 비해 돈을 훨씬 균등하게 배분했다.

감성 능력이 발달할수록 우리는 감정 전염을 적극적으로 일으키는 방법과 다른 사람에게 미치는 영향을 더 잘 이해하기를 바라게 된다. 그러니 자신에게 물어봐야 한다. 우리 집단이 최선의 결과를 거둘 수 있도록 나는 최선의 감정을 만들어 내고 있는가?

리더는 조직에서 감정이
어떤 역할을 하는지 이해해야 한다

감정이 효과적인 리더십에 미치는 역할을 묻고자 최근에 동료 심리학자 데이비드 카루소를 인터뷰했다. 그는 당면 과제에 감정을 맞추는 것이 가장 중요하다며 자신이 참석했던 제품 개발 회의에 대한 이야기를 들려주었다. 담당 매니저는 의욕적이고 긍정적이었다. 전염된 그의 기분은 브레인스토밍에서 꽤 유용했다. 하지만 제품 세부 계획과 시장 데이터에 집중해야 하는 단계에서는 그의 열정이 큰 도움이 되지 않았다. 창의적이고 새로운 아이디어를 이끌어 냈던 의욕과 자신감은 지나치게 낙관적이고 허점투성이인 출시 일정을 만들어 냈다. 감정이 문제 해결을 가로막은 사례이다. 무엇이 잘못되었는지 깨닫자 팀장은 눈에 띄지 않는 방식으로 감정적인 분위기를 바꿨다. 그는 어조와 억양에 변화를 주어 회의의 활력 수준을 낮췄다. 이는 세부 사항을 제대로 파악하는 것이 얼마나 중요한지 보여 주는 예시이다. 그 덕분에 매니저는 생각의 속도를 늦추고 더 꼼꼼하게 자신의 가정을 점검할 수 있었다. 카루소는 감정이 조직 전체를 관통하며 흐른다고 말했다. 리더는 목표 달성을 위한 의사 결정, 사고 방식, 업무 방법과 관련해 감정이 어떤 역할을 수행하는지 이해해야 한다.

물론 조직도 개인이 조직 전체의 감정에 영향을 미칠 수 있는 분위기를 조성해야 한다. "감성 능력을 갖추는 것은 중요하지만 직장에 이를 적용할 수 있느냐는 다른 문제입니다." 리더십 전문가이자 케임브리지 대학교와 취리히 대학교에서 강의하고 있는 요헨 멘게스(Jochen Menges) 교수는 최근 나와 만난 자리에서 이렇게 말했다. 그의 연구에 따르면 감성 지능이 높은 직장인지 여부는 직원들이 행동하는 방식을 보고 확인할 수 있다. 직원의 행동은 기업체가 어떤 조직 구조나 직급 호칭 등을 적절하다고 여기는지에 큰 영향을 받는다. 운영 책임자가 자신의 뜻을 전달하고 다른 사람을 관리할 때 감성 지능을 활용하지 않는다면 누가 그렇게 할 수 있겠는가?

감성 지능이 직장에서 그토록 필요하다면 어떻게 습득해야 할까? 학교에서는 기존 교과목에 감성 능력 향상 과정을 통합해 이미 교육을 진행하고 있다. 결국 교육은 학교의 유일한 목적이 아닌가. 하지만 직장에서 감성 능력을 새롭게 발전시키기란 훨씬 더 까다로운 일이다. 대체 언제 그 훈련을 할 수 있을까? 휴식 시간에? 점심시간에? 아니면 연차 휴가 기간에? 우리는 배울 것이 있어서가 아니라 할 일이 있기 때문에 출근한다. 기업들은 '감성 지능 훈련과 개발 프로그램'에 수백만 달러를 투자했다. 하지만 지속적인 습관을 갖도록 도와주는 방식으로 감성 지능 향상을 도모하는 종합 프로그램은 아직 보지 못했다. 내가 기업에 감성 지능 훈련 프로그램을 제공하는 오지 라이프랩(Oji Life Lab)을 공동 창립한 이유가 바로 그것이다. 이곳의 프로그램은 학습자들이 세심하게 설계된 간단한 학습 활동을 거치는 가운데 감성 능력을 개발할 수 있도록 돕는다. 빠르게 재생되는 영상, 대화형 무드 미터, 개인적 성찰, 흥미로운 실습 등 생각을 자극하는 다양한 활동이 마련되어 있다. 이 프로그램에는 훈련된 코치와의 단체 또는 일대일 실시간 영상 토론도 포함된다. 오랜 시간에 걸쳐 감성 능력을 탐구하면서 사람들은 더 많은 습관을 개발하고 유지할 수 있게 된다.

감성 능력 부족과 비즈니스 실패는 상관이 있는가

최신식 기업 친화적 사고에 입각해 이런 기법을 직장에 도입하려 할 때조차 고용주들은 기업의 이익에 손해를 미치는 시간 낭비라며 분개한다. 기업의 수익은 전 직원이 동기 부여를 받고 있는지, 활력에 차 있는지, 공동의 목표에 헌신하는지에 달려 있다는 사실을 여전히 이해하지 못하는 관리자가 많다.

최근에 컨설팅한 어떤 기업에서는 핵심 임원 두 사람의 관계가 심각한 문제를 일으켰다. 둘 다 능력이 뛰어났고 업무 성과도 좋았다. 그중 한 사람은 기질적으로 불안감이 높은 여성으로 반응과 피드백 하나하나를 가슴에 새기는 유형이었다. 반면 다른 사람은 상대가 어떻게 받아들일지 고려하지 않고 생각나는 것을 직설적으로 말하는 남성이었다. 이 조합이라면 충돌하지 않는 것이 이상할 지경인데 실제로 그렇게 되었다. 두 사람 모두 감성 능력이 부족했다. 문제를 인식하고 상대에 대한 반응을 조절하며 상황을 통제할 만한 기술을 갖추지 못했다. 두 사람 간의 모든 상호 작용은 긴장 속에서 이루어졌고 생산성이 낮았다.

기질이 전혀 다른 두 사람을 중재하기 위해서는 그들의 상사가 나설 수밖에 없었다. 상사가 어떤 입장을 취하고 싶었는지 정확히 알 수는 없지만 그가 두 사람의 감정 조절을 돕지 않았다면 그 부서의 업무 처리는 상당히 어려워졌을 것이다.

이런 식의 상호 작용은 직장 내 어디서든 끊임없이 나타난다. 동료가 기분이 나빠졌다고 느낄 때 어떤 일이 생기는지 생각해 보라. 사무실 분위기가 즉시 달라질 것이다. 서로 접근을 꺼리고 의사소통이 제대로 이루어지지 않는다. 그가 있는 자리 주변에 사무실의 심적 에너지를 빨아들이는 불안한 기운이 감도는 것 같다.

모든 열정을 꺾고 창의성을 무너뜨리는 관리자도 있다. 그는 회의 시간에 인상을 쓰고 날카로운 눈빛을 쏘면서 반대 의견을 번번이 묵살한다. 결과가 뻔한데 굳이 의견을 낼 부하가 있을까? 직원들의 기분은 곧 낙담에서 무관심으로 바뀐다. 새로운 아이디어를 고민하는 대신 페이스북에서 시간을 보내고 얼마 지나지 않아 인터넷 구직 사이트를 뒤지기에 이른다.

경영 대학원에서는 한 학기에 걸쳐 주목할 만한 사업 실패 사례를 연구한다. 감성 지능과 관련 기술이 사업 실패와 연관되어 있는지도 고려할까? 감성 능력 부족이 직원들의 감정과 기업 운영에 미치는 영향을 다룬 모든 연구 결과를 감안할 때, 그런 입장에서 분석해 보는 것도 중요하다. 예일 대학교 경영 대학원과 취리히 대학교 경영 대학원을 비롯한 일부 경영 대학원은 학생의 감성 지능 개발에 투자하기 시작했다. 하지만 누구도 학생들의 성공과 실패를 감성 지능과 결부해 생각하는 데 익숙하지 않다. 그도 그럴 것이 신뢰할 만한 수치도, 타당한 답을 제시하는 도표나 그래프도 없지 않은가.(아직까지는.)

과도한 업무 몰입과 번아웃 증후군은 언제나 함께 온다

직장인의 내면에 대한 연구를 살펴보면 그 결과가 꽤 걱정스럽다.

건강하고 안전하며 공정한 직장 환경을 만들기 위한 노력을 지원하는 파스 재단(Faas Foundation)의 후원을 받아, 우리 센터 선임 연구원 조라나 이브체비치 프링글이 이끄는 연구 팀이 직장 내 감정의 역할에 대한 수많은 연구를 수행했다. 한 연구에서는 1000명을 대상으로, 다른 연구에서는 1만 5000명을 대상으로 설문 조사를 실시했다. 두 연구 모두 미국 전역에서 인구 통계학적으로 대표성이 있는 표본을 추출했다.

설문 조사의 여러 질문 뒤에 다음의 두 가지 질문이 이어졌다. '직장에 있을 때 어떤 기분이 드는가?' '직장에서 어떤 경험을 하고 있는가?' 참가자들은 설문 조사를 마친 다음 이상의 질문들에 주관적으로 답을 서술했다.

그 내용은 아래와 같이 요약된다.

- 직장인의 약 50퍼센트가 직장에서의 감정을 표현할 때 '스트레스', '좌절감', '과중한' 같은 단어를 사용했다.
- 직장인의 약 3분의 1은 직장에서 행복과 자랑스러움을 느끼는 시간이 근무 시간의 50퍼센트 미만이라고 말했다.
- 불쾌한 감정을 유발한 원인의 상당 부분은 일을 성실하게 하지 않는 동료, 의사 결정 능력이 부족한 관리자, 게으름을 피우는 업무 파트너, 공감과 경청 능력이 부족한 사람들 등 다른 사람과 관련되어 있었다.

조사 당시 피실험자들에게 직장에서 느끼고 싶은 감정을 단어 세 개로 표현해 달라고 요청했다. 1위를 차지한 단어는 '행복'이었다. 그다지 놀라운 결과는 아니었다. 나는 직업상 다양한 집단을 상대하는데 어떤 감정을 느끼고 싶은지 물을 때마다 모든 사람의 입에서 제일 먼저 나오는 단어가 바로 '행복'이다. 마치 깊이 생각하지 않고도 바로 내뱉을 수 있도록 기본값으로 설정된 것 같다.

그보다 눈에 띈 것은 2위와 3위에 오른 단어였다. 응답자들은 행복 다음으로 흥분, 즐거움, 감사, 지지, 성취감, 존중, 격려, 유능함 등의 감정을 느끼고 싶다고 답했다. '소중한'이라는 단어도 상위권에 올랐고 이 단어는 남성보다 여성이 두 배 더 많이 사용했다. 이 단어 목록은 전형적인 직장에서 무엇이 부족한지 잘 보여 준다.

우리는 다른 연구를 통해 다음과 같은 사실을 알아냈다.

- 2018년 갤럽이 미국의 정규직과 비정규직 3만 628명을 무작위로 선발해 설문 조사를 실시한 결과, 절반 이상이 직장에 '소속감을 느끼지 못하며' 13퍼센트는 업무와 관련해 비참했던 경험이 있다고 답했다. 이런 생산성 손실을 비용으로 환산하면 연간 4500억 달러에 이른다.

- 비영리 단체 부문에서는 젊은 직원의 45퍼센트가 다음에는 비영리 단체에서 일하지 않겠다고 밝혔으며 주요 원인으로 번아웃을 꼽았다.

- 조사에 응한 이들 중에서 35퍼센트가 업무 스트레스 때문에 한 달 근무일 가운데 사흘에서 닷새는 제대로 일하지 못한다고 말했다.

- 의사의 45퍼센트는 번아웃된 느낌을 받는다고 답했다. 최근에 나는 레지던트들에게 평소 일과를 생각하면 느낌이 어떤지 물었다. 레지던트의 70퍼센트가 '영 별로, 지루한, 정신 분열증 생길 것 같은, 과중한, 스트레스 받는, 마음이 무거운' 등의 단어로 자신의 기분을 표현했다. 만족하거나 평온하다고 답한 사람은 30퍼센트에 불과했다.

- 스탠퍼드 대학교에서 실시한 연구에 따르면 연간 12만 명 이상이 직장 스트레스 때문에 사망하는 것으로 추정되며, 이를 의료비용으로 환산하면 1900억 달러에 달한다. 스트레스 요인에는

건강 보험의 미흡함, 직장과 가정의 갈등, 불공평한 처우 등이
포함된다.

최근 연구에서 번아웃과 업무 몰입은 별개가 아니라 함께 일어나
는 현상이라는 사실이 드러났다. 우리 센터의 전직 연구원이자 현재
라이프치히 대학교 조교수인 줄리아 묄러(Julia Moeller)는 뛰어난 직
장인들의 번아웃 비율에 초점을 맞춘 연구를 진행했다. 그 직원들이
번아웃된 직접적인 원인은 강도 높은 업무 몰입이었다. 그들은 일에
지나치게 전념했고 너무나 뛰어났기에 결국 감당할 수 없는 책임을
지게 되었다. 업무를 거절하지 못하고 계속 받아들이면서 일거리에
완전히 짓눌렸다. 우리 센터에서 대학생 웰빙 연구를 이끌고 있는 에
마 세팔라가 묄러와 함께 〈하버드 비즈니스 리뷰〉에 발표한 관련 논
문에 대대적인 콘퍼런스 준비를 맡은 한 여성의 이야기가 실렸다. 그
여성은 자신의 업무를 훌륭히 해냈다. 하지만…….

행사 전 마지막 몇 주 동안 (……) 스트레스 수준이 너무 높아져 육
체적으로나 감정적으로 탈진하고 우울해지고 수면 장애를 겪는
등 번아웃 증후군에 시달렸다. 일을 멈추고 쉬라는 지시를 받은 그
여성은 콘퍼런스에 한 번도 참석하지 않았다. 그 뒤로도 원래의 업
무 성과와 건강 수준을 회복하기까지 오랜 회복 기간을 거쳐야 했
다. 그가 번아웃 증후군을 겪은 것은 장기간 스트레스가 누적되었
고 시간이 흐르면서 내부 자원이 고갈되었기 때문이다.

한편 갤럽 여론 조사 결과에 따르면 직장인의 절반이 이 여성과는 정반대로 일에 크게 몰입하지 않으려 한다. 감정적으로 정확히 균형을 맞추는 것은 확실히 중요하다. 적당히 업무에 전념하면 좋은 성과를 거두지만 지나치게 몰두하면 번아웃으로 이어지기 때문이다.

진짜 훌륭한 리더를 만드는 것은 감성 지능이다

번아웃을 방지하기 위해서는 직원들이 압박감이나 부당한 부담을 느낄 때 목소리를 낼 수 있도록 격려해야 한다. 그러나 그 자체만으로는 부족하다. 긍정적이든 부정적이든 자유롭게 자신을 표현하는 일이 일상이 되어야 한다. 예일대 경영진 교육 과정의 강사로 나설 때 나는 종종 이런 질문을 한다. "직장에서 여러분의 진짜 감정을 편하게 표현하십니까?"

"아뇨!" 대부분 조금도 망설이지 않고 이렇게 대답한다.

"대화 상대나 협상 상대가 누구냐에 따라 다른 것 같습니다." 한 수강생이 말했다.

"팀원이나 동료에게는 CEO에게 하지 못하는 말을 할 수도 있습니다. CEO에게는 '제러미, 아까 회의 시간에 정말 당혹스러웠어요. 그 이유를 말해 줄게요.' 같은 말은 안 하잖습니까." 다른 사람이 말했다.

이 두 사람은 사실 똑같은 말을 한 것이다. 직장에서 느낀 바를 말했다는 이유로 누군가가 해코지를 한다면 그 사람 앞에서 감정을 표현할 순 없다는 이야기이다.

센터장이라는 역할을 맡고 있기 때문에 나는 직장에서 감정을 억제하면 어떤 일이 일어나는지 직접 체감한다.

내가 밤잠을 이루지 못하는 이유가 뭔지 아는가? 우리 직원들의 감정이 신경 쓰이기 때문이다. 이 세상의 모든 CEO, 실무 책임자, 관리자, 상사가 이 생각으로 잠을 이루지 못할 것이다. 직원의 감정은 좋은 일이든 나쁜 일이든 조직에서 일어나는 모든 일에 일차적으로 영향을 미치는 요소이다. 감성 지능이 발달한 직장에서 일한다면 (전부는 아닐지라도) 대부분의 어려움에 충분히 대처할 수 있겠지만, 그렇지 않다면 모든 일은 힘겨운 투쟁이 되고 만다.

센터에 누군가를 고용하려 할 때 나는 지원자들이 업무에 필요한 경험, 재능, 두뇌를 갖추고 있다는 사실을 미리 알 수 있다. 하지만 그들에게 감성 능력이 있는지는 알 도리가 없다. 그들은 견제하거나 경쟁하지 않고 새 공동 작업자나 동료와 잘 지내는 법을 알고 있을까? 새로운 환경에 잘 적응하고 방해가 아닌 보탬이 될 수 있을까? 고객들과 공감하고 조직뿐 아니라 자신의 요구에도 부응하는 방식으로 상호 작용하는 방법을 이해할 수 있을까? 그렇지 않으면 우리는 실패할 수밖에 없다. 메릴랜드 대학교 벤저민 슈나이더(Benjamin Schneider)가 그의 유명한 에세이에서 썼듯이 사람이 장소를 만든다면 직원들에게 감성 능력이 있을 때 조직은 훨씬 더 나아질 것이다.

회사가 커질수록 감성 능력 부족에 더욱 취약해진다. 사례를 통해 살펴보자. 몇 년 전 나는 어떤 사람을 실무 책임자로 채용했는데 그는 팀 내에서 발생하는 업무 관련 불만으로부터 나를 보호해야 한다고 판단했다. 아마도 그는 내게 호의를 베풀고 있다고 생각했을 것이다. 일부 판단력이 흐린 임원들이라면 이를 다행이라고 여겼을지도 모르겠다. 하지만 내게는 끔찍한 재앙이었다. 내 동료들이 여러 가지 이유로 일에 대한 불만을 키워 갔지만 아무도 그 사실을 내게 알려 주지 않았다. 이런 상황은 그가 떠날 때까지 계속되었다. 직원들은 그가 퇴사한 뒤에야 그동안 드러내지 못했던 감정을 내게 표현했다. 그사이 우리 센터는 정서적으로 고장 난 직장이 되었고 그 여파는 일 자체에서 드러났다. 정상으로 돌아오기까지 1년이 넘게 걸렸다. 감성 지능의 중심지임을 자부하는 기관도 부족한 감성 능력으로 피해를 볼 수 있으니, 어디서든 이런 일이 일어날 수 있다.

이 경험을 통해 내가 얻은 교훈은 나 자신의 감정을 더 자주, 더 많은 동료에게 표현함으로써 더 약한 모습을 보여야 한다는 것이다. 내가 먼저 그렇게 해야만 그들도 마음 놓고 내게 자신을 표현할 수 있을 것이다. 나는 더욱 권위를 내려놓고 더욱 인간적으로 일하는 법을 배워야 했다.

우리 센터에서 일어난 또 다른 일을 사례로 소개한다. 몇 년 전 일이다. 매사에 흥미가 없고 심드렁한 직원이 있었다. 그는 읽기를 어려워했지만 맡은 일은 잘해 냈다. 그가 주변에 있을 때면 나는 그 점을 받아들이고 최선을 다해 내 감정을 조절했다. 어느 날 한 교육감과 회의를 하고 있는데 그 직원이 눈에 띄게 지루한 표정으로 앉아 있었다. 그 정도가 너무 지나쳤던 나머지 회의가 끝난 후 교육감이 "저 여자

분 왜 저럽니까?"라고 물을 정도였다. 나는 교육감에게 함께 일하고 싶다는 의지를 강력하게 표명해야 했다. 한 사람의(설사 부하 직원이라도) 감정 상태와 감정 관리 능력 부족이 직장 전체를 어떻게 물들이는지 보여 주는 예시이다.

이 문제에 대해 그와 대화를 나눌 방법을 알아내기까지 몇 주가 걸렸다. 다른 사람들에게 그가 어떻게 보이는지에 대해 어디서부터 어떻게 논의해야 할지 감도 잡히지 않았다. 그래도 일단 대화를 시작하고 나니 그가 우울증으로 고통받고 있으며 도움이 필요한 상태라는 사실을 알게 되었다. 앞서 언급한 회의와 같은 상황에서는 무슨 일이 일어나고 있는지 진심으로 궁금해하는 감정 과학자가 되기보다는 감정 심판자가 되고 싶다는 유혹에 빠지기 쉽다. '이 사람 대체 뭐가 문제야? 원래 좀 예의가 없나?'라고 생각하게 된다. 그 당시 우리는 앞에서 설명한 헌장을 센터에 만들 생각을 하지 못했다. 지금은 직원들 사이에 이견이 생기거나 직원들의 기분이 나빠질 때면 헌장이 지침 역할을 해 준다. 불편한 감정까지도 규명하고 다루는 방법을 찾아내도록 도와주는 것이다.

제너럴 일렉트릭의 전설적인 경영 전문가 잭 웰치(Jack Welch)는 이렇게 말했다. "감성 지능을 가진 사람은 학교 성적이 좋은 사람보다 훨씬 드물지만 내 경험상 실제로 훌륭한 리더를 만드는 건 감성 지능입니다. 절대 무시해선 안 됩니다."

나쁜 상사는 감성 지능이 낮고
좋은 상사는 감성 지능이 높다

감성 지능은 조직 행동학자들 사이에서 상당한 관심을 받고 있다. 토론토 대학교 로트먼 경영 대학원 스테판 코테 교수는 20여 년 동안의 연구를 통해 감성 지능을 구성하는 일련의 기술이 직장에서의 주요 성과와 관련 있다는 사실을 증명했다. 감성 지능과 연관된 직장 내 성과들의 목록은 다음과 같다.

- 창의성과 혁신성
- 조직 헌신
- 직업 만족도
- 고객 서비스 등급
- 경영 성과
- 팀원들의 사회적 지지
- 리더십 창출(공식적으로 리더십을 발휘할 위치에 있지 않은 사람이 동료들에게 영향력을 발휘함)
- 더 강력한 동기를 부여하고 영감을 불어넣는 혁신적인 리더십
- 감정 노동 강도가 높은 업종에서의 업무 성과
- 성과급

감성 지능이 발달한 관리자와 리더라고 해서 늘 '좋은' 상사일 필

요는 없다는 사실을 염두에 두자. 그들은 어렵고 복잡한 일을 수행하는 데 감성 능력을 발휘한다. 직장에서의 감성 지능은 단지 위로와 동정심을 표현하는 능력이 아니다. 때로는 사람들이 자아 인식을 통해 더 큰 능력을 발휘할 수 있도록 까다로운 피드백을 해 줄 수도 있어야 한다. 심지어 감정이 상할 수 있는 민감한 주제에 대한 어려운 대화를 이끌어 갈 능력도 필요하다. 그러려면 감정 기술을 익혀야 한다. 감정 기술은 성공적인 직장 분위기를 조성하고 불가피하게 생기는 잘못을 수정하는 데 도움이 된다.

최근에 우리 팀은 실무 책임자의 감성 능력을 단서로 직원들의 감정과 행동을 예측할 수 있는지 연구하기 위해 책임자의 감성 지능적 행동을 평가하는 방법을 개발했다. 그에 따른 설문 조사에는 "내 상사는 자신의 결정과 행동이 다른 직원들의 감정에 어떤 영향을 미치는지 이해하고 있다."라든가 "내 상사는 다른 사람이 실망하거나 화를 낼 때 기분이 나아지도록 잘 도와준다." 같은 문항이 포함되었다. 이전의 연구에 따르면 직원들은 상사의 행동에 대한 평판에 서로 동의하는 경향이 있었다.

우리가 알아낸 점은 다음과 같다. 실무 책임자가 뛰어난 감성 능력을 갖추고 있으면 직원들의 의욕, 존중감, 행복이 50퍼센트 높아지고 좌절, 분노, 스트레스가 30~40퍼센트 낮아진다. 직원 참여도와 일에 대한 목적의식, 창의성과 혁신성이 두드러지게 높아지고, 번아웃이나 비윤리적 행동, 문제가 있거나 더 나은 방법이 있다는 의견을 말할 때의 두려움이 현저하게 낮아진다. 또 다른 발견도 주목할 만하다. 목소리 높이기를 두려워하거나 비윤리적인 일을 하도록 강요당하는 직원들의 경우 정신 건강이 나빠지는 것은 물론이고 일할 때 실수를 저지를 위험이 크다. 또한 이직하겠다는 생각을 품고 있을 가능성이 높다.

유능한 사업가들은 이직을 진정으로 두려워한다. 어느 조직에서나 높은 이직률은 엄청난 손실이다. 많은 회사를 컨설팅해 본 결과, 보통 수준보다 이직률이 높다면 그 조직 어딘가에 나쁜 상사가 있다고 장담할 수 있다. "사람들은 직장이 아니라 나쁜 상사를 떠난다."라는 말도 있지 않은가. 많은 기업주가 나쁜 상사는 성과를 내지 못하는 사람이고 좋은 상사는 목표치 이상을 해내는 사람이라고 하겠지만, 나는 거기에 나쁜 상사는 감성 지능이 낮고 좋은 상사는 감성 지능이 높다는 말을 덧붙이고 싶다. 우리는 회사의 DNA를 가리킬 때 '기업 문화'라는 용어를 쓴다. 기업 문화의 상당 부분을 조직의 감정적 상태가 차지하는데 이는 구성원의 감성 지능에서 비롯한다. 감성 지능이 높은 리더들이 성공하기 위해서는 감성 지능 발휘가 가능한 기업 문화를 갖춘 조직에 자리를 잡아야 한다.

만약 사장이 당신의 감정을 무시한다면 돌아보지 말고 회사를 떠나라

만약 당신이 감정적인 문제가 중요하다는 의견은 허튼소리라 여기고 사무실이나 공장이나 가게에 그런 생각이 반영될 여지가 없다고 여기는 사장 가운데 하나라면, 좋은 직원을 고용하는 데 실질적인 어려움을 겪을 거라고 장담할 수 있다. 당신이 자신의 감정을 건강하게 다루지 못한다면 아마 다른 사람의 감정을 상대할 수도 없을 테니 말이다.

여기까지 이야기했으니 성공한 기업인 중에 감성 능력이 형편없는 이들이 많다는 사실을 덧붙여야겠다. 죽은 사람을 욕하면 안 되겠지만 스티브 잡스(Steve Jobs)는 경영인으로서는 흠을 잡기가 어려웠으나 상대하기 어려운 인물로 악명이 높았다. 미국 경제계는 구석진 사무실을 차지하고 있는 불량배와 과대망상증 환자들로 가득 차 있다. 성공의 척도가 돈을 버는 것이라면 그들은 분명 성공한 사람들이다.

사업 번창의 꼭대기로 가는 과정에서 사람들을 괴롭혔다면 그 위에서는 외로워질 것이다. 그 자리에서 주변을 돌아보았을 때 직원들이 일을 잘한다는 생각이 든다면, 회사의 감정 상태에 주의를 기울일 경우 직원들의 업무 효율이 훨씬 더 높아질 수 있다는 사실을 알아채지 못했다는 뜻이다. 스티브 잡스가 직원들에게 영감을 불어넣을 수 있는 감성 지능을 갖추고 있었다면 어땠을지 상상해 보라. 그가 죽은 뒤 몇 년 동안 애플이 혁신성과 창의성 부족에 시달리는 일은 없었을 것이다.

나는 재계 리더들을 대상으로 세미나를 진행할 때 데이터를 보여 주며 이렇게 말한다. "이것 보십시오. 감성 지능이 낮은 실무 책임자와 일할 때 직원들의 의욕이 고취되는 정도가 25퍼센트인 반면, 감성 지능이 높은 관리자 밑에서는 그 수준이 75퍼센트까지 올라갑니다. 이 데이터는 무슨 의미일까요?" 그 차이는 굉장히 크다. 감성이 발달한 직장에 존재할 생산성과 창의적 아이디어를 생각해 보고 왜 다른 회사는 그러지 못하는지 자문해 보라.

기업들과 일하면서 깨달은 바, 이런 환경에서 변화를 만들어 내기란 달걀로 바위 치기나 다름없었다. 마빈 삼촌과 내가 학교에 변화를 일으키려 했을 때 겪은 난관과 크게 다르지 않았다. 아이들은 새로운 배움에 열려 있지만 그런 어른들은 많지 않다. 직장에서도 마찬가지이다. 직원들은 감성 능력을 기르자는 생각을 받아들이지만 관리자급은 회의적이다.

한 회사에서 세미나를 운영했을 때, 모든 채용에 관여하는 사장에게서 이런 발언을 들었다. "아니, 나는 훈련을 받지 않겠습니다. 그보다는 나한테 보고하는 사람들에게 감성 능력을 가르쳐서 더 좋은 직원이 되게 해 주면 좋겠습니다. 내가 뭘 바꿔야 할 필요는 없다고 생각해요. 나는 성공했으니 그걸로 이미 충분하지 않습니까." 언젠가 한 헤지 펀드 기업의 임원이 내게 말했다. "정말로 우리가 탁자에 둘러앉아 감정을 나눌 거라고 생각합니까?"(나중에 그의 회사에 다니는 여직원과 이야기를 나누다가 그 임원이 그 직원에게 "'당신'이 어떻게 느끼는지는 중요하지 않습니다. 당신의 일은 '나'를 대변하는 겁니다."라는 말을 했다고 들었다.)

연구에 따르면 권력자들은 주변 사람들의 감정에 둔감하다고 한다. 이런 사람들은 다른 사람이 고통스러운 경험을 이야기할 때 권력을 가지지 못한 사람보다 덜 공감하는 반응을 보였다.

최근에 대규모 비영리 단체를 운영하는 여성과 이야기를 나누었다. 그는 굉장히 똑똑한 사람이다. 그 단체의 이사회 의장은 유명한 사람이었다. 그 여성이 자신의 직장을 싫어하는 유일한 이유가 바로 의장이 그의 기분을 움직이는 방식이었다. "의장이 너무도 대단한 인물이라서 저는 늘 스스로를 의심합니다. 항상 그분이 맞고 제가 틀리면 어쩌나 걱정해요. 의장이 자신의 의견을 하도 강경하게 표현하니까 매번 저를 의심하게 되는 거죠. 그러면 의장은 '왜 이렇게 예민해?'라고 말합니다. 매일 밤 우울하고 불안한 상태로 퇴근하죠. 저도 십수 년간 임원으로 일하면서 대기업을 경영해 봤지만 지금은 미쳐 버릴 것 같아요. 그만둬야겠다고 생각할 정도로요."

나는 여러 해 동안 많은 직장인에게서 비슷한 감정을 느낀다는 이야기를 들었다. 그들은 일을 하기 위해 채용되었지만 자신감이 약해진 채로 방해를 받고 있었다. 그것이 통제력을 유지하는 좋은 방법이라고 생각하는 상사 때문이다. 물론 좋은 방법이 아니다. 그런 방식은 조직 전체에 해를 입힐 뿐이다.

만약 이 여성이 메타 모먼트를 통해 불안을 가라앉히고 생각을 정리했다면, 의장이 고의로 그를 방해한다는 사실을 깨닫고 이에 대처하는 전략을 고안해 냈을 수도 있다. 생산적이든 아니든 의장을 앉혀 놓고 자신의 감정을 표현했을 수도 있다. 그러면 적어도 개선의 희망이 있는지 여부는 금세 파악할 수 있었을 것이다.

나는 그 여성에게 이렇게 조언했다. 만약 그렇게 할 의사가 없다면 이사들의 지원을 확보해 그를 의장직에서 물러나게 할 방법을 찾으라고 말이다. 이사회가 그 여성을 지지하지 않는다면 더 나은 직장을 찾아야 한다. 그가 의장으로 있는 한 상황은 절대 변하지 않을 것이다.

관련된 모든 사람에게 다행히도, 마침내 그는 자신의 분노와 불안을 조절할 전략을 찾아내 의장과 어려운 대화를 나누며 자신의 감정과 그 이유를 털어놓았다. 그는 이사회도 찾아가 자신이 남기를 바란다면 구조적인 변화가 이루어져야 한다고 말했다. 의장은 결국 그 여성의 의견에 동의해 그를 대하던 방식을 바꿨고 이사회는 그 여성의 제안을 받아들였다. 그는 여전히 그곳에서 일하고 있다. 훨씬 더 행복하게, 더 효율적으로 실행력을 발휘하면서.

최고의 직원은 감정의 힘을 인정하는 회사에 끌린다

2014년에 펜실베이니아 대학교 와튼 스쿨 시걸 바르세이드와 조지 메이슨 대학교 올리비아 오닐(Olivia O'Neill)은 〈사랑이 그것과 무슨 상관인가?〉라는 연구 논문에서 직장의 변화를 이끄는 특정 감정의 힘을 뒷받침하는 데이터를 제시했다. 그들은 '다른 사람에 대한 애정, 연민, 배려, 다정함 같은 감정'이 직장 동료들 사이에서도 유익하다는 주장을 펼치며 이를 '동료애 문화'(culture of companionate love)라고 표현했다.

그들은 동료애 문화가 약한 회사에 다음과 같은 특징이 있다고 설명했다.

직원들 사이에 애정, 배려, 연민, 다정함 같은 표현이 적거나 아예 없고, 어느 쪽이든 강도와 구체화 정도가 낮다. 동료애 문화가 약한 회사의 직원들은 서로 무관심하거나 심지어 냉담하게 대하고, 일이 잘 풀릴 때 동료애를 표현하거나 기대하지 않으며, 일이 잘 풀리지 않을 때 직장에서의 괴로움을 함께 나눌 여지를 주지 않는다.

한때 기업 문화의 맥락에서 이런 관념이 터무니없이 감상적이라고 여겨지기도 했다. 하지만 오늘날은 사우스 웨스트 항공, 펩시, 홀 푸드(Whole Foods), 자포스(Zappos)를 비롯해 여러 존경받는 기업들이 그 가치를 옹호하고 '사랑'과 '배려'라는 단어를 공식 경영 원칙에 명시하기도 한다. 세인트루이스에 자리한 워싱턴 대학교 앤드루 나이트(Andrew Knight) 교수가 이끄는 연구 팀이 161개 회사의 직원 2만 4000명을 대상으로 설문 조사를 진행했다. 연구 결과는 긍정적인 분위기가 충만한 기업의 직원들이 덜 탈진하고 병가를 내는 일도 적다는 사실을 보여 주었다. 또한 직장에서 긍정적인 감정이 증폭되면 직원들의 번아웃과 결근율이 낮아지고 헌신도가 높아지지만, 부정적인 감정을 억압하면 정반대 결과가 유발되며 고객 만족도도 떨어진다는 사실을 밝혔다.

다른 연구 결과도 비슷하다. 직원들이 긍정적인 감정을 보이면 고객이 상점을 다시 찾고 친구에게 추천하는 등의 반응을 보인다. 다만 직원들의 감정이 진짜여야 한다. 긍정적인 감정을 연기할 경우에는 고객에게 영향을 미치지 못한다.

증거는 명백하다. 직원들이 일에 집중하고 경쟁력을 유지하길 바라는 기업에서는 감정의 힘을 무시해선 안 된다. 오지 라이프 랩에서 우리는 이 책에서 내내 탐색했던 감성 능력의 이점에 대한 많은 사람의 증언을 듣는다. 한때 직장에서 불안에 시달렸던 전문직 종사자들은 안정을 찾기 위해 감정 조절하기 전략을 사용한다. 한 의사는 이 기술들을 배우기 전까지는 감정 상태를 바꿀 힘이 생기리라는 생각도 하지 못했다고 털어놓았다. "특히 수술실에서 긴장감이 높아질 때, 마음 챙김 호흡과 재평가 기술을 이용하면 마음을 빠르게 가다듬을 수 있습니다. 평정심을 찾아 동료들과 협력하는 능력이 극적으로 좋아집니다."

《감정이라는 무기》(Emotional Agility)의 저자 수전 데이비드(Susan David)에 따르면, 전 세계 비즈니스 리더들은 감정에 관심을 기울임으로써 직원들의 안녕과 조직의 성공을 모두 도모할 수 있다는 사실을 깨닫기 시작했다. 학교에서 감성 지능을 기르고 있는 학생들은 직장에 들어갈 때 자신을 지지한다는 느낌을 주는지를 고려해 미래의 고용주를 선택할 것이다.

직장 생활을 하다 보면 종종 타협의 순간에 직면한다. 창의성을 발휘할 수 있는 환경에서 지지를 받으며 좋아하는 일을 할 수 있는 직장과, 감정적 만족도는 낮지만(또는 아예 없지만) 유혹적으로 높은 급여를 제시하는 직장 가운데 하나를 선택해야 하는 것이다. 전문직은 고등 교육을 받은 지적인 사람들이 높은 급여를 대가로 강도 높은 스트레스와 피로를 견뎌 내려는 의지에 철저히 의존하는 직업군이다. 하지만 어느 순간이 되면 대부분의 사람들은 얼마를 벌든 그로 인한 피해를 감수할 가치가 없다는 사실을 깨닫는다.

그러므로 직업을 고민할 때에는 일반적인 관심사인 급여, 근무 조건, 발전 가능성 이외의 부분도 살펴야 한다. 우리가 많은 시간을 보내며 에너지를 쏟을 곳의 감정적 분위기에 대해서도 관심을 가져야 한다. 대놓고 "솔직히, 여기서 일하는 기분이 어때요?"라고 물을 수도 있다. 면접관이 깜짝 놀라기는 하겠지만(아마도 좋은 방향으로) 흥미롭고 유용한 대답을 들을 수 있을 것이다.

지금껏 다룬 내용이 고용주와 관리자에게 전하는 메시지는 분명하다. 오늘날 최고의 직원들은 긍정적이고 생산적인 환경을 조성하는 감정의 힘을 인정하는 회사에 끌릴 것이다. 다른 직장을 찾을 의지가 없거나 어떤 이유에서든 이직할 수 없는 비참한 동료들을 뒤로하고 그들은 나쁜 직장을 그만둘 것이다. 이런 점을 고려해서라도 기업들은 감성 능력 배양을 진지하게 받아들여야 한다.

감정 혁명을 이루자

세미나가 끝나 갈 때면 나는 참석자들에게 모든 리더, 교사, 아이가 감성 능력을 배우는 세상을 상상해 보라고 한다. 대학교, 교직 이수 과정, 의대, 법대, 스포츠 팀, 경찰서, 기업 등 어디서나 감성 지능을 중시하는 세상을 말이다. 만약 모든 사람이 감정 과학자가 되는 법을 배운다면 무엇이 달라질까? 어린이, 부모, 교사, 사업 전문가들은 수년간 이렇게 말해 왔다.

- 더 경청하고 덜 단정한다.
- 가난하게 사는 아이가 줄어든다.
- 사회적 낙인과 인종 차별이 감소한다.

- 감성 지능이 수학, 국어, 과학만큼 중요한 교과목이 될 것이다.
- 모든 감정이 제대로 인식될 것이다. 특히 부정적인 감정도.
- 자기기만이 사라진다.
- 감정 표현이 유약함이 아닌 강인함의 증거가 된다.
- 더 많은 사람이 진정한 자아, 최고의 자아를 찾을 수 있다.
- 학교는 학생들이 목표와 열정에 대해 깊이 고민하고 꿈을 이루는 데 필요한 능력을 개발하는 곳이 된다.
- 빨리 내일이 와서 다시 출근하면 좋겠다고 생각하며 퇴근할 것이다.
- 자기 파괴보다 자기 연민의 시각으로 스스로를 바라본다.
- 괴롭힘이 줄어들고 공동체에 대한 소속감이 커져서 더욱 화목한 관계를 맺는다.
- 우울과 불안을 겪는 사람들의 비율이 획기적으로 감소한다.
- 가정과 학교가 아이들의 건강한 발달을 지원하기 위해 서로 협력한다.

개인적으로 가장 마음에 들었던 것은 어떤 초등학교 3학년 아이의 답변이다. 그는 "세계 평화가 찾아올 거예요!"라고 답했다. 이것이 아이들에게 감정을 표현하도록 허락해 주겠다고 약속한 결과이다.

우리는 감성 능력을 통해 더욱 포용적이고 온정적이며 혁신적인 세상을 만들 것이다. 과학은 감성 능력이 웰빙과 성공 사이에 빠져 있던 연결 고리라는 증거를 보여 줄 것이다. 감성 능력을 가정, 학교, 직장과 분리하면 모두에게 해롭다. 감정을 자유롭게 표현함으로써 지금 껏 상상하지 못했던 방식으로 나아가는 감정 혁명을 시작해야 한다.

열정과 이성이 조화를 이루는 세상에서는 감성 능력이 인종, 계급, 성별에 상관없이 모든 아이에게 공평한 경쟁의 장을 선사할 수 있다. 이로써 더 큰 평등이 구현될 수 있을 것이다. 직장에 다니는 성인이 감성 능력을 갖췄다는 것은 원활하게 협업할 수 있다는 의미이다. 더 이상 '시너지', '팀 구축', '리더십 파이프라인 만들기' 같은 용어를 사 용할 필요가 없다. 감성 능력이 이런 개념을 모두 아우르기 때문이다.

워크숍에 참석하거나 수련회에 가거나 어떤 '프로그램'을 채택하 는 것만이 감성 능력을 기르는 방법은 아니다. 감성 능력 개발은 곧 삶의 방식이다. 사람들이 무엇을 느끼는지, 우리가 감정을 어떻게 다 루는지가 삶의 질을 결정한다는 사실을 인식하는 것이다.

감성 능력 개발에 헌신한다는 것은 도움이 필요한 이웃과 지역 사 회에 추가 자원을 제공한다는 의미이다. 그럼으로써 광범위했던 피해 범위를 줄일 수 있다. 감성 능력을 발휘해 소통하면 강요된 남자다움, 여성의 대상화를 비롯해 모든 편견이 존재할 여지가 사라진다. 감성 능력을 사용한다는 것은 불평등을 가져온 정책에 반기를 들고, 폭력 적인 미디어를 재고하며, 훈육이나 처벌이나 괴롭힘 같은 유해한 접 근 방식을 수정한다는 의미이다. 정책 입안자들이 가족과 교육자의 손을 잡고 우리 아이들이 자라는 '정원'을 돌봐야 한다는 의미이기도 하다.

내가 어린 시절 이야기를 들려주면 사람들은 보통 이렇게 말한다.

"하지만 당신은 그런 고통에도 불구하고 어찌 됐든 해냈잖아요. 만약 그때의 고통이 없었다면 지금 당신이 하는 일을 안 했을 가능성도 있어요."

물론 그럴 수도 있다고 대답한다. 아니, 그랬을 가능성이 높다.

"하지만 나는 운이 좋았습니다." 나는 이렇게 말하며 몇 가지 질문을 던진다.

자신에게는 아이를 도울 능력이 없다는 걸 인식하고 아이를 위한 상담 치료를 알아보는 부모가 몇이나 될까? 감성 지능의 중요성을 이해한 개척자이자 조카에게 무조건적인 사랑과 지지를 보내 주는 삼촌을 둔 아이가 얼마나 될까? 무술을 배우는 아이가 얼마나 될까? 인생을 감정 과학 연구에 바치는 사람이 얼마나 될까? 내가 보기에는 그리 많지 않다. 우리가 그저 최고만을 바란다면 많은 아이가 도중에 실패하고 말 것이다.

감성 능력은 우리 내면에 숨어 있는 잠재력을 푸는 열쇠이다. 이런 능력을 개발하는 과정에서 우리가 가슴과 가슴, 마음과 마음으로 노력한다면 지금껏 우리가 경험해 왔던 것과 다른, 그리고 상상했던 모습에 더 가까운 문화와 사회를 창조할 수 있을 것이다.

사회 전체를 바꾸기란 쉽지 않다. 하지만 노력해야 한다.

우리의 미래, 그리고 우리 아이들의 미래가 바로 그 노력에 달려 있다.

• 감사의 말 •

나의 개인적 또는 직업적 성장, 그리고 이 책의 내용에 기여해 준 수많은 사람과 단체에 깊은 감사 인사를 전한다.

제일 먼저, 이 책이 출판되기까지의 모든 과정에서 나를 이끌어 주고 챙겨 준 훌륭한 에이전트 리처드 파인과 잉크웰 매니지먼트 팀, 특히 엘리자 로스타인, 윌리엄 캘러헌, 린지 블레싱에게 감사하고 싶다. 또한 초기에 이 책의 틀을 잡는 중요한 작업에 도움을 준 에이미 허츠에게도 감사한다. 이 책을 쓰는 동안 나를 지원해 준, 특히 나 자신과 다른 사람들의 학문적 연구가 다양한 독자와 만날 수 있도록 도와준 빌 토넬리에게도 고맙다는 인사를 전한다.

내가 상상했던 것보다 더 멀리 나아갈 수 있도록 용기를 북돋워 준 출판사 셀라돈 북스의 헌신적이고 재능 있는 사람들에게 감사 인사를 전하지 않을 수 없다. 편집자 겸 발행인 제이미 라브와 그의 팀 전원(데브 퍼터, 레이첼 초우, 라이언 도허티, 앤 트위미, 크리스틴 미키티신, 헤더 그래험, 제이미 노븐, 랜디 크라머, 알렉시스 누빌, 세실리 반 뷰렌프리드먼, 클레이 스미스)에게 모두 고맙다. 그들의 제안과 지원, 특히 내 아이디어에 대한 깊은 흥미 덕분에 이 책을 쓰고 싶다는 내 꿈이 현실로 이루어졌다.

지난 25년간 미국 전역과 다른 나라의 학교 수천 곳에서 재능 있는 교육자들과 함께 일하는 특별한 기회를 누렸다. 그동안 내 연구에 참여하거나 자신의 이야기를 내게 공유해 준 사람과 학교로부터 많은 것을 배웠다. 15년 전 RULER 연구에 첫발을 내디뎠을 때 우리 팀과 협력해 준 에드 페일과 브루스 알스터, 롱아일랜드 24구역 밸리 스트림(Valley Stream)에게 특별한 환호를 보낸다. 두 번째 환호는 브루클린과 퀸스의 가톨릭 교구, 그중에서도 우리의 첫 무작위 통제 RULER 실험에 중요한 역할을 해 준 전(前) 교구장 마이클 피징릴로에게 보낸다. 뉴욕시 교육부에 깊은 감사를 전하며 돌로레스 에스포지토, 카르멘 파리냐, 르숀 로빈스, 리처드 카란자, 브룩 잭슨, 던 데코스타, 데이비드 애덤스에게 특별히 감사를 표한다. RULER를 뉴욕시 75 특별 교육 구역에 도입해 감정적 어려움을 겪고 있거나 자폐 스펙트럼 장애가 있는 아이 수천 명에게 다가갈 수 있도록 도와준 보니 브라운을 영원히 잊지 않겠다.

초기에 RULER를 도입하고 파트너가 되어 준 사람들과 학교들에도 은혜를 입었다. 뉴 라인 러닝의 크리스 게리와 클레어 콜린스, 거튼 그래머 스쿨의 폴 플래니건, 레스 에번스와 매슈 매러프, 브루스터 아카데미의 마이크 쿠퍼와 앨리 쿠퍼, 시플리 스쿨의 스티븐 필치, 호레이스 만의 데이 뉴워스와 톰 켈리, 프로스펙트 시에라의 캐서린 딘과 헤더 로저스, 시애틀 퍼블릭 스쿨의 헬렌 월시와 브라이언 만조, 하이라인 퍼블릭 스쿨의 수전 엔필드와 로리 모리슨, 킴벌리 킨저, 페어팩스 카운티 퍼블릭 스쿨의 메리앤 파나렐리, 디디 베일러, 진 베라스카, 에이든 몬테소리의 케이시 미나르디, 비전을 제시해 준 브리지포트 퍼블릭 스쿨의 프랜 라비노비츠, 테크놀로지코 드 몬테레이의 폴리노 베르노 실리스와 라파엘 아브레고 히노호사, 콜로라도 스프링스에 있는 아카데미 20구역의 수전 필드, 모린 랭과 클라크 맥슨, 킹 데이비드 스쿨의 데이비느 오패트, 햄든 퍼블릭 스쿨의 발레리 라로스, 조엘 발로 고등학교와 지나마리 핀과 크리스 풀로스, 코퀴틀럼 43번 지구의 타마라 뱅크스가 그들이다.

또한 미국 전역에 걸쳐 RULER를 시행할 수 있도록 도와준 중요한 파트너들에게도 감사 인사를 하고 싶다. 윌로 지역 사회 학교, 특히 리사 로젠스타인과 수전 슬리퍼와 크리스티나 킴, 그리고 뉴욕의 퍼트넘 노스 웨스트 BOCES의 레니 가르가노와 조앤 톰슨에게 감사한다. 또한 코네티컷을 최초의 감성 지능 지역으로 만드는 여정에서 가장 큰 역할을 한 영웅들의 공로를 인정하지 않을 수 없다. 교육국장 다이애나 웬츨, 코네티컷 공립 학교 교육감 협회장 프랜 라비노비츠, 코네티컷 교육 위원회 협회장 밥 레이더, 코네티컷 여성·아동·노인 위원회장 스티븐 헤르난데즈. 그들의 열정과 헌신이 없었다면 우리는 코네티컷과 뉴욕의 어린이 및 교사와 거의 접촉하지 못했을 것이다.

SEL에 대한 우리 센터의 연구와 접근은 다음과 같은 관대한 단체들의 지원이 있었기에 가능했다. 앤서니 진 프리츠커 가족 재단, 아노 가족 재단, 챈 저커버그 이니셔티브(브룩 스태퍼드브리저드, 개비 로페스, 프리실라 챈), 코베트 가족 재단, 달리오 재단(바바라 달리오, 앤드루 퍼거슨, 케빈 애슐리), 댄싱 타이즈 재단, 아인혼 가족 공익 신탁(제니퍼 후스 로스버그와 이타이 디나우어), 파스 재단(앤디 파스와 패트릭 먼트), 페이스북(아르투로 비자와 제이미 룩우드), 보탱 재단(이니요 사네즈와 파티마 산체스), 그라우스타인 추모 펀드, 위대한 휴스턴 커뮤니티 재단, 하트퍼드 재단(리처드 서스만), 하프먼 가족 재단, 교육학 연구소, 예일대 사회 정책 연구소, 루리 가족 재단, 미팅 하우스(폴라 레스닉), 노보 재단(제니퍼 버핏), 옥스먼 가족 재단, 파트너스 오브 63(찰리 엘리스와 진 샤팅어), 필리프 코스테레토스 가족, 퓨어 엣지(치 킴), 로버트 우드 존슨(제니퍼 응안두와 트레이시 코스티건), 시들링스 재단(카렌 프리츠커와 캐시 히긴스), 심스/만 재단, 수전 크라운 익스체인지(수전 크라운과 하빌랜드 럼멜), 터크 가족 재단(미렐리스 바스케스), 월리스 재단(지지 안토니와 캐더린 르완도스키), 웬드 벤처스(노라 플러드), 윌리엄 T. 그랜트 재단, 세계 레슬링 엔터테인먼트 주식회사, 예일대 중국 감성 지능 기금(닐 셴과 리온 멍).

이 책을 쓰는 데 많은 도움을 준 분들에게도 깊은 감사를 드린다. 나의 멘토 피터 샐러베이와 잭 메이어를 찾도록 도와준 대니얼 골먼, 리처드와 수전 라이너, 마크 스파벨(마이크로소프트), 드니즈 대니얼스(무즈터스), 바버라 윈스턴과 스테파니 윈스턴 워코프(UN 여성 평화 협회), 제니 프란콜리니(플로리스 재단), 지니 디어링과 브리짓 더컨 레어드(윙스), 빌 잭슨(그레이트 스쿨), 크리스털 브라운(미국 소년 소녀 클럽), 레슬리 어드윈(싱크 이퀄), 로저 와이스버그, 캐런 니미, 팀 슈라이버(CASEL), 웬디 배런과 엘렌 무아(새로운 교사 센터), 크리스토퍼 림(커맨드 에듀케이션), 호프랩, 그중에서도 특히 무드 미터 앱을 만들고 유지하는 데 지원을 아끼지 않은 프레드 딜런, 브라이언 로드리게즈, 셰인 브랜덤에게 감사를 전한다.

그리고 시간과 지성을 할애해 이 원고에 피드백을 제공해 준 이들에게도 감사를 표한다. 대처 켈트너, 데브와 휴 잭맨, 다이앤 아처, 해리엇 세이틀러, 제임스 그로스, 재닛 패티, 제프 클리퍼드, 요헨 멘게스, 캐런 니미, 캐시 히긴스, 제이미 록우드, 로저 와이스버그, 스콧 레비, 시걸 바르세이드, 타라 웨스트오버, 팀 슈라이버, 제니퍼 앨런, 조라나 이브체비치가 도움을 주었다.

수년간 나의 연구와 사고는 다음과 같은 수많은 연구자와 의료인에게 영향을 받았다. 앤절라 더크워스, 캐럴 드웩, 댄 시겔, 에리카 프라이든버그, 킴 쇼너트레이클, 리사 펠드먼 배럿, 마크 그린버그, 모리스 엘리어스, 미리엄 밀러, 햄 캔터, 패트리샤 레스터, 리처드 더랙, 로저 와이스버그, 스테파니 존스, 팀 슈라이버, 쇼나 토미니와 샤론 셰입스. 또한 무술 도장의 멘토와 친구들에게도 감사를 전하고 싶다. 그들은 내가 지금의 관점을 확립하는 데 도움을 주었다. 덕 크라빅, 밥 브로스, 마이크 월머샤우저, 임현수 관장, 그리고 지난 30년간 내 친구이자 무술 상대가 되어 준 마이클 달로이아에게 특별히 감사를 표한다. 지난 15년 동안 나는 대단한 요가 강사 두 사람과 수련을 해왔는데, 나의 마음 챙김에 큰 도움을 준 페그 올리베라와 로리 보나졸리에게 감사하고 싶다. 또한 데미언 패글리아의 끈질긴 노력 덕분에 나는 신체적·정신적으로 건강을 유지할 수 있었다.

이제 오지 라이프 랩의 파트너들에게 감사를 전할 차례다. 매트 커시, 안드레아 호번, 카밀라 미즈는 이 원고를 본 뒤 훌륭한 피드백을 주었고, 다이애나 디베카와 로빈 스턴은 나와 함께 각 챕터의 여러 버전을 읽으며 하나하나 함께 고민해 주었다. 제임스 플로먼, 니키 엘버슨, 캐스린 리가 전해 준 폭넓은 피드백과 편집 방향에 대한 제안은 이 책을 더욱 탄탄하게 만들어 주었다. 크리스티나 브래들리에게도 특별히 감사를 전하고 싶다. 그는 이 책과 관련한 자료 수집을 도왔고 나와 함께 참고 문헌을 조사했다.

지난 20년간 나의 동료, 학생, 연구 팀원은 내 직업 생활을 완벽한 기쁨으로 채워 주었다. 이 작업은 잭 메이어, 피터 샐러베이, 데이비드 카루소로부터 큰 은혜를 입은 결과물이다. 이들은 모두 믿을 수 없을 만큼 소중한 멘토이자 동료가 되어 주었다. 이 여정을 지원해 준 로빈 스턴과 재닛 패티도 내 가슴에 특별한 존재로 자리한다. 찰리 엘리스는 훌륭한 멘토가 되어 주었고 그의 조언과 지원에 영원히 감사할 것이다.

예일대에도 감사 인사를 전할 사람들이 많다. 린다 메이어, 킴 고프 크루스, 제임스 커머, 에드워드 지글러, 하이디 브룩스가 그들이다. 우리 예일대 감성 지능 센터에서 일하는 사람들은 재능 있는 이들

수백 명과 함께 일하는 축복을 받았다. 특히 나와 함께 센터를 설립한 수전 리버스와 로빈 스턴에게 감사한다. 로빈과 내가 데이비드 카루소와 함께 초기 RULER 훈련 자료에 매달리는 동안, 수전과 나는 RULER의 초기 연구를 진행했다. 그들의 지혜는 이 책 곳곳에 담겨 있다. 스콧 레비, 디나 시먼스, 로빈 스턴으로 구성된 현재의 선임 리더십 팀은 이 책을 쓰는 동안 엄청난 지원을 아끼지 않았다. 그리고 나의 선임 조교이자 비서로 함께한 미셸 루고는 이 책을 쓰는 모든 단계에서 무조건적인 지원을 제공했다. 미셸, 당신이 없었다면 난 이 책을 쓰지 못했을 거예요!

우리 센터의 책임자인 다니카 켈리, 크리스티나 치프리아노, 안드레스 리크너, 니키 엘버슨과 제임스 헤이건과 프로젝트 책임자이자 수석 연구원 크레이그 베일리, 제시카 호프먼, 조라나 이브체비치, 제임스 플로먼, 제니퍼 앨런, 캐스린 리, 샬린 보이스, 에마 세팔라의 헌신과 창의성에 매우 큰 감사를 전한다. 재능이 넘치는 이들은 내 사고에 큰 영향을 미친 프로그램과 연구 관리자 팀을 이끌고 현재의 우리 센터를 만들었다. 라우라 아르투시오와 루스 괄도 카스티요의 도움도 밝혀야겠다. 그들은 각각 이탈리아와 스페인에서 우리의 연구를 총괄 진행해 주었다.

무엇보다 사랑과 격려를 보내 준 가족에게 감사한다. 나의 부모님 윌리엄과 다이앤 브래킷, 큰형 스티븐 내들러와 형수 레티샤 프라가 내들러, 그들의 자녀 벤저민과 소피아, 작은형 데이비드 내들러, 사촌 엘린 솔리스와 그의 딸 에스미, 사촌 리처드와 리사 모러, 그들의 자녀 재러드, 제이컵, 메건에게 감사한다. 또한 시어머니 아이린과 이모 샌드라 프라이스와 새어머니 제인 브래킷에게 크나큰 감사를 전한다. 25년 동안 나의 동반자로, 9년째 남편으로 곁에 있어 준 호라시오 마퀴네즈에 대한 깊은 감사는 어떤 말로도 표현할 수 없다. 나와 내 일에 대한 그의 사랑과 헌신은 인생의 동반자에 대한 모든 기대를 뛰어넘는 것이었다.

이 책의 주제는 감정의 지혜를 터득하여 개인의 성장과 변화를 이루어 내자는 것이다. 이 책을 쓰면서 나 자신의 감정 생활을 통찰해 보았고 감성 능력을 더욱 발전시켜야겠다는 영감을 얻었다. 여러분에게도 같은 변화가 일어나기를 바란다. 마지막으로, 나와 이 책이 그 여정을 안내하도록 허락해 준 독자 여러분에게 감사 인사를 전한다.

머리말

Adkins, A. (2016, January 13). Employee engagement in U.S. stagnant in 2015. Gallup Inc. Retrieved from https://news.gallup.com/poll/188144/employee-engagement-stagnant-2015.aspx

Anti-Defamation League. (2017). ADL Audit: U.S. anti-Semitic incidents surged in 2016-17. Retrieved from www.adl.org/sites/default/files/documents/Anti-Semitic%20Audit%20Print_vf2.pdf

Gallup Inc. & Healthways Inc. (2014). Gallup-Healthways Well-being Index. Retrieved from https://wellbeingindex.sharecare.com/

Helliwell, J., Layard, R., & Sachs, J. (2019). *World Happiness Report 2019*. New York: Sustainable Development Solutions Network.

Kelland, K. (2018, October 9). Mental health crisis could cost the world $16 trillion by 2030. Reuters. Retrieved from www.reuters.com/article/us-healt-mental-global/mental-health-crisis-could-cost-the-world-16-trillion-by-2030-idUSKCN1MJ2QN

Lipson, S. K., Lattie, E. G., & Eisenberg, D. (2018). Increased rates of mental health service utilization by US college students: 10-year population-level trends (2007-2017). *Psychiatric Services, 70*(1), 60-63.doi.org/10.1176/appi.ps.201800332

Substance Abuse and Mental Health Services Administration. (2018). *Key substance use and mental health indicators in the United States: Results from the 2017 National Survey on Drug Use and Health* (HHS Publication No. SMA 18-5068, NSDUH Series H-53). Rockville, MD: Center for Behavioral Health Statistics and Quality, Substance Abuse and Mental Health Services. Retrieved from www.samhsa.gov/data/

American Psychological Association. (2018). *Stress in America: Generation Z*. Stress in America Survey. Retrieved from www.apa.org/news/press/releases/stress/2018/stress-gen-z.pdf

Centers for Disease Control and Prevention. (2018, June 7). Suicide rates rising across the U.S. [Press release]. Retrieved from www.cdc.gov/media/releases/2018/p0607-suicide-prevention.html

Floman, J. L., Brackett, M. A., Schmitt, L., & Baron, W. (2018, May). School climate, teacher affect, and teacher well-being: Direct and indirect effects. Presented at the Association for Psychological Science Convention in San Francisco, CA.

Gallup Inc. (2014). State of America's schools: The path to winning again in education. Retrieved from www.gallup.com/services/178709/state-america-schools-report.aspx

Goleman, D. (1997). *Emotional Intelligence: Why It Can Matter More Than IQ*. New York: Bantam Books.; 대니얼 골먼, 한창호 옮김, 《EQ 감성지능》(웅진지식하우스, 2008).

Lipson, S. K., Lattie, E. G., & Eisenberg, D. (2018). Increased rates of mental health service utilization by US college students: 10-year population-level trends (2007-2017). *Psychiatric Services, 70*(1), 60-63. doi.org/10.1176/appi.ps. 2018 00332

Moeller, J., Ivcevic, Z., Brackett, M. A., & White, A. E. (2018). Mixed emotions: Network analyses of intra-individual co-occurrences within and across situations. *Emotion, 18*(8), 1106-1121. doi.org/10.1037/emo0000419

Moeller, J., Brackett, M., Ivcevic, Z., & White, A. (under review). High school students' feelings: Discoveries from a large national survey and an experience sampling study. *Learning and Instruction*.

Salovey, P., & Mayer, J. D. (1990). Emotional intelligence. *Imagination, Cognition and Personality, 9*(3), 185-211. doi.org/10.2190/DUGG-P24E-52WK-6CDG

Steinberg, L. (2014). *Age of Opportunity: Lessons from the New Science of Adolescence*. New York: Houghton Mifflin Harcourt.

UNICEF. (2013). Child well-being in rich countries: A comparative overview, innocenti report card 11. Florence: UNICEF Office of Research. Retrieved from www.unicef-irc.org/publications/pdf/rc11_eng.pdf

Aldao, A., Nolen-Hoeksema, S., & Schweizer, S. (2010). Emotion-regulation strategies across psychopathology: A meta-analytic review. *Clinical Psychology Review, 30*(2), 217-237. doi:10.1016/j.cpr.2009.11.004

Amabile, T. M., Barsade, S. G., Mueller, J. S., & Staw, B. M. (2005). Affect and creativity at work. *Administrative Science Quarterly, 50*(3), 367-403.doi.org/10.2189/asqu.2005.50.3.367

Anderson, N., De Dreu, C. K., & Nijstad, B. A. (2004). The routinization of innovation research: A constructively critical review of the state-of-the-science. *Journal of Organizational Behavior, 25*(2), 147-173.

Appleton, A. A., Holdsworth, E., Ryan, M., & Tracy, M. (2017). Measuring childhood adversity in life course cardiovascular research: A systematic review. *Psychosomatic Medicine, 79*(4), 434-440.

Aristotle. (1984). *The Complete Works of Aristotle*: The Revised Oxford Translation. J. Barnes (Ed.). Princeton, NJ: Princeton University Press.

Aschbacher, K., O'Donovan, A., Wolkowitz, O. M., Dhabhar, F. S., Su, Y., & Epel, E. (2013). Good stress, bad stress and oxidative stress: Insights from anticipatory cortisol reactivity. *Psychoneuroendocrinology, 38*(9), 1698-1708.

Baas, M., De Dreu, C. K., & Nijstad, B. A. (2008). A meta-analysis of 25 years of mood-creativity research: Hedonic tone, activation, or regulatory focus? *Psychological Bulletin, 134*(6), 779-806. doi.org/10.1037/a0012815

Bal, E., Harden, E., Lamb, D., Van Hecke, A. V., Denver, J. W., & Porges, S. W. (2010). Emotion recognition in children with autism spectrum disorders: Relations to eye gaze and autonomic state. *Journal of Autism and Developmental Disorders, 40*(3), 358-370.

Barrett, L. F. (2017). *How Emotions Are Made: The Secret Life of the Brain*. Boston: Houghton Mifflin Harcourt.; 리사 펠드먼 배럿, 최호영 옮김, 《감정은 어떻게 만들어지는가?》(생각연구소, 2017).

Barrett, L. F., Mesquita, B., Ochsner, K. N., & Gross, J. J. (2007). The experience of emotion. *Annual Review of Psychology, 58*, 373-403. doi.org/10.1146/annurev.psych.58.110405.085709

Barsade, S. G., & Gibson, D. E. (2007). Why does affect matter in organizations? *Academy of Management Perspectives, 21*(1), 36-59. doi.org/10.5465/amp.2007.24286163

Batson, C. D. (2011). *Altruism in Humans*. Oxford: Oxford University Press.

Bennett, M. P., & Lengacher, C. (2008). Humor and laughter may influence health: III. Laughter and health outcomes. *Evidence-Based Complementary and Alternative Medicine, 5*(1), 37-40.

Berna, C., Leknes, S., Holmes, E. A., Edwards, R. R., Goodwin, G. M., & Tracey, I. (2010). Induction of depressed mood disrupts emotion regulation neurocircuitry and enhances pain unpleasantness. *Biological Psychiatry, 67*(11), 1083-1090.

Berridge, K. C. (2007). The debate over dopamine's role in reward: The case for incentive salience. *Psychopharmacology, 191*(3), 391-431. doi.org/10.1007/s00213-006-0578-x

Blair, C., & Raver, C. C. (2016). Poverty, stress, and brain development: New directions for prevention and intervention. *Academic Pediatrics, 16*(3), S30-S36. doi.org/10.1016/j.acap.2016.01.010

Bodenhausen, G. V., Sheppard, L. A., & Kramer, G. P. (1994). Negative affect and social judgment: The differential impact of anger and sadness. *European Journal of Social Psychology, 24*(1), 45-62.

Boekaerts, M. (2010). The crucial role of motivation and emotion in classroom learning. In H. Dumont, D. Istance, & F. Benavides (Eds.), *The Nature of Learning: Using Research to Inspire Practice* (pp. 91-111). Paris: OECD.

Bower, G. H. (1981). Mood and memory. *American Psychologist, 36*(2), 129-148. doi.org/10.1037/0003-066x.36.2.129

Bower, G. H. (1992). How might emotions affect learning. In S. Christianson (Ed.), *The Handbook of Emotion and Memory: Research and Theory* (pp.3-31). Oxford: Psychology Press.

Bower, G. H., & Forgas, J. P. (2001). Mood and social memory. In J. P. Forgas (Ed.), *The Handbook of Affect and Social Cognition* (pp.95-120). Mahwah, NJ: Erlbaum.

Bowers, T. (2004). Stress, teaching and teacher health. *Education 3-13: International Journal of Primary, Elementary and Early Years Education, 32*, 73-80. doi.org/10.1080/03004270485200361

Brackett, M. A., Floman, J. L., Ashton-James, C., Cherkasskiy, L., & Salovey, P. (2013). The influence of teacher emotion on grading practices: A preliminary look at the evaluation of student writing. *Teachers and Teaching, 19*(6), 634-646.

Brackett, M. A., Rivers, S. E., & Salovey, P. (2011). Emotional intelligence: Implications for personal, social, academic, and workplace success. *Social and Personality Psychology Compass, 5*(1), 88–103. doi.org/10.1111/j.1751–9004.2010.00334.x

Bradley, M. M., & Lang, P. J. (2000). Emotion and motivation. In J. T. Cacioppo, L. G. Tassinary, & G. G. Berntson (Eds.), *Handbook of Psychophysiology* (pp. 602– 642). Cambridge: Cambridge University Press.

Brooks, J. L. (Producer & Director). (1987). *Broadcast News*. [Film]. USA: Twentieth Century Fox.

Burgdorf, J., & Panksepp, J. (2006). The neurobiology of positive emotions. *Neuroscience & Biobehavioral Reviews, 30*(2), 173–187. doi.org/10.1016/j.neubiorev.2005.06.001

Cantor, N., & Kihlstrom, J. F. (2000). Social intelligence. In R. J. Sternberg & S. B. Kaufman (Eds.), *Handbook of Intelligence* (pp. 359–379). Cambridge: Cambridge University Press.

Chida, Y., & Steptoe, A. (2009). The association of anger and hostility with future coronary heart disease: A meta–analytic review of prospective evidence. *Journal of the American College of Cardiology, 53*(11), 936–946.

Christianson, S. A. (2014). *The Handbook of Emotion and Memory: Research and Theory.* Oxford: Psychology Press.

Cohen, T. R., Panter, A. T., & Turan, N. (2012). Guilt proneness and moral character. *Current Directions in Psychological Science, 21*(5), 355–359. doi.org/10.1177/096372 1412454874

Cosmides, L., & Tooby, J. (2000). Evolutionary Psychology and the emotions. In M. Lewis & J. M. Haviland–Jones (Eds.), *Handbook of Emotions* (pp. 91–115). New York: Guilford Publications.

Côté, S., & Miners, C. T. (2006). Emotional intelligence, cognitive intelligence, and job performance. *Administrative Science Quarterly, 51*(1), 1–28. doi.org/10.2189/asqu.51.1.1

Cozolino, L. (2014). *The Neuroscience of Human Relationships: Attachment and the Developing Social Brain.* New York: W. W. Norton & Company.

Crum, A. J., Akinola, M., Martin, A., & Fath, S. (2017). The role of stress mindset in shaping cognitive, emotional, and physiological responses to challenging and threatening stress. *Anxiety, Stress, & Coping, 30*(4), 379–395.

Crum, A. J., Salovey, P., & Achor, S. (2013). Rethinking stress: The role of mindsets in determining the stress response. *Journal of Personality and Social Psychology, 104*(4), 716-733.

Damasio, A. R. (1995). *Descartes' Error.* New York: Random House.

Darr, W., & Johns, G. (2008). Work strain, health and absenteeism: A meta-analysis. *Journal of Occupational Health Psychology, 13,* 293-318. doi.org/10.1037/a0012639

Darwin, C. (1872/1998). The Expression of the Emotions in Man and Animals. Oxford: Oxford University Press.; 찰스 다윈, 김홍표 옮김, 《인간과 동물의 감정 표현》(지만지, 2014).

Dave, N. D., Xiang, L., Rehm, K. E., & Marshall, G. D. (2011). Stress and allergic diseases. *Immunology and Allergy Clinics, 31*(1), 55-68.

Davidson, R. J., & Begley, S. (2012). *The Emotional Life of Your Brain: How its unique patterns affect the way you think, feel, and live — and how you can change them.* London: Penguin.

Deci, E. L., & Ryan, R. M. (2008). Self-determination theory: A macrotheory of human motivation, development, and health. *Canadian Psychology/Psychologie Canadienne, 49*(3), 182-185.

DeLongis, A., Folkman, S., & Lazarus, R. S. (1988). The impact of daily stress on health and mood: Psychological and social resources as mediators. *Journal of Personality and Social Psychology, 54*(3), 486-495.

Denson, T. F., Spanovic, M., & Miller, N. (2009). Cognitive appraisals and emotions predict cortisol and immune responses: A meta-analysis of acute laboratory social stressors and emotion inductions. *Psychological Bulletin, 135*(6), 823-853.

DeSteno, D., Gross, J. J., & Kubzansky, L. (2013). Affective science and health: The importance of emotion and emotion regulation. *Health Psychology, 32*(5), 474. doi. org/10.1037/a0030259

Dhabhar, F. S. (2014). Effects of stress on immune function: The good, the bad, and the beautiful. *Immunologic Research, 58*(2-3), 193-210.

Dunbar, R. I. (1998). The social brain hypothesis. *Evolutionary Anthropology: Issues, News, and Reviews, 6*(5), 178-190.

Durlak, J. A., Weissberg, R. P., Dymnicki, A. B., Taylor, R. D., & Schellinger, K. B. (2011). The impact of enhancing students' social and emotional learning: A meta-analysis of school-based universal interventions. *Child Development, 82*(1), 405-432.doi. org/10.1111/j.1467-8624.2010.01564.x

Ekman, P. (1992). An argument for basic emotions. *Cognition & Emotion, 6*(3-4), 169-200.doi.org/10.1080/02699939208411068

Ekman, P. E., & Davidson, R. J. (1994). *The Nature of Emotion: Fundamental Questions*. Oxford: Oxford University Press.

Elzinga, B. M., & Roelofs, K. (2005). Cortisol-induced impairments of working memory require acute sympathetic activation. *Behavioral Neuroscience, 119*(1), 98-103. doi.org/10.1037/0735-7044.119.1.98

Emanuele, E., Politi, P., Bianchi, M., Minoretti, P., Bertona, M., & Geroldi, D. (2006). Raised plasma nerve growth factor levels associated with early-stage romantic love. *Psychoneuroendocrinology, 31*(3), 288-294.

Epel, E., Prather, A. A., Puterman, E., & Tomiyama, A. J. (2016). Eat, drink, and be sedentary: A review of health Behaviors' effects on emotions and affective states, and implications for interventions. In L. F. Barrett, M. Lewis, & J. M. Haviland-Jones (Eds.), *Handbook of Emotions* (pp. 685-706). New York: Guilford Publications.

Fischer, A. H. & Manstead, A. S. R. (2016). Social functions or emotion and emotion regulation. In L. F. Barrett, M. Lewis, & J. M. Haviland-Jones (Eds.), Handbook of Emotions (pp. 424-439). New York: Guilford Publications.

Floman, J. L., Brackett, M.A., Schmitt, L., & Baron, W. (2018, May). School climate, teacher affect, and teacher well-being: Direct and indirect effects. Presented at the Association for Psychological Science Convention in San Francisco, CA.

Forgas, J. P. (1998). On being happy and mistaken: Mood effects on the fundamental attribution error. *Journal of Personality and Social Psychology, 75*(2), 318-331.

Forgas, J. P. (2011). Can negative affect eliminate the power of first impressions? Affective influences on primacy and recency effects in impression formation. *Journal of Experimental Social Psychology, 47*(2), 425-429.

Forgas, J. P. (2013). Don't worry, be sad! On the cognitive, motivational, and interpersonal benefits of negative mood. *Current Directions in Psychological Science, 22*(3), 225-232.

Forgas, J. P. (2014). On the regulatory functions of mood: Affective influences on memory, judgments and Behavior. In J. P. Forgas & E. Harmon-Jones (Eds.), *Motivation and its Regulation: The Control Within*. (pp. 169-192). New York: Psychology Press.

Forgas, J. P., & East, R. (2008). On being happy and gullible: Mood effects on skepticism and the detection of deception. *Journal of Experimental Social Psychology, 44*(5), 1362 – 1367.

Forgas, J. P., & George, J. M. (2001). Affective influences on judgments and Behavior in organizations: An information processing perspective. *Organizational Behavior and Human Decision processes, 86*(1), 3 – 34. doi.org/10.1006/obhd.2001.2971

Fowler, J. H., & Christakis, N. A. (2008). Dynamic spread of happiness in a large social network: Longitudinal analysis over 20 years in the Framingham Heart Study. *BMJ, 337*, a2338.

Fredrickson, B. L. (1998). What good are positive emotions? *Review of General Psychol ogy, 2*(3), 300 – 319.

Fredrickson, B. L. (2013). Positive emotions broaden and build. In P. Devine & A. Plant (Eds.), *Advances in Experimental Social Psychology* (vol. 47, pp. 1 – 53). Cambridge, MA: Academic Press.

Fredrickson, B. L., & Branigan, C. (2005). Positive emotions broaden the scope of attention and thought – action repertoires. *Cognition & Emotion, 19*(3), 313 – 332. doi. org/10.1080/02699930441000238

Fredrickson, B. L., Tugade, M. M., Waugh, C. E., & Larkin, G. R. (2003). What good are positive emotions in crisis? A prospective study of resilience and emotions following the terrorist attacks on the United States on September 11th, 2001. *Journal of Personality and Social Psychology, 84*(2), 365 – 376.

Frevert, U. (2016). The history of emotions. In L. F. Barrett, M. Lewis, & J. M. Haviland – Jones (Eds.), *Handbook of Emotions* (pp. 49 – 65). New York: Guilford Publications.

Gardner, H. (1992). *Multiple intelligences* (vol. 5, p. 56). Minnesota Center for Arts Education.

Goetz, J. L., Keltner, D., & Simon – Thomas, E. (2010). Compassion: An evolutionary analysis and empirical review. *Psychological Bulletin, 136*(3), 351 – 374.

Goetzmann, W. N., Kim, D., Kumar, A., & Wang, Q. (2014). Weather – induced mood, institutional investors, and stock returns. *Review of Financial Studies, 28*(1), 73 – 111.

Goleman, D. (1995). *Emotional Intelligence: Why It Can Matter More Than IQ*. New York: Bantam Books.

Greenberg, M. T., Brown, J. L., & Abenavoli, R. M. (2016, September). *Teacher stress and health: Effects on teachers, students, and schools*. Edna Bennett Pierce Prevention Research Center, Pennsylvania State University. Retrieved from www.rwjf.org/en/

library/research/2016/07/teacher-stress-and-health.html

Gross, J. J. (2002). Emotion regulation: Affective, cognitive, and social consequences. *Psychophysiology, 39*(3), 281–291. doi.org/10.1017/S0048577201393198

Guhn, M., Schonert-Reichl, K. A., Gadermann, A. M., Hymel, S., & Hertzman, C. (2013). A population study of victimization, relationships, and well-being in middle childhood. *Journal of Happiness Studies, 14*(5), 1529–1541.

Guilford, J. P. (1967). *The Nature of Human Intelligence*. New York: McGraw-Hill.

Haidt, J. (2001). The emotional dog and its rational tail: A social intuitionist approach to moral judgment. *Psychological Review, 108*(4), 814–834. doi.org/10.1017/CBO97805 11814273.055

Haidt, J. (2012). *The Righteous Mind: Why Good People Are Divided by Politics and Religion*. New York: Vintage.

Hajcak, G., Jackson, F., Ferri, J., & Weinberg, A. (2016). Emotion and attention. In L. F. Barrett, M. Lewis, & J. M. Haviland-Jones (Eds.), *Handbook of Emotions* (pp. 595–612). New York: Guilford Publications.

Hargreaves, A. (1998). The emotional practice of teaching. *Teaching and Teacher Education, 14*(8), 835–854. doi.org/10.1016/S0742-051x(98)00025-0

Hascher, T. (2010). Learning and emotion: Perspectives for theory and research. *European Educational Research Journal, 9*(1), 13–28. doi.org/10.2304/eerj.2010.9.1.13

Hawkley, L. C., & Cacioppo, J. T. (2010). Loneliness matters: A theoretical and empirical review of consequences and mechanisms. *Annals of Behavioral Medicine, 40*(2), 218–227.

Hirshleifer, D., & Shumway, T. (2003). Good day sunshine: Stock returns and the weather. *Journal of Finance, 58*(3), 1009–1032.

Huntsinger, J. R. (2013). Does emotion directly tune the scope of attention? *Current Directions in Psychological Science, 22*(4), 265–270. doi.org/10.1177/0963721 413480364

Huntsinger, J. R., Isbell, L. M., & Clore, G. L. (2014). The affective control of thought: Malleable, not fixed. *Psychological Review, 121*(4), 600–618. doi.org/10.1037/a0037669

Hutcherson, C. A., & Gross, J. J. (2011). The moral emotions: A social-functionalist account of anger, disgust, and contempt. *Journal of Personality and Social Psychology, 100*(4), 719–737. doi.org/10.1037/a0022408

IBM. (2010, May 18). IBM 2010 global CEO study: Creativity selected as most crucial factor for future success. Retrieved from www-03.ibm.com/press/us/en/pressrelease

/31670.wss

Innes-Ker, Å., & Niedenthal, P. M. (2002). Emotion concepts and emotional states in social judgment and categorization. *Journal of Personality and Social Psychology, 83*(4), 804-816.

Isbell, L. M., & Lair, E. C. (2013). Moods, emotions, and evaluations as information. In D. Carlston (Ed.), *Handbook of Social Cognition* (pp. 435-462). Oxford: Oxford University Press.

Isen, A. M. (1999). On the relationship between affect and creative problem solving. In S. W. Russ (Ed.), *Affect, Creative Experience, and Psychological Adjustment* (pp. 3-17). Oxfordshire, UK: Taylor & Francis.

Isen, A. M., Daubman, K. A., & Nowicki, G. P. (1987). Positive affect facilitates creative problem solving. *Journal of Personality and Social Psychology, 52*(6), 1122-1131. doi. org/10.1037//0022-3514.52.6.1122

Isen, A. M., Niedenthal, P. M., & Cantor, N. (1992). An influence of positive affect on social categorization. *Motivation and Emotion, 16*(1), 65-78.

Ivcevic, Z., Bazhydai, M., Hoffmann, J., & Brackett, M. A. (2017). Creativity in the domain of emotions. In J. C. Kaufman, V. P. Glaveanu, & J. Baer (Eds.), *Cambridge Handbook of Creativity Across Different Domains* (pp. 525-549). Cambridge: Cambridge University Press.

Ivcevic, Z., Brackett, M. A., & Mayer, J. D. (2007). Emotional intelligence and emotional creativity. *Journal of Personality, 75*(2), 199-236.

John, A., Glendenning, A. C., Marchant, A., Montgomery, P., Stewart, A., Wood, S.,... Hawton, K. (2018). Self-harm, suicidal behaviours, and cyberbullying in children and young people: Systematic review. *Journal of Medical Internet Research, 20*(4), e129.

Kabat-Zinn, J. (1990). *Full Catastrophe Living: Using the wisdom of your body and mind to face stress, pain, and illness.* New York: Delta.

Kahneman, D., (2011). *Thinking, Fast and Slow.* New York: Farrar, Straus and Giroux.; 대니얼 카너먼, 이창신 옮김, 《생각에 관한 생각》(김영사, 2018)

Keltner, D. (2019). Toward a consensual taxonomy of emotions. *Cognition and Emotion, 33*(1), 1-6. doi.org/10.1080/02699931.2019.1574397

Keltner, D., & Gross, J. J. (1999). Functional accounts of emotions. *Cognition and Emotion, 13*(5), 467-480.doi.org/10.1080/026999399379140

Keltner, D., & Haidt, J. (1999). Social functions of emotions at four levels of analysis. *Cognition and Emotion, 13*(5), 505–521. doi.org/10.1080/026999 399379168

Keltner, D., & Kring, A. M. (1998). Emotion, social function, and psychopathology. *Review of General Psychology, 2*(3), 320–342.

Keltner, D., Ellsworth, P. C., & Edwards, K. (1993). Beyond simple pessimism: Effects of sadness and anger on social perception. *Journal of Personality and Social Psychology, 64*(5), 740–752.

Kemp, A. H., Gray, M. A., Silberstein, R. B., Armstrong, S. M., & Nathan, P. J. (2004). Augmentation of serotonin enhances pleasant and suppresses unpleasant cortical electrophysiological responses to visual emotional stimuli in humans. *Neuroimage, 22*(3), 1084–1096. doi.org/10.1016/j.neuroimage. 2004.03.022

Kensinger, E. A. & Schacter, D. L. (2016). Memory and emotion. In L. F. Barrett, M. Lewis, & J. M. Haviland-Jones (Eds.), *Handbook of Emotions* (pp. 564–578). New York: Guilford Publications.

Kiecolt-Glaser, J. K., McGuire, L., Robles, T. F., & Glaser, R. (2002). Emotions, morbidity, and mortality: New perspectives from psychoneuroimmunology. *Annual Review of Psychology, 53*(1), 83–107.

Kim, K. H., Cramond, B., & VanTassel-Baska, J. (2010). The relationship between creativity and intelligence. In J. C. Kaufman, & R. J. Sternberg (Eds.), *The Cambridge Handbook of Creativity* (pp. 395–412). New York: Cambridge University Press.

Kubzansky, L. D., & Kawachi, I. (2000). Going to the heart of the matter: Do negative emotions cause coronary heart disease? *Journal of Psychosomatic Research, 48*(4–5), 323–337. doi.org/10.1016/S0022–3999(99)00091–4

Kubzansky, L. D., Huffman, J. C., Boehm, J. K., Hernandez, R., Kim, E. S., Koga, H. K.,.Labarthe, D. R. (2018). Positive psychological well-being and cardiovascular disease: JACC health promotion series. *Journal of the American College of Cardiology, 72*(12), 1382–1396. doi.org/10.1016/j.jacc.2018.07.042

LeDoux, J. (1997). The emotional brain: The mysterious under pinnings of emotional life. *World and I, 12,* 281–285.

Lempert, K. M. & Phelps, E. A. (2016). Affect in economic decision making. In L. F. Barrett, M. Lewis, & J. M. Haviland-Jones (Eds.), *Handbook of Emotions* (pp. 98–112). New York: Guilford Publications.

Lerner, J. S., Li, Y., Valdesolo, P., & Kassam, K. S. (2015). Emotion and decision making.

Annual Review of Psychology, 66, 799-823. doi.org/10.1146/annurev-psych-010213
-115043

Lerner, J. S., Small, D. A., & Loewenstein, G. (2004). Heart strings and purse strings:
Carryover effects of emotions on economic decisions. *Psychological Science, 15*(5),
337-341.

Lewis, M. (2016). The emergence of human emotions. In L. F. Barrett, M. Lewis, & J. M.
Haviland-Jones (Eds.), *Handbook of Emotions* (pp. 272-292). New York: Guilford
Publications.

Lopes, P. N., Salovey, P., Côté, S., Beers, M., & Petty, R. E. (2005). Emotion regulation
abilities and the quality of social interaction. *Emotion, 5*(1), 113-118. doi.org/
10.1037/1528-3542.5.1.113

Lumley, M. A., Cohen, J. L., Borszcz, G. S., Cano, A., Radcliffe, A. M., Porter, L. S.,...
Keefe, F. J. (2011). Pain and emotion: A biopsychosocial review of recent research.
Journal of Clinical Psychology, 67(9), 942-968.

Lupien, S. J., McEwen, B. S., Gunnar, M. R., & Heim, C. (2009). Effects of stress
throughout the lifespan on the brain, behaviour and cognition. *Nature Reviews
Neuroscience, 10*, 434-445. doi.org/10.1038/nrn2639

Lyubomirsky, S., & Lepper, H. S. (1999). A measure of subjective happiness: Preliminary
reliability and construct validation. *Social Indicators Research, 46*(2), 137-155. doi.
org/10.1023/A:1006824100041

Lyubomirsky, S., King, L., & Diener, E. (2005). The benefits of frequent positive affect:
Does happiness lead to success? *Psychological Bulletin, 131*(6), 803-855. doi.
org/10.1037/0033-2909.131.6.803

Mackintosh, N., & Mackintosh, N. J. (2011). *IQ and Human Intelligence*. Oxford: Oxford
University Press.

Martin, R. A., & Ford, T. (2018). *The Psychology of Humor: An Integrative Approach*.
Cambridge, MA: Academic Press.

Mayer, J. D., Caruso, D. R., & Salovey, P. (2016). The ability model of emotional
intelligence: Principles and updates. *Emotion Review, 8*(4), 290-300. doi.org/
10.1177/1754073916639667

Mayer, J. D., Gaschke, Y. N., Braverman, D. L., & Evans, T. W. (1992). Mood-congruent
judgment is a general effect. *Journal of Personality and Social Psychology, 63*(1), 119-
132. doi.org/10.1037/0022-3514.63.1.119

Mayer, J. D., McCormick, L. J., & Strong, S. E. (1995). Mood-congruent memory and natu ral mood: New evidence. *Personality and Social Psychology Bulletin, 21*(7), 736-46. doi.org/10.1177/0146167295217008

Mayer, J. D., Salovey, P., & Caruso, D. R. (2008). Emotional intelligence: New ability or eclectic traits? *American Psychologist, 63*(6), 503-517. doi.org/10.1037/0003-066x.63.6.503

McCrae, R. R. (1987). Creativity, divergent thinking, and openness to experience. *Journal of Personality and Social Psychology, 52*(6), 1258-1265. doi.org/10.1037/0022-3514. 52.6.1258

McCraty, R., & Childre, D. (2004). The grateful heart: The psychophysiology of appreciation. In R. A. Emmons & M. E. McCullough (Eds.), *The Psychology of Gratitude* (p. 230). Oxford: Oxford University Press.

McEwen, B. S., Bowles, N. P., Gray, J. D., Hill, M. N., Hunter, R. G., Karatsoreos, I. N., & Nasca, C. (2015). Mechanisms of stress in the brain. *Nature Neuroscience, 18*(10), 1353-1363. doi.org/10.1038/nn.4086

McGonigal, K. (2016). *The Upside of Stress: Why stress is good for you, and how to get good at it*. London, England: Penguin.

McIntyre, T., McIntyre, S., & Francis, D. (2017). *Educator Stress*. New York: Springer.

Moeller, J., Ivcevic, Z., Brackett, M. A., & White, A. E. (2018). Mixed emotions: Network analyses of intra-individual co-occurrences within and across situations. *Emotion, 18*(8), 1106-1121.

Moore, S. E., Norman, R. E., Suetani, S., Thomas, H. J., Sly, P. D., & Scott, J. G. (2017). Consequences of bullying victimization in childhood and adolescence: A systematic review and meta-analysis. *World Journal of Psychiatry, 7*(1), 60-76.

Niedenthal, P. M., Mermillod, M., Maringer, M., & Hess, U. (2010). The simulation of smiles (SIMS) model: Embodied simulation and the meaning of facial expression. *Behavioral and Brain Sciences, 33*(6), 417-433.

Nowak, M. A. (2006). Five rules for the evolution of cooperation. *Science, 314*(5805), 1560-1563.

Nusbaum, E. C., & Silvia, P. J. (2011). Are intelligence and creativity really so different? Fluid intelligence, executive processes, and strategy use in divergent thinking. *Intelligence, 39*(1), 36-45.

Oatley, K., Keltner, D., & Jenkins, J. M. (2018). *Understanding Emotions*. Hoboken, NJ:

Blackwell Publishing.

Öhman, A., Flykt, A., & Esteves, F. (2001). Emotion drives attention: Detecting the snake in the grass. *Journal of Experimental Psychology: General, 130*(3), 466 – 478. doi:10.1037/ AxJ96-3445.130.3.466

Oveis, C., Horberg, E. J., & Keltner, D. (2010).compassion, pride, and social intuitions of self–other similarity. *Journal of Personality and Social Psychology, 98*(4), 618 – 630.

Panksepp, J. (2009). Brain emotional systems and qualities of mental life: From animal models of affect to implications for psychotherapeutics. In D. Fosha, D. J. Siegel, & M. F. Solomon (Eds.), *The Healing Power of Emotion: Affective Neuroscience, Development & Clinical Practice* (pp. 1–26). New York: W. W. Norton & Company.

Pekrun, R., & Linnenbrink–Garcia, L. (2012). Academic emotions and student engagement. In S. Christenson & A. Reschly, & C. Wylie (Eds.), *Handbook of Research on Student Engagement* (pp. 259–282). Boston, MA: Springer.

Phelps, E. A. (2004). Human emotion and memory: Interactions of the amygdala and hippocampal complex. *Current Opinion in Neurobiology, 14*(2), 198–202. doi.org/ 10.1016/j.conb.2004.03.015

Psychologies. (2011, August 24). The link between emotions and health. Retrieved from www.psychologies.co.uk/self/the-link-between-emotions-and-health.html

Raven, J. C., & Court, J. H. (1998). *Raven's Progressive Matrices and Vocabulary Scales*. Oxford: Oxford Pyschologists Press.

Redelmeier, D. A., & Baxter, S. D. (2009). Rainy weather and medical school admission interviews. *Canadian Medical Association Journal, 181*(12), 933.

Redwine, L., Henry, B. L., Pung, M. A., Wilson, K., Chinh, K., Knight, B.,.... Mills, P. J. (2016). A pilot randomized study of a gratitude journaling intervention on HRV and inflammatory biomarkers in Stage B heart failure patients. *Psychosomatic Medicine, 78*(6), 667 – 676.

Rook, K. S. (2001). Emotional health and positive versus negative social exchanges: A daily diary analysis. *Applied Developmental Science, 5*(2), 86 –97.

Roorda, D. L., Koomen, H. M., Spilt, J. L., & Oort, F. J. (2011). The influence of affective teacher–student relationships on students' school engagement and achievement: A meta–analytic approach. *Review of Educational Research, 81*(4), 493–529. doi. org/10.3102/0034654311421793

Roseman, I. J. (2013). Appraisal in the emotion system: Coherence in strategies for coping. *Emotion Review, 5*(2), 141–149. doi.org/10.1177/17540739124 69591

Salim, S., Asghar, M., Chugh, G., Taneja, M., xia, Z., & Saha, K. (2010). Oxidative stress: A potential recipe for anxiety, hypertension and insulin resistance. *Brain Research, 1359*, 178–185.

Salovey, P., & Mayer, J. D. (1990). Emotional intelligence. *Imagination, Cognition and Personality, 9*(3), 185–211. doi.org/10.2190/DUGG–P24E–52WK–6CDG

Salovey, P., Rothman, A. J., Detweiler, J. B., & Steward, W. T. (2000). Emotional states and physical health. *American Psychologist, 55*(1), 110–121.

Sands, M., Ngo, N., & Isaacowitz, D. M. (2016). The interplay of motivation and emotion: View from adulthood and old age. In L. F. Barrett, M. Lewis, & J. M. Haviland–Jones (Eds.), *Handbook of Emotions* (pp. 336–349). New York: Guilford Publications.

Sapolsky, R. M. (2015). Stress and the brain: Individual variability and the inverted U. *Nature Neuroscience, 18*(10), 1344–1346.

Sbarra, D. A., & Coan, J. A. (2018). Relationships and health: The critical role of affective science. *Emotion Review, 10*(1), 40–54. doi.org/10.1177/1754073917696584

Scarantino, A. (2016). The philosophy of emotions and its impact on affective science. In L. F. Barrett, M. Lewis, & J. M. Haviland–Jones (Eds.), *Handbook of Emotions* (pp. 3–48). New York: Guilford Publications.

Schmeichel, B. J., & Inzlicht, M. (2013). Incidental and integral effects of emotions on self–control. In M. D. Robinson, E. R. Watkins, & E. Harmon–Jones (Eds.), *Handbook of Cognition and Emotion* (pp. 272–290). New York: Guilford Publications.

Schonert–Reichl, K. A., Guhn, M., Gadermann, A. M., Hymel, S., Sweiss, L., & Hertzman, C. (2013). Development and validation of the Middle Years Develop–ment Instrument (MDI): Assessing children's well–being and assets across multiple contexts. *Social Indicators Research, 114*(2), 345–369.

Schupp, H. T., Flaisch, T., Stockburger, J., & Junghöfer, M. (2006). Emotion and attention: Event–related brain potential studies. *Progress in Brain Research, 156*, 31–51. doi.org/10.1016/S0079–6123(06)56002–9

Schutz, P. A., Pekrun, R., & Phye, G. D. (2007). *Emotion in education* (vol. 10). P. A. Schutz & R. Pekrun (Eds.). San Diego, CA: Academic Press.

Schwarz, N., & Clore, G. L. (1983). Mood, misattribution, and judgments of well–being: Informative and directive functions of affective states. *Journal of Personality and Social Psychology, 45*(3), 513–523. doi.org/10.1037/0022–3514.45.3.513

Schwarz, N., & Clore, G. L. (2003). Mood as information: 20 years later. *Psychological Inquiry, 14*(3-4), 296-303. doi.org/10.1080/1047840x.2003.9682896

Schwarz, N., & Clore, G. L. (2007). Feelings and phenomenal experiences. In A. W. Kruglanski & E. T. Higgins (Eds.), *Social Psychology: Handbook of Basic Principles* (pp. 385-407). New York: Guilford Press.

Selye, H. (2013). *Stress in Health and Disease.* Waltham, MA: Butterworth-Heinemann.

Selye, H., Memedovic, S., Grisham, J. R., Denson, T. F., & Moulds, M. L. (2010). The effects of trait reappraisal and suppression on anger and blood pressure in response to provocation. *Journal of Research in Personality, 44*(4), 540-543.

Sharma, S. (2016). Life events stress, emotional vital signs and hypertension. In A. K. Dalal & G. Misra (Eds.), *New Directions in Health Psychology* (pp. 389-408). New Delhi, India: Sage Publications.

Shields, G. S., Sazma, M. A., & Yonelinas, A. P. (2016). The effects of acute stress on core executive functions: A meta-analysis and comparison with cortisol. *Neuroscience & Biobehavioral Reviews, 68*, 65-668. doi.org/10.1016/j.neubiorev.2016.06.038

Shiota, M. N., Campos, B., Oveis, C., Hertenstein, M. J., Simon-Thomas, E., & Keltner, D. (2017). Beyond happiness: Building a science of discrete positive emotions. *American Psychologist, 72*(7), 617-643. doi.org/10.1037/a0040456

Shonkoff, J., Levitt, P., Bunge, S., Cameron, J., Duncan, G., Fisher, P., & Nox, N. (2015). Supportive relationships and active skill-building strengthen the foundations of resilience: Working paper 13. Cambridge, UK: National Scientific Council on the Developing Child.

Silvia, P. J., & Beaty, R. E. (2012). Making creative metaphors: The importance of fluid intelligence for creative thought. *Intelligence, 40*(4), 343-351.

Silvia, P. J., Martin, C., & Nusbaum, E. C. (2009). A snapshot of creativity: Evaluating a quick and simple method for assessing divergent thinking. *Thinking Skills and Creativity, 4*(2), 79-85. doi.org/10.1016/j.tsc.2009.06.005

Sinclair, R. C., & Mark, M. M. (1992). The influence of mood state on judgment and action: Effects on persuasion, categorization, social justice, person perception, and judgmental accuracy. In L. L. Martin & A. Tesser (Eds.), *The Construction of Social Judgments* (pp. 165-193). Hillsdale, NJ: Lawrence Erlbaum Associates, Inc.

Singer, J. A., & Salovey, P. (2010). *Remembered Self: Emotion and Memory in Personality.* New York: Simon & Schuster.

Stefanucci, J. K., Gagnon, K. T., & Lessard, D. A. (2011). Follow your heart: Emotion adaptively influences perception. *Social and Personality Psychology Compass*, 5(6), 296–308.

Steinberg, L. (2005). Cognitive and affective development in adolescence. *Trends in Cognitive Sciences*, 9(2), 69–74. doi.org/10.1016/j.tics.2004.12.005

Sternberg, R. J. (1999). The theory of successful intelligence. *Review of General Psychology*, 3(4), 292–316. doi.org/10.1037/1089-2680.3.4.292

Sy, T., & Côté, S. (2004). Emotional intelligence: A key ability to succeed in the matrix organization. *Journal of Management Development*, 23(5), 437–455. doi.org/10.1108/02621710410537056

Tamir, M., Mitchell, C., & Gross, J. J. (2008). Hedonic and instrumental motives in anger regulation. *Psychological Science*, 19(4), 324–328.

Tan, H. B., & Forgas, J. P. (2010). When happiness makes us selfish, but sadness makes us fair: Affective influences on interpersonal strategies in the dictator game. *Journal of Experimental Social Psychology*, 46(3), 571–576.

Tangney, J. P., Stuewig, J., & Mashek, D. J. (2007). Moral emotions and moral behavior. *Annual Review of Psychology*, 58, 345–372. doi.org/10.1146/annurev.psych.56.091103.070145

Tarullo, A. R., & Gunnar, M. R. (2006). Child maltreatment and the developing HPA axis. *Hormones and Behavior*, 50(4), 632–639.

Thorndike, E. L. (1920). Intelligence and its uses. *Harper's Magazine*, 140, 227–235.

Torrance, E. P. (1988). The nature of creativity as manifest in its testing. In R. J. Sternberg (Ed.), *The Nature of Creativity: Contemporary Psychological Perspectives* (pp. 43–75). Cambridge: Cambridge University Press.

Tversky, A., & Kahneman, D. (1974). Judgment under uncertainty: Heuristics and biases. *Science*, 185(4157), 1124–1131.

Van Kleef, G. A., Anastasopoulou, C., & Nijstad, B. A. (2010). Can expressions of anger enhance creativity? A test of the emotions as social information (EASI) model. *Journal of Experimental Social Psychology*, 46(6), 1042–1048.

Van Kleef, G. A., Oveis, C., Van Der Löwe, I., LuoKogan, A., Goetz, J., & Keltner, D. (2008). Power, distress, and compassion: Turning a blind eye to the suffering of others. *Psychological Science*, 19(12), 1315–1322.

Vingerhoets, A. J., & Bylsma, L. M. (2016). The riddle of human emotional crying: A challenge for emotion researchers. *Emotion Review, 8*(3), 207–217.

Waber, D. P., De Moor, C., Forbes, P. W., Almli, C. R., Botteron, K. N., Leonard, G.,…. Brain Development Cooperative Group. (2007). The NIH MRI study of normal brain development: performance of a population based sample of healthy children aged 6 to 18 years on a neuropsychological battery. *Journal of the International Neuro- psychological Society, 13*(5), 729–746. doi.org/10.1017/S1355617707070841

Wechsler, D. (1955). *Manual for the Wechsler Adult Intelligence Scale.* Oxford: Psychological Corp.

Weng, H. Y., Fox, A. S., Hessenthaler, H. C., Stodola, D. E., & Davidson, R. J. (2015). The role of compassion in altruistic helping and punishment Behavior. *PLoS One, 10*(12), e0143794.

Wolke, D., Copeland, W. E., Angold, A., & Costello, E. J. (2013). Impact of bullying in childhood on adult health, wealth, crime, and social outcomes. *Psychological Science, 24*(10), 1958–1970.

Woodman, T., Davis, P. A., Hardy, L., Callow, N., Glasscock, I., & Yuill-Proctor, J. (2009). Emotions and sport performance: An exploration of happiness, hope, and anger. *Journal of Sport and Exercise Psychology, 31*(2), 169–188.

World Health organization. (2017, May 17). Cardiovascular diseases (CVDs). Retrieved from www.who.int/news-room/fact-sheets/detail/cardiovascular-diseases-(cvds)

World Health organization. (2017, December 12). Dementia. Retrieved from www.who. int/news-room/fact-sheets/detail/dementia

World Health organization. (2018, October 30). Diabetes. Retrieved from www.who.int/ news-room/fact-sheets/detail/diabetes

World Health organization. (2018, September 12). Cancer. Retrieved from www.who.int/ news-room/fact-sheets/detail/cancer

Wright, B. L., & Loving, T. J. (2011). Health implications of conflict in close relationships. *Social and Personality Psychology Compass, 5*(8), 552–562.

Yang, H., & Yang, S. (2016). Sympathy fuels creativity: The beneficial effects of sympathy on originality. *Thinking Skills and Creativity, 21,* 132–143.

Yiend, J. (2010). The effects of emotion on attention: A review of attentional processing of emotional information. *Cognition and Emotion, 24*(1), 3–47. doi.org/10.1080/026 99930903205698

Yip, J. A., & Côté, S. (2013). The emotionally intelligent decision maker: Emotionunderstanding ability reduces the effect of incidental anxiety on risk taking. *Psychological Science, 24*(1), 48–55. doi.org/10.1177/09567976 12450031

Yip, J. A., Stein, D. H., Côté, S., & Carney, D. R. (2019). Follow your gut? Emotional intelligence moderates the association between physiologically measured somatic markers and risk-taking. *Emotion*. Advance online publication. doi.org/10.1037/emo0000561

Zadra, J. R., & Clore, G. L. (2011). Emotion and perception: The role of affective information. *Wiley Interdisciplinary Reviews: Cognitive Science, 2*(6), 676–685.

Zelazo, P. D., & Müller, U. (2002). Executive function in typical and atypical development. In U. Goswami (Ed.), *Blackwell Handbook of Childhood Cognitive Development* (pp. 445–469). Hoboken, NJ: Blackwell Publishers.

Zeman, J., Cassano, M., Perry-Parrish, C., & Stegall, S. (2006). Emotion regulation in children and adolescents. *Journal of Developmental & Behavioral Pediatrics, 27*(2), 155–168. doi.org/10.1097/00004703-200604000-00014

Zimmermann, P., & Iwanski, A. (2014). Emotion regulation from early adolescence to emerging adulthood and middle adulthood: Age differences, gender differences, and emotion-specific developmental variations. *International Journal of Behavioral Development, 38*(2), 182–194. doi.org/10.1177/0165025413515405

제3장 감정 과학자가 되는 법

American Psychological Association. (2002). *The road to resilience*. Retrieved from www.apa.org/helpcenter/road-resilience

Boyce, T. W. (2019). *The Orchid and the Dandelion: Why Some Children Strug gle and How All Can Thrive*. New York: Alfred A. Knopf.

Brackett, M. A., Mayer, J. D., & Warner, R. M. (2004). Emotional intelligence and its relation to everyday behaviour. *Personality and Individual Differences, 36*(6), 1387–1402. doi.org/10.1016/S0191-8869(03)00236-8

Brackett, M. A., & Rivers, S. E. (2014). Transforming students' lives with social and emotional learning. In R. Pekrun & L. Linnenbrink-Garcia (Eds.), *International Handbook of Emotions in Education* (pp. 368–388). New York: Routledge.

Brackett, M. A., Rivers, S. E., Bertoli, M. C., & Salovey, P. (2016). Emotional intelligence. In L. F. Barrett, M. Lewis, & J. M. Haviland-Jones (Eds.), *Handbook of Emotions* (pp. 513-531). New York: Guilford Publications.

Brackett, M. A., Rivers, S. E., Shiffman, S., Lerner, N., & Salovey, P. (2006). Relating emotional abilities to social functioning: A comparison of self-report and performance measures of emotional intelligence. *Journal of Personality and Social Psychology, 91*(4), 780-795. doi.org/10.1037/0022-3514.91.4.780

Brackett, M. A., & Salovey, P. (2004). Measuring emotional intelligence with the Mayer-Salovey-Caruso Emotional Intelligence Test (MSCEIT). In G. Geher (Ed.), *Measuring Emotional Intelligence: Common Ground and Controversy* (pp. 179-94). Happauge, NY: Nova Science Publishers, Inc.

Côté, S., Lopes, P. N., Salovey, P., & Miners, C. T. (2010). Emotional intelligence and leadership emergence in small groups. *Leadership Quarterly, 21*(3), 496-508. doi.org/10.1016/j.leaqua.2010.03.012

Crombie, D., Lombard, C., & Noakes, T. (2011). Increasing emotional intelligence in cricketers: An intervention study. *International Journal of Sports Science & Coaching, 6*(1), 69-86. doi.org/10.1260/1747-9541.6.1.69

Damasio, A. (2018). *The Strange Order of Things: Life, Feeling, and the Making of Cultures.* New York: Vintage Books.

Duckworth, A. (2016). *Grit: The Power of Passion and Perseverance.* New York: Scribner.; 앤절라 더크워스, 김미정 옮김, 《그릿》(비즈니스북스, 2016).

Dunn, E. W., Brackett, M. A., Ashton-James, C., Schneiderman, E., & Salovey, P. (2007). On emotionally intelligent time travel: Individual differences in affective forecasting ability. *Personality and Social Psychology Bulletin, 33*(1), 85-93. doi.org/10.1177/014616720 6294201

Dweck, C. (2006). *Mindset: The New Psychology of Success.* New York: Ballantine Books.; 캐럴 드웩, 김준수 옮김, 《마인드셋》(스몰빅라이프, 2017).

Fernandez-Berrocal, P., Alcaide, R., Extremera, N., & Pizarro, D. (2006). The role of emotional intelligence in anxiety and depression among adolescents. *Individual Differences Research, 4*(1), 16-27. Retrieved from http://emotional.intelligence.uma.es/documentos/pdf60among_adolescents.pdf

Ivcevic, Z., & Brackett, M. (2014). Predicting school success: Comparing conscientiousness, grit, and emotion regulation ability. *Journal of Research in Personality, 52*, 29-36. doi.org/10.1016/j.jrp.2014.06.005

Ivcevic, Z., Brackett, M. A., & Mayer, J. D. (2007). Emotional intelligence and emotional creativity. *Journal of Personality, 75*(2), 199–236. doi.org/10.1111/j.1467–6494.2007. 00437.x

Kumar, S. (2014). Establishing linkages between emotional intelligence and transformational leadership. *Industrial Psychiatry Journal, 23*(1), 1–3. doi.org/10.4103 /0972–6748.144934

Martins, A., Ramalho, N., & Morin, E. (2010). A comprehensive meta–analysis of the relationship between emotional intelligence and health. *Personality and Individual Differences, 49*(6), 554–564. doi.org/10.1016/j.paid.2010.05.029

Miao, C., Humphrey, R. H., & Qian, S. (2017). A meta–analysis of emotional intelligence and work attitudes. *Journal of Occupational and Organizational Psychology, 90*(2), 177– 202. doi.org/10.1111/joop.12167

Reuben, E., Sapienza, P., & Zingales, L. (2009). *Can we teach emotional intelligence.* (Unpublished manuscript.) New York: Columbia Business School, Columbia University.

Rivers, S. E., Brackett, M. A., Reyes, M. R., Mayer, J. D., Caruso, D. R., & Salovey, P. (2012). Measuring emotional intelligence in early adolescence with the MSCEIT–YV: Psychometric properties and relationship with academic performance and psychosocial functioning. *Journal of Psychoeducational Assessment, 30*(4), 344–366. doi. org/10.1177/0734282912449443

Salovey, P., & Mayer, J. D. (1990). Emotional intelligence. *Imagination, Cognition and Personality, 9*(3), 185–211. doi.org/10.2190/DUGG–P24E–52WK–6CDG

Schutte, N. S., Malouff, J. M., Bobik, C., Coston, T. D., Greeson, C., Jedlicka, C.,... Wendorf, G. (2001). Emotional intelligence and interpersonal relations. *Journal of Social Psychology, 141*(4), 523–536. doi.org/10.1080/00224540109600569

Sharot, T. (2011). The optimism bias. *Current Biology, 21*(23), R941–R945. doi.org/ 10.1016/j.cub.2011.10.030

Tsai, J. L., Louie, J. Y., Chen, E. E., & Uchida, Y. (2007). Learning what feelings to desire: Socialization of ideal affect through children's story books. *Personality and Social Psychology Bulletin, 33*(1), 17–30. doi.org/10.1177/0146167206292749

Yip, J. A., & Côté, S. (2013). The emotionally intelligent decision maker: Emotion– understanding ability reduces the effect of incidental anxiety on risk taking. *Psychological Science, 24*(1), 48–55. doi.org/10.1177/09567976 12450031

Zhang, H.-H., & Wang, H. (2011). A meta–analysis of the relationship between individual emotional intelligence and workplace performance. *Acta Psychologica Sinica, 43*(2), 188–202. Retrieved from http://en.cnki.com.cn/Article_en/CJFD TOTAL-xLxB201102009.htm

제4장 감정 인식하기

Ackerman, J. M., Shapiro, J. R., Neuberg, S. L., Kenrick, D. T., Becker, D. V., Griskevicius, V.,... Schaller, M. (2006). They all look the same to me (unless they're angry) from out-group homogeneity to out-group heterogeneity. *Psychological Science, 17*(10), 836–840.

Adams Jr., R. B., Hess, U., & Kleck, R. E. (2015). The intersection of gender-related facial appearance and facial displays of emotion. *Emotion Review, 7*(1), 5–13.

Ambady, N., & Weisbuch, M. (2010). Nonverbal Behavior. In S. T. Riske, D. T. Gilbert, & G. Lindzey (Eds.), *Handbook of Social Psychology* (vol. 5, pp. 464–497). Hoboken, NJ: John Wiley & Sons.

Aviezer, H., Hassin, R. R., Ryan, J., Grady, C., Susskind, J., Anderson, A.,.... Bentin, S. (2008). Angry, disgusted, or afraid? Studies on the malleability of emotion perception. *Psychological Science, 19*(7), 724–732.

Bar-Haim, Y., Lamy, D., Pergamin, L., Bakermans-Kranenburg, M. J., & Van Ijzendoorn, M. H. (2007). Threat-related attentional bias in anxious and nonanxious individuals: a meta-analytic study. *Psychological Bulletin, 133*(1), 1–24.

Barrett, L. F. (2017). *How Emotions Are Made: The Secret Life of the Brain.* Boston, MA: Houghton Mifflin Harcourt.

Barrett, L. F., Mesquita, B., & Gendron, M. (2011). Context in emotion perception. *Current Directions in Psychological Science, 20*(5), 286–290.

Baumeister, R. F., Bratslavsky, E., Finkenauer, C., & Vohs, K. D. (2001). Bad is stronger than good. *Review of General Psychology, 5*(4), 323–370.

Becker, M. W., & Leinenger, M. (2011). Attentional se lection is biased toward mood-congruent stimuli. *Emotion, 11*(5), 1248–1254.

Brackett, M. A., Patti, J., Stern, R., Rivers, S. E., Elbertson, N. A., Chisholm, C., & Salovey, P. (2009). A sustainable, skill-based approach to building emotionally literate schools. In M. Hughes, H. L. Thompson, & J. B. Terrell (Eds.), *Handbook for Developing Emotional and Social Intelligence: Best Practices, Case Studies, and Strategies* (pp. 329–

358). San Francisco, CA: Pfeiffer/John Wiley & Sons.

Brackett, M. A., & Rivers, S. E. (2014). Transforming students' lives with social and emotional learning. In R. Pekrun & L. Linnenbrink-Garcia (Eds.), *International Handbook of Emotions in Education* (pp. 368–388). New York: Routledge.

Bryant, G. A., Fessler, D. M., Fusaroli, R., Clint, E., Amir, D., Chávez, B.,... Fux, M. (2018). The perception of spontaneous and volitional laughter across 21 societies. *Psychological Science, 29*(9), 1515–1525.

Caruso, D. R., & Salovey, P. (2004). *The Emotionally Intelligent Manager: How to Develop and Use the Four Key Emotional Skills of Leadership*. Hoboken, NJ: John Wiley & Sons.

Clark, M. S., Von Culin, K. R., Clark-Polner, E., & Lemay Jr., E. P. (2017). Accuracy and projection in perceptions of partners' recent emotional experiences: Both minds matter. *Emotion, 17*(2), 196–207.

Clore, G. L., & Huntsinger, J. R. (2007). How emotions inform judgment and regulate thought. *Trends in Cognitive Sciences, 11*(9), 393–399.

Cohen, D., & Gunz, A. (2002). As seen by the other... : Perspectives on the self in the memories and emotional perceptions of Easterners and Westerners. *Psychological Science, 13*(1), 55–59.

Cordaro, D. T., Keltner, D., Tshering, S., Wangchuk, D., & Flynn, L. M. (2016). The voice conveys emotion in ten globalized cultures and one remote village in Bhutan. *Emotion, 16*(1), 117–128.

Cordaro, D. T., Sun, R., Keltner, D., Kamble, S., Huddar, N., & McNeil, G. (2018). Universals and cultural variations in 22 emotional expressions across five cultures. *Emotion, 18*(1), 75–93.

Dalili, M. N., Penton-Voak, I. S., Harmer, C. J., & Munafo, M. R. (2015). Meta-analysis of emotion recognition deficits in major depressive disorder. *Psychological Medicine, 45*(6), 1135–1144.

Darwin, C., & Prodger, P. (1872/1998). *The Expression of the Emotions in Man and Animals*. Oxford: Oxford University Press.

Demenescu, L. R., Kortekaas, R., den Boer, J. A., & Aleman, A. (2010). Impaired attribution of emotion to facial expressions in anxiety and major depression. *PloS One, 5*(12), e15058.

Ekman, P. (1992). An argument for basic emotions. *Cognition & Emotion, 6*(3–4), 169–200.

Ekman, P., & Friesen, W. V. (1971). Constants across cultures in the face and emotion. *Journal of Personality and Social Psychology, 17*(2), 124–129.

Ekman, P., Friesen, W. V., & Ellsworth, P. (1972). *Emotion in the Human Face: Guidelines for Research and an Integration of Findings.* New York: Pergamon.

Elfenbein, H. A., & Ambady, N. (2003). Universals and cultural differences in recognizing emotions. *Current Directions in Psychological Science, 12*(5), 159–164.

Forgas, J. P., & Bower, G. H. (2001). Mood effects on person–perception judgments. In W. G. Parrott (Ed.), *Emotions in Social Psychology: Essential Readings* (pp. 204–215). Philadelphia: Psychology Press.

Füstös, J., Gramann, K., Herbert, B. M., & Pollatos, O. (2012). On the embodiment of emotion regulation: Interoceptive awareness facilitates reappraisal. *Social Cognitive and Affective Neuroscience, 8*(8), 911–917.

Gendron, M., Roberson, D., van der Vyver, J. M., & Barrett, L. F. (2014). Perceptions of emotion from facial expressions are not culturally universal: Evidence from a remote culture. *Emotion, 14*(2), 251–262.

Gilovich, T., Medvec, V. H., & Savitsky, K. (2000). The spotlight effect in social judgment: An egocentric bias in estimates of the salience of one's own actions and appearance. *Journal of Personality and Social Psychology, 78*(2), 211–222.

Hertenstein, M. J., Holmes, R., McCullough, M., & Keltner, D. (2009). The communication of emotion via touch. *Emotion, 9*(4), 566–573.

Hertenstein, M. J., Keltner, D., App, B., Bulleit, B. A., & Jaskolka, A. R. (2006). Touch communicates distinct emotions. *Emotion, 6*(3), 528–533.

Hess, U., Adams Jr, R. B., & Kleck, R. E. (2004). Facial appearance, gender, and emotion expression. *Emotion, 4*(4), 378–388.

Hess, U., Adams, R. B., Grammer, K., & Kleck, R. E. (2009). Face gender and emotion expression: Are angry women more like men? *Journal of Vision, 9*(12), article 19.

Isbell, L. M., & Lair, E. C. (2013). Moods, emotions, and evaluations as information. In D. Carlston (Ed.), *The Oxford Handbook of Social Cognition* (pp. 435–462). New York: Oxford University Press.

Ito, T., Yokokawa, K., Yahata, N., Isato, A., Suhara, T., & Yamada, M. (2017). Neural basis of negativity bias in the perception of ambiguous facial expression. *Scientific Reports, 7*(1), 420.

Izard, C. E., Woodburn, E. M., Finlon, K. J., Krauthamer–Ewing, E. S., Grossman, S. R., &

Seidenfeld, A. (2011). Emotion knowledge, emotion utilization, and emotion regulation. *Emotion Review, 3*(1), 44–52.

Joseph, D. L., & Newman, D. A. (2010). Emotional intelligence: An integrative meta-analysis and cascading model. *Journal of Applied Psychology, 95*(1), 54–78.

Knapp, M. L., Hall, J. A., & Horgan, T. G. (2013). *Nonverbal Communication in Human Interaction*. Boston, MA: Cengage Learning.

Knyazev, G. G., Bocharov, A. V., Slobodskaya, H. R., & Ryabichenko, T. I. (2008). Personality-linked biases in perception of emotional facial expressions. *Personality and Individual Differences, 44*(5), 1093–1104.

Krumhuber, E., & Kappas, A. (2005). Moving smiles: The role of dynamic components for the perception of the genuineness of smiles. *Journal of Nonverbal Be havior, 29*(1), 3–24.

Lewis, M. D. (2005). Bridging emotion theory and neurobiology through dynamic systems modeling. *Behavioral and Brain Sciences, 28*(2), 169–194.

Matsumoto, D. (1999). American-Japanese cultural differences in judgements of expression intensity and subjective experience. *Cognition & Emotion, 13*(2), 201–218.

Matsumoto, D., & Ekman, P. (1989). American-Japanese cultural differences in intensity ratings of facial expressions of emotion. *Motivation and Emotion, 13*(2), 143–157.

Mesquita, B., De Leersnyder, J., & Boiger, M. (2016). The cultural Psychology of emotions. In L. F. Barrett, M. Lewis, & J. M. Haviland-Jones (Eds.), *Handbook of Emotions* (pp. 393–411). New York: Guilford Publications.

Nathanson, L., Rivers, S. E., Flynn, L. M., & Brackett, M. A. (2016). Creating emotionally intelligent schools with RULER. *Emotion Review, 8*(4), 305–310.

Pope, A. (1903). *Essay on criticism*. London: JM Dent.

Roseman, I. J. (2013). Appraisal in the emotion system: Coherence in strategies for coping. *Emotion Review, 5*(2), 141–149.

Rosenthal, R. (2003). Covert communication in laboratories, classrooms, and the truly real world. *Current Directions in Psychological Science, 12*(5), 151–154.

Rozin, P., & Royzman, E. B. (2001). Negativity bias, negativity dominance, and contagion. *Personality and Social Psychology Review, 5*(4), 296–320.

Russell, J. A. (1980). A circumplex model of affect. *Journal of Personality and Social Psychology, 39*(6), 1161–1178.

Schönenberg, M., & Jusyte, A. (2014). Investigation of the hostile attribution bias toward ambiguous facial cues in antisocial violent offenders. *European Archives of Psychiatry and Clinical Neuroscience, 264*(1), 61-69.

Wang, Q., Chen, G., Wang, Z., Hu, C. S., Hu, x., & Fu, G. (2014). Implicit racial attitudes influence perceived emotional intensity on other-race faces. *PloS One, 9*(8), e105946.

Weiss, B., Dodge, K. A., Bates, J. E., & Pettit, G. S. (1992). Some consequences of early harsh discipline: Child aggression and a maladaptive social information processing style. *Child Development, 63*(6), 1321-1335.

Widmeyer, W. N., & Loy, J. W. (1988). When you're hot, you're hot! Warm-cold effects in first impressions of persons and teaching effectiveness. *Journal of Educational Psychology, 80*(1), 118-121.

제5장 감정 이해하기

Bowers, M. E., & Yehuda, R. (2016). Intergenerational transmission of stress in humans. *Neuropsychopharmacology, 41*(1), 232-244.

Brackett, M. A., Patti, J., Stern, R., Rivers, S. E., Elbertson, N. A., Chisholm, C., & Salovey, P. (2009). A sustainable, skill-based approach to building emotionally literate schools. In M. Hughes, H. L. Thompson, & J. B. Terrell (Eds.), *Handbook for Developing Emotional and Social Intelligence: Best Practices, Case Studies, and Strategies* (pp. 329-358). San Francisco, CA: Pfeiffer/John Wiley & Sons.

Brackett, M. A., & Rivers, S. E. (2014). Transforming students' lives with social and emotional learning. In R. Pekrun & L. Linnenbrink-Garcia (Eds.), *International Handbook of Emotions in Education* (pp. 368-388). New York: Routledge.

Campos, B., Shiota, M. N., Keltner, D., Gonzaga, G. C., & Goetz, J. L. (2013). What is shared, what is different? Core relational themes and expressive displays of eight positive emotions. *Cognition & Emotion, 27*(1), 37-52.

Clore, G. L. & Schiller, A. J. (2016). New light on the affect-cognition connection. In L. F. Barrett, M. Lewis, & J. M. Haviland-Jones (Eds.), *Handbook of Emotions* (pp. 532-546). New York: Guilford Publications.

Cordaro, D. T., Brackett, M., Glass, L., & Anderson, C. L. (2016). Contentment: Perceived completeness across cultures and traditions. *Review of General Psychology, 20*(3), 221-

235.

Dekel, R., & Goldblatt, H. (2008). Is there intergenerational transmission of trauma? The case of combat veterans' children. *American Journal of Orthopsychiatry, 78*(3), 281 – 289.

Fredrickson, B. L. (2013). Positive emotions broaden and build. In P. Devine & A. Plant (Eds.), *Advances in Experimental Social Psychology* (vol. 47, pp. 1 –53). Cambridge, MA: Academic Press.

Genzel, B., Rarick, J. R. D., & Morris, P. A. (2016). Stress and emotion: Embodied, in context, and across the lifespan. In L. F. Barrett, M. Lewis, & J. M. Haviland-Jones (Eds.), *Handbook of Emotions* (pp. 707 –735). New York: Guilford Publications.

Kelley, H. H., & Michela, J. L. (1980). Attribution theory and research. *Annual Review of Psychology, 31*(1), 457 –501.

Lazarus, R. S. (1991). Progress on a cognitive–motivational–relational theory of emotion. *American Psychologist, 46*(8), 819 – 834.

Lewis, M. (2016). Self-conscious emotions: Embarrassment, pride, shame, guilt, and hubris. In L. F. Barrett, M. Lewis, & J. M. Haviland-Jones (Eds.), *Handbook of Emotions* (pp. 792 –814). New York: Guilford Publications.

Lupien, S. J., McEwen, B. S., Gunnar, M. R., & Heim, C. (2009). Effects of stress throughout the lifespan on the brain, behaviour and cognition. *Nature Reviews Neuroscience, 10*, 434 –445.

Mendes, W. B. (2016). Emotion and the autonomic nervous system. In L. F. Barrett, M. Lewis, & J. M. Haviland-Jones (Eds.), *Handbook of Emotions* (pp. 166 –181). New York: Guilford Publications.

Moeller, J., Ivcevic, Z., Brackett, M. A., & White, A. E. (2018). Mixed emotions: Network analyses of intra-individual co-occurrences within and across situations. *Emotion, 18*(8), 1106 –1121.

Moors, A., Ellsworth, P. C., Scherer, K. R., & Frijda, N. H. (2013). Appraisal theories of emotion: State of the art and future development. *Emotion Review, 5*(2), 119 –124.

Nathanson, L., Rivers, S. E., Flynn, L. M., & Brackett, M. A. (2016). Creating emotionally intelligent schools with RULER. *Emotion Review, 8*(4), 305 –310.

Parrott, W. G., & Smith, R. H. (1993). Distinguishing the experiences of envy and jealousy. *Journal of Personality and Social Psychology, 64*(6), 906 – 920.

Roseman, I. J. (1991). Appraisal determinants of discrete emotions. *Cognition & Emotion,*

5(3), 161-200.

Roseman, I. J. (2013). Appraisal in the emotion system: Coherence in strategies for coping. *Emotion Review, 5*(2), 141-149.

Russell, J. A. (1980). A circumplex model of affect. *Journal of Personality and Social Psychology, 39*(6), 1161-1178.

Salovey, P. (Ed.). (1991). *The Psychology of Jealousy and Envy*. New York: Guilford Press.

Scherer, K. R., Schorr, A., & Johnstone, T. (Eds.). (2001). *Appraisal processes in Emotion: Theory, Methods, Research*. New York: Oxford University Press.

Shields, G. S., Sazma, M. A., & Yonelinas, A. P. (2016). The effects of acute stress on core executive functions: A meta-analysis and comparison with cortisol. *Neuroscience & Biobehavioral Reviews, 68*, 651-668.

Steinberg, L. (2005). Cognitive and affective development in adolescence. *Trends in Cognitive Sciences, 9*(2), 69-74.

Tracy, J. L., & Robins, R. W. (2006). Appraisal antecedents of shame and guilt: Support for a theoretical model. *Personality and Social Psychology Bulletin, 32*(10), 1339-1351.

Weiner, B. (1985). An attributional theory of achievement motivation and emotion. *Psychological Review, 92*(4), 548-573.

Weisinger, H., & Pawliw-Fry, J. P. (2015). *Performing Under Pressure: The Science of Doing Your Best When it Matters Most*. New York: Crown Publishing.

Zeman, J., Cassano, M., Perry-Parrish, C., & Stegall, S. (2006). Emotion regulation in children and adolescents. *Journal of Developmental & Behavioral Pediatrics, 27*(2), 155-168.

Zimmermann, P., & Iwanski, A. (2014). Emotion regulation from early adolescence to emerging adulthood and middle adulthood: Age differences, gender differences, and emotion-specific developmental variations. *International Journal of Behavioral Development, 38*(2), 182-194.

제6장 감정에 이름 붙이기

Barrett, L. F. (2006). Solving the emotion paradox: Categorization and the experience of emotion. *Personality and Social Psychology Review, 10*(1), 20-46.

Barrett, L. F. (2017). *How Emotions Are Made: The Secret Life of the Brain*. Boston: Houghton Mifflin Harcourt.

Barrett, L. F. (2017). The theory of constructed emotion: An active inference account of interoception and categorization. *Social Cognitive and Affective Neuroscience, 12*(1), 1–23.

Barrett, L. F., Gross, J., Christensen, T. C., & Benvenuto, M. (2001). Knowing what you're feeling and knowing what to do about it: Mapping the relation between emotion differentiation and emotion regulation. *Cognition and Emotion, 15*(6), 713–724.

Baumeister, R. F., Bratslavsky, E., Finkenauer, C., & Vohs, K. D. (2001). Bad is stronger than good. *Review of General Psychology, 5*(4), 323–370.

Bird, G., & Cook, R. (2013). Mixed emotions: The contribution of alexithymia to the emotional symptoms of autism. *Translational Psychiatry, 3*(7), e285.

Camras, L. A., Fatani, S. S., Fraumeni, B. R., & Shuster, M. M. (2016). The development of facial expressions: Current perspectives on infant emotions. In L. F. Barrett, M. Lewis, & J. M. Haviland-Jones (Eds.), *Handbook of Emotions* (pp. 255–271). New York: Guilford Publications.

Cosmides, L., & Tooby, J. (2000). Evolutionary Psychology and the emotions. In M. Lewis & J. M. Haviland-Jones (Eds.), *Handbook of Emotions* (pp. 91–115). New York: Guilford Publications.

Creswell, J. D., Way, B. M., Eisenberger, N. I., & Lieberman, M. D. (2007). Neural correlates of dispositional mindfulness during affect labeling. *Psychosomatic Medicine, 69*(6), 560–565.

Demaree, H. A., Everhart, D. E., Youngstrom, E. A., & Harrison, D. W. (2005). Brain lateralization of emotional processing: Historical roots and a future incorporating "dominance." *Behavioral and Cognitive Neuroscience Reviews, 4*(1), 3–20.

Durkin, K., & Conti-Ramsden, G. (2010). Young people with specific language impairment: A review of social and emotional functioning in adolescence. *Child Language Teaching and Therapy, 26*(2), 105–121.

Durlak, J. A., Weissberg, R. P., Dymnicki, A. B., Taylor, R. D., & Schellinger, K. B. (2011). The impact of enhancing students' social and emotional learning: A meta-analysis of school-based universal interventions. *Child Development, 82*(1), 405–432.

Eisenberg, N., Sadovsky, A., & Spinrad, T. L. (2005). Associations of emotion-related regulation with language skills, emotion knowledge, and academic outcomes. *New Directions for Child and Adolescent Development, 2005*(109), 109–118.

Elert, E. (2013, January 4). 21 emotions for which there are no En glish words [infographic]. *Popular Science*. Retrieved from www.popsci.com/science/article/2013-01/emotions-which-there-are-no-english-words-infographic

Harris, P. L., de Rosnay, M., & Pons, F. (2016). Understanding emotion. In L. F. Barrett, M. Lewis, & J. M. Haviland-Jones (Eds.), *Handbook of Emotions* (pp. 293-306). New York: Guilford Publications.

Hart, B., & Risley, T. R. (1995). *Meaningful Differences in the Everyday Experience of Young American Children*. Baltimore, MD: Paul H. Brookes Publishing.

Hussein, B. A. S. (2012). The Sapir-Whorf hypothesis today. *Theory and Practice in Language Studies, 2*(3), 642-646.

Izard, C. E., Woodburn, E. M., Finlon, K. J., Krauthamer-Ewing, E. S., Grossman, S. R., & Seidenfeld, A. (2011). Emotion knowledge, emotion utilization, and emotion regulation. *Emotion Review, 3*(1), 44-52.

Izard, C., Fine, S., Schultz, D., Mostow, A., Ackerman, B., & Youngstrom, E. (2001). Emotion knowledge as a predictor of social Behavior and academic competence in children at risk. *Psychological Science, 12*(1), 18-23.

Kashdan, T. B., Barrett, L. F., & McKnight, P. E. (2015). Unpacking emotion differentiation: Transforming unpleasant experience by perceiving distinctions in negativity. *Current Directions in Psychological Science, 24*(1), 10-16.

Kircanski, K., Lieberman, M. D., & Craske, M. G. (2012). Feelings into words: Contributions of language to exposure therapy. *Psychological Science, 23*(10), 1086-1091.

Larsen, J. K., Brand, N., Bermond, B., & Hijman, R. (2003). Cognitive and emotional characteristics of alexithymia: A review of neurobiological studies. *Journal of Psychosomatic Research, 54*(6), 533-541.

Lewis, M. (2016). The emergence of human emotions. In L. F. Barrett, M. Lewis, & J. M. Haviland-Jones (Eds.), *Handbook of Emotions* (pp. 272-292). New York: Guilford Publications.

Li, J., Wang, L., & Fischer, K. (2004). The organisation of Chinese shame concepts? *Cognition and Emotion, 18*(6), 767-797.

Lieberman, M. D., Eisenberger, N. I., Crockett, M. J., Tom, S. M., Pfeifer, J. H., & Way, B. M. (2007). Putting feelings into words. *Psychological Science, 18*(5), 421-428.

Lieberman, M. D., Inagaki, T. K., Tabibnia, G., & Crockett, M. J. (2011). Subjective responses to emotional stimuli during labeling, reappraisal, and distraction. *Emotion,*

11(3), 468–480.

Lindquist, K. A., Gendron, M., & Satpute, A. B. (2016). Language and emotion: Putting words into feelings and feelings into words. In L. F. Barrett, M. Lewis, & J. M. Haviland-Jones (Eds.), *Handbook of Emotions* (pp. 579–594). New York: Guilford Publications.

Mohammad, S. M., & Turney, P. D. (2010, June). Emotions evoked by common words and phrases: Using mechanical turk to create an emotion lexicon. In Proceedings of the NAACL HLT 2010 workshop on computational approaches to analysis and generation of emotion in text (pp. 26–34). Stroudsburg, PA: Association for Computational Linguistics.

Pennebaker, J. W. (1993). Putting stress into words: Health, linguistic, and therapeutic implications. *Behaviour Research and Therapy, 31*(6), 539–548.

Pennebaker, J. W. (2018). Expressive writing in psychological science. *Perspectives on Psychological Science, 13*(2), 226–229.

Robson, D. (2017, January 26). The "untranslatable" emotions you never knew you had. BBC. Retrieved from www.bbc.com/future/story/20170126-the-untransla table-emotions-you-never-knew-you-had

Rozin, P., & Royzman, E. B. (2001). Negativity bias, negativity dominance, and contagion. *Personality and Social Psychology Review, 5*(4), 296–320.

Schrauf, R. W., & Sanchez, J. (2004). The preponderance of negative emotion words in the emotion lexicon: A cross-generational and cross-linguistic study. *Journal of Multilingual and Multicultural Development, 25*(2–3), 266–284.

Sperry, D. E., Sperry, L. L., & Miller, P. J. (in press). Reexamining the verbal environments of children from diff er ent Socioeconomic backgrounds. *Child Development*.

St. Clair, M. C., Pickles, A., Durkin, K., & Conti-Ramsden, G. (2011). A longitudinal study of behavioral, emotional and social difficulties in individuals with a history of specific language impairment (SLI). *Journal of Communication Disorders, 44*(2), 186–199.

Taylor, G. J., & Bagby, R. M. (2000). An overview of the alexithymia construct. In R. Bar-On & J. D. A. Parker (Eds.), *The Handbook of Emotional Intelligence: Theory, Development, Assessment, and Application at Home, School, and in the Workplace* (pp. 40–67). San Francisco, CA: Jossey-Bass.

Toivonen, R., Kivelä, M., Saramäki, J., Viinikainen, M., Vanhatalo, M., & Sams, M. (2012).

Networks of emotion concepts. *PLoS One, 7*(1), e28883.

Torre, J. B., & Lieberman, M. D. (2018). Putting feelings into words: Affect labeling as implicit emotion regulation. *Emotion Review, 10*(2), 116–124.

Torrisi, S. J., Lieberman, M. D., Bookheimer, S. Y., & Altshuler, L. L. (2013). Advancing understanding of affect labeling with dynamic causal modeling. *NeuroImage, 82*, 481–488.

Tugade, M. M., Fredrickson, B. L., & Feldman Barrett, L. (2004). Psychological resilience and positive emotional granularity: Examining the benefits of positive emotions on coping and health. *Journal of Personality, 72*(6), 1161–1190.

Weisleder, A., & Fernald, A. (2013). Talking to children matters: Early language experience strengthens processing and builds vocabulary. *Psychological Science, 24*(11), 2143–2152.

Widen, S. C. (2016). The development of children's concepts of emotion. In L. F. Barrett, M. Lewis, & J. M. Haviland-Jones (Eds.), *Handbook of Emotions* (pp. 307–318). New York: Guilford Publications.

Wierzbicka, A. (2006). *English: Meaning and Culture.* New York: Oxford University Press.

Yew, S. G. K., & O'Kearney, R. (2013). Emotional and behavioural outcomes later in childhood and adolescence for children with specific language impairments: Meta-analyses of controlled prospective studies. *Journal of Child Psychology and Psychiatry, 54*(5), 516–524.

제7장 감정 표현하기

Barrett, L. F. (2017). *How Emotions Are Made: The Secret Life of the Brain.* Boston: Houghton Mifflin Harcourt.

Barrett, L. F., Lewis, M., & Haviland-Jones, J. M. (Eds.). (2016). *Handbook of Emotions.* New York: Guilford Publications.

Brody, L. R. (1993). On understanding gender differences in the expression of emotion. In S. L. Ablon, D. P. Brown, E. J. Khantzian, & J. E. Mack (Eds.), *Human Feelings: Explorations in Affect Development and Meaning* (pp. 87–121). Hillsdale, NJ: Analytic Press, Inc.

Brody, L. R. (2000). The socialization of gender differences in emotional expression: Display rules, infant temperament, and differentiation. *Gender and Emotion: Social*

Psychological Perspectives, 2, 24 –47. doi.org/10.1017/CBO9780511628 191.003

Buck, R. (1977). Nonverbal communication of affect in preschool children: Relationships with personality and skin conductance. *Journal of Personality and Social Psychol ogy, 35*(4), 225 –236.

Buck, R. (1984). *The Communication of Emotion.* New York: Guilford Press.

Chaplin, T. M., & Aldao, A. (2013). Gender differences in emotion expression in children: A meta –analytic review. *Psychological Bulletin, 139*(4), 735 –765.

Chaplin, T. M., Hong, K., Bergquist, K., & Sinha, R. (2008). Gender differences in response to emotional stress: an assessment across subjective, behavioral, and physiological domains and relations to alcohol craving. *Alcoholism: Clinical and Experimental Research, 32*(7), 1242 –1250.

Danner, D. D., Snowdon, D. A., & Friesen, W. V. (2001). Positive emotions in early life and longevity: Findings from the nun study. *Journal of Personality and Social Psychology, 80*(5), 804 –813.

Darwin, C., & Prodger, P. (1998). *The Expression of the Emotions in Man and Animals.* Oxford: Oxford University Press.

Domagalski, T. A., & Steelman, L. A. (2007). The impact of gender and organizational status on workplace anger expression. *Management Communication Quarterly, 20*(3), 297 –315.

Ekman, P. (2009). Lie catching and microexpressions. In C. Martin (Ed.), *The Philosophy of Deception* (pp. 118 –137). Oxford: Oxford University Press.

Finkenauer, C., & Rimé, B. (1998). Keeping emotional memories secret: Health and subjective well –being when emotions are not shared. *Journal of Health Psychology, 3*(1), 47 –58.

Friesen, W. V. (1972). *Cultural differences in facial expressions in a social situation: An experimental test of the concept of display rules* (Unpublished doctoral dissertation). University of California – San Francisco, San Francisco, CA.

Grandey, A. A. (2015). Smiling for a wage: What emotional labor teaches us about emotion regulation. *Psychological Inquiry, 26*(1), 54 – 60.

Grandey, A., Foo, S. C., Groth, M., & Goodwin, R. E. (2012). Free to be you and me: A climate of authenticity alleviates burnout from emotional labor. *Journal of Occupational Health Psychology, 17*(1), 1 –14.

Gross, J. J., & John, O. P. (1997). Revealing feelings: Facets of emotional expressivity in self-reports, peer ratings, and Behavior. *Journal of Personality and Social Psychology, 72*(2), 435-448.

Hagenauer, G., & Volet, S. E. (2014). "I don't hide my feelings, even though I try to": Insight into teacher educator emotion display. *Australian Educational Researcher, 41*(3), 261-281.

Hall, J. A., Car ter, J. D., & Horgan, T. G. (2000). Gender differences in nonverbal communication of emotion. In A. H. Fischer (Ed.), *Studies in Emotion and Social Interaction. Second series. Gender and Emotion: Social Psychological Perspectives* (pp. 97-117). New York: Cambridge University Press. doi.org/10.1017/CBO9780511 628191.006

Hall, J. A., & Schmid Mast, M. (2008). Are women always more interpersonally sensitive than men? Impact of goals and content domain. *Personality and Social Psychology Bulletin, 34*(1), 144-155.

Harker, L., & Keltner, D. (2001). Expressions of positive emotion in women's college yearbook pictures and their relationship to personality and life outcomes across adulthood. *Journal of Personality and Social Psychology, 80*(1), 112-124.

Hertenstein, M. J., Hansel, C. A., Butts, A. M., & Hile, S. N. (2009). Smile intensity in photo graphs predicts divorce later in life. *Motivation and Emotion, 33*(2), 99-105.

Hochschild, A. R. (2012). *The Managed Heart: Commercialization of Human Feeling*. Oakland, CA: University of California Press.; 앨리 러셀 혹실드, 이가람 옮김, 《감정노동》 (이매진, 2009)

Johnston, V. S. (1999). *Why We Feel: The Science of Human Emotions*. New York: Perseus Publishing.

Kirschbaum, C., Kudielka, B. M., Gaab, J., Schommer, N. C., & Hellhammer, D. H. (1999). Impact of gender, menstrual cycle phase, and oral contraceptives on the activity of the hypothalamus-pituitary-adrenal axis. *Psychosomatic Medicine, 61*(2), 154-162.

Kotchemidova, C. (2005). From good cheer to "drive-by smiling": A social history of cheerfulness. Journal of Social History, 39(1), 5-37.

Kring, A. M., & Gordon, A. H. (1998). Sex differences in emotion: Expression, experience, and physiology. *Journal of Personality and Social Psychology, 74*(3), 686-703.

LaFrance, M., Hecht, M. A., & Paluck, E. L. (2003). The contingent smile: A meta-analysis of sex differences in smiling. *Psychological Bulletin, 129*(2), 305-334.

Lease, S. H. (2018). Assertive Behavior: A double-edged sword for women at work? *Clinical Psychology: Science and Practice, 25*(1), e12226.

Leitenberg, H., Greenwald, E., & Cado, S. (1992). A retrospective study of long-term methods of coping with having been sexually abused during childhood. *Child Abuse & Neglect, 16*(3), 399–407.

Levenson, R. W., Carstensen, L. L., & Gottman, J. M. (1994). Influence of age and gender on affect, physiology, and their interrelations: A study of long-term marriages. *Journal of Personality and Social Psychology, 67*(1), 56–68.

Machiavelli, N. (2008). *The Prince*. Indianapolis, IL: Hackett Publishing.

Matsumoto, D. (1990). Cultural similarities and differences in display rules. *Motivation and Emotion, 14*(3), 195–214.

Nelson, J. A., Leerkes, E. M., O'Brien, M., Calkins, S. D., & Marcovitch, S. (2012). African American and European American mothers' beliefs about negative emotions and emotion socialization practices. *Parenting, 12*(1), 22–41.

Oatley, K., Keltner, D., & Jenkins, J. M. (2006). *Understanding Emotions*. Hoboken, NJ: Blackwell Publishing.

Pennebaker, J. W. (1995). *Emotion, Disclosure, & Health*. Washington, DC: American Psychological Association.

Pennebaker, J. W. (1997). Writing about emotional experiences as a therapeutic process. *Psychological Science, 8*(3), 162–166.

Pennebaker, J. W., Kiecolt-Glaser, J. K., & Glaser, R. (1988). Disclosure of traumas and immune function: Health implications for psychotherapy. *Journal of Consulting and Clinical Psychology, 56*(2), 239–245.

Randolph, S. M., Koblinsky, S. A., & Roberts, D. D. (1996). Studying the role of family and school in the development of African American preschoolers in violent neighborhoods. *Journal of Negro Education*, 282–294.

Roorda, D. L., Koomen, H. M., Spilt, J. L., & Oort, F. J. (2011). The influence of affective teacher-student relationships on students' school engagement and achievement: A meta-analytic approach. *Review of Educational Research, 81*(4), 493–529.

Sheldon, K. M., Titova, L., Gordeeva, T. O., Osin, E. N., Lyubomirsky, S., & Bogomaz, S. (2017). Rus sians inhibit the expression of happiness to strangers: Testing a display rule model. *Journal of Cross-Cultural Psychology, 48*(5), 718–733.

Tracy, J. L., & Matsumoto, D. (2008). The spontaneous expression of pride and shame:

Evidence for biologically innate nonverbal displays. *Proceedings of the National Academy of Sciences, 105*(33), 11655–11660.

Tronick, E. Z. (1989). Emotions and emotional communication in infants. *American Psychologist, 44*(2), 112–119.

Tsai, J. L., Ang, J. Y. Z., Blevins, E., Goernandt, J., Fung, H. H., Jiang, D.,Haddouk, L. (2016). Leaders' smiles reflect cultural differences in ideal affect. *Emotion, 16*(2), 183–195.

Uono, S., & Hietanen, J. K. (2015). Eye contact perception in the West and East: A cross-cultural study. *Plos One, 10*(2), e0118094.

Waldstein, D. (2018, September 8). Serena Williams accuses official of sexism in U.S. Open loss to Naomi Osaka. *New York Times*. Retrieved from www.nytimes.com/2018/09/08/sports/serena-williams-vs-naomi-osaka-us-open.html

Wallbott, H. G. (1998). Bodily expression of emotion. *European Journal of Social Psychology, 28*(6), 879–896.

Walsh, K., Fortier, M. A., & DiLillo, D. (2010). Adult coping with childhood sexual abuse: A theoretical and empirical review. *Aggression and Violent Behavior, 15*(1), 1–13.

제8장 감정 조절하기

Alderman, L. (2016, November 9). Breathe. Exhale. Repeat: The benefits of controlled breathing. *New York Times*. Retrieved from www.nytimes.com/2016/11/09/well/mind/breathe-exhale-repeat-the-benefits-of-controlled-breathing.html

Alvaro, P. K., Roberts, R. M., & Harris, J. K. (2013). A systematic review assessing bidirectionality between sleep disturbances, anxiety, and depression. *Sleep, 36*(7), 1059–1068.

Astin, J. A. (1997). Stress reduction through mindfulness meditation. *Psychotherapy and Psychosomatics, 66*(2), 97–106.

Bariola, E., Gullone, E., & Hughes, E. K. (2011). Child and adolescent emotion regulation: The role of parental emotion regulation and expression. *Clinical Child and Family Psychology Review, 14*(2), 198.

Bariso, J. (2018, February 28). 13 signs of high emotional intelligence. *Inc.* Retrieved from www.inc.com/justin-bariso/13-things-emotionally-intelligent-people-do.html

Barrett, L. F., Gross, J., Christensen, T. C., & Benvenuto, M. (2001). Knowing what you're feeling and knowing what to do about it: Mapping the relation between emotion differentiation and emotion regulation. *Cognition & Emotion, 15*(6), 713 –724.

Beilharz, J., Maniam, J., & Morris, M. (2015). Diet–induced cognitive deficits: The role of fat and sugar, potential mechanisms and nutritional interventions. *Nutrients, 7*(8), 6719 –6738.

Black, D. S., & Slavich, G. M. (2016). Mindfulness meditation and the immune system: A systematic review of randomized controlled trials. *Annals of the New York Academy of Sciences, 1373*(1), 13 –24.

Brooks, A.W. (2014). Get excited: Reappraising pre–performance anxiety as excitement. *Journal of Experimental Psychology: General, 143*(3), 1144 –1158.

Brown, K. W., & Ryan, R. M. (2003). The benefits of being pre sent: Mindfulness and its role in psychological well–being. *Journal of Personality and Social Psychology, 84*(4), 822–848.

Burg, J. M., & Michalak, J. (2011). The healthy quality of mindful breathing: Associations with rumination and depression. *Cognitive Therapy and Research, 35*(2), 179 –185.

Butler, E. A., & Randall, A. K. (2013). Emotional coregulation in close relationships. *Emotion Review, 5*(2), 202 –210.

Cho, H., Ryu, S., Noh, J., & Lee, J. (2016). The effectiveness of daily mindful breathing practices on test anxiety of students. *PloS One, 11*(10), e0164822.

Cohen, S. (2004). Social relationships and health. *American Psychologist, 59*(8), 676.

Consolo, K., Fusner, S., & Staib, S. (2008). Effects of diaphragmatic breathing on stress levels of nursing students. *Teaching and Learning in Nursing, 3*(2), 67 –71.

Crum, A. (2011). Evaluating a mindset training program to unleash the enhancing nature of stress. In *Academy of Management Proceedings* (vol. 2011, no. 1, pp. 1–6). Briarcliff Manor, NY: Academy of Management.

Crum, A. J., Akinola, M., Martin, A., & Fath, S. (2017). The role of stress mindset in shaping cognitive, emotional, and physiological responses to challenging and threatening stress. *Anxiety, Stress, & Coping, 30*(4), 379 –395.

Crum, A., & Lyddy, C. (2014). De– stressing stress: The power of mindsets and the art of stressing mindfully. In A. Ie, C. Ngnoumen, & E. J. Langer (Eds.), *The Wiley Blackwell Handbook of Mindfulness* (vol. 1, pp. 948 –963). Malden, MA: John Wiley & Sons.

Crum, A. J., Salovey, P., & Achor, S. (2013). Rethinking stress: The role of mindsets in determining the stress response. *Journal of Personality and Social Psychology, 104*(4), 716 –733.

Deslandes, A., Moraes, H., Ferreira, C., Veiga, H., Silveira, H., Mouta, R., Laks, J. (2009). Exercise and mental health: Many reasons to move. *Neuropsychobiology, 59*(4), 191‒198.

Dobson, K. S., & Dozois, D. J. (Eds.). (2019). *Handbook of Cognitive-Behavioral Therapies*. New York: Guilford Publications.

Drabant, E. M., McRae, K., Manuck, S. B., Hariri, A. R., & Gross, J. J. (2009). Individual differences in typical reappraisal use predict amygdala and prefrontal responses. *Biological Psychiatry, 65*(5), 367‒373.

Evans, C. A., & Porter, C. L. (2009). The emergence of mother‒infant co-regulation during the first year: Links to infants' developmental status and attachment. *Infant Behavior and Development, 32*(2), 147‒158.

Feldman, G., Greeson, J., & Senville, J. (2010). Differential effects of mindful breathing, progressive muscle relaxation, and loving-kindness meditation on decentering and negative reactions to repetitive thoughts. *Behaviour Research and Therapy, 48*(10), 1002‒1011.

Gross, J. J. (1998). Antecedent-and response-focused emotion regulation: Divergent consequences for experience, expression, and physiology. *Journal of Personality and Social Psychology, 74*(1), 224‒237.

Gross, J. J. (1998). The emerging field of emotion regulation: An integrative review. *Review of General Psychology, 2*(3), 271‒299.

Gross, J. J. (2001). Emotion regulation in adulthood: Timing is everything. *Current Directions in Psychological Science, 10*(6), 214‒219.

Grossman, P., Niemann, L., Schmidt, S., & Walach, H. (2004). Mindfulness-based stress reduction and health benefits: A meta-analysis. *Journal of Psychosomatic Research, 57*(1), 35‒43.

Herrero, J. L., Khuvis, S., Yea gle, E., Cerf, M., & Mehta, A. D. (2017). Breathing above the brainstem: Volitional control and attentional modulation in humans. *Journal of Neurophysiology, 119*(1), 145‒159.

Hofmann, S. G., Heering, S., Sawyer, A. T., & Asnaani, A. (2009). How to handle anxiety: The effects of reappraisal, ac cep tance, and suppression strategies on anxious arousal. *Behaviour Research and Therapy, 47*(5), 389‒394.

Hülsheger, U. R., Alberts, H. J., Feinholdt, A., & Lang, J. W. (2013). Benefits of mindfulness at work: The role of mindfulness in emotion regulation, emotional exhaustion, and job satisfaction. *Journal of Applied Psychology, 98*(2), 310–325.

Jamieson, J. P., Crum, A. J., Goyer, J. P., Marotta, M. E., & Akinola, M. (2018). Optimizing stress responses with reappraisal and mindset interventions: An integrated model. *Anxiety, Stress, & Coping, 31*(3), 245–261.

Jamieson, J. P., Mendes, W. B., Blackstock, E., & Schmader, T. (2010). Turning the knots in your stomach into bows: Reappraising arousal improves performance on the GRE. *Journal of Experimental Social Psychology, 46*(1), 208–212.

Johnson, D. R. (2009). Emotional attention set–shifting and its relationship to anxiety and emotion regulation. *Emotion, 9*(5), 681–690.

Kingston, J., Chadwick, P., Meron, D., & Skinner, T. C. (2007). A pilot randomized control trial investigating the effect of mindfulness practice on pain tolerance, psychological well–being, and physiological activity. *Journal of Psychosomatic Research, 62*(3), 297–300.

Kross, E., & Ayduk, O. (2017). Self–distancing: Theory, research, and current directions. In J. Olsen (Ed.), *Advances in Experimental Social Psychology* (vol. 55, pp. 81–136). Cambridge, MA: Academic Press.

Kross, E., Bruehlman–Senecal, E., Park, J., Burson, A., Dougherty, A., Shablack, H.Ayduk, O. (2014). Self–talk as a regulatory mechanism: How you do it matters. *Journal of Personality and Social Psychology, 106*(2), 304–324.

LeDoux, J. (1998). *The Emotional Brain: The Mysterious Under pinnings of Emotional Life.* New York: Simon & Schuster.

Levenson, R. W. (2014). The autonomic nervous system and emotion. *Emotion Review, 6*(2), 100–112.

Ma, x., Yue, Z. Q., Gong, Z. Q., Zhang, H., Duan, N. Y., Shi, Y. T. Li, Y. F. (2017). The effect of diaphragmatic breathing on attention, negative affect and stress in healthy adults. *Frontiers in Psychology, 8,* 874.

Mangelsdorf, S. C., Shapiro, J. R., & Marzolf, D. (1995). Developmental and tempera–mental differences in emotion regulation in infancy. *Child Development, 66*(6), 1817–1828.

Mauss, I. B., Troy, A. S., & LeBourgeois, M. K. (2013). Poorer sleep quality is associated with lower emotion–regulation ability in a laboratory paradigm. *Cognition & Emotion, 27*(3), 567–576.

McRae, K., Ciesielski, B., & Gross, J. J. (2012). Unpacking cognitive reappraisal: Goals, tactics, and outcomes. *Emotion, 12*(2), 250-255.

McRae, K., Jacobs, S. E., Ray, R. D., John, O. P., & Gross, J. J. (2012). Individual differences in reappraisal ability: Links to reappraisal frequency, well-being, and cognitive control. *Journal of Research in Personality, 46*(1), 2-7.

Minkel, J. D., McNealy, K., Gianaros, P. J., Drabant, E. M., Gross, J. J., Manuck, S. B., & Hariri, A. R. (2012). Sleep quality and neural cir cuit function supporting emotion regulation. *Biology of Mood & Anxiety Disorders, 2*(1), 22.

Morris, A. S., Silk, J. S., Steinberg, L., Myers, S. S., & Robinson, L. R. (2007). The role of the family context in the development of emotion regulation. *Social Development, 16*(2), 361-388.

Moser, J. S., Dougherty, A., Mattson, W. I., Katz, B., Moran, T. P., Guevarra, D.,... Kross, E. (2017). Third-person self-talk facilitates emotion regulation without engaging cognitive control: Converging evidence from ERP and fMRI. *Scientific Reports, 7*(1), 4519.

Ochsner, K. N., & Gross, J. J. (2008). Cognitive emotion regulation: Insights from social cognitive and affective neuroscience. *Current Directions in Psychological Science, 17*(2), 153-158.

Parkinson, B., & Totterdell, P. (1999). Classifying affect-regulation strategies. *Cognition & Emotion, 13*(3), 277-303.

Pbert, L., Madison, J. M., Druker, S., Olendzki, N., Magner, R., Reed, G. Carmody, J. (2012). Effect of mindfulness training on asthma quality of life and lung function: A randomized controlled trial. *Thorax, 67*(9), 769-776.

Petruzzello, S. J., Landers, D. M., Hatfield, B. D., Kubitz, K. A., & Salazar, W. (1991). A meta-analysis on the anxiety-reducing effects of acute and chronic exercise. *Sports Medicine, 11*(3), 143-182.

Porter, C. L. (2003). Coregulation in mother-infant dyads: Links to infants' cardiac vagal tone. *Psychological Reports, 92*(1), 307-319.

Shakespeare, W., & Hibbard, G. R. (1994). *Hamlet*. Oxford: Oxford University Press.

Spencer, S. J., Korosi, A., Layé, S., Shukitt-Hale, B., & Barrientos, R. M. (2017). Food for thought: How nutrition impacts cognition and emotion. *npj Science of Food, 1*(1), 7.

Steel, P. (2007). The nature of procrastination: A meta-analytic and theoretical review of quin tes sen tial self-regulatory failure. *Psychological Bulletin, 133*(1), 65-94.

Ströhle, A. (2009). Physical activity, exercise, depression and anxiety disorders. *Journal of*

Neural Transmission, 116(6), 777–784.

Tsuno, N., Besset, A., & Ritchie, K. (2005). Sleep and depression. *Journal of Clinical Psychiatry, 66*(10), 1254–1269.

Umberson, D., & Karas Montez, J. (2010). Social relationships and health: A flashpoint for health policy. *Journal of Health and Social Behavior, 51*(Suppl), S54–S66.

Wehner, M. (2017, July 27). Talking to yourself isn't crazy, it's a stress relief. New York Post. Retrieved from https://nypost.com/2017/07/27/talking-to-yourself-isnt-crazy-its-stress-relief/

Wielgosz, J., Schuyler, B. S., Lutz, A., & Davidson, R. J. (2016). Long–term mindfulness training is associated with reliable differences in resting respiration rate. *Scientific Reports, 6*, 27533.

제9장 가정에서의 감정

AVG Technologies. (2015, June 24). Kids competing with mobile phones for parents' attention [Web log message]. Retrieved from https://now.avg.com/digital-diaries-kids-competing-with-mobile-phones-for-parents-attention

Baumeister, R. F., Bratslavsky, E., Finkenauer, C., & Vohs, K. D. (2001). Bad is stronger than good. *Review of General Psychology, 5*(4), 323–370. doi:10.1037//10892680.5.4.323

Bigelow, K. M., & Morris, E. K. (2001). John B. Watson's advice on child rearing: Some historical context. *Behavioral Development Bulletin, 10*(1), 26–30. http://dx.doi.org/10.1037/h0100479

Bowlby, J. (1988). *A Secure Base: Parent-Child Attachment and Healthy Human Development.* New York: Basic Books.

Boyce, T. W. (2019). *The Orchid and the Dandelion: Why Some Children Struggle and How All Can Thrive.* New York: Alfred A. Knopf.

Cacioppo, J. T., & Gardner, W. L. (1999). Emotion. *Annual Review of Psychology, 50*(1), 191–214. doi:10.1146/annurev.psych.50.1.191

Chaplin, T. M., & Aldao, A. (2013). Gender differences in emotion expression in children: A meta-analytic review. *Psychological Bulletin, 139*(4), 735–765. doi:10.1037/a0030737

DeClaire, J., & Gottman, J. (1997). *The Heart of Parenting: How to Raise an Emotionally*

Intelligent Child. New York: Simon & Schuster.

Denham, S. A., Cook, M., & Zoller, D. (1992). "Baby looks very sad": Implications of conversations about feelings between mother and preschooler. *British Journal of Developmental Psychology, 10*(3), 301–315. doi.org/10.1111/j.2044-835x.1992.tb00579.x

Fogel, A. (1993). *Developing Through Relationships*. Chicago, IL: University of Chicago Press.

Hooven, C., Gottman, J. M., & Katz, L. F. (1995). Parental meta-emotion structure predicts family and child outcomes. *Cognition & Emotion, 9*(2–3), 229–264. doi.org/10.1080/02699939508409010

Johnson, D. J. (2017). Parents' perceptions of smartphone use and parenting practices. (Master's thesis). University of Nevada, Las Vegas. Available from Digital Scholar ship@UNLV database. (No. 3141)

McDaniel, B. T., & Radesky, J. S. (2018). Technoference: Longitudinal associations between parent technology use, parenting stress, and child Behavior problems. *Pediatric Research, 84*(2), 210–218. doi.org/10.1038/s41390-018-0052-6

Moore, S. D., Brody, L. R., & Dierberger, A. E. (2009). Mindfulness and experiential avoidance as predictors and outcomes of the narrative emotional disclosure task. *Journal of Clinical Psychology, 65*(9), 971–988. doi.org/10.1002/jclp.20600

Myruski, S., Gulyayeva, O., Birk, S., Pérez-Edgar, K., Buss, K. A., & Dennis-Tiwary, T. A. (2018). Digital disruption? Maternal mobile device use is related to infant social-emotional functioning. *Developmental Science, 21*(4), e12610. doi.org/10.1111/desc.12610

Ouellet-Morin, I., Odgers, C. L., Danese, A., Bowes, L., Shakoor, S., Papadopoulos, A. S.,... Arseneault, L. (2011). Blunted cortisol responses to stress signal social and behavioral problems among maltreated/bullied 12-year-old children. *Biological Psychiatry, 70*(11), 1016–1023. doi.org/10.1016/j.biopsych.2011.06.017

Pew Research Center. (2018). *Teens, social media & technology 2018*. Retrieved from www.pewinternet.org/2018/05/31/teens-social-media-technology-2018/

Radesky, J. S., Kistin, C. J., Zuckerman, B., Nitzberg, K., Gross, J., Kaplan-Sanoff, M.,... Silverstein, M. (2014). Patterns of mobile device use by caregivers and children during meals in fast food restaurants. *Pediatrics, 133*(4), e843–e849. Retrieved from https://pediatrics.aappublications.org/content/pediatrics/133/4/e843.full.pdf

Reed, J., Hirsh-Pasek, K., & Golinkoff, R. M. (2017). Learning on hold: Cell phones sidetrack parent-child interactions. *Developmental Psychology, 53*(8), 1428-1436. doi.org/10.1037/dev0000292

Rozin, P., & Royzman, E. B. (2001). Negativity bias, negativity dominance, and contagion. *Personality and Social Psychology Review, 5*(4), 296-320. doi.org/ 10.1207/ S15327957PSPR0504_2

Steiner-Adair, C., & Barker, T. H. (2013). *The Big Disconnect: Protecting Childhood and Family Relationships in the Digital Age*. New York: Harper Business.

Stelter, R. L., & Halberstadt, A. G. (2011). The interplay between parental beliefs about children's emotions and parental stress impacts children's attachment security. *Infant and Child Development, 20*(3), 272-287. doi.org/10.1002/icd.693

Teicher, M. H., Samson, J. A., Sheu, Y. S., Polcari, A., & McGreenery, C. E. (2010). Hurtful words: Association of exposure to peer verbal abuse with elevated psychiatric symptom scores and corpus callosum abnormalities. *American Journal of Psychiatry, 167*(12), 1464-1471. doi.org/10.1176/appi.ajp.2010.10010030

Twenge, J. M., & Campbell, W. K. (2018). Associations between screen time and lower psychological well-being among children and adolescents: Evidence from a population-based study. *Preventive Medicine Reports, 12*, 271-283. doi.org/10.1016/ j.pmedr.2018.10.003

U.S. Department of Education, National Center for Education Statistics. (2015). Student reports of bullying and cyber-bullying: Results from the 2013 School Crime Supplement to the National Crime Victimization Survey (NCES No. 2015-056). Retrieved from https://nces.ed.gov/pubs2015/2015056.pdf

Vaillancourt, T., Hymel, S., & McDougall, P. (2013). The biological under pinnings of peer victimization: Understanding why and how the effects of bullying can last a lifetime. *Theory into Practice, 52*(4), 241-248. doi.org/10.1080/00405841.2013.829726

제10장 학교에서의 감정: 유치원부터 대학교까지

Anxiety and Depression Association of Amer i ca. Facts & statistics. Retrieved from https://adaa.org/about-adaa/press-room/facts-statistics

Aspen Institute National Commission on Social, Emotional, and Academic Development. (2019). From a nation at risk to a nation at hope. Retrieved from http://nationathope.org/wp-content/uploads/2018_aspen_final-report_full_webversion.pdf

Belfield, C., Bowden, A. B., Klapp, A., Levin, H., Shand, R., & Zander, S. (2015). The economic value of social and emotional learning. *Journal of Benefit-Cost analysis, 6*(3), 508 -544. doi.org/10.1017/bca.2015.55

Bell, C. C., & Jenkins, E. J. (1993).community vio lence and children on Chicago's southside. *Psychiatry, 56*(1), 46 -54. doi.org/10.1080/00332747.1993.11024620

Belsky, J., & de Haan, M. (2011). Annual research review: Parenting and children's brain development: The end of the beginning. *Journal of Child Psychology and Psychiatry, 52*(4), 409 -428. doi.org/10.1111/j.1469 -7610.2010.02281.x

Boyne, J. (2006). *The Boy in the Striped Pajamas*. Oxford: David Fickling Books.; 존 보인, 정회성 옮김, 《줄무늬 파자마를 입은 소년》(비룡소, 2007).

Brackett, M. A., Elbertson, N. A., & Rivers, S. E. (2016). Applying theory to the development of approaches to SEL. In J. A. Durlak, C. E. Domitrovich, R. P. Weissberg, & T. P. Gullotta (Eds.), *Handbook of Social and Emotional Learning: Research and Practice* (pp. 20 -32). New York: Guilford Press.

Brackett, M. A., Reyes, M. R., Rivers, S. E., Elbertson, N. A., & Salovey, P. (2011). Classroom emotional climate, teacher affiliation, and student conduct. *Journal of Classroom Interaction*, 27 -36. Retrieved from www.jstor.org/stable/23870549

Brackett, M. A., Rivers, S. E., Reyes, M. R., & Salovey, P. (2012). Enhancing academic performance and social and emotional competence with the RULER feeling words curriculum. *Learning and Individual Differences, 22*, 218 -224. doi.org/10.1016/j.lindif.2010.10.002

Bradley, C., Floman, J. L., Brackett, M. A., & Patti, J. (2019). Burnout and teacher well-being: The moderating role of perceived principal emotional intelligence. (Unpublished data.) Yale University, New Haven, CT.

Brooks, D. (2019, January 17). Students learn from people they love. *New York Times*. Retrieved from www.nytimes.com/2019/01/17/opinion/learning-emotion-education.html

Castillo, R., Fernández-Berrocal, P., & Brackett, M. A. (2013). Enhancing teacher effectiveness in Spain: A pilot study of the RULER approach to social and emotional learning. *Journal of Education and Training Studies, 1*(2), 263 -272. doi.org/10.11114/jets.v1i2.203

Center for Collegiate Mental Health. (2016). *2015 annual report* (Publication No. STA 15-108). Retrieved from https://sites.psu.edu/ccmh/files/2017/10/2015_CCMH_Report_1-

18-2015-yq3vik.pdf

Collaborative for Academic, Social, and Emotional Learning. (2015). Effective social and emotional learning programs. Retrieved from http://secondaryguide.casel.org/casel-secondary-guide.pdf

Divecha, D. & Brackett, M. A. (in press). Rethinking school-based bullying prevention through the lens of social and emotional learning:A bioecological perspective. *International Journal of Bullying Prevention*.

Durlak, J. A., Weissberg, R. P., Dymnicki, A. B., Taylor, R. D., & Schellinger, K. B. (2011). The impact of enhancing students' social and emotional learning: A meta-analysis of school-based universal interventions. *Child Development, 82*(1), 405 – 432. doi. org/10.1111/j.1467-8624.2010.01564.x

Gershoff, E. T., & Font, S. A. (2016). Corporal punishment in US public schools: Prevalence, disparities in use, and status in state and federal policy. *Social Policy Report, 30*, 1 – 37.

Gladden, R. M., Vivolo-Kantor, A. M., Hamburger, M. E., & Lumpkin, C. D. (2014). Bullying surveillance among youths: Uniform definitions for public health and recommended data elements, version 1.0. National Center for Injury Prevention and Control, Centers for Disease Control and Prevention, and U.S. Department of Education. Retrieved from www.cdc.gov/violenceprevention/pdf/bullying-definitions-final-a.pdf

Goleman, D. (1995). *Emotional Intelligence: Why It Can Matter More Than IQ*. New York: Bantam Books.

Greenberg, M. T., Brown, J. L., & Abenavoli, R. M. (2016, September). *Teacher stress and health: Effects on teachers, students, and schools*. Edna Bennett Pierce Prevention Research Center, Pennsylvania State University. Retrieved from www.rwjf.org/en/library/research/2016/07/teacher-stress-and-health.html

Holzapfel, B. (2018, January 20). Class of 2030: What do today's kindergartners need to be life-ready? [Web log message]. Retrieved from https://educationblog.microsoft.com/en-us/2018/01/class-of-2030-predicting-student-skills/

Immordino-Yang, M. H. (2015). *Emotions, Learning, and the Brain: Exploring the Educational Implications of Affective Neuroscience*. (Norton series on the social neuroscience of education). New York: W. W. Norton & Company.

Lipson, S. K., Lattie, E. G., & Eisenberg, D. (2018). Increased rates of mental health service utilization by US college students: 10-year population-level trends (2007-2017). *Psychiatric services, 70*(1), 60-63. doi.org/10.1176/appi.ps.201800332

Loveless, T. (2017). 2017 Brown center report on American education: Race and school suspensions. Retrieved from www.brookings.edu/research/2017-brown-center-report-part-iii-race-and-school-suspensions/

McGraw-Hill Education. (2018). 2018 social and emotional learning report. Retrieved from www.mheducation.com/prek-12/explore/sel-survey.html

Microsoft Education. (2018). The class of 2030 and life-ready learning. Retrieved from https://education.minecraft.net/wp-content/uploads/13679_EDU_Thought_Leadership_Summary_revisions_5.10.18.pdf

Moeller, J., Ivcevic, Z., Brackett, M. A., & White, A. E. (2018). Mixed emotions: Network analyses of intra-individual co-occurrences within and across situations. *Emotion, 18*(8), 1106-1121. doi.org/10.1037/emo0000419

Murphey, D., Bandy, T., Schmitz, H., & Moore, K. (2013). Caring adults: Impor tant for positive child well-being. *Child Trends*. Retrieved from www.childtrends.org/wp-content/uploads/2013/12/2013-54CaringAdults.pdf

Nathanson, L., Rivers, S. E., Flynn, L. M., & Brackett, M. A. (2016). Creating emotionally intelligent schools with RULER. *Emotion Review, 8*(4), 305-310. doi.org/10.1177/1754073916650495

New York State Education Department, New York City Department of Education. (2016). Memorandum of understanding. Retrieved from www.nysed.gov/common/nysed/files/DOE_MOU_FINAL.pdf

Parthenon-EY Education Practice, Ernst & Young LLP. (2016, September). Untapped potential: Engaging all Connecticut youth. Retrieved from http://cdn.ey.com/parthenon/pdf/ perspectives/Parthenon-EY_Untapped-Potential_Dalio-Report_final_092016_web.pdf

Reyes, M. R., Brackett, M. A., Rivers, S. E., White, M., & Salovey, P. (2012). Classroom emotional climate, student engagement, and academic achievement. *Journal of Educational Psychology, 104*(3), 700-712. doi.org/10.1037/a0027268

Rivers, S. E., Brackett, M. A., Reyes, M. R., Elbertson, N. A., & Salovey, P. (2013). Improving the social and emotional climate of classrooms: A clustered randomized controlled trial testing the RULER Approach. *Prevention Science: The Official Journal of the Society for Prevention Research, 14*, 77-87. doi.org/10.1007/s11121-012-0305-2

Salovey, P., & Mayer, J. D. (1990). Emotional intelligence. *Imagination, Cognition and Personality, 9*(3), 185–211. doi.org/10.2190/DUGG-P24E-52WK-6CDG

Simmons, D. N., Brackett, M.A., & Adler, N. (2018, June). Applying an equity lens to social, emotional, and academic development. Edna Bennett Pierce Prevention Research Center, Pennsylvania State University. Retrieved from www.rwjf.org/en/library/research/2018/06/applying-an-equity-lens-to-social-emotional-and-academic-development.html

Sperduto, C., Kershaw, T., Brackett, M. A., & Monin, J. (in preparation). An app-based, emotional intelligence intervention for wellbeing in university students. Yale School of Medicine, Child Study Center, Yale University, New Haven, CT.

Taylor, R. D., Oberle, E., Durlak, J. A., & Weissberg, R. P. (2017). Promoting positive youth development through school-based social and emotional learning interventions: A meta-analysis of follow-up effects. *Child Development, 88*(4), 1156–1171. doi.org/10.1111/cdev.12864

White, A. E., Moeller, J., Ivcevic, Z., Brackett, M. A., & Stern, R. (2018). LGBTQ adolescents' positive and negative emotions and experiences in US high schools. *Sex Roles, 79*(9–10), 594–608. doi.org/10.1007/s11199-017-0885-1

제11장 직장에서의 강점

Barsade, S. G. (2002). The ripple effect: Emotional contagion and its influence on group Behavior. *Administrative Science Quarterly, 47*(4), 644–675.

Barsade, S. G., Brief, A. P.,& Spataro, S. E. (2003). The affective revolution in organizational behavior: The emergence of a paradigm. *Organizational Behavior: The State of the Science, 2,* 3–52.

Barsade, S. G., & Gibson, D. E. (2007). Why does affect matter in organizations? *Academy of Management Perspectives, 21*(1), 36–59.

Barsade, S. G., & O'Neill, O. A. (2014). What's love got to do with it? A longitudinal study of the culture of companionate love and employee and client outcomes in a long-term care setting. *Administrative Science Quarterly, 59*(4), 551–598.

Caruso, D. R., & Salovey, P. (2004). *The Emotionally Intelligent Manager: How to Develop and Use the Four Key Emotional Skills of Leadership.* Hoboken, NJ: John Wiley & Sons.

Côté, S. (2014). Emotional intelligence in organizations. *Annual Review of Organizational*

Psychology and Organizational Behavior, 1(1), 459−488.

Côté, S., Lopes, P. N., Salovey, P., & Miners, C. T. (2010). Emotional intelligence and leadership emergence in small groups. *Leadership Quarterly, 21*(3), 496−508.

David, S. (2016). *Emotional Agility*. New York: Penguin Group.; 수전 데이비드, 이경식 옮김, 《감정이라는 무기》(북하우스, 2017).

Grandey, A. A. (2003). When "the show must go on": Surface acting and deep acting as determinants of emotional exhaustion and peer−rated service delivery. *Academy of Management Journal, 46*(1), 86−96.

Harter, J. (2018, August 26). Employee engagement on the rise in the U.S. *Gallup News*. Retrieved from https://news.gallup.com/poll/241649/employee−engage−ment−rise.aspx

Hatfield, E., Cacioppo, J. T., & Rapson, R. L. (1993). Emotional contagion. *Current Directions in Psychological Science, 2*(3), 96−100.

Hennig−Thurau, T., Groth, M., Paul, M., & Gremler, D. D. (2006). Are all smiles created equal? How emotional contagion and emotional labor affect service relationships. *Journal of Marketing, 70*(3), 58−73.

Ivcevic, Z., Moeller, J., Menges, J., & Brackett, M. A. (under review). Supervisor emotionally intelligent Behavior and employee creativity. *Journal of Creative Behavior*.

Knight, A. P., Menges, J. I., & Bruch, H. (2018). Organizational affective tone: A meso perspective on the origins and effects of consistent affect in organizations. *Academy of Management Journal, 61*(1), 191−219.

LaPalme, M. L., Rojas, F., Pertuzé, J. A., & Espinoza, P. Surface acting can be good … or bad: The influence of expressing inauthentic emotions on burnout, absenteeism, commitment, and patient complaints. (Manuscript submitted for publication).

Mayer, J. D., Roberts, R.D., & Barsade, S.G.(2008). Human abilities: Emotional intelligence. *Annual Review of Psychology, 59*, 507−536.

Menges, J. I. (2012). Organizational emotional intelligence: Theoretical foundations and practical implications. In C. E. J. Härtel, W. J. Zerbe, & N. M. Ashkanasy (Eds.), *Research on Emotions in organizations* (vol. 8, pp. 355−373). Bingley, UK: Emerald.

Menges, J. I., & Bruch, H. (2009). Organizational emotional intelligence and per formance: An empirical study. In C. E. J. Härtel, W. J. Zerbe, & N. M. Ashkanasy (Eds.), *Research on Emotions in organizations* (vol. 5, pp. 181−209). Bingley, UK: Emerald.

Moeller, J., Ivcevic, Z., White, A. E., Menges, J. I., & Brackett, M. A. (2018). Highly engaged but burned out: Intra-individual profiles in the US workforce. *Career Development International, 23*(1), 86–105.

Rosete, D., & Ciarrochi, J. (2005). Emotional intelligence and its relationship to workplace performance outcomes of leadership effectiveness. *Leadership & Organization Development Journal, 26*(5), 388–399.

Schoenewolf, G. (1990). Emotional contagion: Behavioral induction in individuals and groups. *Modern Psychoanalysis, 15*(1), 49–61.

Seppälä, E. & Moeller, J. (2018, January 2). 1 in 5 employees is highly engaged and at risk of burnout. *Harvard Business Review*. Retrieved from https://hbr.org/2018/02/1-in-5-highly-engaged-employees-is-at-risk-of-burnout

Taylor, C., Ivcevic, Z., Moeller, J., & Brackett, M. A. (under review). Gender and creativity at work. *Creativity and Innovation Management*.